中国禅宗典籍丛刊 第二辑

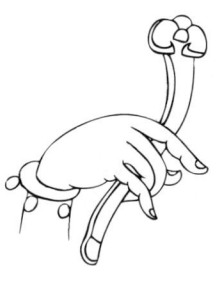

续传灯录 下

主编 杨曾文 黄夏年
〔明〕圆极居顶 撰
吕有祥 点校

中州古籍出版社
·郑州·

续传灯录卷第二十九

大鉴下第十六世

太平勤禅师法嗣

常德府文殊心道禅师 眉州徐氏子,年三十得度。诣成都习《唯识》,自以为至。同舍诘之曰:"三界唯心,万法唯识。今目前万象纵然,心识安在?"师茫然不知对,遂出关周流江淮。既抵舒之太平,闻佛鉴禅师夜参举赵州柏树子话,至觉铁嘴云:"先师无此语,莫谤先师好。"因大疑,提撕既久,一夕豁然。即趋丈室拟叙所悟,鉴见来,便闭门。师曰:"和尚莫谩某甲。"鉴云:"十方无壁落,何不入门来。"师以拳擉破窗纸。鉴即开门,挡住云:"道道!"师以两手捧鉴头作口啐而出,遂呈偈曰:"赵州有个柏树话,禅客相传遍天下。多是摘叶与寻枝,不能直向根源会。觉公说道无此语,正是恶言当面骂。禅人若具通方眼,好向此中辨真假。"鉴深然之,每对客称赏,后命分座。

襄守请开法天宁,未几,擢大别文殊。上堂曰:"师子嚬呻,象王哮吼。云门北斗里藏身,白云因何唤作手。三世诸佛不能知,狸奴白牯却知有。且道作么生是他知有底事?雨打梨花蛱蝶飞，风吹柳絮毛球走。"

上堂，拈拄杖直上指曰："恁么时，刺破憍尸迦脚跟。"卓一下曰："恁么时，卓碎阎罗王顶骨。"乃指东畔曰："恁么时，穿过东海鲤鱼眼睛。"指西畔曰："恁么时，塞却西王母鼻孔。且道总不恁么时如何？今年雨水多，各宜频晒眼。"

宣和改元，下诏改僧为德士。上堂，"祖意西来事，今朝特地新。昔为比丘相，今作老君形。鹤氅披银褐，头包蕉叶巾。林泉无事客，两度受君恩。所以道，欲识佛性义，当观时节因缘。且道即今是甚么时节？毗卢遮那顶戴宝冠，为显真中有俗。文殊老叟身披鹤氅，且要俯顺时宜。一人既尔，众人亦然。大家成立丛林，喜得群仙聚会，共酌迷仙酒，同唱步虚词。或看《灵宝度人经》，或说长生不死药。琴弹月下，指端发太古之音。棋布轩前，妙着出神机之外。进一步便到大罗天上，退一步却入九幽城中。只如不进不退一句，又作么生道？直饶羽化三清路，终是轮回一幻身"。

二年九月，复僧上堂。"不挂田衣着羽衣，老君形相颇相宜。一年半内闲思想，大底兴衰各有时。我佛如来预谶法之有难，教中明载，无不委知。较量年代，正在于兹。魔得其便，惑乱正宗。僧改俗形，佛更名字。妄生邪解，删削经文。铙钹停音，钵盂添足。多般矫诈，欺罔圣君。赖我皇帝陛下圣德圣明，不忘付嘱，不废其教，特赐宸章颁行天下，仍许僧尼重新披削。实谓寒灰再焰，枯木重荣。不离俗形而作僧形，不出魔界而入佛界。重鸣法鼓，再整颓纲。迷仙酬变为甘露琼浆，涉虚词翻作还乡曲子。放下银木简，拈起尼师坛。昨朝稽首擎拳，今日和南不审。

只改旧时相,不改旧时人。敢问大众,旧时人是一个是两个?"良久曰:"秋风也解嫌狼藉,吹尽当年道教灰。"

建炎三年春示众,举临济入灭,嘱三圣因缘。师曰:"正法眼藏瞎驴灭,临济何曾有是说。今古时人皆妄传,不信但看后三月。"至闰三月,贼锺相叛,其徒欲举师南奔者。师曰:"学道所以了生死,何避之有。"贼至,师曰:"速见杀,以快汝心。"贼即举槊残之,血皆白乳。贼骇,引席覆之而去。

韶州南华知昺禅师 蜀之永康人也。上堂,"此事最希奇,不碍当头说。东邻田舍翁,随例得一橛。非唯贯声色,亦乃应时节。若问是何宗,八字不着人"。击禅床,下座。

上堂,"日日说,时时举,似地擎山争几许,陇西鹦鹉得人怜,大都只为能言语。休思惟,带伴侣,智者聊闻猛提取,更有一般也大奇,猫儿偏解捉老鼠"。

上堂,以拄杖向空中搅,曰:"搅长河,为酥酪,鰕蟹犹自眼搭眵①。"卓一下曰:"变大地作黄金,穷汉依前赤骨力。为复自家无分,为复不肯承当。可中有个汉荷负得行,多少人失钱遭罪。"再卓一下曰:"还会么?宝山到也须开眼,勿使忙忙空手回。"

上堂,"春光烂熳华争发,子规啼落西山月。憍梵钵提长吐舌,底事分明向唯说。嗄!"

上堂,"迷不自迷,对悟立迷。悟不自悟,因迷说悟。所以悟为迷之体,迷为悟之用。迷悟两无从,个中无别共。无别共,

---

① 眵(chī):眼睛分泌出来的液体凝结成淡黄色,俗称眼屎。

拨不动,祖师不将来,鼻孔千斤重"。

潭州龙牙智才禅师 舒州施氏子,早服勤于佛鉴法席,而局务不辞难,名已闻于丛林。及游方迫暮至黄龙,适死心在三门,问其所从来,既称名则知为舒州太平才庄主矣。翌日入室,死心问曰:"会得最初句,便会末后句。会得末后句,便会最初句。最初末后拈放一边,百丈野狐话作么生会?"师曰:"入户已知来见解,何须更举轹中泥。"心曰:"新长老死在上座手里也。"师曰:"语言虽有异,至理且无差。"心曰:"如何是无差底事?"师曰:"不扣黄龙角,焉知颔下珠。"心便打。

初住岳麓,开堂日,僧问:"德山棒,临济喝,今日请师为拈掇。"师曰:"苏噜苏噜。"曰:"苏噜苏噜,还有西来意也无?"师曰:"苏噜苏噜。"由是丛林呼为才苏噜。

后迁龙牙,因钦宗皇帝登位,众官请上堂,祝圣已,就座。拈拄杖卓一下,曰:"朝奏疏中道,本来奥境,诸佛妙场,适来拄杖子已为诸人说了也。于斯悟去,理无不显,事无不周。如或未然,不免别通个消息。舜日重明四海清,满天和气乐升平。延祥拄杖生欢喜,掷地山呼万岁声。"掷拄杖,下座。

上堂,弹指一下曰:"弹指圆成八万门,刹那灭却三祇劫。若也见得行得,健即经行困即歇。若也不会,再个鹧鸪扛个鳖。"

上堂,举死心和尚小参曰:"若论此事,如人家有三子。第一子聪明智慧,孝养父母,接待往来,主掌家业。第二子凶顽狡猾,贪淫嗜酒,倒街卧巷,破坏家业。第三子盲聋喑哑,菽麦不分,是事不能,只会吃饭。三人中黄龙要选一人用。更有四句,死中有活,活中有死,死中常死,活中常活。将此四句验天下衲僧。"师曰:"唤甚么作四句,三人姓甚名谁?若也识得,与黄龙把手并行,更无纤毫间隔。如或未然,不免借水献华去也。三人共体用非用,四句同音空不空,欲识三人并四句,金乌初出一团红。"

师居龙牙十三载,以清苦莅众,衲子敬畏。大师席公震,迁住云溪,经四稔,绍兴戊午八月望,俄集众付寺事,仍书偈曰:"戊午中秋之日,出家住持事毕。临行自己尚无,有甚虚空可觅。"其垂训如常。一十三①日再集众,示问曰:"涅槃生死尽是空华,佛及众生并为增语。汝等诸人合作么生?"众皆下语不契。师喝曰:"苦苦。"复曰:"白云涌地,明月当天。"言讫辴②然而逝,火浴获设利五色。并灵骨塔于寺之西北隅。

明州蓬莱卿禅师 上堂,"有句无句,如藤倚树,且任诸方点头。及乎树倒藤枯,上无冲天之计,下无入地之谋。灵利汉这里,着得一只眼,便见七纵八横"。举拂子曰:"看看!一曲两曲无人会,雨过夜塘秋水深。"

上堂,"杜鹃声里春光暮,满地落华留不住。琉璃殿上绝行踪,谁人解插无根树"。举拄杖曰:"这个是无根底,且道解开华也无?"良久曰:"只因连夜雨,又过一年春。"

上堂,举法眼道:"识得橙子,周匝有余。"云门道:"识得橙子,天地悬殊。"师曰:"此二老人,一人向高高山顶立,一人向深深海底行。然虽如是,一不是,二不成,落花流水里啼莺,闲亭雨歇夜将半,片月还从海底生。"

---

① 一十三:《五灯会元》等作"二十三"。
② 辴(chǎn):笑的样子,辴然而笑。

安吉州何山佛灯守珣禅师

郡之施氏子。参广鉴瑛禅师，不契。遂造太平，随众咨请，邈无所入。乃封其衾曰："此生若不彻去，誓不展此。"于是昼坐宵立，如丧考妣。逾七七日，忽佛鉴上堂曰："森罗及万象，一法之所印。"师闻顿悟，往见鉴。鉴曰："可惜一颗明珠，被这风颠汉拾得。"乃诘之曰："灵云道：'自从一见桃花后，直至如今更不疑。'如何是他不疑处？"师曰："莫道灵云不疑。只今觅个疑处，了不可得。"鉴曰："玄沙道：'谛当甚谛当，敢保老兄未彻在。'那里是他未彻处？"师曰："深知和尚老婆心切。"鉴然之。师拜起，呈偈曰："终日看天不举头，桃华烂熳始抬眸。饶君更有遮天网，透得牢关即便休。"鉴嘱令护持。是夕厉声谓众曰："这回珣上座稳睡去也。"圆悟闻得，疑其未然，乃曰："我须勘过始得。"遂令人召至，因与游山，偶到一水潭，悟推师入水，遽问曰："牛头未见四祖时如何？"师曰："潭深鱼聚。"悟曰："见后如何？"师曰："树高招风。"悟曰："见与未见时如何？"师曰："伸脚在缩脚里。"悟大称之。鉴移蒋山，命分座说法。出住庐陵之禾山，退藏故里，道俗迎居天圣。后徙何山及天宁。

上堂，"镀铄钻，住山斧，佛祖出头未轻与，纵使醍醐满世间，你无宝器如何取。阿呵呵！神山打罗，道吾作舞。甜瓜彻蒂甜，苦瓠连根苦"。

上堂，举婆子烧庵话，师曰："大凡扶宗立教，须是其人。你看他婆子，虽是个女人，宛有丈夫作略。二十年簁①油费酱，

---

① 簁（shāi）：筛子。

固是可知。一日向百尺竿头做个失落,直得用尽平生腕头气力。自非个俗汉知机,洎乎巧尽拙出。然虽如是,诸人要会么?雪后始知松柏操,事难方见丈夫心。"

上堂,"如来禅,祖师道,切忌将心外边讨,从门所得即非珍,特地埋藏衣里宝。禅家流,须及早,拨动祖师关棙,抖擞多年布衲,是非毁誉付之空,竖阔横长浑恰好。君不见,寒山老,终日嬉嬉,长年把扫。人问其中事若何,入荒田不拣,信手拈来草。参!"

僧问:"如何是宾中宾?"师曰:"客路如天远,侯门似海深。"曰:"如何是宾中主?"师曰:"长因送客处,忆得别家时。"曰:"如何是主中宾?"师曰:"相逢不必问前程。"曰:"如何是主中主?"师曰:"一朝权祖令,谁是出头人。"曰:"宾主已蒙师指示,向上宗乘事若何?"师曰:"向上问将来。"曰:"如何是向上事?"师曰:"大海若知足,百川应倒流。"僧礼拜,师曰:"珣上座三十年学得底。"

师尝谓众曰:"兄弟如有省悟处,不拘时节,请来露个消息。"雪夜有僧扣方丈门,师起,秉烛震威喝曰:"雪深夜半,求决疑情,因甚么威仪不具?"僧顾视衣裓①,师逐出院。

每曰:"先师只年五十九,吾年五十六矣,来日无多。"绍兴甲寅解制,退天宁之席,谓双槐居士郑绩曰:"十月八日是佛鉴忌,则吾时至矣。"乞还障南。十月四日,郑公遣弟僧道如讯之,师曰:"汝来正其时也。先一日不着便,后一日蹉过了。吾虽与

---

① 衣裓(gé):僧衣。

佛鉴同条生，终不与同条死。明早可为我寻一只小船子来。"如曰："要长者，要高者？"师曰："高五尺许。"越三日，鸡鸣端坐如平时。侍者请遗偈，师曰："不曾作得。"言讫而逝。阇维舌根不坏，郡人陈师颜以宝函藏其家，门弟子奉灵骨塔于普应院之侧。

隆兴府泐潭择明禅师 上堂，举赵州访茱萸探水因缘，师曰："赵老云收山岳露，茱萸雨过竹风清。谁家别馆池塘里，一对鸳鸯画不成。"又举德山托钵话，师曰："从来家富小儿娇，偏向江头弄画桡。引得老爷把不住，又来船上助歌谣。"

上堂，"永嘉道：一月普现一切水，一切水月一月摄"。竖起拂子云："看看！千江竞注，万派争流。若也素善行舟，便谙水脉，可以优游性海，笑傲烟波。其或未然，且归林下坐，更待月明时。"

台州宝藏本禅师 上堂，"清明已过十余日，华雨阑珊方寸深。春色恼人眠不得，黄鹂飞过绿杨阴"。遂大笑，下座。

吉州大中祥符清海禅师 初见佛鉴，鉴问："三世诸佛一口吞尽，何处更有众生可教化。此理如何？"师拟进语，鉴喝之。师忽领旨，述偈曰："实际从来不受尘，个中无旧亦无新。青山况是吾家物，不用寻家别问津。"鉴曰："放下着。"师礼拜而出。

漳州净众佛真了灿禅师 泉南罗氏子。上堂，"重阳九日菊花新，一句明明亘古今，杨广橐驼无觅处，夜来足迹在松阴"。

隆兴府谷山海禅师 上堂，"一举不再说，已落二三。相见不扬眉，翻成造作。设使动弦别曲，告往知来，见鞭影便行，望刹竿回去，脚跟下好与三十棒。那堪更向这里撮摩石火，收捉电光。工夫枉用浑闲事,笑倒西来碧眼胡"。卓拄杖,下座。

龙门佛眼远禅师法嗣

温州龙翔竹庵士圭禅师 成都史氏子。初依大慈宗雅,心醉《楞严》逾五秋。南游,谒诸尊宿,始登龙门,即以平时所得白佛眼。眼曰:"汝解心已极,但欠着力开眼耳。"遂俾职堂司。一日侍立次,问云:"绝对待时如何?"眼曰:"如汝僧堂中白椎相似。"师罔措。眼至晚抵堂司,师理前话,眼曰:"闲言语。"师于言下大悟。

政和末,出世和之天宁,屡迁名刹。绍兴间,奉诏开山雁荡能仁。时真歇居江心,闻师至,恐缘法未熟,特过江迎归方丈,大展九拜,以诱温人,由是翕然归敬。未视篆,其徒惧行规法,深夜放火,鞠为瓦砾之墟。师竟就树缚屋,升座示众云:"爱闲不打鼓山鼓,投老来看雁荡山。杰阁危楼浑不见,溪边茅屋两三间。还有共相出手者么?"喝一喝,下座。听法檀施并力营建,未几复成宝坊。

次补江心,上堂曰:"万年一念,一念万年。和衣泥里辊,洗脚上床眠。历却来事,只在如今。大海波涛涌,小人方寸深。"拈起拄杖曰:"汝等诸人未得个入头,须得个入头。既得个入头,须有出身一路始得。大众且作么生是出身一路?"良久曰:"雪压难摧涧底松,风吹不动天边月。"卓拄杖,下座。

上堂,"万机不到,眼见色,耳闻声。一句当阳,头戴天,脚踏地。你诸人只知今日是五月初一,殊不知金乌半夜忙忙去,玉兔天明上海东"。以拂子击禅床,下座。

上堂,"明明无悟,有法即迷。诸人向这里立不得,诸人向这里住不得。若立则危,若住则瞎。直须意不停玄,句不停意,用不停机。此三者既明,一切处不须管带,自然现前,不须照顾,自然明白。虽然如是,更须知有向上事。久雨不晴,咄!"

上堂,"一叶落,天下秋,欲穷千里目,更上一层楼。一尘起,大地收,嘉州打大像,陕府灌铁牛。明眼汉合作么生?"良久曰:"久旱檐头句,桥流水不流。"卓拄杖,下座。

上堂,"见见之时,见非是见,见犹离见,见不能及。落花有意随流水,流水无情恋落花。诸可还者自然非汝,不汝还者非汝而谁。长恨春归无觅处,不知转入此中来。"喝一喝曰:"三十年后,莫道能仁教坏人家男女。"

上堂,僧问:"如何是祖师西来意?"师曰:"东家点灯,西家暗坐。"曰:"未审意旨如何?"师曰:"马便搭鞍,驴便推磨。"僧礼拜。师曰:"灵利衲僧只消一个。"遂曰:"马搭鞍,驴推磨,灵利衲僧只消一个。纵使东家明点灯,未必西家暗中坐。西来意旨问如何,多口阿师自招祸。"僧问:"如何是第一义?"师曰:"你问底是第二义。"问:"狗子还有佛性也无,赵州道无,意旨如何?"师曰:"一度着蛇咬,怕见断井索。"问:"燕子深谈实相,善说法要,此理如何?"师曰:"不及雁衔芦。"问:"如何是佛?"师曰:"华阳洞口石乌龟。"问:"鲁祖面壁,意旨如何?"师曰:"金木水火土,罗睺计都星。"问:"有句无句,如藤倚树时如何?"师曰:"作贼人心虚。"曰:"国师三唤侍者,又作么生?"师曰:"打鼓弄狦狖,鼓破狦狖走。"

丙寅七月十八日，召法属长老宗范付后事。次日沐浴，声钟集众，就座泊然而逝。荼毗日，送者均获设利，奉灵骨塔于鼓山。

南康军云居高庵善悟禅师 洋州李氏子，年十一去家，业经得度，有夙慧。闻冲禅师举武帝问达磨因缘，如获旧物，遽曰："我既廓然，何圣之有。"冲异其语，勉之南询，蒙授记于龙门。一日有僧被蛇伤足，佛眼问曰："既是龙门，为甚么却被蛇咬？"师即应曰："果然现大人相。"眼益器之。后传此语到昭觉，圆悟云："龙门有此僧耶，东山法道，未寂寥尔。"

住后，上堂，"少林面壁，怀藏东土西天。欧阜升堂，充塞四维上下。致使山巍巍而砥掌平，水昏昏而常自清。华非艳而结空果，风不摇而片叶零，人无法而得咨问，佛无心而更可成。野蔬淡饭延时日，任运随缘道自灵。毕竟如何，日午打三更"。

遂宁府西禅文琏禅师 郡之张氏子。上堂，"一向恁么去，直得凡圣路绝，水泄不通，铁蛇钻不入，铁锤打不破。至于千里万里，鸟飞不度。一向恁么来，未免灰头土面，带水拖泥。唱九作十，指鹿为马。非唯孤负先圣，亦乃埋没己灵。敢问大众，且道恁么去底是，恁么来底是？芍药华开菩萨面，棕榈叶散夜叉头"。

上堂，"诸方浩浩谈玄，每日撞钟打鼓。西禅无法可说，勘破灯笼露柱。门前不置下马台，免被傍人来借路。若借路，须照顾脚下。若参差，邯郸学唐步"。

上堂，"心生种种法生，森罗万象纵横，信手拈来便用，日轮午后三更。心灭种种法灭，四句百非路绝，直饶达磨出头，也是眼中着屑。心生心灭是谁,木人携手同归。归到故乡田地,犹遭顶上一锤"。

上堂,"正月孟春犹寒,直下言端语端。拈起衲僧鼻孔,穿开祖佛心肝。知有者,达磨不来东土,二祖不往西天。不知有者,谁知当面蹉过,迢迢十万八千。山僧为你重说偈言,大众莫教孤负,孟春犹寒"。

僧问:"师子未出窟时如何?"师曰:"爪牙已露。"曰:"出窟后如何?"师曰:"龙头蛇尾。"曰:"出与未出时如何?"师曰:"正好吃棒。"问:"以一重去一重即不问,不以一重去一重时如何?"师曰:"阇黎有许多工夫。"

隆兴府黄龙牧庵法忠禅师 四明姚氏子,十九试经得度。习台教,悟一心三观之旨,未能泯迹,遍参名宿。至龙门,观水磨旋转,发明心要,乃述偈曰:"转大法轮,目前包里。更问如何,水推石磨。"呈佛眼,眼曰:"其中事作么生?"师曰:"涧下水长流。"眼曰:"我有末后一句待分付汝。"师即掩耳而去。

后至庐山,于同安枯树中,绝食清坐。宣和间,湘潭大旱,祷而不应。师跃入龙渊呼曰:"业畜当雨一尺。"雨随至。居南岳,每跨虎出游,儒释望尘而拜。

住后,上堂,"张公吃酒李公醉,子细思量不思议。李公醉醒问张公,恰使张公无好气。无好气,不如归家且打睡"。

上堂,"今朝正月半,有事为君断。切忌两眼睛,被他灯火换"。

上堂,"我有一句子,不借诸圣口,不动自己舌,非声气呼吸,非情识分别。假使净名杜口于毗耶,释迦掩室于摩竭,大似掩耳偷铃，未免天机漏泄。直饶德山入门便棒，临济入门便喝。若向牧庵门下，检点将来，只得一橛。千种言万般说，只要教君自家歇，一任大地虚空七凹八凸"。

僧问："如何是佛？"师曰："莫向外边觅。"曰："如何是心？"师曰："莫向外边寻。"曰："如何是道？"师曰："莫向外边讨。"曰："如何是禅？"师曰："莫向外边传。"曰："毕竟如何？"师曰："静处萨婆诃。"问："大众临筵，请师举唱。"师竖起拂子。僧曰："乞师再垂方便。"师击禅床一下。后示寂，塔于香原洞。

衢州乌巨雪堂道行禅师 处州叶氏子，依泗州普照英禅师得度。去参佛眼，一日，闻举玄沙筑着脚指话，遂大悟。

住后，上堂，"会即便会，玉本无瑕。若言不会，碓嘴生花。试问九年面壁，何如大会拈华？南明恁么商确，也是顺风撒沙。参！"

上堂，"云笼岳顶，百鸟无声。月隐寒潭，龙珠自耀。正当恁么时，直得石梁忽然大悟，石洞顿尔心休。虚空开口作证，溪北石僧点头。诸人总在这里瞌睡，笑杀陕府铁牛"。

上堂，"佛说三乘十二分，顿渐偏圆，痴人面前不得说梦。祖师西来直指人心，见性成佛，痴人面前不得说梦。临济三玄，云门三句，洞山五位，痴人面前不得说梦。南明恁么道，还免得遭人检责也无？所以古人道，石人机似汝，也解唱巴歌。汝若似石人，雪曲也应和。还有和雪曲底么？若有，唤来与老僧洗脚"。

上堂，"通身是口，说得一半。通身是眼，用得一橛。用不到处说有余，说不到处用无尽。所以道，当用无说，当说无用。

用说同时，用说不同时。诸人若也拟议，西峰在你脚底"。

到国清，众请上堂，"句亦划，意亦划，绝毫绝牦处，如山如岳。句亦到，意亦到，如山如岳处，绝毫绝牦。忽若拶通一线，意句俱到俱不到，俱划俱不划。直得三句外绝牢笼，六句外无标的。正当恁么时一句作么生道？倾盖同途不同辙，相将携手上高台"。

上堂，举赵州示众云："老僧除却二时斋粥，是杂用心处。"师曰："今朝六月旦，行者击鼓，长老升堂，尔诸人总来这里杂用心。"

上堂，举僧问云门："如何是惊人句？"门曰："响。"师曰："云门答这僧话不得便休，却鼓粥饭气以当平生。"

上堂，"黄梅雨麦秋寒，恁么会太无端。时节因缘佛性义，大都须是髑髅干"。

示众，举玑和尚问僧："禅以何为义？"众下语，皆不契理。僧请益玑，玑代云："以谤为义。"师曰："三世诸佛是谤，西天二十八祖是谤，唐土六祖是谤，天下老和尚是谤，诸人是谤，山僧是谤。于中还有不谤者也无？谈玄说妙河沙数，争似双峰谤得亲。"

师示疾，门弟子教授汪公乔年至省候，师以后事委之，示以偈曰："识则识自本心，见则见自本性。识得本心本性，正是宗门大病。"注曰："烂泥中有刺，莫道不疑好。"黎明沐浴更服，跏趺而逝。阇维五色设利，烟所至处累然，齿舌不坏，塔于寺之西。

抚州白杨法顺禅师 绵州文氏子，依止佛眼闻普说。举傅大士《心王铭》云:"水中盐味,色里胶青,决定是有,不见其形。"师于言下有省。后观宝藏迅转顿明大法,趋丈室作礼呈偈曰:"顶有异峰云冉冉,源无别派水冷冷。游山未到山穷处,终被青山碍睛眼。"眼笑而可之。

住后,上堂,"好事堆堆栈迭来,不须造作与安排。落林黄叶水推去,横谷白云风卷回。寒雁一声情念断,霜钟才动我山摧。白杨更有过人处,尽夜寒炉拨死灰。忽有个衲僧出来道:'长老少卖弄得恁么穷乞相。'山僧只向他道,却被你道着"。

上堂,"我手何似佛手,天上南星北斗。我脚何似驴脚,往事都来忘却。人人尽有生缘,个个足方顶圆。大愚滩头立处,孤月影射深湾。会不得,见还难,一曲渔歌过远滩"。

示众,"染缘易就,道业难成。不了目前,万缘差别。只见境风浩浩,凋残功德之林,心火炎炎,烧尽菩提之树。道念若同情念,成佛多时。为众一似为己,彼此事办。不见他非我是,自然上敬下恭。佛法时时现前,烦恼尘尘解脱"。

上堂,"鸡鸣晓月,狗吠枯椿,只可默会,难入思量。看不见处,动地放光,说不到处,天地玄黄。抚城尺六状纸,元来出在清江。大众,分明话出人难见,昨夜三更月到窗"。

上堂,"风吹茅茨屋脊漏,雨打阇黎眼睛湿。怎么分明却不知,却来这里低头立"。时绍灯上座闻之有省,后住婺之广教。

因病示众:"久病未尝推木枕,人来多是问如何。山僧据问随缘对,窗外黄鹂口更多。只如七尺之躯,甚处受病?众中具眼者,试为山僧指出病源。"众下语皆不契。师自拊掌一下,作呕吐声。又云:"好个木枕子。"师律身清苦,出入唯杖笠独行。后示寂,阇维收设利,目睛齿舌数珠,同灵骨塔于寺西。

南康军云居法如禅师 丹丘胡氏子,依护国瑞禅师,祝发登具。遍参浙右诸宗匠。晚至龙门,以平日所证白佛眼。眼曰:"此皆学解,非究竟事。欲了生死,当求妙悟。"师骇然谛信。一日命主香积,以道业未办固辞。眼勉曰:"姑就职,其中大有人为汝说法。"未几,晨兴开厨门,望见圣僧契所未证,即白佛眼。眼曰:"这里还见圣僧么?"师诣前问讯,叉手而立。眼曰:"向汝道,大有人为汝说法。"

住后,上堂,"一法若有,毗卢堕在凡夫。万法若无,普贤失其境界。向这里有无俱遣,得失两亡,直得十方诸佛不见。诸人且道,十二时中向甚么处安身立命?披蓑侧立千峰外,引水浇蔬五老前"。

上堂,"乾坤之内,宇宙之间,中有一宝,秘在形山。云居又且不然,乾坤之内,宇宙之间,中有一宝"。掷下拄杖云:"大众也须识取。"

南康军归宗真牧正贤禅师 潼州陈氏子,世为名儒。幼从三圣海澄为苾刍,具满分戒。游成都,依大慈秀公习经纶。凡典籍过目成诵,义亦顿晓,秀称为经藏子。出蜀,谒诸尊宿,后扣佛眼。一日入室,眼举殷勤抱得旃檀树,语声未绝,师顿悟。眼曰:"经藏子漏逗了也。"自是与师商确渊奥,亹亹无尽。眼称善,因手书真牧二字授之。

绍兴己巳,归宗虚席。郡候以礼请,坚卧不应。宝文李公懋尝问道于师,同属官强之乃就。

上堂,"且第一句如何道,汝等若向世界未成时、父母未生时、佛未出世时、祖师未西来时道得，已是第二句。且第一句如何道，直饶你十成道得，未免左之右之"。卓拄杖下座。

上堂，良久召大众曰："作么生？若也拟议，贤上座谩你诸人去也。打地和尚嗔他秘魔岩主擎个叉儿胡说乱道，遂将一捆成赍粉，散在十方世界。还知么？"举拂子曰："而今却在拂子头上说，一切智智清净，无二无二分，无别无断故。还闻么？阎老子知得。"乃曰："贤上座你若相当去，不妨奇特。或不相当，总在我手里。只向他道，阎老子你也退步，摸索鼻孔看。"击禅床，下座。

僧问："久默斯要，已泄真机。学人上来，请师开示。"师曰："耳朵在甚么处？"曰："一句分明该万象。"师曰："分明底事作么生？"曰："台星临照，枯木回春。"师曰："换却你眼睛。"

安吉州道场正堂明辩禅师 本郡俞氏子，幼事报本蕴禅师，圆颅受具。后谒诸名宿。至西京少林，闻僧举佛眼以古诗发明罽宾王斩师子尊者话，曰："杨子江头杨柳春，杨花愁杀渡江人。一声羌笛离亭晚，君向潇湘我向秦。"师默有所契，即趋龙门，求入室。佛眼问："从上祖师方册因缘，许你会得。"忽举拳曰："这个因何唤作拳？"师拟对，眼筑其口曰："不得作道理。"于是顿去知见。

住后，上堂，"猛虎口边拾得，毒蛇头上安排。更不钉椿摇橹，回头别有生涯。婆子被我勘破了，大悲院里有村斋"。

上堂，"净五眼，涌金春色晚。得五力，吹落碧桃华。唯证乃知难可测"。卓拄杖曰："一片何人得，流经十万家。"

上堂,"三祖道:'但莫憎爱,洞然明白。'当时老僧若见,便与一捆。且道是憎邪是爱邪?近来经界稍严,不许诡名挟佃"。

解夏上堂,"十五日已前不得去,少林只履无藏处。十五日已后不得住,桂子天香和雨露。正当十五日又且如何?阿呵呵!风流不在着衣多"。

上堂,举僧问投子:"大死底人却活时如何?"子曰:"不许夜行,投明须到。"师曰:"我疑千年苍玉精,化为一片秋水骨,海神欲护护不得,一旦鳌头忽擎出。"

上堂,"华开陇上,柳绽堤边,黄莺调叔夜之琴,芳草入谢公之句。何必闻声悟道,见色明心。非唯水上觅沤,已是眼中着屑"。擘开胸曰:"汝等当观吾①紫磨金色之身,今日则有,明日则无。大似无风起浪,全不知羞。且道今日事作么生?好个迷逢达磨,不知谁解承当。"

僧问:"如何是佛?"师乃鸣指三下。问:"语默涉离微,如何通不犯?"师曰:"横身三界外,独脱万机前。"曰:"只如风穴道'长忆江南三月里,鹧鸪啼处百花香',又作么生?"师曰:"说这个不唧嚼汉作么?"曰:"嫩竹摇金风细细,百华铺地日迟迟。"师曰:"你向甚么处见风穴?"曰:"眼里耳里绝潇洒。"师曰:"料掉无交涉。"问:"莲华未出水时如何?"师曰:"未过冬至莫道寒。"曰:"出水后如何?"师曰:"未过夏至莫道热。"曰:"出与未出时如何?"师曰:"三十年后不要错举。"问:"如何是佛?"师曰:"无柴猛烧火。"曰:"如何是法?"师曰:"贫做富

---

① 吾:径山本作"我"。

装里。"曰："如何是僧？"师曰："卖扇老婆手遮日。"曰："如何是和尚栗棘蓬？"师曰："不答此话。"曰："为甚么不答？"师大笑曰："吞不进，吐不出。"

问："如何是一喝如金刚王宝剑？"师曰："古墓毒蛇头戴角。"曰："如何是一喝如踞地师子师？"师曰："虚空笑点头。"曰："如何是一喝如探竿影草？"师曰："石人拍手笑呵呵。"曰："如何是一喝不作一喝用？"师曰："布袋里猪头。"曰："四喝已蒙师指示，向上还有事也无？"师曰："有。"曰："如何是向上事？"师曰："锯解秤锤。"随声便喝。

佛眼忌，拈香。"龙门和尚，阐提潦倒。不信佛法，灭除禅道。捞破毗卢向上关，猫儿洗面自道好。一炷沈香炉上然，换手搥胸空懊恼。"遂摇手曰："休懊恼。"以坐具搭肩上，作女人拜曰："莫怪下房媳妇触忤大人好。"

室中垂问曰："猫儿为甚么爱捉老鼠？"又曰："板鸣因甚么狗吠？"师家风严冷，初机多惮之。因赞达磨曰："升元阁前懡㦬，洛阳峰畔乖张。皮髓传成话把，只履无处埋藏。不是一番寒彻骨，争得梅花扑鼻香。"雪堂行一见，大称赏曰："先师犹有此人在，只消此赞可以坐断天下人舌头。"由是衲子奔辏。

临终登座，拈拄杖，于左边卓一下曰："三十二相无此相。"于右边卓一下曰："八十种好无此好。僧繇一笔画成，志公露出草稿。"又卓一下，顾大众曰："莫懊恼，直下承当休更讨。"下座，归方丈。俨然趺坐而逝，火后收灵设骨利，藏所建之塔，曰仙人山。

潭州方广深禅师　僧问："一法若有，毗卢堕在凡夫。万法若无,普贤失其境界。未审意旨如何?"师曰:"富嫌千口,少贫恨一身多。"

世奇首座者 成都人也,遍依师席,晚造龙门。一日,燕坐瞌睡间,群蛙忽鸣,误听为净发版响,亟趋往。有晓之者曰:"蛙鸣非版也。"师恍然,诣方丈剖露。佛眼曰:"岂不见罗睺罗。"师遽止曰:"和尚不必举,待去自看。"未几有省,乃占偈曰:"梦中闻版响,觉后虾蟆啼。虾蟆与版响,山岳一时齐。"由是益加参究,洞臻玄奥。眼命分座,师固辞曰:"此非细事也,如金针刺眼,毫发若差,睛则破矣。愿生生居学地而自煅炼。"眼因以偈美之曰:"有道只因频退步,谦和元自惯回光。不知已在青云上,犹更将身入众藏。"

暮年学者力请,不容辞,后因说偈曰:"诸法空故我心空,我心空故诸法同。诸法我心无别体,只在而今一念中。且道是那一念?"众罔措,师喝一喝而终。

温州净居尼慧温禅师 上堂,举法眼示众曰:"三通鼓罢,簇簇上来。佛法人事,一时周毕。"师曰:"山僧道,三通鼓罢,簇簇上来。拄杖不在,苕帚柄聊与三十。"

给事冯楫济川居士 自壮扣诸名宿,最后居龙门,从佛眼远禅师再岁。一日同远经行法堂,偶童子趋庭吟曰:"万象之中独露身。"远拊公背曰:"好,𪠳!"公于是契入。

绍兴丁巳除给事,会大慧禅师就明庆开堂。慧下座,公挽之曰:"和尚每言于士大夫前曰:'此生决不作这虫豸。'今日因甚却纳败缺?"慧曰:"尽大地是个杲上座,你向甚处见他?"公拟对,慧便掌。公曰:"是我招得。"

越月特丐祠坐夏,径山榜其室曰不动轩。一日,慧升座,举药山问石头曰:"三乘十二分教某甲粗知,承闻南方直指人心,见性成佛,实未明了。伏望慈悲示诲。"头曰:"恁么也不得,不恁么也不得,恁么不恁么总不得。你作么生?"山罔措。头曰:"子缘不在此,可往见江西马大师去。"山至马祖处,亦如前问。祖曰:"有时教伊扬眉瞬目,有时不教伊扬眉瞬目,有时教伊扬眉瞬目者是,有时教伊扬眉瞬目者不是。"山大悟。慧拈罢,公随至方丈曰:"适来和尚所举底因缘,某理会得了。"慧曰:"你如何会?"公曰:"恁么也不得,苏卢娑婆诃。不恁么也不得,悉利娑婆诃。恁么不恁么总不得,苏卢悉利娑婆诃。"慧印之以偈曰:"梵语唐言,打成一块。咄哉!俗人得此三昧。"

公后知邛州,所至宴晦无倦。尝自咏曰:"公事之余喜坐禅,少会将胁到床眠。虽然现出宰官相,长老之名四海传。"至二十三年秋,乞休致,预报亲知,期以十月三日报终。至日,令后厅置高座,见客如平时,至辰巳间降阶,望阙肃拜,请漕使摄邛事。着僧衣履踞高座,嘱诸官吏及道俗,各宜向道,扶持教门,建立法幢。遂拈拄杖按膝,蜕然而化。漕使请曰:"安抚去住如此自由,何不留一颂以表罕闻。"公张目索笔书曰:"初三十一,中九下七。老人言尽,龟哥眼赤。"竟尔长往。建炎后,名山巨刹教藏多不存,公累以己俸印施,凡一百二十八藏,用祝君寿,以康兆民。门人蒲大聘尝志其事,有《语录颂古》行于世。

开福宁禅师法嗣

潭州大沩月庵善果禅师 信州余氏子。上堂,"奚仲造车一百辐,拈却两头除却轴"。以拄杖打一圆相曰:"且莫错认定盘星。"卓一卓,下座。

谢供头,上堂,"解猛虎颔下金铃,惊群动众。取苍龙穴里明珠,光天照地。山僧今日到此赞叹不及,汝等诸人合作么生?"竖起拂子曰:"眨上眉毛,速须荐取"。掷拂子,下座。

上堂,"心生法亦生,心灭法亦灭。心法两俱忘,乌龟唤作鳖。诸禅德道得也未?若道得,道林与你拄杖子,其或未然,归堂吃茶去"。僧问:"达磨九年面壁时如何?"师曰:"鱼行水浊。"曰:"二祖礼三拜,为甚么却得其髓?"师曰:"地肥茄子大。"曰:"只如一花开五叶,结果自然成,明甚么边事?"师曰:"贼以赃为验。"曰:"有时乘好月,不觉过沧州。"师曰:"阇梨无分。"问:"有句无句,如藤倚树时如何?"师曰:"验尽当行家。"曰:"树倒藤枯,句归何处,又作么生?"师曰:"风吹日炙。"曰:"沩山呵呵大笑譻。"师曰:"波斯读梵字。"曰:"道吾推倒泥里,沩山不管,此意又且如何?"师曰:"有理不在高声。"曰:"罗山道,道吾是撮马粪汉。又作么生?"师曰:"多口阿师。"曰:"今日足见老师七通八达。"师曰:"仰面哭苍天。"僧礼拜,师曰:"过。"问:"莲花未出水时如何?"师曰:"乾坤无异色。"曰:"出水后如何?"师曰:"遍界有清香。"

续传灯录卷第三十

大鉴下第十六世

雪窦明禅师法嗣

密州嗜山宁禅师 上堂,"有时孤峰顶上,啸月眠云。有时大洋海中,翻波走浪。有时十字街头,七穿八穴。诸人还相委悉么?樟树花开盛,芭蕉叶最多"。

净慈昌禅师法嗣

临安府五云悟禅师 苕溪人也。上堂,"月堂老汉道:'行不见行,是个甚么?坐不见坐,是个甚么?着衣时不见着衣,是个甚么?吃饭时不见吃饭,是个甚么?'山僧虽与他同床打睡,要且各自做梦。何故?行见行,坐见坐,着衣时见着衣,吃饭时见吃饭,无有不见底道理,亦无个是甚么。诸人且道,老汉底是,五云底是?"拈拄杖卓一下曰:"桃红李白蔷薇紫,问着春风总不知。"

灵隐光禅师法嗣

临安府中竺痴禅元妙禅师 婺州王氏。僧问:"如何是截断众流句?"师曰:"佛祖开口无分。"曰:"如何是函盖乾坤句?"师曰:"匝地普天。"曰:"如何是随波逐浪句?"师曰:"有时入荒草,有时上孤峰。"

上堂,"黄昏鸡报晓,半夜日头明。惊起雪师子,瞠开红眼睛"。

上堂,"去年梅,今岁柳,颜色馨香"。喝一喝,良久曰:"若不得这一喝,几乎道着依旧。且道,道着后如何眼睛突出?"

圆觉昙禅师法嗣

抚州灵岩圆日禅师 上堂,"悟无不悟,得无不得,九年面壁空劳力,三脚驴儿跳上天,泥牛入海无踪迹。为甚如此?九九八十一"。

岳麓海禅师法嗣

荆门军玉泉思达禅师 僧问:"如何是一印印空?"师曰:"万象收归古鉴中。"曰:"如何是一印印水?"师曰:"秋蟾影落千江里。"曰:"如何是一印印泥?"师曰:"细观文彩未生时。"

天宁卓禅师法嗣

庆元府育王无示介谌禅师 温州张氏子。谢知事,上堂,"尺头有寸,鉴者犹稀。秤尾无星,且莫错认。若欲定古今轻重,较佛祖短长,但请于中着一只眼。果能一尺还他十寸,八两元是半斤,自然内外和平,家国无事。山僧今日已是两手分付,汝等诸人还肯信受奉行也无?尺量刀剪遍世间,志公不是闲和尚"。

上堂,"文殊智,普贤行,多年历日。德山棒,临济喝,乱世英雄。汝等诸人穿僧堂,入佛殿,还知崄过铁围关么?忽然踏着释迦顶颞,磕着圣僧额头,不免一场祸事"。

上堂,"我若说有,你为有碍。我若说无,你为无碍。我若横说,你又跨不过。我若竖说,你又跳不出。若欲丛林平怙,大家无事,不如推倒育王。且道育王如何推得倒去?"召大众曰:"着力着力!"复曰:"苦哉苦哉!育王被人推倒了也。还有路见不平,拔剑相为底么?若无,山僧不免自倒自起。"击拂子,下座。师性刚毅,莅众有古法,时以谌铁面称之。

安吉州道场普明慧琳禅师 福州人。上堂,"有漏笊篱,无漏木杓。庭白牡丹,槛红芍药。因思九年面壁人,到头不识这一着。且道作么生是这一着?"以拄杖击禅床,下座。

上堂,"一即多,多即一,毗卢顶上明如日。也无一,也无多,现成公案没誵讹。拈起旧来毡拍板,明时共唱太平歌"。

安吉州道场无传居慧禅师 本郡吴氏子。上堂,"钟馗醉里唱凉州,小妹门前只点头。巡海夜叉相见后,大家拍手上高楼。大众若会得去，锁却天下人舌头。若会不得，将谓老僧别有奇特"。

上堂，"百尺竿头弄影戏，不唯瞒你又瞒天。自笑平生岐路上，投老归来没一钱"。

上堂，举临济示众曰："一人在高高峰顶，无出身之路。一人在十字街头，亦无向背。且道那个在前那个在后？"师曰："更有一人，不在高高峰顶，亦不在十字街头，临济老汉因甚不知。"便下座。

临安府显宁松堂圆智禅师 上堂，"芦花白，蓼花红，溪边修竹碧烟笼。闲云抱幽石，玉露滴岩丛，昨夜乌龟变作鳖，今朝水牯悟圆通。咄！"

安吉州乌回唯庵良范禅师 上堂，"尘劫已前事，堂堂无背面。动静莫能该，舒卷快如电。莫道凡不知，佛也觑不见。决定在何处，合取这两片荐不荐，更为诸人通一线"。良久曰："天下太平，皇风永扇。"

上堂，举僧问赵州："至道无难，唯嫌拣择，是时人窠窟否？"州曰："曾有人问老僧，直得五年分疏不下。"师召众曰："赵州具顶门眼，向击石火里分缁素，闪电光中明纵夺，为甚么却五年分疏不下，还委悉么？易分雪里粉，难辨墨中煤。"

温州本寂灵光文观禅师 本郡叶氏子。上堂，"过去诸如来，斯门已成就，好事不如无。现在诸菩萨，今各入圆明，好事不如无。未来修学人，当依如是住，好事不如无。还知么？除却华山陈处士，何人不带是非行。参！"

上封才禅师法嗣

福州普贤元素禅师 建宁人也。上堂，"兵随印转，三千里外绝烟尘。将逐符行，二六时中净裸裸。不用铁旗铁鼓，自然草偃风行。何须七纵七擒，直得无思不服。所谓大丈夫秉慧剑，般若锋兮金刚焰，非但能摧外道心，早曾落却天魔胆。正恁么时，且道主将是甚么人？"喝一喝。

上堂，"南泉道：'我十八上便解作活计，囊无系蚁之丝，厨乏聚蝇之糁。'赵州道：'我十八上便解破家散宅，南头买贱，北头卖贵。'点检将来，好与三十棒，且放过一着。何故？曾为宕子偏怜客，自爱贪杯惜醉人"。

上堂，"未开口时先分付，拟思量处隔千山。莫言佛法无多子，未透玄关也大难。只如玄关作么生透？"喝一喝。

福州鼓山山堂僧洵禅师 本郡阮氏子。上堂，"黄檗手中六十棒，不会佛法的的大意，印较些子。大愚肋下筑三拳，便道黄檗佛法无多子，钝置杀人。须知有一人大棒蓦头打他不回头，老拳劈面槌他亦不顾。且道是谁？"

上堂，"朔风扫地卷黄叶，门外千峰凛寒色。夜半乌龟带雪飞，石女溪边皱两眉。"卓拄杖云："大家在这里，且道天寒人寒？"喝一喝云："归堂去。"

福州鼓山别峰祖珍禅师 兴化林氏子。僧问："赵州绕禅床一匝，转藏已竟，此理如何？"师曰："画龙看头，画蛇看尾。"曰："婆子道：'此来请转全藏，为甚么只转得半藏？'此意又且如何？"师曰："人无远虑，必有近忧。"曰："未审甚么处是转半藏处？"师曰："不是知音者，徒劳话岁寒。"

上堂，"寻牛须访迹，学道贵无心。迹在牛还在，无心道易寻"。竖起拂子曰："这个是迹，牛在甚么处？直饶见得头角分明，鼻孔也在法石手里。"

上堂，"向上一路，千圣不传"。卓拄杖曰："恁么会得，十万八千。毕竟如何？桃红李白蔷薇紫，问着春风总不知。"

示众云："大道只在目前，要且目前难睹。欲识大道真体，不离声色言语。"卓拄杖云："这个是声。"竖起拄杖云："这个是色，唤甚么作大道真体？直饶向这里见得，也是郑州出曹门。"

示众："若论此事，如人吃饭，饱则便休。若也不饱，必有思食之心。若也过饱，又有伤心之患。到这里作么生得恰好去？"良久云："且归岩下宿，同看月明时。"

云岩游禅师法嗣

临安府径山涂毒智策禅师　天台陈氏子，幼依护国僧楚光落发。十九造国清，谒寂室光，洒然有省。次谒大圆于明之万寿，圆问曰："甚处来？"师曰："天台来。"曰："见智者大师么？"师曰："即今亦不少。"曰："因甚在汝脚跟下？"师曰："当面蹉过。"圆曰："上人不耘而秀，不扶而直。"

一日辞去，圆送之门，拊师背曰："宝所在近，此城非实。"师领之。往豫章谒典牛，道由云居，风雪塞路，坐阅四十二日。午初版声铿然，豁尔大悟。及造门，典牛独指师曰："甚处见神见鬼来？"师曰："云居闻版声来。"牛曰："是甚么？"师曰："打破虚空，全无柄靶。"牛曰："向上事未在。"师曰："东家暗坐，西家厮骂。"牛曰："崭然超出佛祖，他日起家，一麟足矣。"

住后，上堂，举教中道："若以色见我，以音声求我，是人行邪道，不能见如来。""虽然恁么，正是捕得老鼠，打破油瓮。怀禅师道，你眼在甚么处。虽则识破释迦老子，争奈拈馄舐指。若是涂毒即不然，色见声求也不妨，百华影里绣鸳鸯，自从识得金针后，一任风吹满袖香。"师将示寂，升座别众，嘱门人以文祭之。师危坐倾听，至"尚飨"，为之一笑。越两日，沐浴更衣，集众说偈曰："四大既分飞，烟云任意归。秋天霜夜月，万里转光辉。"俄顷泊然而逝，塔全身于东岗之麓。

圆通旻禅师法嗣

江州庐山圆通守慧冲真密印通慧禅师 上堂，"但知今日复明日，不觉前秋与后秋。平步坦然归故里，却乘好月过沧洲。咦！不是苦心人不知"。

隆兴府黄龙道观禅师 上堂曰："古人道，眼色耳声万法成办。你诸人为甚么从朝至暮诸法不相到？"遂喝一喝曰："牵牛入你鼻孔，祸不入慎家之门。"

左丞范冲居士 字致虚，由翰苑守豫章过圆通，谒旻禅师。茶罢曰："某行将老矣，堕在金紫行中去，此事稍远。"通呼内翰，公应喏。通曰："何远之有？"公跃然曰："乞师再垂指诲。"通曰："此去洪都有四程。"公伫思，通曰："见即便见，拟思即差。"公乃豁然有省。

枢密吴居厚居士 拥节归钟陵,谒圆通旻禅师,曰:"某顷赴省试过此,过赵州关,因问前住讷老透关底事如何,讷曰:'且去做官。'今不觉五十余年。"旻曰:"曾明得透关底事么?"公曰:"八次经过,常存此念,然未甚脱洒在。"旻度扇与之曰:"请使扇。"公即挥扇。旻曰:"有甚不脱洒处?"公忽有省曰:"便请末后句。"旻乃挥扇两下。公曰:"亲切亲切!"旻曰:"吉獠舌头三千里。"

谏议彭汝霖居士 手写《观音经》施圆通,通拈起曰:"这个是《观音经》,那个是谏议经?"公曰:"此是某亲写。"通曰:"写底是字,那个是经?"公笑曰:"却了不得也。"通曰:"即现宰官身而为说法。"公曰:"人人有分。"通曰:"莫谤经好。"公曰:"如何即是?"通举经示之,公抚掌大笑曰:"嗄。"通曰:"又道了不得。"公礼拜。

中丞卢航居士 与圆通拥炉次,公问:"诸家因缘不劳拈出,直截一句请师指示。"通厉声揖曰:"看火。"公急拨衣,忽大悟,谢曰:"灼然佛法无多子。"通喝曰:"放下着。"公应喏喏。

左司都贶居士 问圆通曰:"是法非思量分别之所能解,当如何凑泊?"通曰:"全身入火聚。"公曰:"毕竟如何晓会?"通曰:"蓦直去。"公沉吟,通曰:"可更吃茶么?"公曰:"不必。"通曰:"何不恁么会?"公契旨曰:"元来太近。"通曰:"十万八千。"公占偈曰:"不可思议,是大火聚。便恁么去,不离当处。"通曰:"咦,犹有这个在。"公曰:"乞师再垂指示。"通曰:"便恁么去，铛是铁铸。"公顿首谢之。

雪峰需禅师法嗣

福州雪峰球堂慧忠禅师　上堂，"终日忙忙，那事无妨，作么生是那事？"良久曰："心不负人，面无惭色。"

祥符立禅师法嗣

湖南报慈淳禅师　上堂曰："青眸一瞬，金色知归。授手而来，如王宝剑。而今开张门户，各说异端。可谓古路坦而荆棘生，法眼正而还自翳。孤负先圣，埋没己灵。且道不埋没不孤负正法眼藏，如何吐露，还有吐露得底么？出来吐露看。如无，担取诗书归旧隐，野花啼鸟一般春。"

浮山真禅师法嗣

峨嵋灵岩徽禅师　僧问："文殊是七佛之师，未审谁是文殊之师。"师曰："金沙滩头马郎妇。"

信相显禅师法嗣

成都府金绳文禅师　僧问："如何是大道之源？"师曰："黄河九曲。"曰："如何是不犯之令？"师曰："铁蛇钻不入。"

僧拟议，师便打。

净因成禅师法嗣

台州瑞岩如胜佛灯禅师 上堂，"人人领略释迦，个个平欺达磨。及乎问着宗纲，束手尽云放过。放过即不无，只如女子出定，赵州洗钵盂，又作么生话会？鹤有九皋难翥翼，马无千里谩追风"。

无为军冶父实际道川禅师 昆山狄氏子。初为县之弓级，闻东斋谦首座为道俗演法，往从之，习坐不倦。一日因不职，遭笞，忽于杖下大悟。遂辞职依谦，谦为改名道川，且曰："汝旧呼狄三，今名道川，川即三耳。汝能竖起脊梁，了办个事，其道如川之增。若放倒，则依旧狄三也。"师铭于心。

建炎初，圆顶游方，至天封，蹒庵与语，机锋相投，庵称善。归憩东斋，道俗愈敬。有以《金刚般若经》请问者，师为颂之，今盛行于世。

隆兴改元，殿撰郑公乔年漕淮西，适冶父虚席，迎开法。上堂，"群阴剥尽一阳生，草木园林尽发萌。唯有衲僧无底钵，依然盛饭又盛羹"。

上堂，举雪峰一日登座，拈拄杖，东觑曰："东边底。"又西觑曰："西边底。""诸人还知么？"掷下拄杖曰："向这里会取。"师曰："东边觑了复西观，拄杖重重话岁寒。带雨一枝花落尽，不烦公子倚阑干。"

上封秀禅师法嗣

文定公胡安国草庵居士 字康侯,久依上封,得言外之旨。崇宁中,过药山,有禅人举南泉斩猫话问公,公以偈答曰:"手握乾坤杀活机,纵横施设在临时。玉堂兔马非龙象,大用堂堂总不知。"又寄上封有曰:"祝融峰似杜城天,万古江山在目前。须信死心元不死,夜来秋月又同圆。"

黄龙逢禅师法嗣

饶州荐福常庵择崇禅师 宁国府人也。上堂,举僧问古德:"生死到来,如何免得?"德曰:"柴鸣竹爆惊人耳。"僧曰:"不会。"德曰:"家犬声狞夜不休。"师曰:"诸人要会么?柴鸣竹爆惊人耳,大洋海底红尘起。家犬声狞夜不休,陆地行船三万里。坚牢地神笑呵呵,须弥山王眼觑鼻。把手东行却向西,南山声应北山里。千手大悲开眼看,无量慈悲是谁底。"良久曰:"头长脚短,少喜多嗔。"

上堂,问侍者曰:"还记得昨日因缘么?"曰:"记不得。"复顾大众曰:"还记得么?"众无对。竖起拂子曰:"还记得么?"良久曰:"也忘却了也。三处不成,一亦非有。诸人不会方言,露柱且莫开口。"以拂子击禅床,下座。

黄龙震禅师法嗣

常德府德山无诤慧初禅师 静江府人也。上堂，顾视大众曰："见么？在天成象，在地成形。在日月为晦为朔，在四时为寒为暑。鼓之以雷霆，润之以风雨。且道在衲僧分上又作么生？一趯趯翻四大海，一拳拳倒须弥山。佛祖位中留不住，又吹渔笛汨罗湾。"

上堂，"九月二十五，聚头相共举。瞎却正法眼，拈却云门普。德山不会说禅，赢得村歌社舞。阿呵呵，逻啰哩"。遂作舞，下座。

万年一禅师法嗣

嘉兴府报恩法常首座 开封人也，丞相薛居正之裔。宣和七年，依长沙益阳华严元轼下发。遍依丛林，于《首楞严经》深入义海。自湖湘至万年，谒雪巢机契，命掌笺翰。后首众报恩，室中唯一矮榻，余无长物。庚子九月中，语寺僧曰："一月后不复留此。"十月二十一往方丈谒饭，将晓，书渔父词于室门，就榻收足而逝。词曰："此事《楞严》尝露布，梅华雪月交光处。一笑寥寥空，万古风瓯语。迥然银汉横天宇，蝶梦南华方栩栩。斑斑谁跨丰干虎，而今忘却来时路。江山暮天涯，目送鸿飞去。"

岳山祖庵主法嗣

庐山延庆叔禅师 僧问:"多子塔前共谈何事?"师曰:"一回相见一回老,能得几时为弟兄。"僧礼拜,师曰:"唐兴今日失利。"

胜因静禅师法嗣

涟水军万寿梦庵普信禅师 上堂,"残雪既消尽,春风日渐多。若将时节会,佛法又如何。且道时节因缘与佛法道理是同是别?"良久曰:"无影树栽人不见,开华结果自馨香。"

平江府慧日默庵兴道禅师 上堂,"同云欲雪未雪,爱日似晖不晖。寒雀啾啾闹篱落,朔风冽冽舞帘帷。要会韶阳亲切句,今朝觌面为提撕"。卓拄杖,下座。

广德军光孝果愍禅师 常德桃源人也。上堂,举南泉斩猫儿话,乃曰:"南泉提起下刀诛,六臂修罗救得无。设使两堂俱道得,也应流血满街衢。"

天童交禅师法嗣

庆元府蓬莱圆禅师 住山三十年,足不越阃,道俗尊仰之。师有偈曰:"新缝纸被烘来暖,一觉安眠到五更。闻得上方钟鼓动,又添一日在浮生。"

明招慧禅师法嗣

杨州石塔宣秘礼禅师　僧问："山河大地与自己是同是别？"师曰："长亭凉夜月，多为客铺舒。"曰："谢师答话。"师曰："网大难为鸟，纶稠始得鱼。"僧作舞归众。师曰："长江为研墨，频写断交书。"

上堂，举百丈野狐话，乃曰："不是翻涛手，徒夸跨海鲸。由基方捻镞，枝上众猿惊。"

上堂，至座前，师拈一僧上法座。僧惝惶欲走，师遂指座曰："这棚子若牵一头驴上去，他亦须就上屙在。汝诸人因甚么却不肯？"以拄杖一时赶散，顾侍者曰："嶮！"

天童珏禅师法嗣

明州雪窦智鉴禅师　滁州吴氏子，儿时母与洗手疡，因曰："是甚么？"对曰："我手似佛手。"长失怙恃，依真歇于长芦，大休首众即器之。后遁象山，百怪不能惑，深夜开悟。求证于延寿，然复见大休。住后上堂，"世尊有密语，迦叶不覆藏。一夜落花雨，满城流水香"。

雪窦宗禅师法嗣

泰州广福微庵道勤禅师　本郡俞氏子。上堂，举僧问同安："如何是和尚家风？"同安曰："金鸡抱子归霄汉，玉兔怀胎入紫微。"曰："忽遇客来，将何只待？"同安曰："金果早朝猿摘去，玉华晚后凤衔来。"师曰："广福即不然，有问如何是和尚家风，只向他道：'翠竹丛边歌款乃，碧岩深处卧烟萝。忽遇客来将何只待，没底篮儿盛皓月，无心碗子贮清风。'"

善权智禅师法嗣

越州超化藻禅师 开炉，上堂，"雪满寒窗，烧尽丹霞木佛。冰交野渡，冻杀陕府铁牛。直得寒灰发焰，片雪不留，任运纵横，现成受用。诸禅德要会么？衲帔蒙头坐，冷暖了无知"。

大随静禅师法嗣

合州钓鱼台石头自回禅师 本郡人也，世为石工。虽不识字，志慕空宗。每求人口授《法华》，能诵之。弃家，投大随，供扫洒。寺中令取崖石，师手不释锤凿，而诵经不辍口。随见而语曰："今日硾磕，明日硾磕。死生到来，作甚折合。"师愕然，释其器，设礼，愿闻究竟法，因随至方丈。令且罢诵经，看赵州勘婆因缘，师念念不去心。久之，因凿石，石稍坚，尽力一锤，瞥见火光，忽然省彻。走至方丈，礼拜呈颂曰："用尽工夫，浑无巴鼻。火光迸散，元在这里。"随忻然曰："子彻也。"复献赵州勘婆颂曰："三军不动旗闪烁，老婆正是魔王脚。赵州无柄铁扫帚，扫荡烟尘空索索。"随可之，遂授以僧服。人以其为石工，故有回石头之称也。

上堂，"参禅学道，大似井底叫渴相似。殊不知，塞耳塞眼，回避不及。且如十二时中，行住坐卧，动转施为，是甚么人使作。眼见耳闻，何处不是路头。若识得路头，便是大解脱路，方知老汉与你证明，山河大地与你证明。所以道，十方薄伽梵，一路涅槃门。诸仁者，大凡有一物当途，要见一物之根源。一物无处，要见一物之根源。见得根源，源无所源。所源既非，何处不圆。诸禅德，你看老汉有甚么胜你处，诸人有甚么不如老汉处，还会么？太湖三万六千顷，月在波心说向谁"。

潼川府护圣愚丘居静禅师 成都杨氏子，年十四，礼白马安慧为师。闻南堂道望，遂往依马①。堂举香严枯木里龙吟话，往返酬诘，师于言下大悟。一日，堂问曰："莫守寒岩异草青，坐却白云宗不妙，汝作么生？"师曰："直须挥剑，若不挥剑，渔父栖巢。"堂矍然曰："这小厮儿。"师珍重便行。

出住东岩，上堂，"月生一，东岩乍住增愁寂，红尘世路有多端，米面食储无颗粒。崖为伴，泉为匹，飒飒清风来入室，山王土地暗中忙，云版钟鱼偷泪滴。世人莫道守空岩，亦有东篱打西壁"。

尝谓众曰："参学至要，不出先南堂道。最初句及末后句，透得过者，一生事毕。倘或未然，更与你分作十门，各各印证。自心还得稳当也未？一须信有教外别传。二须知有教外别传。三须会无情说法与有情说法无二。四须见性如观掌中之物，了了分

---

① 马：《五灯会元》作"焉"。

明，一一田地稳密。五须具择法眼。六须行鸟道玄路。七须文武兼济。八须摧邪显正。九须大机大用。十须向异类中行。凡欲绍隆法种。须尽此纲要。方坐得这曲录床子。受得天下人礼拜。敢与佛祖为师。若不到恁么田地。只一向虚头。他时异日。阎老子未放你在。"间有学者各门颂出呈师，师以颂示曰："十门纲要掌中施，机会来时自有为。作者不须排位次，大都首尾是根基。"

简州南岩胜禅师 上堂，召大众曰："护生须是杀，杀尽始安居。会得个中意，分明在半途。且道到家一句又作么生？释迦弥勒没量大，看来犹只是他奴。"

僧问："放行五位即不问，把定三关事若何？"师曰："横按镆铘全正令。"曰："把定三关蒙指示，放行五位事如何？"师曰："太平寰宇斩痴顽。"曰："恁么则南岩门下，土旷人稀。"师曰："灵利衲僧，只消一点。"曰："自古自今，同生同死时如何？"师曰："家贼难防。"曰："今日学人小出大遇去也。"师便打曰："须是老僧打你始得。"僧礼拜，师曰："切忌诈明头。"

常德府梁山廓庵师远禅师 合川鲁氏子。上堂，举扬岐三脚驴子话，乃召大众曰："扬其汤者，莫若扑其火。壅其流者，莫若杜其源。此乃智人之明鉴，佛法之至论，正在斯焉。这因缘，如今丛林中，提唱者甚多，商量者不少。有般底只道，宗师家无固必，凡有所问，随口便答。似则也似，是即未是。若恁么，只作个干无事会，不见杨岐用处，乃至祖师千差万别，方便门庭，如何消遣。又有般底，只向佛边会，却与自己没交涉。古人道，凡有言句须，是一一消归自己。又作么生？又有般底，一向只作自己会，弃却古人用处，唯知道明自己事。古人方便，却如何消遣，既消遣不下，却似抱桥柱澡洗，要且放手不得。此亦是一病。又有般底，却去脚多少处会。若恁么会，此病最难医也。所以他语有巧妙处，参学人卒难摸索，才拟心则差了也。前辈谓之杨岐宗旨，须是他屋里人到恁么田地，方堪传授。若不然者，则守死善道之谓也。这公案直须还他透顶透底汉，方能了得。此非止禅和子会不得。而今天下丛林中出世为人底，亦少有会得者。若要会去，直须向威音那畔空劫已前轻轻觑着，提起便行，捺着便转。却向万仞峰前进一步，可以笼罩古今，坐断天下人舌头。如今还有恁么者么？有则出来道看。如无，更听一颂。三脚驴子弄蹄行，直透威音万丈坑。云在岭头闲不彻，水流涧下太忙生。湖南长老谁解会，行人更在青山外。"

上堂，"天得一以清，地得一以宁，君王得一以治天下。这个说话是家常茶饭，须知衲僧家别有奇特处始得。且道衲僧门下有甚奇特处？天得一，斗牛女虚危室壁。地得一，万象森罗及瓦砾。君王得一，上下四维无等匹。且道衲僧得一时如何？要见客从何处来，闲持经卷倚松立"。

浴佛，上堂，举药山浴佛公案，拈云："这僧问处，依稀越国，仿佛扬州。药山答来，眼似流星，机如掣电。点检将来，二俱不了。若是山僧即不然，当是时才见他问，只浴得这个，且不浴得那个。但转木杓柄与伊，待他拟议之间，拦面便泼。假饶这僧有大神通，具大智慧，也无施展处。敢问大众，这个即且致，唤甚么作那个？"下座。"佛殿烧香，为你说破。"师有《十牛图》并颂行于世。

嘉州能仁默堂绍悟禅师 结夏，上堂。"最初一步，十方世界现全身。末后一言，一微尘中深锁断。有时提起，如倚天长剑，光耀乾坤。有时放下，似红炉点雪，虚含万象。得到恁么田地，天魔外道，拱手归降，三世诸佛，一时稽首。便可以大圆觉为我伽蓝，于一毫端现宝王刹。如是则朝往西天，暮归东土，亦是禁足。百花丛里坐，淫坊酒肆行，亦是禁足。虽然如是，不曾动着这里一步。恁么则九旬无虚弃之功，百劫有今时之用，堪报不报之恩，以助无为之化。此即是涅槃妙心，金刚王宝剑。敢问大众，怎么生得到这田地去？如人上山，各自努力。"

上堂，举赵州访二庵主公案，颂曰："一重山尽一重山，坐断孤峰子细看。雾卷云收山岳静，楚天空阔一轮寒。"

彭州土溪智陀子言庵主 绵州人也，初至大随，闻举石头和尚示众偈，倏然领旨。归隐土溪，悬崖绝壑间，有石若蹲异兽，师凿以为室。中发异泉，无涸溢，四众讶之。居三十年，化风盛播。室成日，作偈曰："一击石庵全，纵横得自然。清凉无暑气，涓洁有甘泉。宽廓含沙界，寂寥绝众缘。个中无限意，风月一床眠。"

剑门南修造者 淳厚之士也。自大随一语契投，服勤不息。归谒崇化赟禅师。坐次，赟以宗门三印问之，南曰："印空印泥印水，平地寒涛竞起，假饶去就十分，也是灵龟曳尾。"

莫将尚书 字少虚，家世豫章分宁。因官西蜀，谒南堂静禅师，咨决心要，堂使其向一切处提撕。适如厕，俄闻秽气，急以手掩鼻，遂有省。即呈以偈曰："从来姿韵爱风流，几笑时人向外求。万别千差无觅处，得来元在鼻尖头。"南堂答曰："一法才通法法周，纵横妙用更何求。青蛇出匣魔军伏，碧眼胡僧笑点头。"

龙图王萧居士 字观复。留昭觉日,闻开静板声有省。问南堂曰:"某有个见处,才被人问却,开口不得,未审过在甚处?"堂曰:"过在有个见处。"堂却问:"朝旆几时到任?"公曰:"去年八月四日。"堂曰:"自按察几时离衙?"公曰:"前月二十。"堂曰:"为甚么道开口不得?"公乃契悟。

五祖自禅师法嗣

蕲州龙华高禅师 上堂,"象王行,师子住,赤脚昆仑眉卓竖。寒山拾得笑呵呵,指点门前老松树。且道他指点个甚么?忽然风吹倒,时好一堆柴"。

续传灯录卷第三十一

大鉴下第十七世

虎丘隆禅师法嗣

明州天童应庵昙华禅师 蕲州江氏子，生而奇杰。年十七于东禅去发，首依水南遂禅师，染指法味。因遍历江湖，与诸老激扬，无不契者。至云居，礼圆悟禅师。悟一见，痛与提策。及入蜀，指见彰教，教移虎丘。师侍行，未半载，顿明大事。去谒此庵，分座连云，开法妙严。后迁诸巨刹，住归宗日，大慧在梅阳。有僧传师垂示语句，慧见之，极口称叹，后以偈寄曰："坐断金轮第一峰，千妖百怪尽潜踪。年来又得真消息，报道杨岐正脉通。"其归重如此。

上堂，"九年面壁，坏却东土儿孙。只履西归，钝置黄面老子"。以拄杖画一画曰："石牛横古路，一马生三寅。"

上堂，"德章老瞎秃，从来没滋味。拈得口，失却鼻，三更二点唱巴歌，无端惊起梵王睡"。喝一喝曰："我行荒草里，汝又入深村。"

上堂，"临济在黄檗处，三度吃棒底意旨，你诸人还觑得透也未?直饶一咬便断,也未是大丈夫汉。三世诸佛,口挂壁上。天下老和尚,将甚么吃饭?"

上堂,"十五日已前,水长船高。十五日已后,泥多佛大。正当十五日,东海鲤鱼打一棒,雨似盆倾,直得三千大千世界,一切众生,悉皆欢喜。谓言打这一棒,不妨应时应节,报恩不觉,通身踊跃。遂作诗一首,举似大众:'蜻蜓许是好蜻蜓,飞来飞去不曾停。被我捉来摘却两边翼,恰似一枚大铁钉。'"

上堂,"若作一句商量,吃粥阿谁不会。不作一句商量,屎坑里虫子笑杀阇黎"。拈拄杖曰:"拄杖子罪犯弥天,贬向二铁围山。且道荐福还有过也无?"卓拄杖曰:"迟一刻。"

上堂,"明不见暗,暗不见明。明暗双忘,无异流俗阿师。野干鸣师子吼,师子吼野干鸣。三家村里臭猢狲,价增十倍。骊龙颔下明月珠,分文不直。若作衲僧巴鼻,甚处得来,三十年后,换手搥胸,未是苦在"。

上堂,"饭箩边漆桶里,相唾饶你泼水,相骂饶你接嘴。黄河三千年一度清,蟠桃五百年一次开花。鹤勒那咬定牙关,朱顶王呵呵大笑。归宗五十年前有一则公案,今日举似诸人。且道是甚么公案?王节级失却帖"。

上堂,"吃粥吃饭,不觉嚼破舌头,血溅梵天,四天之下,霈然有余。玉皇大帝,发追东海龙王,向金轮峰顶鞫勘,顷刻之间追汝诸人作证见也。且各请依实供通,切忌回避。傥若不实,丧汝性命"。

上堂,"五百力士揭石义,万仞崖头撒手行。十方世界一团铁,虚空背上白毛生。直饶拈却职脂帽子,脱却鹘臭布衫,向报恩门下正好吃棒。何故？半夜起来屈膝坐，旄头星现衲僧前"。

上堂，"三世诸佛眼里无筋，六代祖师皮下无血。分明咬定牙关，蹦跳出他圈襆不得。何故？南泉斩猫儿"。

上堂云："参禅人切忌错用心，悟明见性是错用心，成佛作祖是错用心，看经讲教是错用心，行住坐卧是错用心，吃粥吃饭是错用心，屙屎送尿是错用心，一动一静一往一来是错用心。更有一处错用心，归宗不敢与诸人说破。何故？一字入公门，九牛车不出。"

上堂云："良工未出，玉石不分。巧冶无人，金沙混杂。纵使无师自悟，向天童门下，正好朝打三千，暮打八百。"蓦拈拄杖云："唤作拄杖，玉石不分。不唤作拄杖，金沙混杂。其间一个半个善别端由，管取平步丹霄。苟或未然。"卓拄杖云："急着眼看。"

僧问："婆子问岩头，呈桡舞棹则不问，且道婆手中儿子甚处得来，岩头扣船舷三下意旨如何？"师曰："焦砖打着连底冻。"曰："当时若问和尚，如何对它？"师曰："一棒打杀。"曰："这老和尚大似买帽相头。"师曰："你向甚处见岩头？"曰："札。"师曰："杜撰禅和。"曰："婆生七子，六个不遇知音，只这一个也不消得，掷向水中，又且如何？"师曰："少卖弄。"曰："岩头当时不觉吐舌，意作么生？"师曰："乐则同欢。"曰："僧问云门，如何是清净法身？"云门曰："花药栏。此意如何？"师曰："深沙弩眼睛。"问："只这是埋没自己，只这不是孤负先圣。去此二途，和泥合水处，请师道。"师曰："玉箸撑虎口。"曰："一言金石谈来重，万事鸿毛脱去轻。"师曰："莫谩老僧好。"问：

"人皆畏炎热，我爱夏日长。熏风自南来，殿阁生微凉时如何？"师曰："倒戈卸甲。"

虎丘忌日，拈香曰："平生没兴，撞着这无意智。老和尚做尽伎俩，凑泊不得。从此卸却干戈，随分着衣吃饭。二十年来，坐曲录床，悬羊头卖狗肉，知它有甚凭据，虽然一年一度烧香日，千古令人恨转深。"师于室中能锻炼耆艾，故世称大慧与师居处为二甘露门。尝诫徒曰："衲僧家着草鞋住院，何啻如蚯蚓恋窟乎。"隆兴改元六月十三日奄然而化，塔全身于本山。

育王裕禅师法嗣

福州清凉坦禅师 有僧举大慧竹篦话请益，师示以偈曰："径山有个竹篦，直下别无道理。佛殿厨库三门，穿过衲僧眼耳。"其僧言下有省。

临安府净慈水庵师一禅师 婺州马氏子，十六披削，首参雪峰慧照禅师。照举藏身无迹话问之，师数日方明，呈偈曰："藏身无迹更无藏，脱体无依便厮当。古镜不劳还自照，淡烟和露湿秋光。"照质之曰："毕竟那里是藏身无迹处？"师曰："嗄。"照曰："无踪迹处，因甚么莫藏身？"师曰："石虎吞却木羊儿。"照深肯之。

住后，上堂，举圆悟师翁道："参禅参到无参处，参到无参始彻头。""水庵则不然，参禅参到无参处，参到无参未彻头。若也欲穷千里目，直须更上一层楼。"

上堂："冻云欲雪未雪，普贤象驾峥嵘。岭梅半合半开，少室风光漏泄。便恁么去，犹是半提。作么生是全提底事？无智人前莫说，打你头破额裂。"

上堂，举法眼示众曰："尽十方世界明皎皎地，若有一丝头即是一丝头。"师竖起拂子曰："还见么？穿过髑髅犹未觉。"法灯云："尽十方世界自然明皎皎地，若有一丝头不是一丝头。"师曰："夜来月色十分好，今日秋山无限清①。"

安吉州道场无庵法全禅师 姑苏陈氏子，东斋川和尚为落发。师久依佛智，每入室，智以狗子无佛性话问之，师罔对。一日，闻僧举五祖颂云："赵州露刀剑。"②忽大悟，有偈曰："鼓吹轰轰祖半肩，龙楼香喷益州船。有时赤脚弄明月，踏破五湖波底天。"

住后，上堂，"欲得现前，莫存顺逆"。卓拄杖云："三祖大师变作马面夜叉，向东弗于逮、西瞿耶尼、南赡部洲、北郁单越，却来山僧手里呈身，元来只是一条黑漆拄杖。还见么？直饶见得入地狱如箭射。"卓拄杖，下座。

上堂，拈拄杖曰："汝等诸人个个顶天立地，肩横栵栗，到处行脚，勘验诸方。更来这里觅个甚么？才轻轻拶着，便言天台普请，南岳游山。我且问你，还曾收得大食国里宝刀么？"卓拄杖曰："切忌口衔羊角。"僧问："牛头未见四祖时如何？"师曰："天下无贫人。"曰："见后如何？"师曰："四海无富汉。"

乾道己丑七月二十五日将入寂，众求偈，师瞪目下视。众请益坚，遂书"无无"二字，弃笔而逝。火后设利五色，塔于金

---

① 清：径山本作"青"。
② 五祖法演颂："赵州露刀剑，寒霜光焰焰，更拟问如何，分身作数段。"

斗峰。

泉州延福寒岩慧升禅师　建宁人也。上堂，喝一喝曰："尽十方世界，会十世古今，都卢在里许，亘亘塞塞了也。若乃放开一针锋许，则大海西流，巨岳倒卓。鼋鼍鱼龙，鰕蟹蚯蚓，尽向平地上涌出波澜，游泳鼓舞。然虽如是，须向百尺竿头自进一步，则步步踏转无尽藏轮。方知道，鼻孔搭在上唇，眉毛不在眼下。还相委悉么？"复喝一喝曰："切忌转喉触讳。"

大沩泰禅师法嗣

潭州慧通清旦禅师　蓬州严氏子，初出关，至德山直泰，上堂，举赵州曰："台山婆子已为汝勘破了也，且道意在甚么处。"良久曰："就地撮将黄叶去，入山推出白云来。"师闻释然，翌日入室，山问："前百丈不落因果，因甚么堕野狐。后百丈不昧因果，因甚么脱野狐。"师曰："好与一坑埋却。"

住后，上堂，"说佛说祖，正如好肉剜疮。举古举今，犹若残羹馊饭。一闻便悟，已落第二头。一举便行，早是不着便。须知个事如天普盖，似地普擎。师子游行，不求伴侣。壮士展臂，不借他力。佛祖拈掇不起，衲僧觑见无门。迷悟双忘，圣凡路绝。且道从上诸圣，以何法示人？"喝一喝曰："莫妄想。"

佛性和尚忌日，上堂，"三脚驴子弄蹄行，步步相随不相到。树头惊起双双鱼，拈来一老一不老。为怜松竹引清风，其奈出门便是草。因唤檀郎识得渠，大机大用都推倒。烧香勘证见根源，粪扫堆头拾得宝。丛林浩浩谩商量，劝君莫谤先师好"。

澧州灵岩仲安禅师 幼为比丘，壮游讲肆。后谒圆悟于蒋山，时佛性为座元，师扣之，即领旨。逮性住德山，遣师至钟阜，通嗣书。圆悟问："千里驰来，不辱宗风。公案现成，如何通信？"师曰："觌面相呈，更无回互。"曰："此是德山底，那个是上座底？"师曰："岂有第二人。"曰："背后底聻。"师投书，悟笑曰："作家禅客，天然有在。"师曰："付与蒋山。"次至僧堂前，师捧书问讯首座，座曰："玄沙白纸，此自何来？"师曰："久默斯要，不务速说。今日拜呈，幸希一览。"座便喝。师曰："作家首座。"座又喝，师以书便打。座拟议，师曰："未明三八九，不免自沈吟。"师以书复打一下曰："接！"

时圆悟与佛眼见，悟曰："打我首座死了也。"佛眼曰："官马厮踢有甚凭据。"师曰："说甚官马厮踢，正是龙象蹴踏。"悟唤师至曰："我五百人首座，你为甚么打他？"曰："和尚也须吃一顿始得。"悟顾佛眼吐舌。眼曰："未在。"却顾师问曰："空手把锄头，步行骑水牛，人从桥上过，桥流水不流。意作么生？"师鞠躬曰："所供并是诣实。"眼笑曰："元来是屋里人。"

又往见五祖自和尚通法眷书，祖曰："书里说个甚么？"师曰："文彩已彰。"曰："毕竟说个甚么？"师曰："当阳挥宝剑。"曰："近前来，这里不识几个字。"师曰："莫诈败。"祖顾侍者曰："是那里僧？"曰："此上座向曾在和尚会下去。"祖曰："怪得恁么滑头。"师曰："被和尚钝置来。"祖乃将书于香炉上熏，曰："南无三满多没陀南。"师近前弹指而已，祖便开书。回德山日，佛果、佛眼皆有偈送之。未几，灵岩虚席，衲子投牒，乞师住持，遂嗣大沩焉。

上堂，"参禅不究渊源，触途尽为留碍。所以守其静默，澄寂虚闲，堕在毒海。以弱胜强，自是非他。立人我量，见处偏枯。遂致优劣不分，照不构用，用不离窠。此乃学处不玄，尽为流俗。到这里，须知有杀中透脱，活处藏机，佛不可知，祖莫能测。所以古人道：'有时先照后用，且要共你商量。有时先用后照，你须是个汉始得。有时照用同时，你又作么生抵当。有时照用不同时，你又向甚么处凑泊。'还知么？穿杨箭与惊人句，不是临时学得来"。

成都府正法灏禅师 上堂，举永嘉到曹溪因缘乃曰："要识永嘉么，掀翻海岳求知己。要识祖师么，拨动乾坤建太平。二老不知何处去。"卓拄杖曰："宗风千古播嘉声。"

成都府昭觉辩禅师 上堂，"毫厘有差，天地悬隔。隔江人唱鹧鸪词，错认胡笳十八拍。要会么？欲得现前，莫存顺逆。五湖烟浪有谁争，自是不归归便得"。

护国元禅师法嗣

台州国清简堂行机禅师 本郡人，姓杨氏。风姿挺异，才压儒林。年二十五，弃妻，挈学出世法。晚见此庵密，有契识。出应莞山，刀耕火种单丁者一十七年，尝有偈云："地炉无火客囊空，雪似杨花落岁穷。拾得断麻穿坏衲，不知身在寂寥中。"每谓人曰："某犹未稳在，岂以住山乐吾事耶。"一日偶看斫树倒地，忽然大悟，平昔碍膺之物，泮然冰释。未几，有江州圆通之命，乃曰："吾道将行。"即欣然曳杖而去。登座说法，云："圆通不开生药铺,单单只卖死猫头。不知那个无思算,吃着通身冷汗流。"

上堂,"单明自己,乐是苦因,趣向宗乘,地狱劫住。五日一参,三八普说,自扬家丑。更若问理问事、问心问性,克由叵耐。若是英灵汉,窥藩不入,据鼎不尝,便于未有生佛以前转得身,却于今时大官路上捷行阔步,终不向老鼠窟草窠里头出头没。若也根性陋劣,要去有滋味处咬嚼。遇着义学阿师递相锢镥,直饶说得云兴雨现,也是虾蟆化龙,下梢依旧,吃泥吃土。堪作甚么?"

上堂,"仲秋八月旦,庭户入新凉,不露风骨句,愁人知夜长"。

上堂,"无隔宿恩,可参临济禅。有肯诺意,难续杨岐派。穷厮煎,饿厮炒,大海只将折筋搅。你死我活,猛火然铛煮佛喋。怎么作用,方可撑门拄户。更说声和响顺,形直影端,驴年也未梦见"。

僧问:"三圣问雪峰:'透网金鳞,未审以何为食。'峰云:'待汝出网来即向汝道。'意旨如何?"师曰:"同途不同辙。"曰:"三圣道:'一千五百人善知识,话头也不识。'峰云:'老僧住持事繁又作么生?'"师曰:"前箭犹轻后箭深。"曰:"只如雪窦道:'可惜放过,好与三十棒,这棒一棒也较不得,直是罕遇作家。'意又作么生?"师曰:"阵败说兵书。"曰:"这棒是三圣合吃,雪峰合吃?"师以拂子击禅床曰:"这里荐取。"

示众云:"衲僧拄杖子不用则已,用则如鹥鸟落水,鱼鳖皆死。正按傍提,风飒飒地,独步大方,杀活在我。所以道,千人排门,不如一人拔关。若一人拔关,千人万人得到安乐田地。还知么?鸳鸯绣出从君看,不把金针度与人。"

示众云:"观色即空,成大智故不住生死。观空即色,成大悲故不证涅槃。生死不住,涅槃不证,汉地不收,秦地不管。且道在甚么处安身立命?莫是昭昭于心目之间而相不可睹,晃晃于色尘之内而理不可分么?莫是起坐镇相随语默同居止么?若恁么,总是髑髅前敲磕。须知过量人自有过量用,且作么生是过量用?北斗藏身虽有语,出群消息少人知。"

镇江府焦山或庵师体禅师 台州罗氏子。上堂,举临济示众四喝公案,乃召众曰:"这个公案,天下老宿拈掇甚多,弟恐皆未尽善。焦山不免四棱着地,与诸人分明注解一遍。如何是踞地师子?咄!如何是金刚王宝剑?咄!如何是探竿影草?咄!如何是一喝不作一喝用?咄!若也未会,拄杖子与焦山吐露看。"卓一下,曰:"笑里有刀。"又卓一下曰:"毒蛇无眼。"又卓一下曰:"忍俊不禁。"又卓一下曰:"出门是路。更有一机举话,长老也理会不得。"

上堂,"年年浴佛在今朝,目击迦维路不遥。果是当时曾示现,宜乎恶水蓦头浇"。

上堂,"热月须摇扇,寒来旋着衣。若言空过日,大似不知时"。

上堂,"道生一,无角铁牛眠少室。一生二,祖父开田说大义。二生三,梁间紫燕语呢喃。三生万物,男儿活计离窠窟。多处添,少处减,大虫怕吃生人胆。有若无,实若虚,争掩骊龙明月珠。是则是,只如焦山坐断诸方舌头一句,作么生道?肚无偏僻病，不怕冷油齑。"拍禅床，下座。

僧问："如何是即心即佛？"师曰："鼎州出狞争神。"曰："如何是非心非佛？"师曰："闽蜀同风。"曰："如何是不是心、不是佛、不是物？"师曰："穷坑难满。"问："起灭不停时如何？"师曰："谢供养。"问："我有没弦琴，久居在旷野。不是不会弹，未遇知音者。知音既遇，未审如何品弄？"师曰："钟作钟鸣，鼓作鼓响。"曰："云门放洞山三顿棒，意旨如何？"师曰："和身倒，和身擂。"曰："饭袋子，江西湖南便恁么去，又作么生？"师曰："泪出痛肠。"曰："真金须是红炉煅，白玉还他妙手磨。"师曰："添一点也难为。"

室中常举苕帚柄问学者曰："依稀苕帚柄，仿佛赤斑蛇。"众皆下语不契。有僧请益，师示以颂曰："依稀苕帚柄，仿佛赤斑蛇。棒下无生忍，临机不识爷。"

淳熙己亥八月朔示微疾，染翰，别郡守曾公。逮夜半，书偈辞众曰："铁树开华，雄鸡生卵。七十二年，摇篮绳断。"掷笔云寂。

常州华藏湛堂智深禅师 武林人也。佛涅槃日，上堂，"兜率降生，双林示灭。掘地讨天，虚空钉橛。四十九年播土扬尘，三百余会纳尽败缺。尽力布网张罗，未免唤龟作鳖。末得拘尸城畔，椁示双趺。旁人冷眼看来，大似弄巧成拙"。卓拄杖曰："若无这个道理，千古之下谁把口说。且道是甚么道理？痴人面前切忌漏泄。"

参政钱端礼居士 字处和，号松窗。从此庵发明己事，后于宗门旨趣一一极之。淳熙丙申冬，简堂归住平田，遂与往来。

丁酉秋微恙，修书召堂及国清瑞岩主僧，有诀别之语。堂与二禅诣榻次，公起趺坐，言笑移时，即书曰："浮世虚幻①，本无去来。四大五蕴，必无终尽。虽佛祖具大威德力，亦不能免这一着子。天下老和尚，一切善知识，还有跳得过者无？盖为地水火风，因缘和合，暂时凑泊，不可错认为己有。大丈夫磊磊落落，当用处把定，立处皆真。顺风使帆，上下水皆可，因斋庆赞，去留自在。此是上来诸圣开大解脱，一路涅槃门。本来清净空寂境界，无为之大道也。今吾如是，岂不快哉。尘劳外缘，一时扫尽。荷诸山垂顾，咸愿证明。伏惟珍重！"置笔，顾简堂曰："某坐去好，卧去好？"堂曰："相公去便了，理会甚坐与卧耶。"公笑曰："法兄当为祖道自爱。"遂敛目而逝。

灵隐远禅师法嗣

庆元府东山齐已禅师 邛州谢氏子。上堂，举修山主偈曰："是柱不见柱，非柱不见柱，是非已去了，是非里荐取。"召大众曰："荐得是，移华兼蝶至。荐得非，担泉带月归。是也好，郑州梨胜青州枣。非也好，象山路入蓬莱岛。是亦没交涉，踏着秤锤硬似铁。非亦没交涉，金刚宝剑当头截。阿呵呵，会也么。知事少时烦恼少，识人多处是非多。"

莲社会道友请，上堂，"渐渐鸡皮鹤发，父少而子老。看看行步踽踽，疑杀木上座。直饶金玉满堂，照顾白拈贼，岂免衰残

---

① 幻：径山本作"幻"。

老病。正好着精彩，任汝千般快乐。渠侬合自由，无常终是到来。归堂吃茶去，唯有径路修行，依旧打之绕。但念阿弥陀佛，念得不济事"。复曰："哑这条活路，已被善导和尚直截指出了也。是你诸人朝夕在径路中往来，因甚么当面蹉过阿弥陀佛。这里荐得，便可除迷倒障。拔犹预箭，截疑惑网，断痴爱河，伐心稠林，浣心垢浊，正心诣曲，绝心生死。然后转入那边，抬起脚，向佛祖履践不到处进一步。开却口，向佛祖言诠不到处说一句。唤回善导和尚，别求径路修行。其或准前，舍父逃走，流落他乡，撞东磕西。苦哉，阿弥陀佛。"

抚州疏山归云如本禅师 台州人也。上堂，"久雨不晴，戊在丙丁。通身泥水，露出眼睛。且道是甚么眼睛？"卓拄杖曰："林间泥滑滑，时叫两三声。"

觉阿上人 日本国滕氏子也。十四得度受具，习大小乘有声。二十九属商者自中都回，言禅宗之盛。阿奋然拉法弟金庆，航海而来，袖香拜灵隐佛海禅师。海问其来，阿辄书而对，复书曰："我国无禅宗，唯讲五宗经论。国主无姓氏，号金轮王，以嘉应改元舍位出家，名行真，年四十四。王子七岁令受位，今已五载，度僧无进纳而讲义高者赐之。某等仰服圣朝远公禅师之名，特诣丈室礼拜，愿传心印以度迷津。且如心佛及众生是三无差别，离相离言，假言显之。禅师如何开示？"海曰："众生虚妄见，见佛见世界。"阿书曰："无明因何而有？"海便打。阿即命海升座决疑。明年秋，辞游金陵，抵长芦江岸，闻鼓声，忽大悟，始知佛海垂手旨趣。旋灵隐，述五偈，叙所见，辞海东归，偈曰："航海来探教外传，要离知见脱蹄筌，诸方参遍草鞋破，水在澄潭月在天（其一）。扫尽葛藤与知见，信手拈来全体现，脑后圆光彻太虚，千机万机一时转（其二）。妙处如何说向人，倒地便起自分明，蓦然踏着故田地，倒裹幞头孤路行（其三）。求真灭妄元非妙，即妄明真都是错，堪笑灵山老古锥，当阳抛下破木杓（其四）。竖拳下喝少卖弄，说是说非入泥水，截断千差休指注，一声归笛啰啰哩（其五）。"海称善，书偈赠行。归本国，住叡山寺。洎通嗣法书，海已入寂矣。

内翰曾开居士 字天游，久参圆悟。暨往来大慧之门有日矣。绍兴辛未，佛海补三衢光孝，公与超然居士赵公访之。问曰："如何是善知识？"海曰："灯笼露柱，猫儿狗子。"公曰："为甚么赞即欢喜，毁即烦恼？"海曰："侍郎曾见善知识否？"公曰："某三十年参问，何言不见。"海曰："向欢喜处见，烦恼处见？"公拟议，海震声便喝。公拟对，海曰："开口底不是。"公罔然。海召曰："侍郎向甚么处去也？"公猛省，遂点头，说偈曰："咄哉！瞎驴丛林妖孽，震地一声，天机漏泄，有人更问意如何，拈起拂子劈口截。"海曰："也只得一橛。"

知府葛郯居士 字谦问，号信斋，少擢上第。玩意禅悦，首谒无庵全禅师，求指南。庵令究即心即佛，久无所契，请曰："师有何方便使某得入？"庵曰："居士大无厌生。"已而佛海来居剑池，公因从游，乃举无庵所示之语，请为众普说。海发挥之，曰："即心即佛眉拖地，非心非佛双眼横，蝴蝶梦中家万里，子规枝上月三更。"留旬日而后返。一日，举不是心不是佛不是物，豁然顿明，颂曰："非心非佛亦非物，五凤楼前山突兀，艳阳影里倒翻身，野狐跳入金师窟。"无庵肯之，即遣书颂呈佛海。海报曰："此事非纸笔可既，居士能过我，当有所闻矣。"遂复至虎丘，海迎之曰："居士见处，止可入佛境界。入魔境界，犹未得在。"公加礼不已。海正容曰："何不道金毛跳入野狐窟。"公乃痛领。尝问诸禅曰："夫妇二人相打，通儿子作证。且道证父即是，证母即是？"或庵体禅师着语曰："小出大遇。"

淳熙六年守临川，八年感疾，一夕忽索笔书偈曰："大洋海里打鼓，须弥山上闻钟。业镜忽然扑破，翻身跳出虚空。"召僚属示之曰："生之与死，如昼与夜，无足怪者。若以道论，安得生死。若作生死会，则去道远矣。"语毕端坐而化。

华藏民禅师法嗣

临安府径山别峰宝印禅师 嘉州李氏子，自幼通六经而厌俗务。乃从德山清素，得度具戒。后听《华严》《起信》，既尽其说。弃依密印于中峰，一日，印举僧问岩头："起灭不停时如何？"岩叱曰："是谁起灭？"师启悟，即首肯。会圆悟归昭觉，印遣师往省。因随众入室，悟问："从上诸圣以何接人？"师竖拳。悟曰："此是老僧用底，作么生是从上诸圣用底？"师以拳挥之，悟亦举拳，相交大笑而止。

后至径山，谒大慧，慧问："甚处来？"师曰："西川。"慧曰："未出剑门关，与汝三十棒了也。"师曰："不合起动和尚。"慧忻然扫室延之。慧南迁，师乃西还，连主数刹。后再出峡，住保宁金山、雪窦径山。

开堂升座曰："世尊初成正觉，于鹿野苑中转四谛法轮，憍陈如比丘最初悟道。后来真净禅师初住洞山，拈云：'今日新丰洞里，只转个拄杖子。'遂拈拄杖着左边云：'还有最初悟道者么？若无，丈夫自有冲天志，莫向如来行处行。'遂喝一喝下座。若是印上座则不然，今日向凤凰山里，初无工夫转四谛法轮，亦无气力转拄杖子。只教诸人行须缓步，语要低声。何故？欲得不招无间业，莫谤如来正法轮。"

上堂，"三世诸佛，以一句演百千万亿句，收百千万亿句只在一句。祖师门下半句也无，只怎么合吃多少痛棒。诸仁者，且诸佛是，祖师是？若道佛是祖不是，祖是佛不是，取舍未忘。若道佛祖一时是，佛祖一时不是，颠预不少。且截断葛藤一句作么生道？大虫裹纸帽，好笑又惊人"。

复举僧问岩头："浩浩尘中如何辩主？"头云："铜砂锣里满盛油。"师曰："大小岩头打失鼻孔。忽有人问保宁：'浩浩尘中如何辩主？'只对他道：'天寒不及卸帽。'"

上堂，"六月初一烧空赤日，十字街头雪深一尺。扫除不暇，回避不及。冻得东村廖胡子，半夜着靴水上立"。

上堂，"将心除妄妄难除，即妄明心道转迂，桶底趯穿无忌讳，等闲一步一芙蕖"。

师至径山弥浃，孝宗皇帝召对选德殿，称旨入对曰，赐肩舆于东华门内。十年二月上注《圆觉经》，遣使驰赐命作序。师年迈，益厌住持。十五年冬，奏乞庵居得请。绍熙元年十一月，往见交承智策禅师，与之言别。策问行日，师曰："水到渠成。"归，索纸书"十二月初七夜鸡鸣时"九字，如期而化。奉蜕质返寺之法堂，留七日。颜色明润，发长顶温。越七日，葬于庵之西岗。谥慈辩禅师,塔曰智光。

昭觉元禅师法嗣

凤栖慧观禅师 上堂,"前村落叶尽,深院桂花残。此夜初冬节,从兹特地寒。所以道,欲识佛性义,当观时节因缘。时节若至,其理自彰"。喝一喝。"恁么说话,成人者少,败人者多。"

文殊道禅师法嗣

潭州楚安慧方禅师 本郡许氏子,参道禅师于大别。未几,改寺为神霄宫。附商舟过湘南,舟中闻岸人操乡音厉声云:"叫那!"由是有省。即说偈曰:"沔水江心唤一声,此时方得契平生。多年相别重相见,千圣同归一路行。"

住后,上堂,"临老方称住持,全无些子玄机。开口十字九乖,问东便乃答西。如斯出世,讨甚玄微。有时拈三放两,有时就令而施。虽然如是,同道方知。且道知底事怎么生?直须打翻鼻孔始得"。

上堂,"达磨祖师在脚底,踏不着兮提不起。子细当头放下看,病在当时谁手里。张公会看脉,李公会使药。两个竞头医,一时用不着。药不相投,错错!吃茶去"。

常德府文殊思业禅师 世为屠宰。一日戮猪次,忽洞彻心源,即弃业为比丘。述偈曰:"昨日夜叉心,今朝菩萨面。菩萨与夜叉,不隔一条线。"往见文殊,殊曰:"你正杀猪时,见个甚么，便乃剃头行脚？"师遂作鼓刀势。殊喝曰："这屠儿，参堂去。"师便下，参堂。住文殊日，上堂举赵州勘婆话，乃曰："勘破婆子，面青眼黑。赵州老汉，瞒我不得。"

何山珣禅师法嗣

婺州义乌稠岩了赟禅师 上堂，举赵州狗子无佛性话，乃曰："赵州狗子无佛性，万迭青山藏古镜。赤脚波斯入大唐，八臂那咤行正令。咄！"

待制潘良贵居士 字义荣。年四十回心祖闱，所至挂钵，随众参扣。后依佛灯，久之不契。因诉曰："某只欲死去时如何？"灯曰："好个封皮，且留着使用，而今不了不当，后去忽被他换却封皮，卒无整理处。"公又以南泉斩猫儿话问曰："某看此甚久，终未透彻，告和尚慈悲。"灯曰："你只管理会别人家猫儿，不知走却自家狗子。"公于言下如醉醒。灯复曰："不易，公进此一步，更须知有向上事始得。如今士大夫说禅说道，只依着义理便快活，大率似将钱买油糍吃了便不饥，其余便道是瞒他亦可笑也。"公唯唯。

泐潭明禅师法嗣

汉州无为随庵守缘禅师 本郡人姓史氏，年十二病目，去依栖禅慧目能禅师，圆具。出峡至宝峰，值峰上堂，举永嘉曰："一月普现一切水，一切水月一月摄。"师闻释然领悟。住后上堂曰："以一统万，一月普现一切水。会万归一，一切水月一月摄。展则弥纶法界，收来毫发不存。虽然收展殊途，此事本无异致。但能于根本上着得一只眼去，方见三世诸佛、历代祖师，尽从此中示现。三藏十二部，一切修多罗，尽从此中流出。天地日月，万象森罗，尽从此中建立。三界九地，七趣四生，尽从此中出没。百千法门，无量妙义，乃至世间工巧诸技艺，尽现行此事。所以世尊拈华，迦叶便乃微笑。达磨面壁，二祖于是安心。桃华盛开，灵云疑情尽净。击竹作响，香严顿忘所知。以至盘山于肉案头悟道，弥勒向鱼市里接人。诚谓，造次颠沛必于是，经行坐卧在其中。既有如是奇特，更有如是光辉。既有如是广大，又有如是周遍。你辈诸人，因甚么却有迷有悟，要知么？幸无偏照处，刚有不明时。"

续传灯录卷第三十二

大鉴下第十七世

径山杲禅师法嗣

泉州教忠晦庵弥光禅师 闽之李氏子。儿时寡言笑,闻梵呗则喜。十五依幽岩文慧禅师,圆顶。犹喜阅群书。一日曰:"既剃发染衣,当期悟彻,岂醉于俗典邪。"遂出岭,谒圆悟禅师于云居。次参黄檗祥高庵悟,机语皆契。以淮楚盗起,归谒佛心。会大慧寓广,因往从之。慧谓曰:"汝在佛心处,所得者试举一二看。"师举佛心上堂,拈普化公案曰:"佛心即不然,总不怎么来时如何?"劈脊便打,从教遍界分身。慧曰:"汝意如何?"师曰:"某不肯他后头下个注脚。"慧曰:"此正是以病为法。"师毅然无信可意。慧曰:"汝但揣么看。"师竟以为不然。经旬,因记海印信禅师拈曰:"雷声浩大,雨点全无。"始无滞,趋告慧。慧以举道者见琅邪,并玄沙未彻语诘之。师对已,慧笑曰:"虽进得一步,只是不着所在。如人斫树,根下一刀,则命根断矣。汝向枝上斫,其能断命根乎。今诸方浩浩说禅者,见处总如此,何益于事。其杨岐正传三四人而已。"师愠而去。翌日慧问:"汝还疑否？"师曰："无可疑者。"慧曰："只如古人相见，未开口时已知虚实。或闻其语，便识浅深。此理如何？"师悚然汗下，莫知所诣。慧令究有句无句。

慧过云门庵，师侍行。一日问曰："某到这里不能得彻，病在甚处？"慧曰："汝病最癖，世医拱手。何也？别人死了活不得，汝今活了未曾死。要到大安乐田地，须是死一回始得。"师疑情愈深。后入室，慧问："吃粥了也，洗钵盂了也。去却药忌，道将一句来。"师曰："裂破。"慧震威喝曰："你又说禅也。"师即大悟。慧挝鼓告众曰："龟毛拈得笑哈哈，一击万重关锁开。庆快平生在今日，孰云千里赚吾来。"师亦以颂呈之曰："一搽当机怒雷吼，惊起须弥藏北斗。洪波浩渺浪滔天，拈得鼻孔失却口。"

住后，上堂，"有句无句，如藤倚树，放憨作么。及乎树倒藤枯，句归何处。情知汝等诸人卒讨头鼻不着。为甚如此？只为分明极，翻令所得迟"。

上堂，"梦幻空花，何劳把捉。得失是非，一时放却"。掷拂子曰："山僧今日已是放下了也，汝等诸人又作么生？"复曰："侍者，收取拂子！"僧问："文殊为甚么出女子定不得？"师曰："山僧今日困。"曰："罔明为甚么却出得？"师曰："令人疑着。"曰："恁么则擘开华岳千峰秀，放出黄河一派清。"师曰："一任卜度。"

江州东林万庵道颜禅师 潼川人，族鲜于氏。久参圆悟，微有省发。泊悟还蜀，嘱依妙喜，仍以书致喜曰："颜川彩绘已毕，但欠点眼耳。他日嗣其后，未可量也。"喜居云门及洋屿，师皆在焉,朝夕质疑,方大悟。

住后,上堂,"一叶落天下秋,一尘起大地收。鸟窠吹布毛,便有人悟去。今时学者为甚么却不识自己?"良久曰:"莫错怪人好"。

上堂,"欲识诸佛心,但向众生心行中识取。欲识常住不凋性,但向万物迁变处会取。还识得么?欲得不招无间业,莫谤如来正法轮"。

上堂,"诸人知处,良遂总知。良遂知处,诸人不知。作么生是良遂知处?"乃曰:"鹧鹉语鹤"。

上堂,"仲冬严寒,三界无安。富者快乐,贫者饥寒。不识玄旨,错认定盘。何也?牛头安尾上,北斗面南看"。

上堂,"一滴滴水,一滴滴冻。天寒人寒,风动幡动。云门扇子,蹦跳上三十三天,筑着帝释鼻孔。东海鲤鱼,打一棒,雨似盆倾。不出诸人十二时中寻常受用"。

上堂云:"圆通门户,八字打开,若是从门入得,不堪共语。须是入得无门之门,方可坐登堂奥。所以道,过去诸如来斯门已成就,现在诸菩萨今各入圆明,未来参学人当依如是法。从上诸圣,幸有如此,广大门风,不能继绍,甘自鄙弃。穿窬墙壁,好不丈夫。敢问大众,无门之门,作么生入?"良久云:"非唯观世音,我亦从中证"。

上堂,"元宵已过,化主出门。六群比丘,各从其类。此众无复枝叶,纯有贞实。如是增上慢人,退亦佳矣。麒麟不为瑞,鹭鹭①不为荣。麦秀两岐，禾登九穗，总不消得。但愿官中无事，林下栖禅，水牯牛饱卧斜阳，担板汉清贫长乐。粥足饭足，俯仰随时。箸笼不乱揳匙，老鼠不咬瓠箪。山家活计，淡泊长情。不敬功德天，谁嫌黑暗女，有智主人二俱不受"。良久曰："君子爱财，取之以道"。

上堂，"去年寒食后，今年寒食前。日日是好日，不是正中偏"。

上堂，"客舍久留连，家乡夕照边。檐悬三月雨，水没两湖莲。镬漏烧灯盏，柴生满灶烟。已忘南北念，入望尽平川"。

上堂，"旃檀林，无杂树，郁密深沉师子住。所以旃檀丛林，旃檀围绕，荆棘丛林，荆棘围绕。一人为主，两人为伴，成就万亿国土士农工商，若夜叉，若罗刹，见行魔业，优哉游哉，聊以卒岁"。僧问："香严上树话，意旨如何？"师曰："描不成，画不就。"曰："李陵虽好手，争奈陷番何。"师曰："甚么处去来？"问："如何是佛？"师曰："汝是元固。"僧近前曰："喏喏。"师曰："裈无裆，裤无口。"问："如何是佛？"师曰："志公和尚。"曰："学人问佛，何故答志公和尚？"师曰："志公不是闲和尚。"曰："如何是法？"师曰："黄绢幼妇，外孙齑臼。"曰："是甚么章句？"师曰："绝妙好辞。"曰："如何是僧？"师曰："钓鱼船上谢三郎。"曰："何不直说？"师曰："玄沙和尚。"曰："三宝已蒙师指示，向上宗乘事若何？"师曰："王乔诈仙得仙。"僧呵呵大笑，师乃叩齿。

---

① 鹭鹭（yuè zhuó）：是中国古代民间传说中的五凤之一，身为黑色或紫色，象征着坚贞不屈的品质。

福州西禅懒庵鼎需禅师 本郡林氏子，幼举进士有声。年二十五，因读《遗教经》，忽曰："几为儒冠误。"欲去家，母难之，以亲迎在期，师乃绝之曰："夭桃红杏，一时分付春风。翠竹黄花，此去永为道伴。"竟依保寿乐禅师为比丘。一锡湖湘，遍参名宿，法无异味。归里，结庵于羌峰绝顶，不下山者三年。佛心才禅师挽出，首众于大乘，尝问学者即心即佛因缘。时妙喜庵于洋屿，师之友弥光与师书云："庵主手段与诸方别，可来少款如何？"师不答。光以计邀师饭，师往赴之。会妙喜为诸徒入室，师随喜焉。妙喜举僧问马祖："如何是佛？"祖云："即心是佛，作么生？"师下语，妙喜诉之曰："你见解如此，敢妄为人师耶。鸣鼓普说，讦其平生珍重得力处，排为邪解。"师泪交颐，不敢仰视。默计曰："我之所得，既为所排。西来不传之旨，岂止此耶。"遂归心弟子之列。一日喜问曰："内不放出，外不放入，正恁么时如何？"师拟开口，喜拈竹篦劈脊连打三下，师于此大悟，厉声曰："和尚已多了也。"喜又打一下，师礼拜。喜笑云："今日方知吾不汝欺也。"遂印以偈云："顶门竖亚摩醯眼，肘后斜县夺命符。瞎却眼，卸却符，赵州东壁挂葫芦。"于是声名喧动丛林。

住后，上堂曰："句中意，意中句，须弥笔于巨川。句划意，意划句，烈士发乎狂矢。任待牙如剑树，口似血盆，徒逞词锋，虚张意气。所以净名杜口，早涉繁词，摩竭掩关，已扬家丑。自余瓦棺老汉，岩头大师，向羌峰顶上，拏风鼓浪，玩弄神变，脚跟下好与三十。且道过在什么处？"良久云："机关不是韩光作，莫把胸襟当等闲。"

至节，上堂云："二十五日已前，群阴消伏，泥龙闭户。二十五日已后，一阳来复，铁树开花。正当二十五日，尘中醉客，骑驴骑马，前街后街，递相庆贺。物外闲人，衲帔蒙头，围炉打坐。风萧萧，雨萧萧，冷湫湫。谁管你张先生，李道士，胡达磨。"

上堂，"懒翁懒中懒，最懒懒说禅。亦不重自己，亦不重先贤。又谁管你地，又谁管你天。物外翛然无个事，日上三竿犹更眠"。

上堂，举僧问赵州："如何是古人言？"州云："谛听谛听。"师曰："谛听即不无，切忌唤钟作瓮。"

室中问僧："万法归一，一归何处？"曰："新罗国里。"师曰："我在青州作一领布衫重七斤薹。"曰："今日亲见赵州。"师曰："前头见，后头见？"僧乃作研额势。师曰："上座甚处人？"曰："江西。"师曰："因甚么却来这里纳败缺？"僧拟议，师便打。

福州东禅蒙庵思岳禅师 江州人。上堂，"蛾羊蚁子说一切法，墙壁瓦砾现无边身。见处既精明，闻中必透脱。所以雪峰和尚凡见僧来，辊出三个木球，如弄杂剧相似，玄沙便作研牌势，卑末谩道将来。普贤今日谤古人，千佛出世，不通忏悔。这里有人谤普贤，定入拔舌地狱。且道谤与不谤者，是谁心不负人，面无惭色？"

上堂，"达磨来时，此土皆知梵语。及乎去后，西天悉会唐言。若论直指人心，见性成佛，大似羚羊挂角，猎犬寻踪，一意乖疏，万言无用。可谓来时他笑我，不知去后我笑他。唐言梵语亲分付，自古斋僧怕夜茶"。

上堂，"腊月初，岁云徂，黄河冻已合，深处有嘉鱼，活鲅鲅，跳不脱，又不能相煦以湿，相濡以沫，惭愧菩萨摩诃萨。春风几时来，解此黄河冻，令鱼化作龙，直透桃花浪。会即便会，痴人面前且莫说梦"。

上堂，僧问："如何是初日分，以恒河沙等身布施？"师曰："从苗辨地，因语识人。"曰："如何是中日分，复以恒河沙等身布施？"师曰："筑着磕着。"曰："如何是后日分，亦以恒河沙等身布施？"师曰："向下文长，付在来日。"复曰："一转语，如天普盖，似地普擎。一转语，舌头不出口。一转语，且喜没交涉。要会么？惭愧世尊，面赤不如语直。大小岳上座，口似磉盘。今日为这问话僧讲经，不觉和注脚一时说破。"便下座。

上堂："哑却我口，直须要道。塞却你耳，切忌蹉过。昨日有人从天台来，却道泗洲大圣在洪州打坐，十字街头卖行货。是甚么？断跟草鞋，尖檐席帽。"

福州西禅此庵守净禅师 本州人。上堂，"谈玄说妙，撒屎撒尿。行棒行喝，将盐止渴。立主立宾，华擘宗乘。设或总不恁么，又是鬼窟里坐。到这里，山僧已是打退鼓。且道诸人寻常心愤愤、口悱悱，合作么生？莫将闲学解，埋没祖师心"。

上堂，"若也单明自己，不悟目前，此人有眼无足。若也只悟目前，不明自己，此人有足无眼。直得眼足相资，如车二轮，如鸟二翼，正好勘过了打"。

上堂，"九夏炎炎大热，木人汗流不辍，夜来一雨便凉，莫道山僧不说"。以拂子击禅床，下座。

上堂，"若欲正提纲，直须大地荒。欲来冲雪刃，未免露锋铓。当恁么时，释迦老子出头不得即不问，你诸人只如马镫里藏身，又作么生话会？"

上堂，"道是常道，心是常心。汝等诸人闻山僧恁么道，便道我会也。大尽三十日，小尽二十九，头上是天，脚下是地，耳里闻声，鼻里出气。忽若四大海水在汝头上，毒蛇穿你眼睛，虾蟆入你鼻孔，又作么生？"

上堂，"文殊普贤谈理事，临济德山行棒喝。东禅一觉到天明，偏爱风从凉处发。咄！"

上堂，"善斗者不顾其首，善战者必获其功。其功既获，坐致太平。太平既致，高枕无忧。罢挞三尺剑，休弄一张弓。归马于华山之阳，放牛于桃林之野。风以时而雨以时，渔父歌而樵人舞。虽然如是，尧舜之君犹有化在，争似乾坤收不得，尧舜不知名。浑家不管兴亡事，偏爱和云占洞庭"。

上堂，"闭却口时时说，截却舌无间歇。无间歇，最奇绝。最奇绝，眼中屑。既是奇绝，为甚么却成眼中屑？了了了时无可了，玄玄玄处亦须呵"。

上堂，"佛祖顶𩕳上，有泼天大路，未透生死关，如何敢进步。不进步，大千没遮护。一句绝言诠，那咤擎铁柱"。

开堂，拈香罢，就座，南堂和尚白槌曰："法筵龙象众，当观第一义。"师随声便喝曰："此是第几义？久参先德，已辨来端，后学有疑，不妨请问。"僧问："阿难问迦叶，世尊传金襕外，别传何物。迦叶唤阿难，阿难应喏。未审此意如何？"师曰："切忌动着。"曰："只如迦叶道，倒却门前刹竿着。又作么生？"

师曰："石牛横古路。"曰："只如和尚于佛日处，还有这个消息也无？"师曰："无这个消息。"曰："争奈定光金地遥招手，智者江陵暗点头。"师曰："莫将庭际柏，轻比路傍蒿。"僧礼拜。师乃曰："定光金地遥招手，智者江陵暗点头。已是白云千万里，那堪于此未知休。设或于此便休去，一场狼藉不少。还有检点得出者么？如无，山僧今日失利。"

僧问："佛佛授手，祖祖相传，未审传个甚么？"师曰："速礼三拜。"问："不施寸刃，请师相见。"师曰："逢强即弱。"曰："何得埋兵掉斗？"师曰："只为阇黎寸刃不施。"曰："未审向上还有事也无？"师曰："有。"曰："如何是向上事？"师曰："败将不斩。"问："古佛堂前甚么人先到？"师曰："无眼村翁。"曰："未审如何趣向？"师曰："柳栗横担。"

建宁府开善道谦禅师

本郡人。初之京师，依圆悟，无所省发。后随妙喜，庵居泉南。及喜领径山，师亦侍行。未几，令师往长沙，通紫岩居士张公书。师自谓："我参禅二十年，无入头处，更作此行，决定荒废。"意欲无行。友人宗元者叱曰："不可在路便参禅不得也，去，吾与汝俱往。"师不得已而行，在路泣语元曰："我一生参禅业无得力处，今又途路奔波，如何得相应去。"元告之曰："你但将诸方参得底，悟得底，圆悟妙喜为你说得底，都不要理会。途中可替底事，我尽替你。只有五件事替你不得，你须自家支当。"师曰："五件者何事，愿闻其要。"元曰："着衣、吃饭、屙屎、放尿，驼个死尸路上行。"师于言下领旨，不觉手舞足蹈。元曰："你此回方可通书，宜前进，吾先归矣。"元即回径山。师半载方返，妙喜一见而喜曰："建州子，你这回别也。"

住后，上堂，"竺土大仙心，东西密相付，如何是密相付底心?" 良久曰："八月秋，何处热。"

上堂，"壁立千仞，三世诸佛措足无门，是则是，太杀，不近人情。放一线道，十方刹海放光动地，是则是，争奈和泥合水。须知通一线道处，壁立千仞，壁立千仞处，通一线道。横拈倒用，正接傍提，电激雷奔，崖颓石裂，是则是，犹落化门。到这里，壁立千仞也没交涉，通一线道也没交涉。不近人情，和泥合水，总没交涉。只这没交涉也则没交涉，是则是，又无佛法道理。若也出得这四路头，管取乾坤独步。且独步一句作么生道？莫怪从前多意气，他家曾踏上头关"。

上堂，"去年也有个六月十五，今年也有个六月十五。去年六月十五少却今年六月十五，今年六月十五多却去年六月十五。多处不用减，少处不用添。既不用添又不用减，则多处多用，小处少用。。" 乃喝一喝曰："是多是少？" 良久曰："个中消息子，能有几人知。"

上堂，"洞山麻三斤将去，无星秤子上定过。每一斤恰有一十六两，二百钱重更不少一铢。正与赵州殿里底一般，只不合被大愚锯解秤锤，却教人理会不得。如今若要理会得，但问取云门干屎橛"。

上堂，"有句无句，如藤倚树，撞倒灯笼，打破露柱。佛殿奔忙，僧堂回顾。子细看来，是甚家具？咄！只堪打老鼠"。

上堂，"诸人从僧堂里怎么上来，少间从法堂头怎么下去。并不曾差了一步，因甚么却不会"。良久曰："只为分明极，翻令所得迟。"

庆元府育王佛照德光禅师 临江军彭氏子。志学之年，依本郡东山光化寺吉禅师落发。一日入室，吉问："不是心，不是佛，不是物，是甚么？"师罔措，遂致疑，通夕不寐。次日诣方丈请益："昨日蒙和尚垂问，既不是心，又不是佛，又不是物，毕竟是甚么，望和尚慈悲指示。"吉震威一喝曰："这沙弥更要我与你下注脚在。"拈棒劈脊打出，师于是有省。后谒月庵果、应庵华、百丈震，终不自肯。

适大慧领育王，四海英材鳞集，师亦与焉。大慧室中问师："唤作竹篦则触，不唤作竹篦则背，不得下语，不得无语。"师拟对，慧便棒，师豁然大悟，从前所得，瓦解冰消。

初住台之光孝，僧问："浩浩尘中，如何辨主？"师曰："巾峰顶上塔心尖。"

上堂，"临济三遭痛棒，大愚言下知归。兴化于大觉棒头，明得黄檗意旨。若作棒会，入地狱如箭射。若不作棒会，入地狱如箭射。众中商量，尽道赤心片片，恩大难酬。总是识情卜度，未出阴界。且如临济悟去，是得黄檗力，是得大愚力？若也见得，许你顶门眼正，肘后符灵。其或未然，鸿福更为诸人通个消息。丈夫气宇冲牛斗，一踏鸿门两扇开"。

上堂，"七手八脚，三头两面。耳听不闻，眼觑不见。苦乐逆顺，打成一片。且道是甚么？路逢死蛇莫打杀，无底篮子盛将归。"

上堂，"闻声悟道，落二落三。见色明心，错七错八。生机一路，犹在半途。且道，透金刚圈，吞栗棘蓬底，是甚么人？披蘘侧立千峰外，引水浇蔬五老前"。

师住灵隐日，孝宗皇帝尝诏问道，留宿内观堂，奏对机缘，备于本录。后示寂，塔全身于鄮峰东庵。

常州华藏遁庵宗演禅师 福州郑氏子。上堂，拈起拄杖曰："识得这个，一生参学事毕。古人恁么道，华藏则不然。识得这个，更须买草鞋行脚。何也？到江吴地尽，隔岸越山多。"

腊旦，上堂，"一九与二九，相逢不出手。世间出世间，无剩亦无少"。遂出手曰："华藏不惜性命，为诸人出手去也。劈面三拳，拦腮一掌。灵利衲僧，自知痛痒。且转身一句作么生道？巡堂吃茶去。"

上堂，举南泉和尚道："我十八上便解作活计。"赵州和尚道："我十八上便解破家散宅。"师云："南泉赵州也是徐六担板，只见一边。华藏也无活计可作，亦无家宅可破，逢人突出老拳，要伊直下便到。且道到后如何？三十六峰观不足，却来平地倒骑驴。"

庆元府天童无用净全禅师 越州翁氏子。上堂，"学佛止言真不立，参禅多与道相违。忘机忘境急回首，无地无锥转步归。佛不是心，亦非亲体，承当绝所依。万古碧潭空界月，再三捞摝始应知"。

上堂，良久召众曰："还知么？"复曰："败缺不少。"

上堂，举长沙示众曰："百尺竿头坐底人，虽然入得，未为真。百尺竿头须进步，十方世界现全身。"大慧先师道："要见长沙么，更进一步。""保宁则不然，要见长沙么，更退一步。毕竟如何？换骨洗肠重整顿，通身是眼更须参。"

师到灵隐,请上堂,"灵山正派,达者犹迷。明来暗来,谁当辨之。双收双放,孰辨端倪。直饶千圣出来,也只结舌有分。何故？人归大国方为贵,水到潇湘始是清"。复曰:"适来松源和尚举竹篦话,令天童纳败缺。诸人要知么,听取一颂:黑漆竹篦握起,迅雷不及掩耳。德山临济茫然,懵底如何插嘴。"

大慧尝举灵云悟桃花问师,师曰:"灵云一见两眉横,引得渔翁良计生。白浪起时抛一钓,任教鱼鳖竞头争。"师自赞曰:"匙挑不上个村夫,文墨胸中一点无。曾把虚空揣出骨,恶声赢得满江湖。"后示寂,塔于本山。

大沩法宝禅师 福州人也。上堂,"唤作竹篦则触,不唤作竹篦则背。直须师子咬人,莫学韩獹逐块。阿呵呵,会不会,金刚脚下铁昆仑,捉得明州憨布袋"。上堂,"千般言,万种喻,只要教君早回去。夜来一片黑云生,莫教错却山前路。咄！"

福州玉泉昙懿禅师 本郡林氏。久依圆悟,自谓不疑。绍兴初,出住兴化祥云,法席颇盛。大慧入闽,知其所见未谛,致书令来,师迟迟。慧小参且痛斥,仍榜告四众。师不得已,破夏谒之,慧鞠其所证,既而曰:"汝怎么见解,敢嗣圆悟老人邪？"师退院亲之。一日入室,慧问:"我要个不会禅底做国师。"师曰:"我做得国师去也。"慧喝出,居无何,语之曰:"香严悟处,不在击竹边。俱胝得处,不在指头上。"师乃顿明。

后住玉泉,为慧拈香,继省慧于小溪。慧升座,举云门一日拈拄杖示众曰:"凡夫实谓之有,二乘析谓之无。缘觉谓之幻有,菩萨当体即空。衲僧见拄杖子但唤作拄杖子,行但行坐但坐,总不得动着。"慧曰:"我不是云门老人,将虚空剜窟窿。"蓦拈拄杖曰:"拄杖子不属有不属无,不属幻不属空。"卓一下曰:"凡夫二乘缘觉菩萨,尽向这里,各随根性,悉得受用。唯于衲僧分上,为害为冤,要行不得行,要坐不得坐。进一步则被拄杖子迷却路头,退一步则被拄杖子穿却鼻孔。即今莫有不甘底么?试出来与拄杖子相见。如无,来年更有新条在,恼乱春风卒未休。正恁么时合作么生?"下座。"烦玉泉为众拈出!"师登座叙谢毕,遂举前话曰:"适来堂头和尚恁么批判,大似困鱼止泺,病鸟栖芦。若是玉泉则不然。"拈拄杖曰:"拄杖子能有能无,能幻能空。凡夫二乘缘觉菩萨。"卓一下曰:"向这里百杂碎。唯于衲僧分上,如龙得水,似虎靠山,要行便行,要坐便坐。进一步则乾坤震动,退一步则草偃风行。且道不进不退一句作么生道?"良久曰:"闲持经卷倚松立,笑问客从何处来。"

饶州荐福悟本禅师 江州人也。自江西云门参侍妙喜,至泉南小溪,于时英俊毕集,受印可者多矣。师私谓其弃己,且欲发去。妙喜知而语之曰:"汝但专意参究,如有所得,不待开口,吾已识也。"既而有闻师入室者,故谓师曰:"本侍者参禅许多年,逐日只道得个不会。"师诟之曰:"这小鬼,你未生时,我已三度霍山庙里退牙了,好教你知。"由是益锐志,以狗子无佛性话,举无字而提撕。一夕将三鼓,倚殿柱昏寐间,不觉无字出口吻,忽尔顿悟。后三日,妙喜归自郡城,师趋丈室,足才越阃,未及吐词,妙喜曰:"本胡子这回方是彻头也。"

住后,上堂,"高揖释迦,不拜弥勒者,与三十拄杖。何故?为他只会步步登高,不会从空放下。东家牵犁,西家拽耙者,与三十拄杖。何故?为他只会从空放下,不会步步登高。山僧恁么道,还有过也无?众中莫有点捡得出者么?若点捡得出,须弥南畔把手共行。若点捡不出,布袋里老鸦虽活如死"。

上堂:"释迦掩室于摩竭,净名杜口于毗耶。须菩提唱无说而显道,释梵绝视听而雨华。大众,这一队不唧嚼汉,无端将祖父田园私地结契,各据四至界分方圆长短,一时花擘了也,致令后代儿孙,千载之下,上无片瓦盖头,下无卓锥之地。博山当时若见,十字路头掘个无底深坑,唤来一时埋却,免见递相钝置。何谓如此?不见道,家肥生孝子,国霸有谋臣。"

上堂,"乾闼婆王曾奏乐,山河大地皆作舞。争如跛脚老云门,解道腊月二十五。博山今日有条攀条,无条攀例,也要应个时节"。蓦拈拄杖横按膝上,作抚琴势,云:"还有闻弦赏音者么?"良久云:"直饶便作凤凰鸣,毕竟有谁知指法。"卓一下,下座。

庆元府育王大圆遵璞禅师 福州人。幼同玉泉懿问道圆悟数载,后还里,佐懿于莆中祥云。绍兴甲寅,大慧居洋屿,师往讯之。入室次,慧问:"三圣兴化出不出为人不为人话?你道这两个老汉,还有出身处也无?"师于慧膝上打一拳。慧曰:"只你这一拳,为三圣出气,为兴化出气?速道速道!"师拟议,慧便打。复谓曰:"你第一不得忘了这一棒。"后因慧室中问僧曰:"德山见僧入门便棒,林际①见僧入门便喝,雪峰见僧入门便道是甚么,睦州见僧便道现成公案放你三十棒。你道这四个老汉,还有为人处也无?"僧曰:"有。"慧曰:"札。"僧拟议,慧便喝。

---

① 林际:疑为临济。《祖庭事苑》云:"林际当作临济,院名也,师名义玄。"

师闻，遽领微旨，大慧欣然许之。

温州雁山能仁枯木祖元禅师　七闽林氏子。初谒雪峰预，次依佛心才，皆已机契。及依大慧于云门庵，夜坐次，睹僧剔灯，始彻证。有偈曰："剔起灯来是火，历劫无明照破。归堂撞见圣僧，几乎当面蹉过。不蹉过，是甚么，十五年前奇特，依前只是这个。"慧以偈赠之曰："万仞崖头解放身，起来依旧却惺惺。饥餐渴饮浑无事，那论昔人非昔人。"绍兴乙巳春，出住能仁。

上堂，"有佛处不得住，踏着秤锤硬似铁。无佛处急走过，脚下草深三尺。三千里外，逢人不得错举。北斗挂须弥，恁么则不去也。棒头挑日月，摘杨花，摘杨花，眼里瞳人着绣鞋"。卓拄杖，下座。

上堂，"雁山枯木实头禅，不在尖新语句边。背手忽然摸得着，长鲸吞月浪滔天"。

真州灵岩东庵了性禅师　上堂，"勘破了也，放过一着，是衲僧破草鞋。现修罗相，作女人拜，是野狐精魅。打个圆相，虚空里下一点，是小儿伎俩。拦腮赠掌，拂袖便行，正是业识茫茫，无本可据。直饶向黑豆未生已前一时坐断，未有吃灵岩拄杖分。敢问大众，且道为人节文在甚么处，还相委悉么？自从春色来嵩少，三十六峰青至今"。

上堂，"一苇江头杨柳春，波心不见昔时人。雪庭要识安心士，鼻孔依前塔上唇"。竖起拂子曰："祖师来也，还么。若也见得，即今荐取。其或未然，此去西天路，迢迢十万余。"僧问："人天交接，如何开示？"师曰："金刚手里八棱棒。"曰："忽被学人横穿凡圣，击透玄关时，又作么生？"师曰："海门横铁柱。"问："如何是独露身？"师曰："牡丹花下睡猫儿。"

建康府蒋山一庵善直禅师 德安云梦人。初参妙喜于回雁峰下，一日喜问之曰："上座甚处人？"师曰："安州人。"喜曰："我闻你安州人会厮扑，是否？"师便作相扑势。喜曰："湖南人吃鱼，因甚湖北人着鲠？"师打筋斗而出。喜曰："谁知冷灰里有粒豆爆。"

出住保宁，上堂，"诸佛不曾出世，人人鼻孔辽天。祖师不曾西来，个个壁立千仞。高揖释迦，不拜弥勒，理合如斯。坐断千圣路头，独步大千沙界，不为分外。若向诸佛出世处会得，祖师西来处承当，自救不了，一生受屈。莫有大丈夫承当大丈夫事者么？出来与保宁争交。其或未然，不如拽破好"。便下座。

一日，留守陈丞相俊卿，会诸山茶话次，举有句无句，如藤倚树公案，令诸山批判。皆以奇语取奉。师最后曰："张打油，李打油，不打浑身只打头。"陈大喜。

剑州万寿自护禅师 上堂，"古者道，若人识得心，大地无寸土。万寿即不然，若人识得心，未是究竟处。且那里是究竟处？"拈拄杖卓一下曰："甜瓜彻蒂甜，苦瓠连根苦。"

潭州大沩了庵景晕禅师 筠州人。上堂，"云门一曲，腊月二十五，瑞雪飘空，积满江山。坞峻岭寒，梅花正吐。手把须弥椎，笑打虚空鼓。惊起憍梵钵提，冷汗透身如雨。忿怒阿修罗王"。握拳当胸，问云："毕竟是何宗旨？咄！少室峰前亦曾错举。"

临安府灵隐谁庵了演禅师 福州人。上堂，"面门拶破，天地悬殊。打透牢关，白云万里。饶伊两头坐断，别有转身，三生六十劫，也未梦见在"。喝一喝，下座。

泰州光孝寺致远禅师 抚州许氏子。上堂，举女子出定话乃曰："从来打鼓弄琵琶，须是相逢两会家。佩玉鸣鸾歌舞罢，门前依旧夕阳斜。"

福州雪峰崇圣普慈蕴闻禅师 洪州沈氏子。示众云："栴檀丛林，栴檀围绕。师子丛林，师子围绕。虎狼丛林，虎狼围绕。荆棘丛林，荆棘围绕。大众四种丛林，合向那一种丛林安居好？若也明得，九十日内，管取个个成佛作祖。其或未然，般若丛林岁岁凋，无明荒草年年长。"

处州连云道能禅师 汉州人姓何氏。僧问："镜清六刮，意旨如何？"师曰："穿却你鼻孔。"曰："学人有鼻孔即穿，无鼻孔又穿个甚么？"师曰："抱赃叫屈。"曰："如何是就毛刮尘？"师曰："笃衷虔吉，头上插笔。"曰："如何是就皮刮毛？"师曰："石城虔化，说话厮骂。"曰："如何是就肉刮皮？"师曰："嘉眉果阆，怀里有状。"曰："如何是就骨刮肉？"师曰："漳泉福建，头匾如扇。"曰："如何是就髓刮骨？"师曰："洋澜左蠡，无风浪起。"曰："髓又如何刮？"师曰："十八十九，痴人夜走。"曰："六刮已蒙师指示，一言直截意如何？"师曰："结舌有分。"

临安府灵隐最庵道印禅师 汉州人。上堂，"大雄山下虎，南山鳖鼻蛇，等闲撞着，抱赏归家。若也不惜好手，便与拔出重牙。有么有么？"

上堂，"五五二十五，击碎虚空鼓。大地不容针，十方无寸土。春生夏长复何云，甜者甜兮苦者苦"。

中秋上堂，举马大师与西堂百丈南泉玩月公案，师云："马大师垂丝千尺，意在深潭。西堂振鬐，百丈摆尾，虽则冲波激浪，未免上他钩线。南泉自谓，跃过禹门，谁知依前落在巨网。即今莫有绝罗笼出窠臼底么？也好出来露个消息，贵知华藏门下不致寂寥。其或未然，此夜一轮满，清光何处无。"

建宁府竺原宗元庵主 本郡连氏子。久依大慧，分座西禅。丞相张公浚帅三山，以数院迎之，不就。归旧里，结茅号众妙园。宿衲士夫，交请开法，示众曰："若究此事，如失却锁匙相似，只管寻来寻去。忽然撞着，恶在这里。开个锁了，便见自家库藏，一切受用无不具足，不假他求，别有甚么事。"

示众曰："诸方为人抽钉拔楔，解粘去缚。我这里为人添钉着楔，加绳加缚了。送向深潭里，待他自去理会。"

示众曰："主法之人，气吞宇宙，为大法王。若是释迦老子，达磨大师出来，也教伊叉手向我背后立地，直得寒毛卓竖，亦未为分外。"

一日，举世尊生下，一手指天，一手指地云："天上天下惟吾独尊。"师乃曰："见怪不怪，其怪自坏。"垂语云："这一些子，恰如撞着杀人汉相似。你若不杀了他，他便杀了你。"

近礼侍者 三山人，久侍大慧，尝默究竹篦话无所入。一日入室罢，求指示。慧曰："你是福州人，我说个喻向你。如将名品荔枝和皮壳一时剥了，以手送在你口里，只是你不解吞。"师不觉失笑曰："和尚吞却即祸事。"慧后问师曰："前日吞了底荔枝，只是你不知滋味。"师曰："若知滋味，转见祸事。"

温州净居尼妙道禅师 延平尚书黄公裳之女。开堂日乃曰："问话且止，直饶有倾湫之辩，倒岳之机，衲僧门下一点用不着。且佛未出世时一事全无。我祖西来便有许多建立，列刹相望，星分派列，以至今日累及儿孙。遂使山僧于人天大众前无风起浪，向第二义门通个消息。语默该不尽底，弥亘大方。诠说不及处，遍周沙界。通身是眼，觌面当机，电卷星驰。如何凑泊？有时一喝生杀全威，有时一喝佛祖莫辨，有时一喝八面受敌，有时一喝自救不了。且道那一喝是生杀全威，那一喝是佛祖莫辨，那一喝是八面受敌，那一喝是自救不了？若向这里荐得，堪报不报之恩。脱或未然，山僧无梦说梦去也。"拈起拂子曰："还见么？若见被见刺所障。"击禅床曰："还闻么？若闻，被声尘所惑。直饶离见绝闻，正是二乘小果。跳出一步，盖色骑声。全放全收，主宾互换。所以道，欲知佛性义，当观时节因缘。敢问诸人，即今是甚么时节？荡荡仁风扶圣化，熙熙和气助升平。"掷拂子，下座。

尼问："如何是佛？"师曰："非佛。"曰："如何是佛法大意？"师曰："骨底骨董。"问："言无展事，语不投几①时如何？"师曰："未屙已前，堕坑落堑。"

平江府资寿尼无着妙总禅师 丞相苏公颂之孙女也。年三十许，厌世浮休，脱去缘饰，咨参诸老，已入正信。作夏，径山大慧升堂，举药山初参石头后见马祖因缘，师闻豁然省悟。慧下座，不动居士冯公楫随至方丈曰："某理会得和尚适来所举公案。"慧曰："居士如何？"曰："恁么也不得，苏嚧婆婆诃。不恁

---

① 几：径山本作"机"。

么也不得，悉哩娑婆诃。恁么不恁么总不得，苏嚧悉哩娑婆诃。"慧举似师，师曰："曾见郭象注《庄子》，识者曰，却是庄子注郭象。"慧见其语异，复举岩头婆子话问之。师答偈曰："一叶扁舟泛渺茫，呈桡舞棹别宫商。云山海月都抛却，赢得庄周蝶梦长。"慧休去。冯公疑其所悟不根，后过无锡，招至舟中，问："婆生七子，六个不遇知音，只这一个也不消得，便弃水中。大慧老师言，道人理会得，且如何会。"师曰："已上供通，并是诣实。"冯公大惊。

慧挂牌次，师入室，慧问："古人不出方丈，为甚么却去庄上吃油糍？"师曰："和尚放妙总过，妙总方敢通个消息。"慧曰："我放你过，你试道看。"师曰："妙总亦放和尚过。"慧曰："争奈油糍何？"师喝一喝而出，于是声闻四方。

隆兴改元，舍人张公孝祥来守是郡，以资寿挽开法。入院上堂："宗乘一唱，三藏绝诠。祖令当行，十方坐断。二乘闻之怖走，十地到此犹疑。若是俊流，未言而喻。设使用移星换斗底手段，施拽旗夺鼓底机关，犹是空拳，岂有实义。向上一路，千圣不传。学者劳形，如猿捉影。灵山付嘱，俯徇时机。演唱三乘，各随根器。始于鹿野苑，转四谛法轮，度百千万众。山僧今日与此界他方，乃佛乃祖，山河大地，草木丛林，现前四众，各转大法轮，交光相罗，如宝丝网。若一草一木不转法轮，则不得名为转大法轮。所以道，于一毫端，现宝王刹，坐微尘里，转大法轮。乘时于其中间，作无量无边广大佛事，周遍法界。一为无量，无量为一。小中现大，大中现小。不动步，游弥勒楼阁。不返闻，入观音普门。情与无情，性相平等。不是神通妙用，亦非法尔如然。于此俶傥分明，皇恩佛恩，一时报足。且道如何是报恩一句？天高群象正，海阔百川朝。"

上堂，举云门示众云："十五日已前则不问，十五日已后道将一句来。"自代云："日日是好日。"师曰："日日是好日，佛法世法尽周毕，不须特地觅幽玄，只管钵盂两度湿。"

上堂，"黄面老人横说竖说，权说实说，法说喻说，建法幢立宗旨，与后人作榜样。为甚么却道，始从鹿野苑，终至跋提河，于是二中间，未尝说一字？点检将来，大似抱赃叫屈。山僧今日人事忙冗，且放过一着"。便下座。

尼问："如何是夺人不夺境？"师曰："野花开满路，遍地是清香。"曰："如何是夺境不夺人？"师曰："茫茫宇宙人无数，几个男儿是丈夫。"曰："如何是人境俱不夺？"师曰："处处绿杨堪系马，家家门首透长安。"曰："如何是人境两俱夺？"师曰："雪覆芦花，舟横断岸。"曰："人境已蒙师指示，向上宗乘事若何？"师便打。

侍郎无垢居士张九成　未第时，因客谈杨文公、吕微仲诸名儒，所造精妙，皆由禅学而至也，于是心慕之。闻宝印楚明禅师道传大通，居净慈。即之，请问入道之要。明曰："此事唯念念不舍，久久纯熟，时节到来，自然证入。"复举赵州柏树子话，令时时提撕。公久之无省，辞。谒善权清禅师，公问："此事人人有分，个个圆成，是否？"清曰："然。"公曰："为甚么某无个入处？"清于袖中出数珠示之曰："此是谁底？"公俯仰无对。清复袖之曰："是汝底则拈取去，才涉思惟即不是汝底。"公悚然。未几，留苏氏馆，一夕如厕，以柏树子话究之，闻蛙鸣，释然契入。有偈曰:"春天月夜一声蛙,撞破乾坤共一家。正恁么时谁会得,岭头脚痛有玄沙。"届明,谒法印一禅师,机语颇契。适私忌,就明静庵供云水主僧惟尚禅师,才见,乃展手,公便喝。尚批公颊,公趋前,尚曰:"张学录何得谤大般若?"公曰:"某见处只如此,和尚又作么生?"尚举马祖升堂,百丈卷席话,诘之。叙语未终,公推倒卓子。尚大呼:"张学录杀人!"公跃起问傍僧曰:"汝又作么生?"僧罔措,公殴之。顾尚曰:"祖祢不了,殃及儿孙。"尚大笑。公献偈曰:"卷席因缘也大奇,诸方闻举尽攒眉。台盘趯倒①人星散,直汉从来不受欺。"尚答曰:"从来高价不饶伊,百战场中奋两眉。夺角冲关君会也,丛林谁敢更相欺。"

绍兴癸丑,魁多士复谒尚于东庵。尚曰:"浮山圆鉴云:'饶你入得汾阳室,始到浮山门,亦未见老僧在。'公作么生?"公叱侍僧曰:"何不只对!"僧罔措,公打僧一掌曰:"虾蟆窟里果没蛟龙。"

丁巳秋,大慧禅师董径山,学者仰如星斗。公阅其语要,叹曰:"是知宗门有人。"持以语尚,恨未一见。及为礼部侍郎,偶参政刘公请慧说法于天竺。公三往不值,暨慧报谒,公见,但寒暄而已,慧亦默识之。

寻奉祠还里,至径山,与冯给事诸公议格物。慧曰:"公只知有格物,而不知有物格。"公茫然,慧大笑。公曰:"师能开谕乎?"慧曰:"不见小说载,唐人有与安禄山谋叛者,其人先为阌

---

① 倒:径山本作"起"。

守，有画像在焉。明皇幸蜀，见之怒，令侍臣以剑击其像首。时阆守居陕西，首忽堕地。"公闻，顿领深旨，题不动轩壁曰："子韶格物，妙喜物格，欲识一贯，两个五伯。"慧始许可。

后守邵阳，丁父难，过径山饭僧，秉钧者意慧议及朝政，遂窜慧于衡阳，令公居家守服。服除，安置南安。丙子春，蒙恩北还，道次新淦，而慧适至，与联舟，剧谈宗要，未尝语往事。于氏《心传录》曰："宪自岭下侍舅氏，归新淦，因会大慧，舅氏令拜之。宪曰：'素不拜僧。'舅氏曰：'汝姑扣之。'宪知其尝执卷，遂举子思《中庸》'天命之谓性，率性之谓道，修道之谓教'三句以问。慧曰：'凡人既不知本命元辰落处，又要牵好人入火坑。如何圣贤于打头一着不凿破？'宪曰：'吾师能为圣贤凿破否？'慧曰：'天命之谓性，便是清净法身。率性之谓道，便是圆满报身。修道之谓教，便是千百亿化身。'宪得以告，舅氏曰：'子拜何辞。'"

继镇永嘉，丁丑秋，丐祠枉道访慧于育王。越明年，慧得旨复领径山。谒公于庆善院，曰："其[①]每于梦中，必诵《语》《孟》，何如？"慧举《圆觉》曰："由寂静故，十方世界诸如来心，于中显现如镜中像。"公曰："非老师莫闻此论也。"其颂黄龙三关曰："我手何似佛手，天下衲僧无口，纵饶撩起便行，也是鬼窟里走，讳不得。我脚何似驴脚，又被黐胶粘着，翻身直上兜率天，已是遭他老鼠药，吐不出。人人有个生缘处，铁围山下几千年，三灾直到四禅天，这驴犹自在傍边，煞得工夫。"公设

---

① 其：径山本作"某"。

心六度，不为子孙计，因取《华严》善知识，日供其二回食，以饭缁流。又尝供十六大天，而诸位茶杯悉变为乳。书偈曰："稽首十方佛法僧，稽首一切护法天。我今供养三宝天，如海一滴牛一毛。有何妙术能感格，试借意识为汝说。我心与佛天无异，一尘才起大地隔。倘或尘销觉圆净，是故佛天来降临。我欲供佛佛即现，我欲供天天亦现。佛子若或生狐疑，试问此乳何处来。狐疑即尘尘即疑，终与佛天不相似。我今与汝扫狐疑，如汤沃雪火销冰。汝今微有疑与惑，鹞子便到新罗国。"

参政李邴居士 字汉老，醉心祖道有年。闻大慧排默照为邪禅，疑恕①相半。及见慧示众，举赵州庭柏垂语曰："庭前柏树子，今日重新举。打破赵州关，特地寻言语。敢问大众，即是打破赵州关，为甚么却特地寻言语？"良久曰："当初只道茆长短，烧了方知地不平。"公领悟，谓慧曰："无老师后语几蹉过。"后以书咨决曰："某近扣筹室，承击发蒙滞，忽有省入。顾惟根识暗钝，平生学解，尽落情见。一取一舍，如衣坏絮，行草棘中，适自缠绕。今一笑，顿释所疑，欣幸可量。非大宗匠委曲垂慈，何以致此。自到城中，着衣吃饭，抱子弄孙，色色仍旧。既无拘执之情，亦不作奇特之想。其余夙习旧障，亦稍轻微。临行叮咛之语，不敢忘也。重念始得入门而大法未明，应机接物触事，未能无碍。更望有以提诲，使卒有所至，庶无玷于法席矣。"又书曰："某比蒙海答，备悉深旨，某自验者三。一，事无逆顺，随缘即应，不留胸中。二，宿习浓厚，不加排遣，自尔轻微。三，

---

① 恕：径山本作"怒"。

古人公案，旧所茫然，时复瞥地，此非自昧者。前书大法未明之语，盖恐得少为足，当广而充之，岂别求胜解耶。净胜现流，理则不无，敢不铭佩。"

宝学刘彦修居士　字子羽，出知永嘉，问道于大慧禅师。慧曰："僧问赵州：'狗子还有佛性也无？'赵州道：'无。'但恁么看，公后乃于柏树子上发明。"有颂曰："赵州柏树太无端，境上追寻也大难，处处绿杨堪系马，家家门底透长安。"

提刑吴伟明居士　字符昭，久参真歇了禅师，得自受用三昧为极致。后访大慧于洋屿庵，随众入室。慧举狗子无佛性话问之，公拟答，慧以竹篦便打，公无对，遂留咨参。一日慧谓曰："不须呈伎俩，直须啐地折曝地断，方敌得生死。若祗呈伎俩，有甚了期。"即辞去。道次延平，倏然契悟，连书数颂寄慧，皆室中所问者。有曰："不是心，不是佛，不是物，通身一具金锁骨。赵州亲见老南泉，解道镇州出萝卜。"慧即说偈证之曰："通身一具金锁骨，堪与人天为轨则。要识临济小厮儿，便是当年白拈贼。"

门司黄彦节居士　字节夫，号妙德。于大慧一喝下，疑情顿脱，慧以衣付之。尝举首山竹篦话，至叶县近前夺得，拘折掷向阶下曰："是甚么？"山曰："瞎。"公曰："妙德到这里，百色无能。但记得曾作腊梅绝句曰：拟嚼枝头蜡，惊香却肖兰，前村深雪里，莫作岭梅看。"

秦国夫人计氏法真　自寡处，屏去纷华，常蔬食，习有为法。因大慧遣谦禅者，致问其子魏公，公留谦以祖道诱之。真一日问谦曰："径山和尚寻常如何为人？"谦曰："和尚祗教人看狗子无佛性及竹篦子话,只是不得下语,不得思量,不得向举起处会,不得向开口处承当。狗子还有佛性也无？无。只恁么教人看。"真遂谛信,于是夜坐力究前话,忽尔洞然无滞。谦辞归,真亲书入道概略,作数偈呈慧,其后曰："逐日看经文,如逢旧识人,莫言频有碍,一举一回新。"

临安径山了明禅师 妙喜杲会中龙象,丛林所谓明大禅也。身长八尺,腹大十围。所至,人必聚观之。始妙喜谪梅州,州县防送甚严,或以为祸在不测。师为荷枷以行,间关辛苦,未曾少怠。既至贬所,衲子追随,问道者率不下二三百人。杲以斋粥①不给,且虑祸,尝勉之令去。师辄不肯,以身任斋粥,每自肩栲栳行乞。至晚,即数十人为之荷米面、薪蔬食用之属,成列以归。衲子虽多,无不具足。如是者十七年如一日。杲法嗣之盛,在贬所接者居其半,师之力也。杲被旨复僧衣自便,继被旨住育王,师尝在座下。

师为人豪迈,机锋敏速。妙喜室中,不许衲子下喝。师每入室,必振声一喝而退。妙喜一日榜方丈前云："下喝者罚一贯钱。"师见之,乃密具千钱于袖中,至室中,先顿于地,高声一喝便出。如是者数矣。妙喜无如之何,再榜曰："下喝者罚当日堂供一中。"师见,即骤步往库司语曰："和尚要十两金。"主事者不疑,即与之。乃遣行者随往方丈,师袖之以入,复顿于地,高声一喝,而妙喜大骇。入室罢,徐问知其然,为之一笑,每语师云："你这肥汉如是会禅,驴年也未梦见在。"然念其勤劳之

---

① 粥：径山本作"饭"。

久，举令出世舒州之投子。先是投子诸庄牛遭疾疫，死毙几尽，比岁不登。师以大愿力，化二百只牛以实之，连岁大稔倍常，颇有异迹。

迁住长芦，衲子辐凑，丛林改观。及妙喜住径山，师来供施及饭大众。洎归长芦，妙喜送以偈云："人言棒头出孝子，我道怜儿不觉丑。长芦长老怎么来，妙喜空费一张口。从教四海妄流传，野干能作师子吼。孰云无物赠伊行，喝下铁围山倒走。"

后奉诏住径山，道望愈着。先是杨和王梦一异僧，长大幡腹缓行，言欲化苏州一庄。觉而异之，未言也。翌旦，师忽杖屦徒步而至。门者呵不止，以白和王。和王出见之，遥望师奇伟，与梦中见者无异。遽呼其眷属出观之，眷属并炷香作礼。茶罢，师首言："大王庄田至多，可施苏州一庄，以为径山供佛斋僧，无穷之利。"和王未有可否，因令办斋。师饭罢便出，更无他语。时内外哄然传言："和王以苏州庄，施径山长老。"遂达孝宗圣听，会和王入朝。上为言："闻卿舍苏州一庄施径山，朕当为蠲免税赋。"和王谢恩归。次日，以书至径山，请师入城。而师二日前先已迁化矣。自是，和王宴居寤寐之际，或少倦交睫，即见师在前。语曰："六度之大，施度为先，善始善终，斯为究竟。"和王即以庄隶本山。北庄岁出十万犁牛舟车，解库应用，百事具足。复有蠲赋之恩，至令蒙其利。师于缁素有大因缘，所在施供云委，衲子臻萃，佛事殊胜。江浙两湖，皆号之为布袋和尚再出焉。

续传灯录卷第三十三

大鉴下第十七世

龙翔圭禅师法嗣

南康军云居顽庵德升禅师 汉州何氏子,二十得度习讲。久之辞谒文殊道禅师,问佛法省要。殊示偈曰:"契丹打破波斯寨,夺得宝珠村里卖。十字街头穷乞儿,腰间挂个风流袋。"师拟对。殊曰:"莫错。"师退参三年,方得旨趣。往见佛性,机不投。入闽,至鼓山,礼觐便问:"国师不跨石门句,意旨如何?"竹应庵声喝曰:"闲言语。"师即领悟。

住后,僧问:"应真不借三界高超即不问,如何是无位真人?"师曰:"闻时富贵,见后贫穷。"曰:"抬头须掩耳,侧掌便翻身。"师曰:"无位真人在甚么处?"曰:"老大宗师,话头也不识。"师曰:"放你三十棒。"

通州狼山萝庵慧温禅师 福州人,姓郑氏。遍参诸老,晚依竹庵于东林。未几,庵谢事,复谒高庵悟、南华昺、草堂清,皆蒙赏识。会竹庵徙闽之乾元,师归省次,庵问:"情生智隔,想变体殊,不用停囚长智,道将一句来。"师乃释然,述偈曰:

"拶出通身是口，何妨骂雨呵风。昨夜前村猛虎，咬杀南山大虫。"庵首肯。

住后，上堂，"释迦老子四十九年坐筹帷幄，弥勒大士九十一劫带水拖泥。凡情圣量，不能划除。理照觉知，犹存露布。佛意祖意，如将鱼目作明珠。大乘小乘，似认橘皮为猛火。诸人须是豁开胸襟宝藏，运出自己家珍，向十字街头普施贫乏。众中忽有个灵利汉出来道，美食不中饱人吃。山僧只向他道，幽州犹自可，最苦是新罗"。

云居悟禅师法嗣

婺州双林德用禅师 本郡戴氏子。上堂，拈槌竖拂，"祖师门下，将黄叶以止啼，说妙谈玄。衲僧面前，望默林而止渴。际山今日去却之乎者也，更不指东画西。向三世诸佛命脉中，六代祖师骨髓里，尽情倾倒，为诸人说破"。良久曰："啼得血流无用处，不如缄口过残春。"

台州万年无着道闲禅师 本郡洪氏子。上堂，"全机敌胜，犹在半途。啐啄同时，白云万里。才生朕兆，已落二三。不露锋铓，成何道理。且道从上来事合作么生？诬人之罪，以罪加之"。

上堂，举干峰示众云："举一不得举二，放过一着，落在第二。云门出众云：'昨日有人从天台来，却往径山去。'峰曰：'典座来日，不得普请。'"师曰："相见不须瞋，君穷我亦贫。谓言侵早起，更有夜行人。"

福川中际善能禅师 严陵人。往来龙门、云居有年，未有所证。一日普请择菜次,高庵忽以猫儿掷师怀中。师拟议,庵拦胸踏倒,于是大事洞明。

上堂,"万古长空,一朝风月。不可以一朝风月昧却万古长空,不可以万古长空不明一朝风月。且如何是一朝风月?人皆畏炎热,我爱夏日长。熏风自南来,殿阁生微凉。会与不会,切忌承当。"

南康军云居普云自圆禅师 绵州雍氏子。年十九试经得度,留教宛五祀。出关南下,历扣诸大尊宿。始诣龙门,一日于廊庑间,睹绘胡人有省。夜白高庵,庵举法眼偈曰:"头戴貂鼠帽,腰悬羊角锥。语不令人会,须得人译之。"复策火示之曰:"我为汝译了也。"于是大法明了,呈偈曰:"外国言音不可穷,起云亭下一时通。口门广大无边际,吞尽杨岐栗棘蓬。"庵遣师依佛眼,佛眼谓曰:"吾道东矣。"

上堂,举僧问云门:"如何是透法身句?"门曰:"北斗里藏身。"师曰:"南北东西万万千,乾坤上下两无边。相逢相见呵呵笑,屈指抬头月半天。"

乌巨行禅师法嗣

饶州荐福退庵休禅师 上堂,"风动邪幡动邪,风鸣邪铃鸣邪。非风铃鸣,非风幡动。此土与西天,一队黑漆桶。诳惑世间人,看看灭胡种。山僧不奈何,趁后也打哄,瓠子曲弯弯,冬瓜直侊侗"。

上堂,"结夏时左眼半斤,解夏时右眼八两。谩云九十日安居，赢得一肚皮妄想。直饶七穴八穿，未免山僧拄杖。虽然如是，千钧之弩，不为鼷鼠发机"。

上堂，"先师寻常用脑后一锤，卸却学者胸中许多屈曲。当年克宾维那曾中兴化此毒，往往天下丛林唤作超宗异目，非唯孤负兴化，亦乃克宾受辱。若是临济儿孙，终不依草附木。资福喜见同参，今日倾肠倒腹"。卓拄杖曰："还知先师落处么？伐死禅和，如麻似粟。"上堂，"言发非声是个甚么？色前不物，莫乱针锥。透过禹门，风波更险。咄！"

信州龟峰晦庵慧光禅师 建宁人。上堂，"数日暑气如焚，一个浑身无处安着，思量得也是烦恼人。这个未是烦恼，更有己躬下事不明，便是烦恼。所以达磨大师烦恼，要为诸人吞却。又被咽喉小，要为诸人吐却。又被牙齿碍，取不得舍不得，烦恼九年。若不得二祖不惜性命，往往转身无路，烦恼教死。所谓祖祢不了，殃及儿孙。后来莲华峰庵主到这里，烦恼不肯住。南岳思大到这里，烦恼不肯下山。更有临济德山，用尽自己查梨烦恼，钵盂无柄。龟峰今日为他闲事长无明，为你诸人从头点破"。卓拄杖一下曰："一人脑后露腮，一人当门无齿。更有数人鼻孔没半边，不劳再勘。你诸人休向这里立地瞌睡，殊不知家中饭箩锅子，一时失却了也。你若不信，但归家捡点看。"

真州长芦且庵守仁禅师 越之上虞人。依雪堂于乌巨，闻普说曰："今之兄弟做工夫，正如习射。先安其足，后习其法。后虽无心，以久习故，箭发皆中。"喝一喝云："只今箭发也，看看！"师不觉倒身，作避箭势，忽大悟。

上堂，"百千三昧，无量妙门，今日且庵不惜穷性命，只做一句子说与诸人"。乃卓拄杖，下座。尝颂台山婆话云："开个灯心皂角铺，日求升合度朝昏。只因风雨连绵久，本利一空愁倚门。"

白杨顺禅师法嗣

吉州青原如禅师 僧问："达磨未来时如何？"师曰："生铁铸昆仑。"曰："来后如何？"师曰："五彩画门神。"

云居如禅师法嗣

太平州隐静圆极彦岑禅师 台城人也。上堂，"韩信打关，未免伤锋犯手。张良烧栈，大似曳尾灵龟。既然席卷三秦，要且未能囊弓裹革，烟尘自静。我国晏然，四海九州尽归皇化。自然牛闲马放，风以时雨以时，五谷熟万民安。大家齐唱村田乐，月落参横夜向阑"。

上堂，"今朝八月初五，好事分明为举。岭头漠漠秋云，树底鸣鸠唤雨。昨夜东海鲤鱼，吞却南山猛虎。虽然有照有用，毕竟无宾无主。唯有文殊普贤，住，住，我识得你。"

上堂，举正堂辩和尚室中问学者："蚯蚓为甚么化为百合？"师曰："客舍并州已十霜，归心日夜忆咸阳。无端更渡桑干水，却望并州是故乡。"

鄂州报恩成禅师 上堂，"秋雨乍寒，汝等诸人青州布衫成就也未？"良久喝曰："云溪今日冷处着一把火。"便下座。

道场辩禅师法嗣

平江府觉报清禅师 上堂，举僧问云门："如何是诸佛出身处？"门曰："东山水上行。"师曰："诸佛出身处，东山水上行，石压笋斜出，岸悬花倒生。"

安吉州何山然首座 姑苏人。侍正堂之久，入室次，堂问："猫儿为甚么偏爱捉老鼠？"曰："物见主，眼卓竖。"堂欣然，因命分座。

黄龙忠禅师法嗣

成都府信相戒修禅师 上堂，举马祖不安公案乃曰："两轮举处烟尘起，电急星驰拟何止。目前不碍往来机，正令全施无表里。丈夫意气自冲天，我是我兮你是你。"

西禅琏禅师法嗣

遂宁府西禅第二代希秀禅师 上堂，"秋光将半，暑气渐消。鸿雁横空，点破碧天似水。猿猱挂树，撼翻玉露如珠。直饶对此明机，未免认龟作鳖。且道应时应节一句作么生道？野色并来三岛月，溪光分破五湖秋"。

净居尼温禅师法嗣

温州净居尼无相法灯禅师 上堂，拈拄杖卓曰："观音出，普贤入，文殊水上穿靴立，抬头鹞子过新罗，石火电光追不及。咄！"

大沩果禅师法嗣

荆门军玉泉穷谷宗琏禅师 合州董氏子。开堂日，问答已，乃曰："衲僧向人天众前一问一答，一擒一纵，一卷一舒，一挨一拶，须是具金刚眼睛始得。若是念话之流，君向西秦，我之东鲁，于宗门中殊无所益。这一段事，不在有言，不在无言，不碍有言，不碍无言。古人垂一言半句，正如国家兵器，不得已而用之。横说竖说，只要控人入处，其实不在言句上。今时人不能一径彻证根源，只以语言文字而为至道，一句来一句去，唤作禅道，唤作向上向下，谓之菩提涅槃，谓之祖师巴鼻，正似郑州出曹门。从上宗师会中，往往真个以行脚为事底，才有疑处，便对众决择。只一句下，见谛明白。造佛祖直指不传之宗，与诸有情尽未来际，同得同证，犹未是泊头处。岂是空开唇皮，胡言汉语来。所以南院示众云：'诸方只具啐啄同时眼，不具啐啄同时用。'时有僧问：'如何是啐啄同时用？'院曰：'作家不啐啄，啐啄同时失。'僧曰：'犹是学人问处。'院曰：'如何是你问处？'僧曰失，院便打，其僧不契。后至云门会中，因二僧举此话，一僧曰:'当时南院棒折那?'其僧忽悟,即回南院,院已迁化。时风穴作维那问曰:'你是问先师啐啄同时话底僧那?'僧曰是,穴曰:'你当时如何?'曰:'我当时如在灯影里行。'穴曰:'你会也。'"师乃召大众曰:"暗穿玉线,密度金钗①,如水入水,似金博金。敢问大众,啐啄同时是亲切处,因甚却失?若也会得,堪报不报之恩,共助无为之化,便可横身宇宙,独步大方。若跳不出,依前只在架子下。"

上堂,拈拄杖曰:"破无明暗,截生死流,度三有城,泛无为海,须是识这个始得。"乃召大众曰:"唤作拄杖则触,不唤作拄杖则背。若也识得,荆棘林中撒手,是非海里横身。脱或未然,普贤乘白象,土宿跨泥牛。参!"

上堂,"一切数句非数句,与吾灵觉何交涉"。师曰:"永嘉恁么道,大似含元殿上更觅长安。殊不知有水皆含月,无山不带云。虽然如是,三十年后赵婆酩醋。"

上堂,"宗乘一唱殊途绝,万别千差俱泯灭。通身是口难分雪,金刚脑后三斤铁。好大哥"。僧问:"保寿开堂,三圣推出一僧,保寿便打,意旨如何?"师曰:"利动君子。"曰:"为复棒头有眼,为复见机而作?"师曰:"弥猴系露柱。"曰:"只如三圣道,你怎么为人,瞎却镇州一城人眼。又作么生?"师曰:"锦上铺华又一重。"问:"行脚逢人时如何?"师曰:"一不成,二不是。"曰:"行脚不逢人时如何?"师曰:"虎咬大虫。"曰:"只如慈明道,钓丝绞水,意作么生?"师曰:"水浸钢石卵。"问:

---

① 钗:径山本作"针"。

"三圣道,我逢人则出,出则不为人。意旨如何?"师曰:"兵行诡道。"曰:"兴化道,我逢人则不出,出则便为人。又作么生?"师曰:"绵里秤锤。"问:"不落因果,为甚么堕野狐身?"师曰:"庐山五老峰。"曰:"不昧因果,为甚么脱野狐身?"师曰:"南岳三生藏。"曰:"只如不落不昧,未审是同是别?"师曰:"倚天长剑逼人寒。"僧问:"只如昔日杨岐和尚因僧问如何是佛,杨岐答云三脚驴子弄蹄行。意旨如何?"师曰:"过蓬州了便到巴州。"吁!味师所谈心要,政如空中鸟迹,水底鱼踪,岂容凑泊哉。

潭州大沩行禅师 上堂,横拄杖曰:"你等诸人若向这里会去,如纪信登九龙之辇。不向这里会去,似项羽失千里乌骓。饶你总不怎么,落在无事甲里。若向这里拨得一路,转得身,吐得气,山僧与你拄杖子。"遂靠拄杖,下座。

上堂:"不是心,不是佛,不是物,且道是个甚么?不在内,不在外,不在中间,毕竟在甚么处?苦苦有口说不得,无家何处归。"

潭州道林渊禅师 僧问:"钟未鸣,鼓未响,托钵向甚么处去,德山便低头归方丈。意旨如何?"师曰:"奔雷迸火。"曰:"岩头道,这老汉未会末后句在。又作么生?"师曰:"相随来也。"曰:"岩头密启其意,未审那里是他密启处?"师曰:"万年松在祝融峰。"曰:"虽然如是,只得三年。三年后果迁化,还端的也无?"师曰:"嚩呢哒唎吽癹吒。"

临示寂,上堂,拈拄杖示众曰:"离却色声言语道将一句来?"众无对。师曰:"动静声色外,时人不肯对,世间出世间,毕竟使谁会。"言讫,倚杖而逝。

随州大洪老衲祖证禅师 潭州潘氏子。上堂，"万象之中独露身，如何说个独露底道理？"竖起拂子曰："到江吴地尽，隔岸越山多。"僧问："云门问僧：'光明寂照遍河沙，岂不是张拙秀才语？'僧云是。门云：'话堕也。'未审那里是这僧话堕处？"师曰："鲇鱼上竹竿。"问："离却言句，请师直指。"师竖拂子。僧曰："还有向上事也无？"师曰："有。"曰："如何是向上事？"师曰："速礼三拜。"

隆兴府泐潭山堂德淳禅师 上堂，"俱胝一指头，一毛拔九牛。华岳连天碧，黄河彻底流。截却指，急回眸，青箬笠前无限事，绿蓑衣底一时休。"

常州宜兴保安复庵可封禅师 福州林氏子。上堂，"天宽地大，风清月白，此是海宇清平底时节。衲僧家等闲问着，十个有五双知有。只如夜半，华严池吞却扬子江，开明桥撞倒平山塔。是汝诸人还知么？若也知去，试向非非想天道将一句来。其或未知"。掷下拂子曰："须是山僧拂子始得。"

隆兴府石亭野庵祖璇禅师 上堂曰："吃粥了也未？赵州无忌讳，更令洗钵盂，太杀没巴鼻。悟去由来不丈夫，这僧那免受涂糊。有指示，无指示，韶石四楞浑塌地，入地狱如箭射。云岫清风生大厦，相逢携手上高山。作者应须辨真假，真假分，若为论，午夜寒蟾出海门。"

潭州石霜宗鉴禅师 上堂，"送旧年，迎新岁，动用不离光影内。澄辉湛湛夜堂寒，借问诸人会不会。若也会，增瑕颣。若不会，依前昧。与君指个截流机，白云更在青山外"。

石头回禅师法嗣

南康军云居蓬庵德会禅师 重庆府何氏子。上堂，举教中道："若见诸相非相，即见如来。""作么生是非相底道理？佯走诈羞偷眼觑，竹门斜掩半枝花。"

育王谌禅师法嗣

台州万年心闻昙贲禅师 永嘉人，住江心，病起上堂。"维摩病，说尽道理。龙翔病，咳嗽不已。咳嗽不已，说尽道理。说尽道理，咳嗽不已。汝等诸人还识得其中意旨也未？本是长江凑风冷，却教露柱患头风。"

上堂，"一见便见，八角磨盘空里转。一得永得，辰锦朱砂如墨黑。秋风吹渭水，已落云门三句里。落叶满长安，几个而今被眼瞒。"竖拂子曰："瞒得瞒不得，总在万年手里。还见么？华顶月笼招手石，断桥水落舍身岩。"僧问："百丈卷席，意旨如何？"师曰："贼过后张弓。"四明太守以雪窦命师主之，师辞，以偈曰："闹篮方喜得抽头，退鼓而今打未休。莫把乳峰千丈雪，重来换我一双眸。"

庆元府天童慈航了朴禅师 福州人。上堂，"酷暑如焚不易禁，炎炎赫赫欲流金。夜明帘外无人到，灵木迢然转绿阴"。

上堂，"久雨不晴，半睡半醒。可谓天地合其德，日月合其明，四时合其序，鬼神合其吉凶"。遂喝曰："住住！内卦已成，更求外象。"卓拄杖曰："适来掷得雷天大壮，如今变作地火明夷。"

上堂，"牛皮鞔露柱，露柱啾啾叫。灯笼伴不知，虚明还自照。殿脊老蛩吟，闻得呵呵笑。三门侧耳听，就上打之绕。譬如十日菊，开彻阿谁要。阿呵呵，未必秋香一夜衰，熨斗煎茶不同铫"。室中问僧："贼来须打，客来须看。只如三更夜半，人面似贼，贼面似人，作么生辨？"

上堂，"观音岩玲玲珑珑，太白石丁丁东东。西园菜蟥，似不堪食。东谷花发，却无赖红。且道是祖意教意？途中受用，世谛流布。若辨不出，雪峰覆却饭桶。若辨得出，甘贽礼拜蒸笼。参！"

上堂，"德山入门便棒，临济入门便喝。临济喝处，德山棒头耳聋。德山棒时，临济喝下眼瞎。虽然一搦一抬，就中全生全杀"。遂喝一喝，卓拄杖一下云："敢问诸人，是生是杀？"良久云："君子可八。"

南剑州西岩宗回禅师 婺州人也。久依无示，深得法忍。因寺僧以茶禁闻有司，吏捕知事。师谓众曰："此事不直之，则罪坐于我。若自直，彼复得罪，不忍为也。"令击鼓升座，说偈曰："县吏追呼不暂停，争如长往事分明。从前有个无生曲，且喜今朝调已成。"言讫而逝。

高丽国坦然国师 少嗣王位，钦向宗乘。因海商方景仁抵四明，录无示语归。师阅之启悟，即弃位圆颅，作书以语要及四威仪偈，令景仁呈无示。示答曰："佛祖出兴于世，无一法与人。实使其自信自悟、自证自到，具大知见。如所见而说，如所说而行。山河大地，草木丛林，相与证明，其来久矣。"后复通嗣法，其书略曰："生死海广，劫殚周通，得遇本分宗师，以三要印子验定其法，实谓盲龟值浮木孔耳。"

临安府龙华无住本禅师　广德人也。上堂，举云门大师拈起胡饼曰："我只供养两浙人，不供养向北人。"众无语，门自代曰："天寒日短，两人共一碗。"师曰："韶阳老汉，言中有响，痛处着锥。检点将来，翻成毒药。诸人要会么？半在河南半河北，一片虚凝似墨黑。冷地思量愁杀人，叵耐云门这老贼。贼贼！"下座，更不巡堂。

道场琳禅师法嗣

临江军东山吉禅师　因李朝请与甥艿林居士，向公子谭谒之，遂问："家贼恼人时如何？"师曰："谁是家贼？"李竖起拳，师曰："贼身已露。"李曰："莫涂糊人好。"师曰："赃证见在。"李无语，师示以偈曰："家贼恼人孰奈何，千圣回机只为他。遍界遍空无影迹，无依无住绝笼罗。贼贼！猛将雄兵收不得，疑杀天下老禅和，笑倒闹市古弥勒。休休！不用将心向外求，回头瞥尔贼身露，和赃捉获世无俦。世无俦，真可仰，从兹不复夸伎俩。怗怗安家乐业时，万象森罗齐拊掌。"

道场慧禅师法嗣

临安府灵隐懒庵道枢禅师　吴兴四安徐氏子，初住何山，次移华藏。隆兴初,诏居灵隐。孝宗皇帝召至内殿,问禅道之要。师答:"以此事在陛下,堂堂日用应机处,本无知见起灭之梦、圣凡迷悟之别。第护正念,则与道相应。情却物,则业不能系。尽去沉掉之病,自忘问答之意。矧今补处,见在佛般若光明中,何事不成见耶。"上为之首肯数四。

师示众曰:"仙人张果老,骑驴穿市过。但闻蹄拨剌,谁知是纸做。"后退居明教永安兰若,逍遥自适。有偈题于壁曰:"雪里梅花春信息,池中月色夜精神。年来可是无佳趣,莫把家风举似人。"淳熙丙申八月示微疾,书偈而逝,塔于永安。

光孝憨禅师法嗣

广德军光孝悟初首座 分座日,示众,举风幡话,至"仁者心动"处,乃曰:"祖师恁么道,赚杀一船人。今时衲僧也不可恁么会,既不恁么会,毕竟作么生?"良久曰:"六月好合酱,切忌着盐多。"

中竺妙禅师法嗣

温州光孝己庵深禅师 本郡人也。上堂曰:"龙生龙,凤生凤,老鼠养儿沿屋栋。达磨大师不会禅,历魏游梁干打哄。"

上堂,"一九二九,相逢不出手。三九二十七,篱头吹觱栗①,翻忆小释迦,双手抱屈膝。知不知,实不实,摩诃般若波罗蜜"。

上堂,"维摩默然,普贤广说,历代圣人互呈丑拙。君不见,落花三月子规啼,一声声是一点血"。

上堂,"风萧萧,叶飘飘,云片片,水茫茫。江干独立向谁说,天外飞鸿三两行"。

---

① 觱栗(bì lì):即觱篥、筚篥。古代管乐器,形似喇叭,以芦苇作嘴,以竹做管,吹出的声音悲凄。

续传灯录卷第三十四

大鉴下第十八世

东林颜禅师法嗣

　　荆南府公安遁庵祖珠禅师　南平人。上堂，"不是心，不是佛，不是物。沥尽野狐涎，趯翻山鬼窟。平田浅草里，露出焦尾大虫。太虚寥廓中，放出辽天俊鹘。阿呵呵，露风骨，等闲拈出众人前，毕竟分明是何物。咄咄！"
　　上堂："玉露垂青草，金风动白苹。一声寒雁叫，唤起未惺人。"
　　汀州报恩法演禅师　果州人。上堂，举俱胝竖指因缘，师曰："佳人睡起懒梳头，把得金针插便休。大抵还他肌骨好，不涂红粉也风流。"
　　临安府净慈肯堂彦充禅师　于潜盛氏子。幼依明空院义堪为师，首参大愚宏智、正堂大圆。后闻东林谓众曰："我此间别无玄妙，只有木札羹铁钉饭，任汝咬嚼。"师窃喜之，直造谒，陈所见解。林曰："据汝见处，正坐在鉴觉中。"师疑不已，将从前所得底，一时扬下。一日，闻僧举南泉道："时人见此一株花如梦相似。"默有所觉,曰:"打草只要蛇惊。"次日入室,林问:"那里是岩头密启其意处?"师曰:"今日捉败这老贼。"林曰:"达磨大师性命在汝手里。"师拟开口,蓦被拦胸一拳,忽大悟,直得汗流浃背,点首自谓曰:"临济道,黄檗佛法无多子。岂虚语邪!"遂呈颂曰:"为人须为彻,杀人须见血。德山与岩头,万里一条铁。"林然之。

住后,上堂,"世尊不说说,迦叶不闻闻。"卓拄杖曰:"水流黄叶来何处,牛带寒鸦过远村。"

上堂,举雪峰示众云:"尽大地是个解脱门,因甚把手拽不入?"师曰:"大小雪峰话作两橛。既尽大地是个解脱门,用拽作么?"

上堂,"一向与么去,法堂前草深一丈。一向与么来,脚下泥深三尺。且道如何即是?三年逢一闰,鸡向五更啼"。

上堂,举卍庵先师道:"坐佛床,斫佛脚,不敬东家孔夫子,却向他乡习礼乐。"师曰:"入泥入水即不无,先师争奈寒蝉抱枯木,泣尽不回头。"卓拄杖曰:"灼然有不回头底,净慈向升子里礼汝三拜。"

上堂,"三世诸佛无中说有,莨苕拾花针。六代祖师有里寻无,猿猴探水月。去此二途,如何话会?侬家不管兴亡事,尽日和云占洞庭"。

元庵受智者请,引座曰:"南山有个老魔王,炯炯双眸放电光,口似血盆呵佛祖,牙如剑树骂诸方。几度业风吹不动,吹得动云黄山畔,与嵩头陀,傅大士,一火破落户,依旧孟八郎。赚他无限痴男女,开眼堂堂入镬汤。忽有个纳僧出来道,既是善知识,为甚赚人入镬汤。只向他道,非公境界。"后示寂,塔于寺之南庵。

婺州智者元庵真慈禅师 潼川人姓李氏。初依成都正法,出家具戒。后游讲肆,听讲《圆觉》,至"四大各离今者妄身,当在何处,毕竟无体,实同幻化"。因而有省,作颂曰:"一颗明珠,在我这里。拨着动着,放光动地。"以呈诸讲师,无能晓之者。归以呈其师,遂举狗子无佛性话诘之。师曰:"虽百千万亿公案,不出此颂也。"其师以为不逊,乃叱出。师因南游,至庐山圆通挂搭。时卍庵为西堂,为众入室,举僧问云门:"拨尘见佛时如何?"门云:"佛亦是尘。"师随声便喝,以手指胸曰:"佛亦是尘。"师复颂曰:"拨尘见佛,佛亦是尘。问了答了,直下翻身。劝君更尽一杯酒,西出阳关无故人。"又颂尘尘三昧曰:"钵里饭,桶里水,别宝昆仑坐潭底,一尘尘上走须弥,明眼波斯笑弹指。笑弹指,珊瑚枝上清风起。"卍庵深肯之。

成都府昭觉绍渊禅师 上堂曰:"镕瓶盘钗钏作一金,搅酥酪醍醐成一味。如是宾主道合,内外安和,五位君臣齐透,四种料拣一串。放行则细雨蒙蒙秋风飒飒,把住则空空如也。谁敢正眼觑着。且道放行为人好,把住为人好?"复曰:"等闲一似秋风至,无意凉人人自凉。"

又上堂,举僧问云门:"树凋叶落时如何?"云:"体露金风。"师曰:"要明陷虎之机,须是本色衲子始得。云门大师具逸群三昧,击节叩关,于闪电光中出一只手,与人解粘去缚,拔楔抽钉,不妨好手。子细点捡将来,大似与贼过梯。昭觉即不然,忽有僧问树凋叶落时如何。只答他道,落霞与孤鹜齐飞,秋水共长天一色。且道与云门是同是别？"复曰："止止不须说，我法妙难思。"

又举赵州初见南泉，问："如何是道？"南泉云："平常心是道。"赵州云："还假趣向也无？"南泉云："拟向即乖。"赵州云："不拟争知是道。"南泉云："道不属知，不属不知，知是妄觉，不知是无记。若真达不疑之道，廓然如太虚空，无有障碍。"师拈曰："奇怪诸禅德，虽是沙弥初入道，一拨便转，岂不是灵利人。南泉如善射者发箭，箭箭中红心。若不是赵州，也大难承当。便向平常心是道处，动着关棙子。去却胸中物，丧却目前机，头头上明，物物上显，便能信脚行，信口道，等闲拈出，着着有出身之路。以何为验？岂不见僧问：'如何是祖师西来意？'答云：'庭前柏树子。'问：'万法归一，一归何处？'答云：'我在青州作一领布衫，重七斤'。问：'如何是赵州？'答云：'东门西门、南门北门。'与人解粘去缚，抽钉拔楔，坐断天下人舌头，穿过天下人鼻孔。岂不是平常心是道底关棙子！且不是钉斗底言语、排迭底章句，推人在死水里，者个便是沙弥底样子。应当学作么生承当？"乃曰："欲行千里，一步为初。白日青天，快着精彩。"

西禅需禅师法嗣

福州鼓山木庵安永禅师 闽县吴氏子，弱冠为僧。未几，谒懒庵于云门。一日入室，庵曰："不问有言，不问无言，世尊良久，不得向世尊良久处会。"随后便喝。倏然契悟，作礼曰：

"不因今日问,争丧目前机。"庵许之。

住后,上堂。"要明个事,须是具击石火、闪电光底手段,方能崄峻岩头全身放舍,白云深处得大安居。如其觑地觅金针,直下脑门须迸裂。到这里假饶见机而变,不犯锋铓,全身独脱,犹涉泥水。只如本分全提一句,又作么生道?"击拂子曰:"淬出七星光灿烂,解拈天下任横行。"

上堂,举睦州示众云:"诸人未得个入处,须得个入处。既得个入处,不得忘却老僧。"师曰:"怎么说话,面皮厚多少。木庵则不然,诸人未得个入处,须得个入处。既得个入处,直须扬下入处始得。"

上堂,拈拄杖曰:"临济小厮儿,未曾当头道着。今日全身放憨,也要诸人知有。"掷拄杖,下座。

僧问:"须弥顶上翻身倒卓时如何?"师曰:"未曾见毛头星现。"曰:"怎么则倾湫倒岳去也。"师曰:"莫乱做。"僧便喝,师曰:"雷声浩大,雨点全无。"

温州龙翔柏堂南雅禅师 上堂曰:"瑞峰顶上,栖凤亭边。一杯淡粥相依,百衲蒙头打坐。二祖礼三拜,依位而立,已是周遮。达磨老臊胡,分尽髓皮,一场狼籍。其余之辈,何足道哉。柏堂怎么道,还免诸力撿责也无?"拍绳床云:"洎合停囚长智。"

上堂曰:"大机贵直截,大用贵顿发。纵有啮镞机,一锤须打杀。何故?我王库内无如是刀。"

上堂,"紫蕨伸拳,笋破梢。杨花飞尽,绿阴交。分明西祖单传句,黄栗留鸣燕语巢。这里见得,谛信得及。若约诸方,决定明窗下安排。龙翔门下,直是一槌槌杀。何故?不是与人难共住，大都缁素要分明"。

福州天王志清禅师 上堂，竖起拂子云："只这个天不能盖，地不能载，遍界遍空，成团成块。到这里，三世诸佛向甚么处摸索，六代祖师向甚么处提持，天下衲僧向甚么处名邈？除非自得自证，便乃敲唱双行。虽然如是，未是衲僧行履处。作么生是衲僧行履处？是非海里横身入，豺虎丛中纵步行。"

南剑州剑门安分庵主 少与木庵同肄业安国，后依懒庵，未有深证。辞谒径山大慧，行次江干，仰瞻宫阙，闻街司喝侍郎来，释然大悟。作偈曰："几年个事挂胸怀，问尽诸方眼不开，肝胆此时俱裂破，一声江上侍郎来。"遂径回西禅，懒庵迎之，付以伽梨，自尔不规所寓。后庵居剑门，化被岭表，学者从之。所作偈颂，走手而成，凡千余首，盛行于世。

示众："这一片田地，汝等诸人且道，天地未分已前在甚么处？直下彻去，已是钝置你分上不少了也。更若拟议思量，何啻白云万里。"蓦拈拄杖，打散大众。

示众："上至诸佛下及众生，性命总在山僧手里。检点将来，有没量罪过。还有检点得出者么？"卓拄杖一下曰："冤有头，债有主。"遂左右顾视曰："自出洞来无敌手，得饶人处且饶人。"

示众："十五日已前，天上有星皆拱北。十五日已后，人间无水不朝东。已前已后总拈却，到处乡谈各不同。"乃屈指曰："一二三四五六七八九十十一十二十三十四。诸兄弟，今日是几？"良久曰："本店买卖，分文不赊。"

教忠光禅师法嗣

临安府净慈混源昙密禅师　天台卢氏子。依资福道荣出家，十六圆具，习台教。弃参大慧于径山，谒雪巢一此庵元。入闽留东西禅，无省发。之泉南，教忠俾悦众解，职归前资。偶举香严击竹因缘，豁然契悟。述偈呈忠，忠举玄沙未彻语诘之，无滞。忠曰："子方可见妙喜。"即辞往梅杨，服勤四载。

住后，上堂："诸佛出世，打劫杀人。祖师西来，吹风放火。古今善知识，佛口蛇心。天下衲僧，自投笼槛。莫有天然气概，特达丈夫，为宗门出一只手，主张佛法者么？"良久曰："设有，也须斩为三段。"

上堂，"德山小参不答话，千古丛林成话霸。问话者三十棒，惯能说诃说夯。时有僧出的能破的，德山便打。风流儒雅，某甲话也未问。头上着枷，脚下着匣。你是那里人，一回相见一伤神，新罗人把手笑欣欣。未跨船舷，好与三十棒，依前相厮诳混源。今日怎么批判责情，好与三十棒。且道是赏是罚？具参学眼者试辨看"。

上堂，举云门问僧光明寂照遍河沙因缘。师曰："平地捞鱼鰕，辽天射飞鹗。跛脚老云门，千错与万错。"

泉州法石中庵慧空禅师　赣州蔡氏子。春日上堂，拈拄杖卓一下曰："先打春牛头。"又卓一下曰："后打春牛尾。惊起虚空，入藕丝里。释迦无路潜踪，弥勒急走千里。文殊却知落处，抚掌大笑欢喜。且道欢喜个甚么？春风昨夜入门来，便见千花生碓嘴。"

上堂,"千家楼阁,一霎秋风,只如襟袖凉生,不觉园林叶落。于斯荐得,触处全真。其或未然,且作寒温相见"。

上堂,举《金刚经》云:"佛告须菩提,尔所国土中,所有众生,若干种心,如来悉知。何以故?如来说诸心皆为非心,是名为心。""要会么?春风得意马蹄疾,一日看尽长安花。"僧问:"先佛垂范,禁足安居。未审是何宗旨?"曰:"琉璃钵内拓须弥。"僧便喝,师便打。

东禅岳禅师法嗣

福州鼓山宗逮禅师 上堂,"世尊道,应如是知,如是见,如是信解,不生法相"。遂喝曰:"玉本无瑕却有瑕。"

西禅净禅师法嗣

福州乾元宗颖禅师 上堂,卓拄杖曰:"性燥汉只在一槌。"靠拄杖曰:"灵利人不劳再举。而今莫有灵利底么?"良久曰:"比拟张麟,兔亦不遇。"

开善谦禅师法嗣

建宁府仙州山吴十三道人 每以己事扣诸禅及开善,归结茆于其左,遂往给侍。绍兴庚申三月八日夜,适然启悟,占偈呈善曰："元来无缝罅，触着便光辉。既是千金宝，何须弹雀儿。"
善答曰："啐地折时真庆快，死生凡圣尽平沉。仙州山下呵呵笑，不负相期宿昔心。"

无用全禅师法嗣

育王笑翁禅师 讳妙堪，四明毛氏子，广颡平顶，骨清气豪。十岁从野庵道钦，受释氏学。参松源岳于灵隐，不契。往天童，参无用全公，无用问曰："行脚僧，游山僧？"师曰："行脚僧。"无用曰："如何是行脚事？"师以坐具便搋。无用曰："此僧敢来者里捋虎须，参堂去！"室中常示以狗子无佛性话。一日拟开口，无用以竹篦劈口便打。师应声呈偈云："大茶毒鼓，轰天震地。转脑回头，横尸万里。"无用颔之，久之侍香。

辞去西游，历登诸老门。追出世妙胜，嗣无用，迁金文，移光孝。乙亥大旱祷雨，州治郡将以道居左偏。师谓释左道右，旧有成法，力争不可。退归雪窦，申明于朝，得旨仍旧乃已。史卫王荐师领台之报恩。天台旧无律宗，师议合十寺为大刹，筑坛场，阐扬毗尼。朝命徙虎丘，领雪峰三年，升住灵隐。卫王创大慈成，请师开山。师审法立度，去浮务约。虽大智复作，无以易之。卫王薨，退居上柏。台州使君陈公遣使，以瑞岩邀之于道，师勉领寺事，逾月遂行。无何江心牒至，监丞史公强之乃起，黾勉绝江。明年廷臣奏令僧道买紫衣师号，俾以衣号住持。师以为，审如是，则千金之子皆可主法，吾道殆矣。奏疏殿陛，上书庙堂，其议遂寝。诏徙育王，兴建居多。既而天童除书至，不应。

戊申春,师寝疾。通守永嘉曹公等,入山问疾,从容叙世契。移顷,命纸笔书遗表,作寺丞张公书,援山谷晦堂例,请主后事。书四句偈辞众云:"业镜高悬,七十二年。一槌击碎,大道坦然。"置笔与曹公诀别,右胁而逝。

天童华禅师法嗣

庆元府天童密庵咸杰禅师 福州郑氏子。母梦庐山老僧入舍而生。自幼颖悟,出家为僧。不惮游行,遍参知识。后谒应庵于衢之明果,庵孤硬难入,屡遭呵。一日庵问:"如何是正法眼?"师遽答曰:"破沙盆。"庵领之。未几,辞回省亲。庵送以偈曰:"大彻投机句,当阳廓顶门。相从今四载,征诘洞无痕。虽未付钵袋,气宇吞乾坤。却把正法眼,唤作破沙盆。此行将省觐,切忌便蹉跟。吾有末后句,待归要汝遵。"

出世衢之乌巨,次迁祥符蒋山华藏。未几,诏住径山灵隐,晚居太白。僧问:"虚空销殒时如何?"师曰:"罪不重科。"

上堂,"牛头横说竖说,不知有向上关棙子。有般添桶辈,东西不辩,南北不分,便问如何是向上关棙子,何异开眼尿床。华藏有一转语,不在向上向下,千手大悲,摸索不着。雨寒无处晒眼,今日普请布施大众。"良久曰:"达磨大师无当门齿。"

上堂,"世尊不说说,拗曲作直。迦叶不闻闻,望空启告。马祖即心即佛,悬羊头卖狗肉。赵州勘庵主,贵买贱卖,分文不直。只如文殊是七佛之师，因甚出女子定不得？河天月晕鱼分子，槲①叶风微鹿养茸"。

上堂，卓拄杖曰："迷时只迷这个。"复卓一下曰："悟时只悟这个。迷悟双忘，粪扫堆头重添搕撞。莫有向东涌西没，全机独脱处，道得一句底么？若道不得，华藏自道去也。"掷拄杖曰："三十年后。"

上堂，举金峰和尚示众云："老僧二十年前有老婆心，二十年后无老婆心。"时有僧问："如何是和尚二十年前有老婆心？"峰云："问凡答凡，问圣答圣。"曰："如何是二十年后无老婆心？"峰云："问凡不答凡，问圣不答圣。"师曰："乌巨当时若见，但冷笑两声。这老汉忽若瞥地，自然不堕圣凡窠曰。"

上堂，举婆子烧庵话。师曰："这个公案，丛林中少有拈提者。杰上座裂破面皮，不免纳败一上，也要诸方检点。"乃召大众曰："这婆子洞房深稳，水泄不通，偏向枯木上糁花，寒岩中发焰。个僧孤身迥迥，惯入洪涛，等闲坐断泼天潮，到底身无涓滴水。子细检点将来，敲枷打锁则不无，二人若是佛法未梦见在。乌巨与么提持，毕竟意归何处？"良久曰："一把柳丝收不得，和烟搭在王栏②干。"

上堂，"动弦别曲，叶落知秋。举一明三，目机铢两。如王秉剑，杀活临时，犹是无风匝匝之波。向上一路，千圣把手共行，合入泥犁地狱。正当与么时，合作么生？江南两浙，春寒秋热"。

---

① 槲（hú）：多年生灌木，不成材，易弯曲。槲树的叶子，形大如荷叶，可以用来包粽子。
② 王栏：径山本作"玉阑"。

上堂，"尽乾坤大地，唤作一句子，担枷带锁，不唤作一句子，业识茫茫。两头俱透脱，净裸裸，赤洒洒，没可把，达磨一宗，扫土而尽。所以云门大师道，尽乾坤大地，无纤毫过患，犹是转句。不见一法，始是半提，更须知有全提底时节。大小云门，剑去久矣，方乃刻舟"。后示寂，塔于寺之中峰。

南书记者 福州人，久依应庵，于赵州狗子无佛性话，豁然契悟。有偈曰："狗子无佛性，罗睺星入命，不是打杀人，被人打杀定。"庵见，喜其脱略。绍兴末，终于归宗。

侍郎李浩居士 字德远，号正信。幼闻《首楞严经》，如游旧国，志而不忘持橐。后造明果，投诚入室。应庵揕其胸曰："侍郎死后向甚么处去？"公骇然汗下，庵喝出，公退参。不旬日，竟跻堂奥，以偈寄同参严康朝曰："门有孙膑铺，家存甘贽妻。夜眠还早起，谁悟复谁迷。"庵见称善。有鬻胭脂者，亦久参应庵，颇自负。公赠之偈曰："不涂红粉自风流，往往禅徒到此休。透过古今圈襀后，却来这里吃拳头。"

道场全禅师法嗣

常州华藏伊庵有权禅师 临安昌化祁氏子。年十四得度，十八岁礼佛智裕禅师于灵隐。时无庵为第一座，室中以"从无住本建一切法"问之，师久而有省，答曰："暗里穿针，耳中出气。"庵可之，遂密付心印。尝夜坐达旦，行粥者至忘展钵，邻僧以手触之，师感悟为偈曰："黑漆昆仑把钓竿，古帆高挂下惊湍。芦花影里弄明月，引得盲龟上钓船。"佛智尝问："心包太虚，量廓沙界时如何？"师曰："大海不宿死尸。"智抚其座曰："此子他日当据此座呵佛骂祖去在。"师自是埋藏头角，益自韬晦。游历湖湘江浙几十年，依应庵于归宗，参大慧于径山。

无庵住道场，招师分座说法，于是声名隐然。

住后，上堂，"今朝结却布袋口，明眼衲僧莫乱走。心行灭处解翻身，喷嚏也成师子吼。旃檀林，任驰骤，剔起眉毛顶上生，剜肉成疮露家丑"。

上堂，"禅禅，无党无偏，迷时千里隔，悟在口皮边。所以僧问石霜，如何是禅。霜云甋砖。又僧问睦州如何是禅，州云猛火着油煎。又僧问首山如何是禅，山云猢狲上树尾连颠。大众，道无横径，立处孤危。此三大老行声前活路，用劫外灵机。若以衲僧正眼，检点将来，不无优劣。一人如张良入阵，一人如项羽用兵，一人如孔明料敌。若人辨白得，可与佛祖齐肩。虽然如是，忽有个衲僧出来道，长老话作两橛也。适来道，道无横径，无党无偏，而今又却分许多优劣，且作么生袛对，还委悉么？把手上山齐着力，咽喉出气自家知"。

淳熙庚子秋，示微疾，留偈趺坐而逝。茶毗，齿舌不坏，获五色舍利无数。瘗于横山之塔，分骨归葬万年寺左。

双林用禅师法嗣

婺州三峰印禅师　上堂，举野狐话曰："不落不昧，诳人之罪。不昧不落，无绳自缚。可怜柳絮随春风，有时自西还自东。"

大沩行禅师法嗣

常德府德山子涓禅师 潼川人也。上堂，"见见之时，见非是见。见犹离见，见不能及"。遂喝曰："鲸吞海水尽，露出珊瑚枝。众中忽有个衲僧出来道，长老休寐语，却许伊具一只眼"。

上堂，横按拄杖曰："一二三四五六七，七六五四三二一。循还逆顺数将来，数到未来无尽日。因七见一，因一忘七，踏破太虚空，铁牛也汗出。绝气息，无踪迹。"掷拄杖曰："更须放下这个，始得参学事毕。"

上堂，拈拄杖曰："有时夺人不夺境，拄杖子七纵八横。有时夺境不夺人，山僧七颠八倒。有时人境两俱夺，拄杖子与山僧削迹吞声。有时人境俱不夺。"卓拄杖曰："伴我行千里，携君过万山，忽然撞着临济大师时如何？"喝曰："未明心地印，难透祖师关。"

万年贲禅师法嗣

温州龙鸣在庵贤禅师 上堂，举崇寿示众曰："识得凳子，周匝有余。云门道，识得凳子，天地悬殊。"师曰："崇寿老汉坐杀天下人，云门大师走杀天下人。龙鸣则不然，识得凳子四脚着地，要坐便坐，要起便起。"

上堂，举赵州勘婆话颂曰："冰雪佳人貌最奇，常将玉笛向人吹。曲中无限花心动，独许东君第一枝。"

潭州大沩咦庵鉴禅师　会稽人也。上堂，"木落霜空，天寒水冷。释迦老子无处藏身，拆东篱补西壁，撞着不空见菩萨，请示念佛三昧。也甚奇怪，却向道金色光明云。参退，吃茶去"。

上堂，"老胡开一条路，甚生径直，只云歇即菩提，性净明心不从人得。后人不得其门，一向奔驰，南北往，复东西，极岁穷年，无个歇处。诸人还歇得么？休休！"

上堂，举晦堂和尚一日问僧："甚处来？"曰："南雄州。"堂曰："出来作甚么？"曰："寻访尊宿。"堂曰："不如归乡好。"曰："未审和尚令某归乡意旨如何？"堂曰："乡里三钱买一片鱼鲊如手掌大。"师曰："宁可碎身如微尘，终不瞎个师僧眼。晦堂较些子，有般汉便道，熟处难忘，有甚共语处。"

上堂，举罽宾国王问师子尊者蕴空公案。师颂曰："尊者何曾得蕴空，罽宾徒自斩春风，桃花雨后已零落，染得一溪流水红。"

续传灯录卷第三十五

大鉴下第十八世

育王光禅师法嗣

杭州灵隐妙峰善禅师 吴兴刘氏子,其先居彭城,后徙吴兴,高曾、大父、父皆登膴仕。师生纨绮中,姿性高洁。年十三即辞家祝发,受业德清齐政院。其师教以经论,一见辄了大意,乃遍参诸大老。时佛照光禅师唱道鄮山,师往参礼,以风幡语直箭锋机,蒙印可,赠以偈曰:"今日与君通一线,斩钉截铁起吾宗。"自是辨慧融释,然不以此自足,游衡湘,还入康庐。卓锡妙高峰下,面壁坐十年。一时学者尊称之曰妙峰禅师,分座于雁山能仁。

出世于慧因、洪福、万年诸刹,退居皋亭刘寺者又十余年。大略如在妙峰时,其徒推迫不已,复领明之瑞岩、苏之万寿、常之华藏。晚至灵隐,亦非所乐。灵隐密迩行阙,轮蹄凑集,师掩户,若不闻,一无所将迎。公卿贵人或见之,寒温而已。会天童虚席,时郑清之秉钧轴,独念非师莫宜居,因勉师行。师答曰:"老僧年逾耄矣,尚夜行不休乎。"辞弗就,郑公益高之。

师上堂云："应物现形，如水中月。信手拈来，一时漏泄。"以拂子击禅床左边云："者里是镬汤炉炭。"击右边云："者里是剑树刀山，前面是观音势至，后面是文殊普贤，中间一着还知落处么？"又击云："毗婆尸佛早留心，直至如今不得妙。"

又示众云："久参高士，眼空四海，鼻孔辽天。见也见得亲，说也说得亲。行也行得亲，用也用得亲，只是未识老僧拄杖子在。何故？将成九仞之山，不进一篑之土。"生平善诱其徒，未尝厉声色。然一经指授，辄神融意悟，心悦诚服，皆充然有得。

将示寂，澡身趺坐，书偈云："来也如是，去也如是，来去一如，清风万里。"遂逝，实端平二年九月二十八日，寿八十四，腊七十一。火浴，获舍利不可数计。塔于灵隐之西冈，郑公铭其塔。

杭州府净慈北涧禅师　名居简，字敬叟，蜀之潼川王氏子。以其寓北涧之日久故，人不名字之，称北涧云。先出世天台报恩光孝寺，退居杭飞来峰之阴。张公诚子与盱江刺史走书，以唐僧绍隆所开山处之，师高卧不起，而江东部使者以东林云居力致之，亦复不起。后迁至净慈，师颂世尊初生话云："一声哇地便叱哩，突出如斯大阐提。此土西天起殃害，堂堂洗土不成泥。"又颂《楞严经》"六解一亡"云："六用无功信不通，一时分付与春风，篆烟一缕间清昼，百鸟不来花自红。"

尝辟一室以居，名曰韰①室，作赋以自见。其略曰："进则面墙，退则坐井，柱忽不支，壁忽就殒。豁然而虚，漠然而囷。如

---

① 韰（xiè）：《说文》"菜也，叶似韭。"

蒙之击，如震而警。"又曰："如无尽藏，如大圆镜，前山送青若壮士之排闼，后山回闯拟良工之御骏。抚鸿鹄而晚眺，入冥冥而远引。笑云烟之轻去，漫悠悠而无定。驻落日于西崦，延初蟾于东岭。"是皆中所得也。

有《北涧集》十九卷行世，盱江张公诚子序之曰："读其文，宗密未知其伯仲。诵其诗，合参寥觉范为一。人不能当也。"北涧于人不苟合，合亦不苟暌。取舍去就之际，洁如也。龙泉叶公水心酬师诗曰："简公诗语特惊人，六反掀腾不动身。说与东家小儿女，涂青染绿未禁春。"

师居天台委羽，有二姓争竹山竭产不肯已。仙居丞王君怪来嘱师讽之，乃作《种竹赋》一首示二姓，而讼遂止。

杭州径山如琰禅师 字浙翁，台州周氏子。颖悟迈伦，作《维摩》赞偈云："毗耶示疾放憨痴，添得时人满肚疑，不是文殊亲勘破，者些毛病有谁知。"

明州天童派禅师 字无际，题郁山主像偈云："策蹇溪桥蹉跌时，误将豌豆作真珠。儿曹不解藏家丑，笑倒杨岐老古锥。"

东禅观禅师 字性空。上堂，举盐官国师因僧问："如何是本身卢舍那？"师云："与老僧过净瓶来。"僧将净瓶至，师云："却安旧处着。"僧复来问，师云："古佛过去久矣。"师云："盲者难以与乎文彩，聩者难以与乎音声。者僧既不荐来机，国师只成虚设。云门道无朕迹，扶国师不起。雪窦云，一手指天一手指地，争得无也。扶国师不起。"以拂子画一画云："前来葛藤一时画断，且道毕竟如何是本身卢舍那？"掷拂子，下座。

又举保寿和尚开堂日，三圣推出一僧公案。师云："众中商量道，三圣有奔流度刃之作，向平地上涌波澜。保寿用疾焰过风之机，向虚空里轰霹雳。二大老各出一只手，扶竖临济正法眼藏。与么说话，要作临济儿孙，且缓缓。东禅道，蚊子如何擎大柱，藕丝焉可拄须弥。若是临济正法眼藏，端的向二人边灭却。"

上方朴翁铦禅师 天资奇逸，辩博无碍。赞达磨像曰："一言已出驷难追，赖得君王放过伊。扬子江心航折苇，浪头何似问头危。"

大鉴下第十九世

天童杰禅师法嗣

杭州府灵隐松源禅师 名崇岳，生于处州龙泉吴氏。天姿纯笃，造诣端实。早岁慕出世法，稍长弃家，衣扫塔服，受五戒于大明寺。首造灵石妙公，继见大慧杲公于径山。慧升堂，称蒋山应庵为人径捷。师闻之，不待旦而行。既至，入室未契，退愈自奋厉，朝夕咨请。应庵举世尊有密语，迦叶不覆藏。师云："钝置和尚。"应庵厉声一喝，师有省。应庵大喜，以为法器，说偈劝使祝发。

隆兴初，师始得度于临安西湖白莲精舍，自是遍参诸大老，罕当其意者。乃入闽，见乾元木庵永公。一日辞木庵，木庵举有句无句如藤倚树。师云："裂破。"木庵云："琅邪道，好一堆烂柴樔。"师云："矢上加尖。"如是应酬数反，木庵云："吾兄下语,老僧不能过,其如未在。他日拂柄在手,为人不得,验人不得。"师云:"为人者,使博地凡夫,一超入圣域,固难矣。验人者,打向面前过,不待开口,已知渠骨髓,何难之有。"木庵举手云:"明明向汝道,开口不在舌头上,后当自知。"

逾年,见密庵于衢州之西山,随问即答,密庵微笑而已。师切于究竟,至忘寝食。密庵移蒋山、华藏、径山,皆从之。会密庵入室次,问傍僧:"不是心,不是佛,不是物。"师侍侧,豁然大悟,乃曰:"今日方会木庵道,开口不在舌头上。"自是机辨从横。密庵迁灵隐,遂分座。旋出世于平江澄照,为密庵嗣。徙江阴之光孝、无为之冶父、饶之荐福、明之香山、平江之虎丘。

庆元三年,灵隐虚席,被旨补处。师上堂云:"大凡扶竖宗乘,须具顶门正眼,悬肘后灵符。只如保寿开堂,三圣推出一僧,保寿便打。三圣道,与么为人,瞎却镇州一城人眼去在,保寿掷下拄杖便归方丈。二尊宿等闲一挨一拶,便乃发明临济心髓,只是不知性命总在这僧手里。还有检点得出者么?昔年觅火和烟得,今日担泉带月归。"

又因岁旦,示众云:"元正改旦,万事成现,有时放行,有时坐断。不惜两茎眉,和坐盘掇转。佛法世法,都卢一片。既是佛法世法,如何得成一片?但办肯心,必不相赚。"居灵隐六年,法道盛行,得法者众。退居东庵,俄属微疾,倡道不废。忽亲作书,别诸公卿,且垂二则语以验来学曰:"有力量人,因甚抬脚不起?开口不在舌头上。"及贻书嗣法香山光睦、云居善开,嘱以大法,因书偈曰:"来无所来,去无所去。瞥转玄关,佛祖罔措。"加趺而寂,实嘉泰二年八月四日也,得年七十有一,坐夏四十。奉全身塔于北高峰之原。

夔州卧龙破庵禅师 讳祖先，广安王氏子。工夫稳实，见地明白。尝分座杭之灵隐，有道者请益曰："胡孙子捉不住，愿垂开示。"师曰："用捉他作什么？如风吹水，自然成纹。"时无准侍傍，大悟。有示楞严座主偈曰："见犹离见非真见，还尽八还无可还。木落秋空山骨露，不知谁识老瞿昙。"

饶州荐福曹原生禅师 南剑人，分座云居。出世妙果，徙龟峰，后住荐福，逾月化去。咏灵云石，有偈曰："云去云来非有意，云来云去亦无心，有无截断灵何在，突兀一峰青到今。"

天童枯禅自镜禅师 福州高氏子。作上钟偈曰："一模脱就转风流，平地教他不肯休。要得洪音喧宇宙，直须更上一层楼。"

净慈慧光禅师 字潜庵。作化盐偈曰："合水和泥一处烹，水干泥尽雪花生。乘时索起辽天价，公验分明孰敢争。"

太平府隐静万庵致柔禅师 潮州陈氏子。上堂，举天衣怀禅师雁过长空影沉寒水话，因颂曰："长空孤雁一声秋，献宝波斯鼻似钩。风卷白云归别嶂，黄昏月挂柳丝头。"

天童达观禅师法嗣

苏州虎丘㑇堂善济禅师 题鱼篮观音像赞，曰："云鬟浓妆苦强颜，为它闲事入尘寰。携来活底无人买，只作寻常死货看。"

径山如琰禅师法嗣

　　灵隐大川禅师讳普济　明州奉化人，纂修《五灯会元》，题世尊出山相偈云："龙章凤质出王宫，肘露衣穿下雪峰。智愿必空诸有界，不知诸有几时空。"

　　杭州径山偃溪闻禅师　闽人。开炉上堂，举赵州示众云："老僧三十年前在南方火炉头，有个无宾主话，直至如今无人举着。"拈云："森罗万象，明暗色空，日夜举扬，赵州古佛不是不知，只为贪程太速。"

　　径山淮海肇禅师　泰州人。赞达磨偈曰："踏翻地轴与天关，合国人追不再还。去去一身轻似叶，长江千古浪如山。"

　　婺州双林介石明禅师　因见郁山主画像，傍僧索赞，师信笔书曰："拾得明珠笑眼开，为言尘尽转生埃。若无直下承当者，孤负阇黎一扑来。"

万寿崇观禅师法嗣

　　黄龙慧开禅师　字无门，杭州人。作朝阳补衲偈曰："寒时急用底物，趁暖着些针线，忽然腊月到来，免致脚忙手乱。"

　　潭州石霜竹岩妙印禅师　作对月看经偈曰："未动舌头文彩露，五千余卷一时周。若言待月重开卷，敢保驴年未彻头。"

育王师瑞禅师法嗣

明州瑞岩寿禅师 字无量。因僧问："世尊腊月八日正觉，山前夜睹明星悟道。此意如何？"师答以偈曰："明星现处眼皮穿，汉语胡言万万千，暴富乞儿休说梦，谁家灶里火无烟。"

灵隐之善禅师法嗣

杭州径山藏叟禅师 名善珍，泉南安县吕氏子。年十三，依郡之崇福寺南和尚出家落鬓。十六游方，至杭，受具足戒。谒妙峰善公于灵隐，入室悟旨。

后出世，住里之光孝，升承天。继迁安吉之思溪圆觉、福之雪峰。复以朝命，移四明之育王、临安之径山。师示众云："古者道，知之一字众妙之门。又有道，知之一字众祸之门。只者二门入得，更须出得。三世诸佛出不得，六代祖师出不得，天下老和尚出不得。何故？变铁成金易，变金成铁难。"又据室云："这里是问讯烧香了，来老僧身边立地底所在么？呆子，你自钝置犹可，莫来钝置老僧。"尝自题其像云："参禅无悟，识字有数。眼三角，似燕山愁胡。面百折，如赵婆呷醋。一着高出诸方，敢道饭是米做。"

师生于宋绍兴甲寅十月十二日，示寂于丁丑五月二十一日，寿八十三，塔全身于径山南塔院云。

天童智颖禅师法嗣

临安府径山荆叟禅师 讳如珏,婺州人。室中僧问:"如何是佛?"师答曰:"烂冬瓜。"仍颂云:"如何是佛,烂冬瓜。咬着冰霜,透齿牙。根蒂虽然无窖子,一年一度一开花。"

净慈居简禅师法嗣

明州育王大观禅师 鄞县横溪陆氏子,字物初。蚤参北涧于净慈,悟旨,典文翰,声称籍甚。晚住育王,座下名缁蚁附。上堂云:"达磨正宗,衲僧巴鼻。充塞虚空,无处回避,堪笑迷流。白日青天开却眼,只管瞌睡。更有黄面老人,不识好恶,入泥入水,却道我于然灯佛所无一法可得,而为我授记。何异好肉剜疮,空花求蒂。毕竟如何?悉唎悉唎。"既顺世,塔葬于寺之西庵。

鼓山安永禅师法嗣

杭州净慈晦翁悟明禅师 福州人。上堂,举夹山会下一僧到高亭,才礼拜,亭便打。僧云:"特来礼拜,师何打。"又拜,亭又打趁出。僧回举似夹山,山云:"会么?"云:"不会。"山云:"赖汝不会。汝若会,即夹山口哑去。"应庵拈云:"高亭一期,忍俊不禁。争奈拄杖,放行太速。这僧当时若是个汉,莫道高亭夹山，便是达磨大师出来，也斩为三段。何故？家肥生孝子，国伯有谋臣。"拈云："高亭夹山，门庭施设，各得其宜。但中间一人较些子，应庵与么道，也是巩县茶瓶。"师尝纂修《联灯会要》传于丛林。

直翁举禅师法嗣

明州天童岫禅师 字云外，族昌国某氏。身材眇小，精悍有余。师事直翁举公剃落。究明曹洞宗旨，尽其源底。出世慈溪石门，历象山智门，迁郡之天宁，继以三宗。四众推挽，升住天童，丛林莫不稽首称庆。

师说法能巧譬傍引，贵欲俯就学者而曲成之。至于奔轶绝尘，虽鹁眼龙睛，亦无窥瞰分。

上堂，"闹市红尘里，有闹市红尘里佛法。深山岩崖中，有深山岩崖中佛法。山僧昨日出城门，闹市红尘里佛法一时忘却了也。行到二十里松云，便见深山岩崖中佛法。大众且道，如何是深山岩崖中佛法？"良久云："白云淡泞，出没太虚之中。青萝夤缘，直上寒松之顶。"

又谢首座书记藏主，上堂，以拂子打圆相云："摩诃衍法，离四句绝百非。"又打一圆相云："礼之用，和为贵。先王之道，斯为美。"又打一圆相云："摩尼珠，人不识，如来藏里亲收得。诸人还见么？所见不同，互有得失，天童这里毋固毋必。"师不倨傲，不贪积，不私食，得施利随与人。见后生敬之，逾谨。二时粥饭，必同众赴堂。既寂，无余资，禅者率钱，津送后事，塔葬于本山。弟子聘大方、升独木、省愚庵、证无印，四人足大其宗。但位不称德，罕嗣其法者尔。

大鉴下第二十世

卧龙祖先禅师法嗣

杭州径山无准禅师 讳师范。生于蜀之梓潼，雍氏。九岁，依阴平山僧道钦出家，经书过目成诵。绍熙五年冬，登具戒。明年，次成都坐夏正法，遇老宿名尧者，师请益坐禅之法。尧曰："禅是何物，坐底是谁。"师受其语，昼夜体究。一日如厕，提前话有省。明年辞去，谒佛照于育王。佛照问师曰："何处人？"师曰："剑州人。"佛照曰："带得剑来么？"师随声便喝。佛照笑曰："者乌头子也乱做。"贫甚无资剃发故，佛照室中常以乌头子目之。久之，复还灵隐，破庵居第一座。斋余同游石笋庵，庵之道者请益胡孙子话，破庵答之，语在《破庵传》中。师于侍傍有省。破庵过天童，扫密庵塔，师偕往。逮破庵赴穹窿，未几以台雁未到，拉月石溪同游，至瑞岩时，云巢领住持事，留分座。忽夜梦伟衣冠者，持把茅见授。翌日，明州清凉专使至，师受请入院，见所谓伽蓝神，茅其姓，衣冠与畴昔所梦无异。升堂开法，一香供破庵。三年迁焦山，期年迁雪窦。三年被旨移育王，又三年嵩少林散席，径山朝命以师补处。明年寺毁，师逆知其数，不动容经意。是年十月有旨入内，上御修政殿引见。师奏对详明，上为之动色，赐金襕僧伽黎。仍宣诣慈明殿升座，上垂帘而听，乃赐佛鉴禅师号。三年寺成，阅六年复毁，师不惊不变，而多助云至，不数年，寺宇崇成。去寺四十里，筑室数百楹，接待云水，额曰万年正续。正续西数百步，结庵一区，为归藏所。土建重阁，秘藏后先所赐御翰。敞室东西，偏奉祖师与先世香火。遇始生日，为饭僧佛事，以赞冥福。

盖蜀乱，师之先祀遂绝，故兹祠奉以旌孝慕云。上闻而嘉叹，赐扁圆照。淳祐戊申秋，师筑室明月池上，榜曰退耕。乞老于朝而旧疾适作，三月旦，升堂示众曰："山僧既老且病，无力得与诸人东语西话。今日勉强出来，从前所说不到底，尽情向诸人面前抖擞去也。"遂起身抖衣云："是多少？"十五日，集两班区画后事，亲书遗表及遗书十数，言笑谐谑如平时。其徒以遗偈为请，乃执笔疾书云："来时空索索，去也赤条条。更要问端的，天台有石桥。"移顷而逝，停龛二七日。遗表上闻，上遣中使降香赐币。奉全身塔于圆照庵。禀法分化，有雪岩钦、断桥伦，西岩惠焉。

杭州灵隐法熏禅师 号石田，眉山彭氏子也。师生而慧敏，三四岁时，见佛僧即知礼敬。年十六，往从丹棱石龙山法宝院智明出家。二十二剃发受具戒。遂游方，至石霜，礼雷迁塔，述偈曰："一念慈容元不隔，何须特地肆乖张。平高就下婆心切，恼得雷公一夜忙。"师名因是大著。

闻吴门穹窿破庵先禅师道望，遂往依焉。一见知为法器，室中举世尊拈花迦叶微笑。师云："焦砖打着连底冻，赤眼撞着火柴头。"破庵阴奇之，每于日用语默，故起其疑。师于是决志依栖，随时咨询，与无准范日相激砺。辞去，遍游诸老门庭，见灵隐松源岳、净慈肯堂充、华藏遁庵演，咸谓其从作家炉鞲中出，自不同也。

俄出世苏之高峰，高峰蕞尔刹，劳苦戢缩，以身率之，未三年，为改观。次迁枫桥，众绳绳然。钟山虚席，庙堂精选择乃以师补处。宝庆初，迁净慈。端平二年，迁灵隐。淳祐甲辰三月望，示徒云："但得本，莫愁末。唤恁么作本，唤恁么作末？松柏千年青，不入时人意。牡丹一日红，满城公子醉。山僧恁么道，若有不肯底，是我同参。"弟子师俊，绘师像求赞，有云："末后一句，分付厨山。"众颇讶之。明日忽示疾，又明日退而归宝寿，趣办终焉计。窆全身于院之后山，不违师意也。寿七十五，腊五十三。

师貌古性直，音韵朗畅。五迁望刹，阅三十有二年。撙节而足用，审量而计功。虽有大兴建，一毫不以干人。见他处持疏鹭俟人门，咕哝以希施与者，直鄙而笑之。而土木金碧，在处成就云。

续传灯录卷第三十六

大鉴下第二十世

荐福道生禅师法嗣

径山痴绝禅师 讳道冲，武信长江荀氏子，母郭氏，生而丰上短下，资性绝人。少长，以进士业应诏不利。受释氏学于梓州妙音院，礼修证为落发师。游成都，习经论。绍熙壬子出峡，回翔荆楚间，时松源岳唱密庵之道于饶之荐福，径造其庐，以岁饥不受。会曹源生出世妙果，师听入门语，有省。参堂俾侍香，朝从夕游，老拳痛棒，不少贷。平生知见至是多无影响。曹源徙龟峰，侍行。又三年以偈辞，游浙。其言有曰："尚余穷相一双手，要向诸方痒处爬。"至京师，松源主灵隐，师依焉。嘉定己卯，由径山第一座，应嘉禾光孝请，嗣曹源。是时庵元觉庵即逢庵原、无相范、石溪月，皆在会中，道闻于朝。忠献卫王以堂帖除蒋山，濒江易涝，下田多无秋。师忍饥呜道，行乞养士，居十三年无倦色。

嘉熙己亥，侍郎东畎曹公豳帅闽，闻师道望，以鼓山来聘。未行，雪峰牒至，领事半年而天童诏下，众集如海，法度修明。

虽宏智盛时，殆不之过。育王虚席，摄住持事，往来说法两山间。

上堂曰："天童用底来育王用不着，育王用底归天童用不着。虽然如是，用不着处用有余，一箭双雕随手落。"又结夏上堂云："圆觉伽蓝尘尘有路，坐断去来顿空今古。那里十三，这边十五，后先不差毫发许，可笑黄面瞿昙，至今不知落处。"

二年淳祐甲辰，有旨移灵隐，而世故有不满其意者，伐鼓告众，归隐金陵。京兆尹遣属官追挽至苏台，不可。朝命以虎丘，俾养老，不就。留守虚斋赵公，以蒋山起之，不应。戊申春，育王笑翁堪散席，朝论以大觉故家不轻畀付，召师隐所，使者三返，卒不奉。诏明年升径山。未几，膈间疾作，涉春不瘳，然升堂说法不废。二月末，始不出。然说偈书赞、嬉笑言论，如平时。侍僧以遗偈请，麾斥不顾。已而笑谓侍者曰："末后一句，无可商量，只要个人，直下承当。"自是屏却医药，谢绝外事。至十四夜分起坐，移顷而逝，归葬于金陵山中。

净慈闻禅师法嗣

杭州径山云峰禅师 名妙高，福之长溪人也，家世业儒。母阮梦池上婴儿合爪，坐莲华心，手捧得之，觉而生师，因名梦池。神彩秀彻，嗜书力学，尤耽释典。固请学出世法，依吴中云梦泽公受具戒。师锐意求道，首参痴绝，次见无准，准尤器爱。遂之育王，见偃溪，入室掌藏钥。一日，溪举譬如牛过窗棂，头角四蹄都过了，因甚尾巴过不得。师划然有省，答曰："鲸吞海水尽，露出珊瑚枝。"溪可之。会溪迁南屏，师与俱。后出世，住宜兴大芦，遂为嫡嗣。

迁江阴劝忠、雪川何山，云衲四来。蒋山虚席，师奉朝命居之，历十有三载，众逾五千指。德祐乙亥，寺被兵，军士有迫师求金者，俄以刃拟师。师延颈曰："欲杀即杀，吾头非汝砺刃死①，辞色了无怖畏。"军士感动，掷刃而去。丞相伯颜公见师加敬，施牛百、斋粮五百，寺赖以济。

至元庚辰迁径山，寺罹回禄，草创才什一，师究心兴建，不十年悉还旧观。戊子春，魔事忽作，有谮毁禅宗者。师叹曰："此宗门大事，吾当忍死争之。"遂趋京。有旨集诸宗徒廷辨，上问："禅以何为宗？"师奏："净智妙圆，体本空寂，非见闻觉知、思虑分别所能到。"宣问再三。师历举西天东土诸祖，以至德山、临济棒喝因缘。大抵禅是正法眼藏，涅槃妙心，趋最上乘，孰有过于禅。词指明显，余二千言。又宣进榻前，与谮者反复论难。谮者辞屈，上大悦，禅宗安堵如初，陛辞南归。

示众云："我本深藏岩窦，隐遁过时，不谓日照天临，难逃至化。"又云："衲帔蒙头万事休，此时山僧都不会。"径山复灾，师谓众曰："吾夙负此山债耳。"遂竭力再营建，汇殿坡为池，他屋以次落成。癸巳六月十七日，书偈而逝。师生于嘉定己卯二月十七日。寿七十五，腊五十九，葬于寺之西麓云。

---

① 死：它本作"石"。

育王观禅师法嗣

径山佛智晦机禅师 讳元熙，族豫章唐氏，世业儒。西山明觉院明公，乃师之族叔。父聚其宗族子弟，教之世典。师与兄元龄，俱从进士业，元龄既登第，师年十九遂从明公祝发。将游方，其母怜之，私具白金为装。师谓财足丧志，即善辞母，不持一钱以行。至吴，一时名宿皆欲出已座下不顾也。闻物初观禅师阐化玉几，往依之。物初与语，大惊异之，留侍左右，朝夕咨扣，尽发其秘，字之曰晦机，为偈以勉焉。后至钱塘，谒东叟颖公于南屏，延师掌记。

至元中，总统杨琏真加奉旨，取育王舍利塔，进入供养，乃亲诣师，求记述舍利始末，因招与俱。师辞曰："我有老母，兵后存亡不可知。"遂归江西。则元龄先以临江通判，从文丞相起兵死，独母在堂，师奉之，以孝闻，隐居里之瀂山。

元贞二年出世，应百丈之请，居十二载，而法席振兴。至大初应净慈之请，入寺之日，行中书省行宣政院官属，俯伏迎请，发扬宗旨。四方英衲，一时辐凑。

上堂曰："云门道个普字，尽大地人不奈何。殊不知，云门四棱塌地，当时若与震威一喝，待此老恶发徐徐打，个问讯道，莫怪触忤好。非徒扶起此老，管取话行天下。"居七载，还径山。阅三月，师杖策归南山之下，复起之不往也。江西学者，闻师退闲，咸倾诚法味，以致百丈大仰之徒，争来请师。师辞不获已，遂返仰山，居三年。将示寂，手书所与往来作偈示众，掷笔化去。延祐六年闰八月十有七日也，寿八十二。大仰之下有金鸡石者，应马大师悬谶故葬焉。而其徒之在杭者，又建塔于净慈之西隐，以存詹敬之所。嗣法者有笑隐欣、石室瑛、仲芳伦云。

径山善珍禅师法嗣

杭州径山元叟禅师 讳行端，族临海何氏，世业儒，母陈氏。师生而秀拔，幼不茹荤。年十二，从族叔父茂上人，得度于余杭之化城院，十八受具戒。一切文字不由师授，自然能通。初参藏叟和尚于径山。叟问："汝是甚处人？"师云："台州。"叟便喝，师展坐具。又喝，师收坐具。叟云："放汝三十棒，参堂去！"师于言下，豁然顿悟，即延入侍司。叟告寂，师至净慈，依石林巩公，即处以记室。寻以灵隐山水清胜，往挂锡焉。师尝自称寒拾，里人横川珙公在育王，以偈招曰："寥寥天地间，独有寒山子。"师竟不渡江，而谒觉庵真公于承天。

复参雪岩钦公于仰山，岩问："何处来？"师云："两浙。"岩云："因甚语音不同？"师云："合取臭口。"岩云："獭径桥高，集云峰峻，未识书记在。"师拍手云："鸭吞螺蛳，眼睛突出。"岩笑顾谓侍者："点好茶来！"师云："也不消得。"

居三岁而岩逝，乃还浙右，径山请师居第一座。大德庚子，出世湖之资福。学徒奔凑，名闻京国，特旨赐慧文正辨禅师。中书平章事张闾公任行宣政使，首举师主中天竺。开堂之日，公率僚属亲临座下。皇庆壬子，迁灵隐，有旨设水陆大会于金山，命师升座说法。竣事入觐，加赐佛日普照之号。陛辞南归，养高于良渚之西庵。至治壬戌,径山虚席,宣政行院请师补其处,师至是凡三被金襕袈裟之赐。二十年间,足不越阃,而慕其道者鳞萃,至无所容。

僧问:"如何是正法眼藏?"师云:"十字街头石敢当。"僧云:"莫只这便是么?"师云:"月似弯弓,少雨多风。"

上堂,举僧问赵州:"狗子还有佛性也无?"州云:"无。"又僧问:"狗子还有佛性也无?"州云:"有。"师云:"若以无为究竟,后来因甚道有。若以有为谛当,前面因甚道无。者里捉败赵州,许你天上天下。"

上堂,"秋风凉,秋夜长,未归客,思故乡"。拍禅床。"自是不归归便得,五湖烟景有谁争。"师尝勘一新到僧云:"何方圣者,甚处灵祇?"僧云:"临朕磋。"师云:"杜撰禅和如麻似粟,参堂去。"又勘一僧云:"棋盘石斫,破你脑门。钵盂池浸,烂你脚板。"僧拟答,师便喝。又勘一僧云:"擘开华岳连天秀,放出黄河彻底清,即且置。平实地上道将一句来。"僧拟开口,师便打。

师以呵叱怒骂,为门弟子慈切之诲。以不近人情,行天下大公之道。师之利他,皆阴为之没齿不言。

师生于宋宝祐乙卯,以至正辛巳八月四日,书偈诀众云:"本无生灭,焉有去来。冰河发焰,铁树花开。"投笔垂一足而化。世寿八十八,僧腊七十六。以是月十一日,奉全身窆于寂照塔院。弟子竹泉林、古鼎铭、梦堂噩、楚石琦、以中及等,皆足亢其宗。

净慈仲颖禅师法嗣

温州江心一山禅师 讳了万，族临川金氏，貌瘠而弱。年十五业程文有声，然素志出家莫夺。去从金溪常乐院思仁者，祝发。俄有灵芝产户枢，占者曰，吉征也。及游方，谒偃溪，闻公荆叟、珏公简、翁敬公，皆相语合。东叟领南屏，择师掌记。师偶经神祠，见纸灰随风旋起者，脱然忘所证。亟以白东叟，东叟诘之，终无疑滞，遂蒙印可。后游天台及境，众请开法寒岩，竟嗣东叟。逾三年，迁仙居紫箨，历十载，迁疏山。当道议不合，即拂退。未几，江淮总统会诸山于灵隐直指堂，议以开先迎居之。师莅事，丛林鼎新。又十年，升住江心。少不适意，辄弃去，寺众数百恳留，随至凭公岭，不从，各泣别散去，师恬然如脱去桎梏焉。

会庐山月涧明公，遣舟迎归东溪。明公示寂，开先之众复以请，师力却之。众恳迫至再四，愿不以寺事累师，惟乞训徒耳。

皇庆元年十一月二十六日，遘疾危坐，不近药。阅七日，命具浴更衣，出，据室几书诀众语，坐逝。阇维收五色舍利，如菽不可计。双目睛不烬，镕以烈焰，益晶荧。齿牙顶骨，铮有声。时改作豫章乌遮塔，江西行省丞相斡赤命以旧藏释尊舍利奉于中，而遣使分一山之目睛舍利，贮之银匣，陪葬焉，余髅舍利，又以葬东溪。

奉化岳林梅堂益禅师 温州人，开法婺之天宁。迁荐福，后主明之太平，升彰圣至岳林。上堂云：“古者道，我者里无法与人，只是据款结案。彰圣者里亦无法与人，亦不据款结案。"拈拄杖云："如何是佛，赤脚踏莲花。如何是佛向上事，雕梁画栋。"掷下拄杖，便归方丈。二月十五日上堂，击拂一下。"彰圣今日将三十年前冷灰中爆出乌豆，换老胡眼睛去也。"喝一喝云："设有一法过于涅槃，我此一喝不作一喝用。"

双林朋禅师法嗣

杭州灵隐悦堂訚禅师　南康周氏子，宋端平元年八月一日生。年十三禀父母，依同郡嘉瑞寺出家，礼偃一人为师，剃落受具。一日阅《华严经》，至"惟一坚密身，一切尘中现"，忽有省。即往见别山智公于蒋山，智问："近离何处？"师云："江西。"智云："马大师安乐否？"师叉手进云："起居和尚。"智命侍香。未几至杭，见断桥伦公于净慈。伦问："临济三遭黄檗痛棒，是否？"师云："是。"又问："因甚大愚肋下筑三拳？"师云："得人一牛还人一马。"伦颔之。

伦逝而柏山介石适来补其处，一日室中举柏树子话，师拟议，石抗声云："何不道黄鹤楼前鹦鹉洲？"师于言下顿悟，即令侍香。久之归庐山东岩，日公住圆通，延师分座。九江守钱真孙，聘师出世西林，为介石嗣。至元二十五年迁开先，又选东林。元贞初，奉诏赴阙入对称旨，赐玺书，号通慧禅师，并金襕法衣。大德九年，升住灵隐。尝勘一僧云："微尘诸佛在你舌上，三藏圣教在你脚底，何不瞥地？"僧罔措，师便喝。又勘一僧云："释迦弥勒是他奴，他是阿谁？"僧拟对，师便打。一僧新到，师问:"何处来?"僧云:"闽中。"师云:"彼处佛法如何住持?"僧云:"饥即吃饭,困即打睡。"师云:"错。"僧云:"未审和尚此间如何住持。"师拂袖归方丈,僧休去。居四岁而逝。诀众偈曰:"缘会而来,缘散而去。撞倒须弥,虚空独露。"世寿七十五,僧腊五十二。

天童云外禅师法嗣

明州雪窦无印禅师 讳大证,族番阳史氏子,生于大德丁酉岁正月二十四日。幼颖异,父母知不可留,使从州之昌国寺智节学出世法。年十四剃落受具戒。出游,谒荆石琬公于庐山圆通,机语不契。时思庵睿公居间房,师日亲煅炼。云外岫公方唱曹洞之道于天童,师往依之。一日入室次,公云:"天童今日大死去也,汝作么生救?"师云:"请和尚吃饭。"公又云:"天童今日大死去也,汝不要相救。"师云:"救它作么。"公又云:"天童今日大死去也,阿谁与我同行?"师云:"和尚先行,某甲后随。"公呵呵大笑。自兹情同鱼水,犹沩山之与寂子也,遂命典藏教。已而谒中峰本公于天目山,公雅相器重。至治间,诏天下善书者,以金书藏经与国师妙公偕北上入觐。竣事,赐以织金屈眴之衣。泰定初,南还江浙,丞相脱欢公领行宣政院事,起师主衢之南禅说法,为云外之嗣。云外嗣直翁举,直翁嗣东谷光,东谷嗣明极祚,明极嗣自得晖,盖隰州古佛之六世也。继领光孝迁信之祥符,既而洪之翠岩、饶之芝山,俱以行院檄请,师以疾固辞。至正七年,主庆元之定水。阅九年,迁雪窦。

上堂曰："千说万说，不若觌面一见。昨日二十九，今朝七月一。报你参玄人，光阴如箭疾。娘生两只眼，个个黑如漆。急急急回头，看取天真佛。"良久，"是何面目？"下座，巡堂吃茶。

又上堂，"妙不妙，衲僧鼻孔多无窍。玄不玄，刹竿头上无青天。至士宁容袖手，良马岂待挥鞭。全超棒喝，不落蹄筌。百鸟不来春又去，岩房赢得日高眠。"居四年，退居定水之圆明庵。明年辛丑九月二十一日示寂，得年六十有五，奉龛阇维烬，余牙齿数珠不坏。舍利明莹，门人景云等敛诸不坏者，建塔圆明庵后。

灵隐崇岳禅师法嗣

镇江金山善开禅师 字掩室。上堂，举密庵破沙盆话颂云："法眼拈来早自谩，无端错对破沙盆，而今遍界难遮掩，殃害丛林累子孙。"

湖州道场运庵禅师 讳普岩。题赵州像偈云："无端提起七斤衫，多少禅人着意参，尽向青州做窠窟，不知春色在江南。"其下有虚空愚、石帆衍绍之。

华藏觉通禅师 字无得。青苗会，上堂，"破一微尘出大经，鸢飞鱼跃更分明。不将眼看将心看，已是重敲火里冰。淹黑豆，昧平生，直须劫外话丰登，缲成白雪桑重绿，割尽黄云稻正青。"嗣法有虚舟度云。

温州龙翔石岩禅师 讳希琏，潮阳马氏子。室中僧问："昔日佛照光禅师因宋孝宗宣问：释迦佛入山六年，所成何事？

光曰：将谓陛下忘却。"师答以颂曰："大根大器大熏修，瞥转机轮向上头，万亿斯年惟一佛，雪山元不隔龙楼。"

瑞岩少室光睦禅师 上堂，举曹山霞因僧侍立，山曰："道者可煞热。"曰："是。"山曰："只如热向甚么处回避？"曰："向镬汤炉炭里回避。"山曰："只如镬汤炉炭，又作么生回避？"曰："众苦不能到。"师颂曰："瞎却顶门三只眼，镬汤炉炭里优游，若言众苦不能到，端的何曾有地头。"

明州天童山天目禅师 讳文礼，号灭翁，杭之临安人，姓阮氏，家天目山之麓，因又号天目云。师生六岁，携篮随母采桑，俄而寤，念携之者谁邪，遂有出家志。年十六，依乡之真相寺僧智月剃落。往净慈，参混源。混源举"见成公案放汝三十棒"话，不契。谒育王佛照光禅师，光问："怎么来者，那个是汝主人公？"师豁然领旨。他日光再问："是风动是幡动，这僧如何？"师云："物见主眼卓竖。"又问："不是风动不是幡动，甚处见祖师？"师云："揭却脑盖。"光喜其俊迈，挽为书记。久之，返浙西，听一心三观之旨于上天竺。松源岳禅师唱道饶之荐福，室中问僧："不是风动不是幡动。"拟议即棒出。师闻之，顿忘知解，乃往参焉，蒙印可，得尽其旨。辞松源，巡礼江淮间祖塔，时浙翁琰公主蒋山，挽师充立僧首座。晋陵尤公焴数至山，诵师提唱语，悦服。嘉定五年，约斋居士张公镃，请师开法临安慧云，一香为松源嗣。既而迁温之能仁。未几辞归西丘，时节斋赵公慕师高行，微服过西丘，师亦不问其姓名，与语终日而去。明日奏请师住持净慈。室中每举南山笙笋、东海乌鲗话，学者拟议，师辄督牙三下，莫有凑泊之者。厥后，迁居福泉，升住天童。

师因上堂，举《楞严经》云："诸可还者，自然非汝，不汝还者，非汝而谁。"师颂云："不汝还者复是谁，残红流在钓鱼矶。日斜风定无人扫，燕子衔将水际飞。"

冬至上堂云："黄钟才起时，九数从头数。相将幽谷莺啼，次第雕梁燕语。田父祭句芒，丛祠敲社鼓。农父狎牛郎，村姑教蚕妇。光阴老尽世间人，冬至寒食一百五。"

宏智禅师忌，上堂，"夜明帘外，宝鉴堂前，元无兼带，岂有偏圆。正恁么时，毕竟谁居正位？古渡无人霜月冷，芦花风静鹭鸶眠"。有来上座直入方丈云："某甲有状告投和尚。"师云："对头在那里？"来云："和尚便是。"师云："老僧与汝有甚么冤仇？"来无语。师捉住云："冤家，冤家。"

新到相看，师问："汝名什么？"僧云："智虎。"师退身作怕势。僧拟议，师便归方丈。又佛光法照师首，依师于梁渚，师令往下竺参北峰印公，作二偈送之曰："送子参寻有鹫山，诸方多是落前三。自从开异归同后，圆旨于今亦倦谭。拣境分明妙药方，余之分别更须忘。晚风吹落残红片，休向枝头觅旧香。"丛林至今传诵不绝。

师尤邃于《易》，干淳诸儒大阐道学，师与之游，直示以心法，不为世语徇悦也。朱晦庵问毋不敬，师叉手示之。杨慈湖问不欺之力，师答以偈曰："此力分明在不欺，不欺能有几人知。要明象兔全提句，看取升阶正笏时。"其晓人，类如此。

师所阅五刹，通不过八九年，而得闲之岁月，多逍遥于梁渚之西丘，群衲参叩，无异领众时也。其为人，高古简俭，不苟为笑语。将入寂，病中问侍者曰："谁与我造无缝塔？"侍者云："请师塔样。"师云："尽力画不出。"乃怡然脱去。阇维，弟子收舍利并遗骨，祔葬于天童应庵塔左。寿八十四，腊六十八。绍其传者，有横川珙、石林巩，称二甘露门云。

附编一

续传灯录总目录（三卷）

续传灯录总目录卷上

卷第一
大鉴下第十世
　汝州首山念禅师法嗣一十六人
　　汾阳善昭禅师　　叶县归省禅师
　　神鼎洪䛒禅师　　谷隐蕴聪禅师
　　广慧元琏禅师　　三交智嵩禅师
　　铁佛智嵩禅师　　首山怀志禅师
　　仁王处评禅师　　智门迥罕禅师
　　鹿门慧昭山主　　丞相王随居士（已上十二人见录）
　　黄檗重諲禅师　　福圣善瑫禅师
　　南台契旷禅师　　契聪上座（已上四人不录）

卷第二
大鉴下第十世

智门祚禅师法嗣三十人

  雪窦重显禅师　　延庆子荣禅师

  百丈智映禅师　　南华宝缘禅师

  护国寿禅师　　　九峰勤禅师

  云盖继鹏禅师　　黄龙海禅师

  彰法澄泗禅师　　云台省因禅师

  青山好禅师　　　慈云绍诜禅师（已上十二人见录）

  芙容文喜禅师　　清溪省肇禅师

  德山僧可禅师　　翠峰觉显禅师

  百丈月禅师　　　翠岩奉鸾禅师

  归宗省一禅师　　广慧清顺禅师

  天童宝坚禅师　　百丈智赟禅师

  广教义嵩禅师　　蕲阳口诠禅师

  灵泉晓禅师　　　长松袭禅师

  药山宣禅师　　　广福允恭禅师

  太平清禅师　　　大龙德宣禅师

文殊真禅师法嗣一人

  洞山晓聪禅师（见录）

南台勤禅师法嗣二人

  高阳法广禅师　　石霜节诚禅师（二人见录）

黑水璟禅师法嗣一人

  黑水义钦禅师（见录）

五祖戒禅师法嗣四十人

  洞山自宝禅师　　泐潭怀澄禅师

北塔思广禅师　云盖智颙禅师
翠峰慧颙禅师　四祖端禅师
五祖秀禅师　　天童怀清禅师
白马辩禅师　　水南智昱禅师
海会通禅师　　义台子祥禅师
十王怀楚禅师　定慧道海禅师
雁荡文吉禅师　洞山妙圆禅师
宝严叔芝禅师（已上一十七人见录）
西禅文岫禅师　舜峰蒙正禅师
海会显同禅师　功臣慈应圆禅师
瑞岩圭禅师　　三角幽禅师
大明明禅师　　五祖昉禅师
大愚达禅师　　中宫登禅师
景德简禅师　　舍利该禅师
云居庆禅师　　永安圆禅师
十王清禅师　　雍熙德兴禅师
六合修己禅师　德山文灿禅师
龙牙迁禅师　　梁山了奇禅师
随州报恩和尚　舒州龙门和尚
瑞岩圆禅师（已上二十三人无录）

福昌善禅师法嗣一十一人
　　上方齐岳禅师　育王常坦禅师
　　金山瑞新禅师　福昌询禅师（已上四人见录）
　　夹山惟俊禅师　德山文捷禅师

灵峰显英禅师　　公安智珠禅师

　　　四明赟禅师　　　元封政禅师

　　　开圣道如和尚（已上七人无录）

乾明信禅师法嗣三人

　　　药山彝肃禅师　　西禅垂白禅师（已上二人见录）

　　　保唐无约禅师（无录）

福岩雅禅师法嗣四人

　　　北禅智贤禅师　　衡岳振禅师（已上二人有录）

　　　衡山了实禅师　　国宝李琛殿撰（已上二人无录）

开福贤禅师法嗣三人

　　　日芳上座（见录）　　大阳文昱禅师

　　　双溪生禅师（已上二人无录）

报慈嵩禅师法嗣一人

　　　兴阳逊禅师（见录）

德山远禅师法嗣八人

　　　开先善暹禅师　　禾山楚材禅师

　　　资圣盛勤禅师　　鹿苑圭禅师

　　　大中仁辩禅师　　菩提桂芳禅师（已上六人见录）

　　　钦山悟勤禅师　　王氏山普禅师（已上二人无录）

西峰豁禅师法嗣一人

　　　南安岩自严尊者（见录）

广教志禅师法嗣二人

　　　四面山怀清禅师（见录）　　兴化友清禅师（无录）

云顶敷禅师法嗣一人

乐营将（蜀人无录）

石门绍远禅师法嗣七人

　　清居浩升禅师　　广济方禅师

　　云顶鉴禅师　　道吾契诠禅师（已上四人见录）

　　澧州善来禅师　　襄州惠远禅师

　　随州崇宝禅师（已上三人无录）

梁山观禅师法嗣五人

　　罗纹德珍山主　　药山利昱禅师

　　梁山岩禅师（已上三人见录）　　云岩清眺禅师

　　大哥和尚（已上二人无录）

德山晏禅师法嗣一人

　　德山智先禅师（见录）

北禅感禅师法嗣一人

　　南禅聪禅师（见录）

谷隐俨禅师法嗣五人

　　谷隐契崇禅师（见录）　　谷隐法诲禅师

　　开解重慜禅师　　鹫岭怀坚禅师

　　蕲州怀令和尚（已上四人无录）

普净觉禅师法嗣二人

　　张生居士　　给事陶毅居士（二人无录）

灵澄上座法嗣一人

　　夹山真首座（无录）

广济通禅师法嗣二人

　　南华智度禅师　　九华勤禅师（已上二人无录）

乾明穆禅师法嗣一人

　　因胜灯禅师（无录）

承天昭禅师法嗣十一人

　　灵泉皓升禅师　　药山用和禅师

　　夹山省宗禅师　　灵泉用淳禅师

　　夹山仁秀禅师　　黄龙思卿禅师

　　嘉鱼法珍禅师　　开福宝贤禅师

　　兴教居祐禅师　　崇圣志圭禅师

　　彰法悟显禅师（已上俱无录）

卷第三

大鉴下第十一世

汾阳昭禅师法嗣十六人

　　石霜楚圆禅师　　琅邪慧觉禅师

　　大愚守芝禅师　　石霜法永禅师

　　法华全举禅师　　芭蕉谷泉禅师

　　龙华晓愚禅师　　天圣皓泰禅师

　　龙潭智圆禅师　　投子圆修禅师

　　太子道一禅师（已上十一人见录）　　乾明了同禅师

　　疏山晓珠禅师　　荆南竹园禅师

　　湖州罗汉兴禅师　　汾阳侍者（立化已上五人无录）

叶县省禅师法嗣八人

　　浮山法远禅师　　宝应法昭禅师

　　大乘慧果禅师（已上三人见录）　　石门守进禅师

广慧怀庆禅师　承天遐猛禅师
什邡方水禅师　香岩海仙禅师（已上五人无录）

卷第四

大鉴下第十一世

谷隐聪禅师法嗣三十五人

金山昙颖禅师　洞庭慧月禅师
仗锡修己禅师　大乘德遵禅师
竹园法显禅师　永福延照禅师
景清居素禅师　仁寿嗣珍禅师
云门显钦禅师　永庆光普禅师
驸马李遵勖居士　英公夏竦居士（已上十二人见录）
龙华齐岳禅师　石门守进禅师
谷隐可宗禅师　栖隐自然禅师
承天辩元禅师　湖州上方新禅师
翠峰普禅师　凤皇了同禅师
寿宁慧灵禅师　云门灵毅禅师
安乐通照严禅师　袭亲圆慧禅师
广教了同禅师　苏州泗洲秘禅师
双林己禅师　疏山古禅师
普明澄禅师　福胜集禅师
广德远禅师　普照和尚
杭州觉圆上座　文康公王曙居士
谷隐薛大头和尚（已上二十三人无录）

神鼎谭禅师法嗣十四人

　　开圣宝情山主　　妙智光云禅师（已上二人见录）

　　夹山子英禅师　　潭州龙兴禹禅师

　　随州善光兰禅师　　枕峰清契禅师

　　鳌口政禅师　　永康延超禅师

　　德山怀宥禅师　　灵芝子政禅师

　　蒙阳希誉禅师　　龙兴慧牧禅师

　　高田法明禅师　　灵岩文智和尚（已上十二人无录）

广慧琏禅师法嗣七人

　　华严道隆禅师　　慧力慧南禅师

　　广慧德宣禅师　　文公杨亿居士（已上四人见录）

　　华严明禅师　　佛迹云皎禅师

　　云台己亲禅师（已上三人无录）

梁山岩禅师法嗣一人

　　梁山善冀禅师（见录）

道吾诠禅师法嗣一人

　　天平契愚禅师（见录）

归宗柔禅师法嗣九人

　　罗汉行林禅师　　天童新禅师

　　功臣觉轲禅师　　天童清简禅师（已上四人见录）

　　护国法端禅师　　雪窦清禅师

　　富乐智静禅师　　古田道成禅师

　　崇圣道珍禅师（已上五人无录）

百丈恒禅师法嗣三人

西贤澄湜禅师　万寿德兴禅师

云门知永禅师（已上三人见录）

抚州崇寿稠禅师法嗣四人

云台令岑禅师　资国圆进禅师（已上二人见录）

净土惟素禅师　天童子凝禅师（已上二人无录）

云居锡禅师法嗣四人

般若从进禅师　清化志超禅师（已上二人见录）

净众先禅师　法济海蟾禅师（已上二人无录）

慈云谧禅师法嗣一人

谷隐法全禅师（无录）

石霜诚禅师法嗣一人

岳麓圭禅师（无录）

罗汉仁禅师法人嗣一人

龙潭从晓禅师（无录）

卷第五

大鉴下第十一世

洞山晓聪禅师法嗣六人

云居晓舜禅师　大沩怀宥禅师

佛日契嵩禅师　太守许式郎中（已上四人见录）

百丈遐禅师　建山坚禅师（已上二人无录）

泐潭怀澄禅师法嗣三十三人

育王怀琏禅师　灵隐云知禅师

承天惟简禅师　九峰鉴韶禅师

西塔显殊禅师　　崇善用良禅师

慧力有文禅师　　雪峰象敦禅师

云居守亿禅师　　洞山永孚禅师

令滔首座（已上十人见录）　　寿聚普諲禅师

金鹅静旻禅师　　广慧遇新禅师

会初庆诚禅师　　清阳忠禅师

南泉靖禅师　　智者岳禅师

灵泉子象禅师　　寿圣志明禅师

永安智禅师　　南荡利勤禅师

衡岳永恩和尚　　苏州洪泽禅师

洪州元亨和尚　　明州启霞和尚

天圣道禅师　　大沩智明禅师

临安慧和禅师　　永安道升禅师

药山绍新禅师　　双岭处贤禅师

归宗守轮禅师（已上二十二人无录）

洞山自宝禅师法嗣七人

洞山清辩禅师（一人见录）　　洞山鉴迁禅师

月华海林禅师　　月华庆雍禅师

南台文禅师　　华光海禅师

长庆慧恩禅师（已上六人无录）

北塔思广禅师法嗣三人

玉泉承皓禅师（一人见录）　　永乐德忠禅师

北塔从稳禅师（二人无录）

云盖志颙禅师法嗣二人

云居文庆禅师（一人见录）　　栖贤坚禅师（一人无录）

翠峰慧颙禅师法嗣二人

广果择能禅师　德山让禅师（已上二人无录）

四祖端禅师法嗣一人

广明常委禅师（见录）

海会通禅师法嗣二人

水南文秀禅师　承天和禅师（二人无录）

雁荡文吉禅师法嗣一人

净光为觉禅师（见录）

金山瑞新禅师法嗣四人

天圣守道禅师（一人见录）　　天圣楚祥禅师

极乐用基禅师　上方守能禅师（已上三人无录）

上方齐岳禅师法嗣一人

东山顺宗禅师（见录）

育王常坦禅师法嗣二人

育王澄逸禅师　湖山择贤禅师（已上二人无录）

夹山惟俊禅师法嗣一人

夹山遵禅师（无录）

北禅智贤禅师法嗣七人

兴化绍铣禅师　法昌倚遇禅师

广因择要禅师（已上三人见录）　　兴化晖禅师

北禅顺禅师　白兆垂素禅师

南岳子祥禅师（已上四人无录）

开先善暹禅师法嗣十三人

云居了元禅师　　智海本逸禅师

　　天童元楚禅师　　万杉善爽禅师（已上四人见录）

　　鹅湖恭禅师　　　九仙元舜禅师

　　广慧文滐禅师　　开先海渊禅师

　　安国思皎禅师　　上方善全禅师

　　法济善禅师　　　长庆绍新禅师

　　洞山慧圆禅师（已上九人无录）

禾山楚才禅师法嗣五人

　　曹山雄禅师（一人见录）　　北禅升禅师

　　报恩绍端禅师　　荐福守机禅师

　　新丰全湛禅师（已上四人无录）

资圣感勤禅师法嗣二人

　　本觉省文禅师　　资圣子璋禅师（已上二人无录）

钦山悟勤禅师法嗣一人

　　梁山应圆禅师（见录）

卷第六

大鉴下第十一世

　大阳玄禅师法嗣二十五人

　　投子义青禅师　　兴阳清剖禅师

　　福严审承禅师　　罗浮显如禅师

　　白马归喜禅师　　大阳慧禅师

　　云门灵运禅师　　云顶海鹏禅师

　　乾明机聪禅师（已上九人有语见录）

四祖海禅师　　资福乘禅师
觉城道齐禅师　　罗浮远禅师
洞山存禅师　　云门宝印禅师
太平慧空禅师　　安州延福禅师
福严贤禅师　　承天宗禅师
方广隆禅师　　崇胜智聪禅师
四祖处仁禅师　　大阳祈禅师
白马归春禅师　　晦叔王曙居士（已上十六人不录）

雪窦显禅师法嗣八十四人

天衣义怀禅师　　称心省倧禅师
承天传宗禅师　　南明日慎禅师
投子法宗道者　　宝相蕴观禅师
君山显升禅师　　洞庭慧金典座
修撰曾会居士　　报本有兰禅师
长芦智福禅师　　洞山慧圆禅师
香积孜禅师　　宝庆子环禅师
天衣在和禅师　　称心守明禅师
凤栖仲卿禅师　　灵岩德初禅师
龙兴智传禅师　　乾明则禅师
乾明知应禅师　　云峰元益首座（已上二十二人见录）
安国琮禅师　　永安元楚禅师
称心清演禅师　　证圣守环禅师
汤院守恩禅师　　广教景先禅师
东禅贤禅师　　上山德隆禅师

化城德迁禅师　　广慧用舒禅师
因胜惟政禅师　　资福肇禅师
白云德宣禅师　　兴元道满禅师
承天洞源禅师　　鹿苑显冲禅师
荐福知一禅师　　岳林宗善禅师
万寿慧照禅师　　海会择芝禅师
妙果自政禅师　　疏山淳禅师
德山应禅师　　　君山筠禅师
南岳文政禅师　　启霞志宣禅师
罗山蒙禅师　　　地藏赏禅师
真如雅禅师　　　凤台崇禅师
药山恭禅师　　　西禅罕禅师
报恩政禅师　　　玉池希白禅师
宝相欢禅师　　　云门毅禅师
横金显禅师　　　云岩元度禅师
万寿德禅师　　　护国宜谦禅师
白云重部禅师　　净土义亲禅师
大觉利真禅师　　护国惟德禅师
天圣仲华禅师　　荐福可禅师
翠峰普禅师　　　天童利章禅师
妙果垂则禅师　　龙华觉禅师
护国德基禅师　　报恩宗秘禅师
建福可概禅师　　西方岫禅师
雪窦省宗禅师　　大乘晓禅师

启霞崇梵禅师　　仗锡怀秀禅师
　　报恩道能禅师　　白衣宗朴禅师
　　白衣智华禅师　　水陆瑞云禅师（已上六十二人无录）
百丈宝月智映禅师法嗣二人
　　惠因怀祥禅师　　惠因义宁禅师（已上二人见录）
南华宝缘禅师法嗣一十四人
　　兴化延庆禅师　　宝寿行德禅师
　　白虎守升禅师　　佛陀崇钦禅师
　　延祥法迎禅师　　舜峰惠宝禅师（已上六人见录）
　　甘露自缘禅师　　永泰宗宝禅师
　　双峰法崇禅师　　宝林海月禅师
　　罗汉清显禅师　　清锉智静禅师
　　翁山文白禅师　　延寿法牟禅师（已上八人无录）
云盖继鹏禅师法嗣四人
　　报恩谭禅师（一人见录）　　法轮真禅师
　　白霞安禅师　　临邛复首座（已上三人无录）
洞山子荣禅师法嗣二人
　　圆通居讷禅师（一人见录）　　延庆法珠禅师（一人无录）

卷第七
大鉴下第十二世
　石霜圆禅师法嗣五十人
　　黄龙慧南禅师　　杨岐方会禅师
　　翠岩可真禅师　　蒋山赞元禅师

武泉山政禅师　　双峰省回禅师
大宁道宽禅师　　道吾悟真禅师
蒋山保心禅师　　百丈惟政禅师
香山蕴良禅师　　南峰惟广禅师
大沩德干禅师　　灵山本言禅师
广法源禅师　　　灵隐德章禅师（已上十六人见录）
太平戴休禅师　　洛浦景韶禅师
天童清遂禅师　　净慈简程禅师
药山义铣禅师　　罗汉居奉禅师
永乐悦禅师　　　寿宁真禅师
藏院行原禅师　　乌龙应光禅师
净慈志坚禅师　　报本澄悦禅师
荐福岑禅师　　　普照修戒禅师
石室应禅师　　　资福海善禅师
大罗永宁禅师　　金刚德禅师
云际信安禅师　　兴化得一禅师
幕阜庆余禅师　　罗山仁彻禅师
承天了文禅师　　普门洪泽禅师
菩提光用禅师　　罗山惟慎禅师
法石德雅禅师　　翠峰泽禅师
泗洲善集禅师　　泗洲源禄禅师
古田善侍者　　　鹿菀素侍者
永上座禅师　　　提刑杨畋居士（已上三十四人无录）

琅邪觉禅师法嗣二十八人

定慧超信禅师	泐潭晓月禅师
姜山方禅师	白鹿显端禅师
琅邪智迁禅师	凉峰洞渊禅师
真如方禅师	兴教坦禅师
归宗可宣禅师	长水子璇禅师（已上十人见录）
琅邪继诠禅师	西余忠禅师
公安子和禅师	黄龙有新禅师
玉泉悟空禅师	天竺智月禅师
圆通智珂禅师	崇胜文捷禅师
证圣良禅师	九嶷仁益禅师
甘露亮禅师	玉泉务本禅师
黄鹤可慧禅师	褒禅忠禅师
褒禅用孙禅师	法海亮禅师
开圣晓严禅师	待制查公居士（已上十八人无录）

卷第八
大鉴下第十二世
　天衣怀禅师法嗣八十三人

慧林圆照本禅师	法云法秀禅师
慧林觉海冲禅师	长芦应夫禅师
佛日智才禅师	天钵重元禅师
瑞岩子鸿禅师	栖贤智迁禅师
净众梵言首座	三祖冲会禅师
资寿捷禅师	观音启禅师

天童元善禅师　　长芦体明禅师
开元智孜禅师　　澄照慧慈禅师
法雨慧源禅师　　崇德智澄禅师
栖隐有评禅师　　定慧云禅师
大同旺禅师　　　铁佛因禅师
报本法存禅师　　开圣栖禅师
衡山惟礼禅师　　显明善孜禅师
启霞惠安禅师　　云门灵侃禅师
太平元坦禅师　　佛日文祖禅师
望仙宗禅师　　　五峰用机禅师
佛足处祥禅师　　明因慧赟禅师
西台其辩禅师　　开元智谭禅师
永泰智觉禅师　　龙华文喜禅师
永泰自仁禅师　　延恩法安禅师
侍郎杨杰居士（已上四十一人见录）
慈云庆珰禅师　　灵岩洞偕禅师
桐城诠禅师　　　净慧可证禅师
宝林光寂禅师　　感慈道宾禅师
泗洲宗尚禅师　　白塔晦禅师
报恩和禅师　　　偃峰简诸禅师
道吾元泰禅师　　无为楚仙禅师
报恩应谭禅师　　龙门宗贲禅师
显亲顺宗禅师　　长耳相禅师
荐福慧洪禅师　　延福恩禅师

景德普俊禅师	荐福明因禅师
开化慧圆禅师	万寿和禅师
定法本和尚	长芦鉴禅师
墨山有琦禅师	上蓝文达禅师
法海来山禅师	同庆智珣禅师
上方真禅师	无锡应谭禅师
宝林种禅师	报恩如宝禅师
芙蓉贲禅师	白云有禅师
法雨慧深禅师	净众择言禅师
灵泉和尚	茶亭能和尚
永泰和尚	泗洲惠洪禅师
崇化珣禅师	全咏和尚（已上四十二人无录）

卷第九

大鉴下第十二世

大愚芝禅师法嗣一十三人

云峰文悦禅师	瑞光月禅师
洞山子圆禅师（已上三人见录）	开福守义禅师
兴阳启舟禅师	兴阳启珊禅师
大禹简南禅师	法轮聪禅师
云顶继兰禅师	承天应禅师
龙王师进禅师	承天守勤禅师
圭峰光应禅师（已上十人无录）	

石霜永禅师法嗣八人

福严保宗禅师　　大阳如汉禅师（已上二人见录）

　　胜业智增禅师　　保宁承泰禅师

　　大光玉圆禅师　　石霜皓诠禅师

　　兴国慧秀禅师　　圆通文溥禅师（已上六人无录）

浮山远禅师法嗣一十九人

　　净因道臻禅师　　兴化仁岳禅师

　　玉泉谓芳禅师　　定林慧琛禅师

　　本觉若珠禅师　　华严普孜禅师

　　清隐惟湜禅师　　衡岳奉能禅师（已上八人见录）

　　归宗普安禅师　　白马景云禅师

　　甘露庆余禅师　　归宗鸿式禅师

　　浮山洪珵禅师　　甘露法眼禅师

　　西禅继图禅师　　东禅仁照禅师

　　太平贤禅师　　　万杉浩修禅师

　　溪山晓云禅师（已上十一人无录）

宝应昭禅师法嗣二人

　　琅邪方锐禅师　　兴阳希隐禅师（已上二人见录）

石门进禅师法嗣一人

　　瑞岩智才禅师（见录）

金山颖禅师法嗣二十人

　　广教继真禅师　　普慈崇珍禅师

　　瑞竹仲和禅师　　金山怀贤禅师

　　石佛显忠禅师　　净住居说禅师

　　西余拱辰禅师　　般若善端禅师

节使李端愿居士（已上九人见录）

　　承天了素禅师　　南禅自聪禅师

　　上方希元禅师　　隐静慧观禅师

　　法性绍明禅师　　乌崖了暹禅师

　　五峰仲熙禅师　　雪窦诠禅师

　　瑞竹惟悟禅师　　法性用彰禅师

　　因胜如道禅师（已上十一人无录）

洞庭月禅师法嗣三人

　　荐福亮禅师（见录）　　瑞光嵩禅师

　　承天世珍禅师（已上二人无录）

仗锡已禅师法嗣二人

　　黄岩保轩禅师（一人见录）　　灵岩志禅师（一人无录）

龙华岳禅师法嗣二人

　　西余净端禅师（一人见录）　　翠岩显俦禅师（一人无录）

法华举禅师法嗣六人

　　永庆文禅师　　海会文禅师

　　兴化规禅师　　龙潭颢禅师

　　觉华康禅师　　海会海禅师（已上六人无录）

天圣泰禅师法嗣六人

　　常熟禀珍禅师　　西余宝实禅师

　　常熟令然禅师　　福严处成禅师

　　中禅显玉禅师　　太州知文和尚（已上六人无录）

太子院一禅师法嗣一人

　　太子同广禅师（无录）

卷第十

大鉴下第十二世

投子青禅师法嗣九人

芙蓉道楷禅师　大洪报恩禅师

洞山云禅师　福应文禅师

龙蟠昙广禅师（已上五人见录）　光化祥禅师

普贤标禅师　延洪善禅师

果侍者（已上四人无录）

玉泉皓禅师法嗣二人

林溪文庆禅师（见录）　北禅希肇禅师（无录）

夹山遵禅师法嗣一人

福昌知信禅师（见录）

佛印元禅师法嗣二十人

庆善净悟禅师　善权慧泰禅师

崇福德基禅师　宝林怀吉禅师

资福宗诱禅师　翠岩惠空禅师

密岩德溥禅师　云居仲和禅师

同安幼宗禅师　龙兴居岳禅师

万杉子章禅师　鹅湖德延禅师（已上十二人见录）

文殊道用禅师　龟峰祖廉禅师

安国以愉禅师　东禅圆同禅师

北塔惠珂禅师　香严开禅师

大别宗禅师　云居思汝禅师（已上八人无录）

广因要禅师法嗣二人

　　妙峰如璨禅师（见录）　　盐山合知禅师（无录）

智海逸禅师法嗣一十一人

　　黄檗志因禅师　　大中德隆禅师

　　白鹿仲豫禅师　　签判刘经臣居士（已上四人见录）

　　荐福重言禅师　　白云放禅师

　　兴福智正禅师　　荐福严禅师

　　凤山世如禅师　　双峰弼禅师

　　幽岩觉禅师（已上七人无录）

支提隆禅师法嗣三人

　　灵隐玄本禅师（见录）　　支提文翰禅师

　　灵隐玄顺庵主（已上二人无录）

净土惟素禅师法嗣一人

　　净土惟政禅师（见录）

宝林殊禅师法嗣一人

　　宝林用明禅师（见录）

东山宗禅师法嗣一人

　　定峰晓宣禅师（见录）

法昌遇禅师法嗣三人

　　五峰密禅师　　大和山主

　　慧日和尚（已上三人无录）

兴化铣禅师法嗣三人

　　南台以谓禅师　　花药常选禅师

　　崇寿玢禅师（已上三人无录）

圆通讷禅师法嗣三人

　　兴国智昱禅师　　四祖逸禅师

　　三祖文铣禅师（已上三人无录）

净众先禅师法嗣一人

　　隆福绍珍禅师（无录）

瑞鹿安禅师法嗣二人

　　瑞鹿蕴仁禅师　　姚夔通判（已上二人无录）

般若蟾禅师法嗣一人

　　般若隆一禅师（无录）

瑞鹿先禅师法嗣一人

　　瑞鹿如昼禅师（无录）

智者肯禅师法嗣一人

　　智者绍忠禅师（无录）

双林己禅师法嗣一人

　　枫桥来禅师（无录）

竹圆显禅师法嗣二人

　　广安牛心道軫禅师　　香水守真禅师（已上二人无录）

大乘遵禅师法嗣四人

　　龙山景静禅师　　双池宠禅师

　　竹林用淳禅师　　智门智常禅师（已上四人无录）

益首座法嗣一人

　　李林宗中书（无录）

卷第十一
大鉴下第十二世
　云居舜禅师法嗣十五人
　　　蒋山法泉禅师　　天童澹交禅师
　　　崇梵余禅师　　　慈云修慧禅师
　　　长耳子良禅师　　开元莹禅师（已上六人见录）
　　　衡山澄信禅师　　祥符晓儒禅师
　　　褒亲陳禅师　　　善果怀演庵主
　　　观音元隐禅师　　祥符法周禅师
　　　西禅怀义禅师　　开平处良禅师
　　　慈云居慧禅师（已上九人无录）
　大沩宥禅师法嗣五人
　　　归宗慧通禅师　　兴教慧宪禅师
　　　崇福清雅禅师（已上三人见录）
　　　崇福贵安禅师　　大沩和尚（已上二人无录）
　育王璉禅师法嗣二十三人
　　　佛日戒弼禅师　　天宫慎徽禅师
　　　径山维琳禅师　　临平胜因资禅师
　　　弥陀正彦庵主（已上五人见录）
　　　金山宝觉禅师　　安岩崇海禅师
　　　广慧利和禅师　　明仙道信禅师
　　　凤皇文喜禅师　　佛日道荣禅师
　　　万寿洪德禅师　　精严同定禅师
　　　宝云有馨禅师　　东禅智华禅师

东禅智贤禅师　极乐兴嗣禅师

　　普先处忠禅师　石门希仲禅师

　　解空清瑞禅师　五磊智环禅师

　　显圣宗利禅师　孙觉莘老居士（已上十八人无录）

灵隐知禅师法嗣二人

　　灵隐正童禅师（见录）　雪峰守超禅师（无录）

承天简禅师法嗣二人

　　智者利元禅师　瑞安僧印禅师（已上二人见录）

九峰鉴韶禅师法嗣一人

　　大梅法英禅师（见录）

称心倧禅师法嗣一人

　　慧日尧师禅师（见录）

报本兰禅师法嗣二人

　　中际可遵禅师　法明上座（已上二人见录）

称心明禅师法嗣一人

　　上蓝光寂禅师（见录）

承天宗禅师法嗣九人

　　崇福了禅师　承天守明禅师

　　凤凰有从禅师　大龙德全禅师

　　海印法安禅师（已上五人见录）

　　昆山昙玉禅师　因胜师俊禅师

　　法雨重俊禅师　护国从利禅师（已上四人无录）

长芦福禅师法嗣六人

　　广慧和禅师（见录）　保宁真戒禅师

长芦法海禅师　　寿宁楚韶禅师

资福文雅禅师　　三祖慧云禅师（已上五人无录）

天衣和禅师法嗣二人

菩提志专禅师（见录）　　菩提光用禅师（无录）

云居齐禅师法嗣五十六人

云居契瑰禅师　　灵隐文胜禅师

瑞岩义海禅师　　广慧智全禅师

保福居煦禅师　　南明惟宿禅师

清溪清禅师　　　万杉广智禅师

金鹅虚白禅师　　翠峰洪禅师

上蓝普禅师（已上十一人见录）　　龙华悟乘禅师

报恩行思禅师　　漳江昭远禅师

兴国洪禅师　　　杨岐居蕴禅师

九峰子玄禅师　　鹅湖令新禅师

云龙子才禅师　　三祖岳禅师

雪窦遇新禅师　　报本义圆禅师

建山智杲禅师　　杨岐德海禅师

上方子澄禅师　　化城会平禅师

清化智聪禅师　　象田德圆禅师

育王居素禅师　　圆通利柔禅师

罗汉怀端禅师　　化城自颜禅师

荐福臻禅师　　　清化子昌禅师

龙华有忠禅师　　显圣居耀禅师

云居慧震禅师　　兴化善能禅师

北禅觉宁禅师　　慧日达禅师
　　甘露真禅师　　　东禅清显禅师
　　岳楚永柔和尚　　彬州文靖和尚
　　明州智远和尚　　越州承雅和尚
　　南岳彦诠和尚　　西蜀义诠和尚
　　安德玄邃和尚　　玄寂义勋和尚
　　饶州仁鉴和尚　　抚州保麟和尚
　　南山省堂主　　　正庆惠洪和尚
　　鹿门慧昭山主　　苏州庆思和尚
　　（已上四十五人无录）

功臣轲禅师法嗣四人
　　尧峰颙暹禅师　　圣寿志升禅师
　　功臣守如禅师（已上三人见录）　宝华怀古禅师（无录）

栖贤澄湜禅师法嗣十一人
　　兴教惟一禅师　　西余体柔禅师
　　定山惟素山主　　福严省贤禅师
　　仰山智齐禅师（已上五人见录）　栖贤智通禅师
　　石佛宗禅师　　　东禅觉禅师
　　雪窦惟则禅师　　西余荣禅师
　　南岳福严和尚（已上六人无录）

罗汉林禅师法嗣十五人
　　长芦赞禅师　　　支提昭爱禅师
　　灵峰道诚禅师　　仰山择和禅师
　　崇胜道珍禅师　　富乐智静禅师

慧力绍珍禅师　　太宁庆璁禅师（已上八人见录）
　　何山晓禅师　　兴国慧禅师
　　万杉懿宣禅师　　漳江昭达禅师
　　罗汉齐因禅师　　崇胜楚齐禅师
　　报恩传进禅师（已上七人无录）
凤栖卿禅师法嗣一人
　　凤栖通禅师（无录）
万杉爽禅师法嗣一人
　　法华德嵩禅师（无录）
永安楚禅师法嗣一人
　　疏山重秀禅师（无录）
雪峰敦禅师法嗣一人
　　雪峰善誉禅师（无录）
景清素禅师法嗣四人
　　何山日俭禅师　　承天辩岑禅师
　　承天自能禅师　　翠峰子渊禅师（已上四人无录）
乾明同禅师法嗣四人
　　双池智常禅师　　含珠洞禅师
　　普宁常莹禅师　　南台善圆禅师（已上四人无录）

卷第十二
大鉴下第十三世
　法云秀禅师法嗣五十九人
　　法云惟白禅师　　保宁子英禅师

仙岩景纯禅师　广教守讷禅师
慈济聪禅师　　白兆珪禅师
净名法因禅师　福严守初禅师
德山仁绘禅师　广慧宝琳禅师
霍丘归才禅师　安国自方禅师
香积用旻禅师　瑞相子来禅师
真空从一禅师　干明广禅师
开先智珣禅师　甘露德颙禅师
蒋山良策禅师　吉祥讷禅师
广慧冲云禅师　承天月禅师
安福子胜禅师　正觉道清禅师
澄慧义端禅师　北天王益禅师
栖贤智柔庵主　天禧慧严永禅师
（已上二十八人见录）　明水法逊禅师
德山妙湛禅师　大愚如照禅师
右霜居晦禅师　兴化当禅师
兴化净甄禅师　钦山继明禅师
三角清禅师　　时雍清禅师
大别道常禅师　巴焦宗谅禅师
安丰法信禅师　云峰又月禅师
永庆惟简禅师　觉林遂禅师
宝池慧月禅师　天王义安禅师
崇德仙禅师　　兴教济禅师
荐福永坚禅师　罗浮齐德禅师

护国淳禅师　　普照有朋禅师
　　灵鹫慧明禅师　　开和法颙禅师
　　天峰佛印禅师　　元丰宗灯禅师
　　神光道芳禅师　　禅慧法钦禅师
　　兜率景常禅师　　颖叔蒋之奇居士
　　（已上三十一人无录）

佛日才禅师法嗣九人
　　夹山自龄禅师见录　　千顷允良禅师
　　广教有全禅师　　宝岩灵禅师
　　慧日道祥禅师　　千顷省孜禅师
　　龟峰重仁禅师　　善权珊禅师
　　龙兴如邃禅师（已上八人无录）

长芦应夫禅师法嗣二十五人
　　洪济宗颐禅师　　琅邪宗初禅师
　　龙蟠道成禅师　　普满明禅师
　　褒禅普禅师　　宝林道辉禅师
　　云岩志愿禅师　　等觉法思禅师
　　寿春法岸禅师　　定山文彦禅师
　　护国绍通禅师　　法宝德一禅师
　　干明宝慧禅师　　开圣觉禅师
　　雪窦道荣禅师　　慧日智觉禅师
　　（已上一十六人见录）　　建隆智因禅师
　　普光献昭禅师　　宝林智皋禅师
　　雍熙叔则禅师　　寿圣重洪禅师

普满法海禅师　五峰普良禅师

大愚喜禅师　滁州宝林和尚（已上九人无录）

栖贤迁禅师法嗣五人

王屋灯禅师　法雨惟镇禅师

东明慧迁禅师（已上三人见录）　漳江宝泉禅师

彰法文素和尚（已上二人无录）

开元智谭禅师法嗣二人

开元宗祐禅师（见录）　南禅道诚禅师（无录）

善果演庵主法嗣一人

玉池冲俨禅师（见录）

天宁楷禅师法嗣二十六人

香山法成禅师　大智齐琏禅师

丹霞淳禅师　净因觉禅师

资圣南禅师　白水修己禅师

石门元易禅师　洞山道微禅师

韶州誧禅师　鹿门法灯禅师

宝峰惟照禅师　普贤善秀禅师

太傅高世则居士（已上十三人见录）

龙门南禅师　招提宝禅师

大洪恭禅师　大智　禅师

灵岩应禅师　合州鉴禅师

少林江禅师　景山居禅师

慧日南禅师　朝请崔公居士

齐州善应禅师　西京尼道深

提刑杨居士（已上十三人无录）

大洪山报恩禅师法嗣五人

　　大洪山守遂禅师（见录）　　大洪山智禅师

　　善光琎禅师　　大阳旦禅师

　　西禅远禅师（已上四人无录）

归宗通禅师法嗣五人

　　资福素月禅师　　同安庆通禅师（已上二人见录）

　　子陵辨禅师　　罗汉法医禅师

　　开圣道彰和尚（已上三人无录）

福昌信禅师法嗣三人

　　法兴期禅师（见录）　　善庆楚升禅师

　　均庆清皥禅师（已上二人无录）

慈云庆玚禅师法嗣二人

　　广慈道傅禅师　　虔州慈云和尚（已上二人无录）

慧日尧禅师法嗣一人

　　大随道开禅师（无录）

佛慧泉禅师法嗣五人

　　清献赵抃居士（一人见录）　　幽谷祐禅师

　　兴国法云禅师　　九峰殊甫禅师

　　荐福忠实禅师（已上四人无录）

续传灯录总目录卷中

卷第十三

大鉴下第十三世

  杨岐方会禅师法嗣十二人

    白云守端禅师　保宁仁勇禅师

    比部孙居士　石霜守孙禅师

    东林郁山主（已上五人见录）　君山守巽禅师

    长庆显琼禅师　钦山智因禅师

    法轮惟一禅师　崇福善灯禅师

    法石行诠禅师　法石皓蟾禅师（已上七人无录）

  翠岩可真禅师法嗣五人

    大沩慕喆禅师　西林崇奥禅师

    石鼓洞珠禅师（已上三人见录）　净因文禅师

    永安普善禅师（已上二人无录）

  大宁道宽禅师法嗣二人

    兜率无证禅师　杨岐修广禅师（已上二人无录）

  蒋山赞元禅师法嗣九人

    雪窦法雅禅师　承熙应悦禅师

    石门雅禅师　龟峰子琼禅师（已上四人见录）

    蒋山可政禅师　甘露宗贲禅师

    甘露德严禅师　普门道彦禅师

    黄安礼居士（已上五人无录）

双峰省回禅师法嗣四人
　　光国文赞禅师　　灵山彦文禅师（已上二人见录）
　　胜业仲祥禅师　　云阳慧然禅师（已上二人无录）
武泉政禅师法嗣一人
　　庆善宗震禅师（无录）
洛浦景韶禅师法嗣三人
　　夹山道暹禅师　　洛浦密询禅师
　　仁王道圆禅师（已上三人无录）
菩提光用禅师法嗣一人
　　净土善思禅师（见录）
天童清遂禅师法嗣四人
　　大中立志禅师　　千元圆禅师
　　万寿应城禅师（已上三人见录）　　灵隐慧中禅师（无录）
云峰文悦禅师法嗣七人
　　寿宁齐晓禅师　　澄慧咸诩禅师（已上二人见录）
　　精严继式禅师　　大龙守真禅师
　　郭山霖禅师　　雍熙有惠禅师
　　龙牙如水禅师（已上五人无录）
开福守义禅师法嗣一人
　　澄慧惟昺禅师（无录）
泐潭晓月禅师法嗣五人
　　上蓝居晋禅师　　泐潭道律禅师
　　永安修玉禅师　　开先慈觉禅师
　　荐福宗海禅师（已上五人无录）

定惠超信禅师法嗣六人

　　穿窿智圆禅师（一人见录）　　明因悟果禅师

　　启宁处明禅师　慧日如鉴禅师

　　鹿苑契符禅师　普明法澄禅师（已上五人无录）

兴教坦禅师法嗣一人

　　明教绍珵禅师（无录）

玉泉空禅师法嗣一人

　　护国齐月禅师（见录）

常熟禀珍禅师法嗣一人

　　金山惠满禅师（无录）

福严保宗禅师法嗣二人

　　华药义然禅师　承天智昱禅师（已上二人见录）

太子同广禅师法嗣一人

　　龙门清照禅师（见录）

净因道臻禅师法嗣六人

　　长庆慧暹禅师　栖胜继超禅师

　　香严洞敷禅师（已上三人见录）　　少林元训禅师

　　北禅绍宣禅师　白鹿宗海禅师（已上三人无录）

天王仁岳禅师法嗣四人

　　兴化绍清禅师　定林景芳禅师

　　首山处圭禅师（已上三人见录）　　上方希元禅师（一人无录）

玉泉谓芳禅师法嗣四人

　　圣泉绍灯禅师　慧力善周禅师

　　南华重辩禅师　延福智兴禅师（已上四人见录）

金山怀贤禅师法嗣一人
　　圆通知谨禅师（无录）
乌崖遥禅师法嗣一人
　　西禅希用禅师（无录）
承天世珍禅师法嗣二人
　　白水中白禅师　九顶智海禅师（已上二人无录）
径山琳禅师法嗣一人
　　兜率择梧律师（无录）
雪峰誉禅师法嗣三人
　　鹫峰重道禅师　圆明重彦禅师
　　宝林奉琛禅师（已上三人无录）
资寿捷禅师法嗣二人
　　大智文宥禅师　资寿思永禅师（已上二人无录）
上方真禅师法嗣二人
　　云峰齐觉禅师　南岳绍巽禅师（已上二人无录）
章江达禅师法嗣一人
　　万寿法印禅师（无录）
灵隐文胜禅师法嗣二十五人
　　灵隐延珊禅师　荐福居则禅师
　　灵隐蕴聪禅师　南院清禅师
　　宝宁宗禅师　　石佛有邦禅师
　　清凉举内禅师（已上七人见录）　佛日子升禅师
　　兴教保威禅师　安乐照禅师
　　广果隆禅师　　永安锡禅师

护国崇禅师　　　灵隐照禅师

　　　永安绍禅师　　　妙严洪禅师

　　　清凉慈化禅师　　何山慧忠禅师

　　　广法归穆禅师　　圆寂修庆禅师

　　　景清智荣禅师　　护国昶禅师

　　　报本拙禅师　　　瑞岩普禅师

　　　海会岳禅师（已上十八人无录）

保福居煦禅师法嗣一人

　　　智者嗣如禅师（见录）

龙华悟乘禅师法嗣三人

　　　灵岩宣密禅师（一人见录）　灵凤慧端禅师

　　　乾明闲禅师（已上二人无录）

瑞严义海禅师法嗣二人

　　　大梅文慧禅师　翠岩嗣元禅师（已上二人见录）

彰江昭远禅师法嗣一人

　　　万寿守坚禅师（见录）

兴阳舟禅师法嗣一人

　　　智门慧泰禅师（无录）

白鹿端禅师法嗣一人

　　　法海戒诸禅师（无录）

归宗安禅师法嗣二人

　　　慈云有规禅师　同安宗一禅师（已上二人无录）

凉峰渊禅师法嗣一人

　　　隐山法灿禅师（无录）

言首座禅师法嗣一人
　　招提惟湛禅师（见录）

卷第十四
大鉴下第十三世
　慧林圆照宗本禅师法嗣二百人
　　法云善本禅师　　投子修颙禅师
　　金山善宁禅师　　广灵希祖禅师
　　资寿除岩禅师　　隐静守俨禅师
　　本觉守一禅师　　甘露仲宣禅师
　　太平守恩禅师　　灵耀辩良禅师
　　长芦崇信禅师　　瑞光守琮禅师
　　水西山轲禅师　　启霞慧章禅师
　　石佛晓通禅师　　南冥善通禅师
　　西湖文义禅师　　韶山杲禅师
　　净因惟岳禅师　　天童可齐禅师
　　万寻普勤禅师　　香山延泳禅师
　　雪窦守卓禅师　　报本常利禅师
　　资福道芳禅师　　九嶷着禅师
　　香山法昼禅师　　琅山载仪禅师
　　定慧遵式禅师　　广法法光禅师
　　瑞岩永觉禅师　　法海世长禅师
　　太平慧灯禅师　　米山崇仙禅师
　　宝花愿禅师　　　岳林元亨禅师

澄慧善珂禅师　宝华悟本庆禅师
净土慧旻禅师　澄慧师冕禅师
石霜能禅师　　逍遥聪禅师
投子普聪禅师　普照处辉禅师
南禅宁禅师　　道场慧印禅师
褒亲祥禅师（已上四十七人见录）　金山法慧禅师
乾明慧觉禅师　瑞岩有居禅师
马祖崇新庵主　灵应本嵩禅师
寿宁梵仁禅师　福严仲孚禅师
灵泉宗一禅师　保圣永良禅师
石塔慧禅师　　万寿有琛禅师
光化楚芘禅师　南禅慧禅师
护国灵祐禅师　同庆自鉴禅师
灵岩慈云禅师　普照真寂禅师
功臣宗龄禅师　道场良演禅师
无锡法平禅师　寿宁成务禅师
因胜法海禅师　蠡口法荣禅师
罗汉用诚禅师　广慧道亨禅师
宜兴显常禅师　资福机清禅师
广教了证禅师　仁王安德禅师
宝林义蒙禅师　象山灵旷禅师
福严智悦禅师　大中子荣禅师
感慈慧端禅师　华藏希声禅师
乾明可久禅师　香城言惠禅师

光化仁逊禅师　白龙希祖禅师
崇寿智海禅师　五峰祖印禅师
上方可耸禅师　云岩道声禅师
昭庆守严禅师　四面惟义禅师
华严惟素禅师　法王法海禅师
万寿义诰禅师　秀峰真懿禅师
白泉智通禅师　报恩重真禅师
昭庆宗满禅师　普净法英禅师
焦山义深禅师　支提洪占禅师
护国祖印禅师　灵峰永松禅师
南涧智净禅师　湖心义皋禅师
澄照守仁禅师　无锡志圆禅师
练塘清悟禅师　延庆德清禅师
永明道囷禅师　广教法海禅师
崇福惟贤禅师　宝华宝月禅师
地藏清德禅师　崇德省余首座
大别法满禅师　净慈崇善禅师
万寿圆禅师　　圣寿省聪禅师
鹫峰昙清禅师　梵天彦琦禅师
六安文湛禅师　荐福熙禅师
广觉法忠禅师　法海明禅师
因胜观禅师　　龙兴如应禅师
广际深禅师　　文殊芳禅师
安乐道思禅师　光化真觉禅师

施水守淳禅师	西院宗戒禅师
南祥忠简禅师	神江则轲禅师
昆山希祖禅师	南华德明禅师
寿宁普规禅师	陈园浩沾禅师
寿宁慧真禅师	因胜圆明禅师
保福慧䒳禅师	瑞岩永利禅师
崇福惟善禅师	龙溪圆照禅师
寿圣自英禅师	寿宁宗一禅师
天王道肱禅师	资福瑞珍禅师
灵泉景仁禅师	神光合韶禅师
灵泉智深禅师	上方法广禅师
文殊尚月禅师	资胜以逊禅师
白莲愈廉禅师	法相用先禅师
太平慧真禅师	西余安德禅师
宝严西杲禅师	法会子升禅师
龙华行庆禅师	寿宁可机禅师
禅悦慧日禅师	安国子志禅师
安乐有捷禅师	练塘惠满禅师
仰天契达禅师	真隐纯洁禅师
慧日德慧禅师	净光法空禅师
龙兴自端禅师	慧日道祥禅师
净土法慧禅师	兴国重宁禅师
安国子咏禅师	永安简玉禅师
承天了宗禅师	甘泉立生禅师

清修省方禅师　　灵岩用芳禅师
遍福心印禅师　　龙门普顺禅师
千顷宗应禅师　　永泰有澄禅师
杨直讲居士　　　道齐和尚
圆明和尚　　　　善德和尚
法海和尚　　　　报恩志明禅师
大宁永贤禅师　　功臣慧周禅师
大卢奉坚禅师　　灵峰自和禅师
多福太素禅师　　广际用干禅师
宝琛和尚　　　　鸡峰止首座（已上一百五十三人无录）

卷第十五

大鉴下第十三世

黄龙慧南禅师法嗣上二十四人

黄龙祖心禅师　　泐潭克文禅师
泐潭洪英禅师　　仰山行伟禅师
隆庆庆闲禅师　　云盖守智禅师
玄沙合文禅师　　黄檗惟胜禅师
百丈元肃禅师　　大沩怀秀禅师
福严慈感禅师（已上十一人见录）　太平瑶禅师
仰山和禅师　　　雪窦行缘禅师
净众启蒙禅师　　大罗智高禅师
承天敏禅师　　　胜业子琼禅师
佛迹道昱禅师　　鹅湖聪禅师

章江元禅师　　积翠霞庵主
兴国倾禅师　　潘清一居士（已上十三人无录）

卷第十六
大鉴下第十三世
黄龙慧南禅师法嗣下五十九人

石霜琳禅师　　开元子琦禅师
上蓝顺禅师　　三祖法宗禅师
四祖法演禅师　　五祖晓常禅师
佛印宣明禅师　　灵岩重确禅师
大沩颖诠禅师　　九棕法明禅师
廉泉昙秀禅师　　灵鹫慧觉禅师
兴化法澄禅师　　花药元恭禅师
兴国契雅禅师　　宝盖子勤禅师
雪峰道圆禅师　　延庆洪准禅师
胜业惟亨禅师　　登云超及禅师
积翠永庵主　　灵隐德滋禅师
东林常总禅师　　保宁圆玑禅师
云居元祐禅师　　报本慧元禅师
建隆昭庆禅师　　清隐清源禅师
禾山德普禅师　　慧林德逊禅师
祐圣法宕禅师　　三角慧泽禅师
法轮文昱禅师　　归宗志芝庵主（已上三十四人见录）
隆庆利俨禅师　　黄龙自庆禅师

大光应犀禅师　　水南智秘禅师
升山绍南禅师　　南华清桂禅师
芭蕉仁珂禅师　　清泉崇雅禅师
章法觉信禅师　　慧日富禅师
归宗进首座　　　涌泉以禅师
石鼓洞珠禅师　　金粟慧英禅师
宝胜澄甫禅师　　慧日普觉禅师
西峰正信禅师　　普宁惠因禅师
翠岩宝赟禅师　　鹅湖崇坚禅师
云门希晏禅师　　吉祥有臻禅师
乾明超莹禅师　　景德本隆禅师
云顶清泰禅师（已上二十五人无录）

慧林若冲禅师法嗣八人

华严智明禅师　　永泰智航禅师
寿圣子邦禅师　　广福昙章禅师
扬州石塔戒禅师（已上五人见录）
福昌义端禅师
景德元泰禅师　　白鹿仲豫禅师（已上三人无录）

瑞岩子鸿禅师法嗣六人

佛窟可英禅师　　岳林昙振禅师（已上二人见录）
中竺禅慧禅师　　景德嵩禅师
资圣本禅师　　　寿圣文谅禅师（已上四人无录）

天钵重元禅师法嗣六人

祖印善丕禅师　　元丰清满禅师

善胜真悟禅师　　定慧法本禅师（已上四人见录）

　　　洞山仙禅师　　　义安慧深禅师（已上二人无录）

　　三祖冲会禅师法嗣二人

　　　临安居润禅师（一人见录）　　甘露明广禅师（一人无录）

卷第十七

大鉴下第十四世

　　丹霞淳禅师法嗣九人

　　　　天童正觉禅师　　长芦清了禅师

　　　　大洪庆预禅师　　治平湡禅师（已上四人见录）

　　　　武当佛岩禅师　　大乘升禅师

　　　　随州修山和尚　　大阳满禅师

　　　　归宗明禅师（已上五人无录）

　　香山净因成禅师法嗣十一人

　　　　天封子归禅师　　吉祥法宣禅师

　　　　护国守昌禅师　　丹霞普月禅师

　　　　妙慧尼慧光禅师（已上五人见录）

　　　　妙峰云禅师　　　金山坚禅师

　　　　天宁珂禅师　　　龙池预禅师

　　　　双泉月禅师　　　南岳龙王云禅师

　　　（已上六人无录）

　　宝峰照禅师法嗣九人

　　　　圆通德止禅师　　真如道会禅师

　　　　智通景深禅师　　花药智朋禅师（已上四人见录）

乌巨如懿禅师　　仰山季禅师

报恩通禅师　　荐福臻禅师

天王聪藏主（已上五人无录）

石门易禅师法嗣五人

青原齐禅师　　天衣聪禅师

香山尼佛通禅师（已上三人见录）

九顶慈普禅师　无为乂耸禅师（已上二人无录）

天宁莆禅师法嗣一人

熊耳慈禅师（见录）

大沩喆禅师法嗣三十人

智海道平禅师　　泐潭景祥禅师

光孝慧兰禅师　　东明仁仙禅师

普照晓钦禅师　　东林自遵禅师

福严置禅师　　东明迁禅师

道吾汝能禅师　　兴教慧淳禅师

罗浮希声禅师　　兴阳贤禅师

永安妙喜禅师（已上十三人见录）

禾山慧晓禅师　　中峰智源禅师

灵泉道坚禅师　　清居文喆禅师

万寿子升禅师　　崇因正禅师

嘉佑辩禅师　　岳麓海禅师

沩山云蔼首座　　齐荣首座

沩山永庵主　　净福慧文禅师

瑞峰道宗禅师　　昭觉师范禅师

万寿道悰禅师　　云峰清悟禅师

　　象耳子真禅师（已上十七人无录）

雪窦雅禅师法嗣四人

　　光孝普印禅师（一人见录）　　龙游清韵禅师

　　石门永熙禅师　　禅林永觉禅师（已上三人无录）

庆善宗震禅师法嗣一人

　　庆善普能禅师（一人见录）

净土思禅师法嗣二人

　　万寿法诠禅师　　庆善守隆禅师（二人见录）

护国月禅师法嗣一人

　　护国慧本禅师（见录）

护国祐禅师法嗣一人

　　资圣则圆禅师（无录）

南禅慧禅师法嗣二人

　　萧山法诠禅师　　宝林道芳禅师（二人无录）

万寿圆禅师法嗣三人

　　国清照禅师　　慧严觉禅师

　　永怀荣禅师（已上三人无录）

福昌端禅师法嗣一人

　　王屋资禅师（无录）

天禧永禅师法嗣一人

　　添上座（无录）

鹿门灯禅师法嗣一人

　　白马熙禅师（无录）

西京尼道深禅师法嗣二人
　　奉圣绍才禅师　妙慧智安禅师（已上二人无录）
大洪守遂禅师法嗣二人
　　大洪庆显禅师（见录）　荆州公安愍（无录）

卷第十八
大鉴下第十四世
　泐潭英禅师下法嗣一十一人
　　法轮齐添禅师　慧明云禅师
　　仰山友恩禅师　大沩齐恂禅师（已上四人见录）
　　方广怀纪禅师　宝盖自俊禅师
　　上封行瑜禅师　华藏叔聪禅师
　　宝相涌禅师　　乌崖垂义禅师
　　石霜子高禅师（已上七人无录）
　仰山行伟禅师法嗣八人
　　谷隐静显禅师　黄檗永泰禅师
　　龙王善随禅师　慧日明禅师（已上四人见录）
　　王氏山慧先禅师　寒碛子和禅师
　　木平庆禅师　圣果永聪首座（已上四人无录）
　百丈元肃禅师法嗣一十二人
　　仰山清蔺禅师　百丈惟古禅师
　　月珠神鉴禅师（已上三人见录）　垂拱法满禅师
　　永寿信诠禅师　洛浦观通禅师
　　清泉道隆禅师　西峰元弼禅师

法教凝禅师　　九仙辅禅师

　　鹿苑业禅师　　凤凰有璘禅师（已上九人见录）

黄檗惟胜禅师法嗣一十六人

　　昭觉纯白禅师（一人见录）　　太平齐禅师

　　石霜允真禅师　　白水居约禅师

　　广利文易禅师　　云顶表奇禅师

　　普通了如禅师　　天王居岸禅师

　　承天处幽禅师　　西禅灯禅师

　　灵泉悟迁禅师　　宁国希则禅师

　　马溪惟广禅师　　望川山遵古禅师

　　马祖怀俨庵主　　吕微仲丞相（已上十五人无录）

隆庆庆闲禅师法嗣三人

　　安化闻一禅师（一人见录）　　龙须聪禅师

　　资福普滋禅师（已上二人无录）

云盖守智禅师法嗣九人

　　宝寿最乐禅师　　道场法如禅师

　　石佛慧明禅师（已上三人见录）　　大乘玑禅师

　　开福文玉禅师　　大宁纪禅师

　　仰山普禅师　　桃林希倩禅师

　　报恩有机禅师（已上六人无录）

上蓝顺禅师法嗣四人

　　苏辙参政（一人见录）　　方广继通禅师

　　佑圣云智禅师　　金颜逸禅师（已上三人无录）

隆庆利俨禅师法嗣一人

香严先禅师（一人无录）

隐静守俨禅师法嗣二人

　　广慧宗贤禅师　吉祥法顺禅师（已上二人无录）

本觉守一禅师法嗣十人

　　越峰粹圭禅师　寿山本明禅师

　　天台如庵主　　西竺尼法海禅师

　　（已上四人见录）

　　福果奉华禅师　西峰惟辩禅师

　　法济元轼禅师　牛头昱先禅师

　　玄沙智章禅师　本觉钦禅师（已上六人无录）

乾明慧觉禅师法嗣二人

　　长庆应圆禅师（一人见录）　宝积清及禅师（一人无录）

长芦崇信禅师法嗣一十五人

　　妙空智讷禅师　慧林怀深禅师

　　智者法诠禅师　光孝如瑰禅师

　　天衣如哲禅师（已上五人见录）　石塔铨禅师

　　万寿明禅师　　资圣怀悟禅师

　　天衣智暹禅师　资福梵钦禅师

　　光孝净真禅师　灵岩显颙禅师

　　庆善智照禅师　西禅道暹禅师

　　龙门法秀庵主（已上十人无录）

开先珣禅师法嗣二人

　　延昌熙咏禅师　开先宗禅师（已上二人见录）

保宁英禅师法嗣一十一人

广福惟尚禅师　雪窦法宁禅师

　　罗汉勤禅师　罗汉善修禅师（已上四人见录）

　　吉祥齐果禅师　无为智全禅师

　　虎丘通禅师　香山常禅师

　　华藏宜禅师　广教守渊禅师

　　广教原照禅师（已上七人无录）

夹山自龄禅师法嗣三人

　　西峰法聪禅师　兜率惟显禅师

　　层山珊禅师（已上三人无录）

元丰清满禅师法嗣三人

　　长兴宗朴禅师　雪峰宗演禅师

　　卫州王大夫（已上三人见录）

仙洞仙禅师法嗣一人

　　明教道禅师（无录）

净因觉禅师法嗣二人

　　华严惠兰禅师（一人见录）　亚松圣禅师（一人无录）

大洪智禅师法嗣一人

　　天章枢禅师（见录）

甘露宣禅师法嗣一人

　　妙湛尼文照禅师（见录）

瑞岩居禅师法嗣二人

　　万年处幽禅师（见录）　护国元瑞禅师（无录）

净因岳禅师法嗣一人

　　鼓山体淳禅师（见录）

金山慧禅师法嗣一人
　　报恩觉然禅师（见录）

卷第十九
大鉴下第十四世
　法云善本禅师法嗣六十九人
　　净慈楚明禅师　　长芦道和禅师
　　雪峰思慧禅师　　宝林果昌禅师
　　云峰志璇禅师　　慧林常悟禅师
　　道场有规禅师　　延庆可复禅师
　　道场慧颜禅师　　双峰宗达禅师
　　五峰子琪禅师　　云门道信禅师
　　天竺从谏讲师　　承天滋须禅师
　　吴江法晏禅师　　资福宝月禅师
　　天衣慧通禅师　　天圣齐月禅师
　　圆明希古禅师　　狼山文慧禅师（已上廿人见录）
　　智海和禅师　　　水西达禅师
　　南陵有朋禅师　　天章澄济禅师
　　龟洋法海禅师　　报慈有聪禅师
　　瑞峰慧清禅师　　灵岩智常禅师
　　华藏利聪禅师　　广灵德衍禅师
　　天衣弁禅师　　　大别宝相禅师
　　感慈广悟禅师　　涵碧道安禅师
　　云门用升禅师　　明招子卿禅师

资庆印禅师　　　宝严子鉴禅师
大梅智华禅师　　崇胜希肇禅师
净慈瑞禅师　　　净慧择邻禅师
超化灵晓禅师　　寿宁戒通禅师
西方可宏禅师　　寿圣晓初禅师
佛智慧通禅师　　天宁用忠禅师
乌龙守节禅师　　报恩怀立禅师
承天普安禅师　　治平子微禅师
资圣杲宣禅师　　南山文则禅师
长庆思政禅师　　万寿海仙禅师
西院用邻禅师　　明觉慧皋禅师
澧泉慧初禅师　　太平普志禅师
黄山悟先禅师　　香山净渊禅师
蕴机和尚　　　　昙慧和尚
盐官谦禅师　　　寿圣鉴禅师
焦山从禅师　　　崇德淳禅师
罗汉交禅师（已上四十九人无录）

金山善宁禅师法嗣一十三人

禅悦知相禅师　　鹿苑道齐禅师
普济子淳禅师　　禾山用安禅师（已上四人见录）
仙居有邻禅师　　超化守昙禅师
金山佛日禅师　　仙岩慧初禅师
西余道孜禅师　　广教道本禅师
太平蔺才禅师　　胜法道纲禅师

洪福道才禅师（已上九人无录）

广灵希祖禅师法嗣三人

　　乌龙广坚禅师　　仙岩怀义禅师

　　清溪智诚禅师（已上三人见录）

圆澄岩禅师法嗣二人

　　彰法嵩禅师（一人见录）　宝山公远禅师（一人见录）

投子修颙禅师法嗣六人

　　资寿灌禅师　　白马江禅师

　　香严智月禅师　富彦国丞相（已上四人见录）

　　文殊法聪禅师　资寿明潭禅师（已上二人无录）

佛国白禅师法嗣一十四人

　　金山惟仲禅师　乾明永因禅师

　　智者绍先禅师　胜因崇恺禅师

　　福圣仲易禅师　慧林慧海禅师

　　建隆原禅师（已上七人见录）　普照法最禅师

　　天宁修禅师　　慧济普虔禅师

　　二祖璇果禅师　罗汉遇禅师

　　三祖策禅师　　广教尧禅师（已上七人无录）

长芦宗赜禅师法嗣九人

　　洪济琼禅师　　北京照禅师

　　玄沙智章禅师　净慈惟一禅师

　　蒋山善钦禅师　本觉道如禅师

　　天宁子深禅师　瑞峰延禅师

　　僧忍和尚（已上九人无录）

卷第二十

大鉴下第十四世

东林照觉常总禅师法嗣六十二人

渤潭应干禅师　开先行瑛禅师

万杉绍慈禅师　褒亲有瑞禅师

圆通可仙禅师　慧力可昌禅师

柏子德嵩禅师　禾山志传禅师

开元志添禅师　象田梵卿禅师

衡岳道辩禅师　兴福康源禅师

褒亲宗谕禅师　龙泉夔禅师

兜率志恩禅师　慧圆上座

内翰苏轼居士（已上十七人见录）　福严惟凤禅师

承天德绥禅师　崇福德徽禅师

东林思度禅师　广教德方禅师

双林道基禅师　无相继才禅师

鹿苑景深禅师　寿宁成则禅师

资福怀宝禅师　兴化以弼禅师

万寿智圆禅师　景福惟洁禅师

隆庆志深禅师　祥符智先禅师

普门子渊禅师　胜光清宥禅师

仁王智诚禅师　安国庆常禅师

慈姥岩谅禅师　长松山锦禅师

东禅道极禅师　上蓝希肇禅师

灵泉仁美禅师　　分宁洞微禅师
　　胜业有通禅师　　报恩明昌禅师
　　妙果法喜禅师　　岳林圆明禅师
　　护国康禅师　　　慈母子咏禅师
　　兴化愈先禅师　　乾明载昌禅师
　　慕山觉能禅师　　衡山善孜禅师
　　法雨元谥禅师　　洞山永邦禅师
　　庐岩崇禅师　　　斗方庆禅师
　　大宁道才禅师　　太平普禅师
　　清城清传禅师　　双峰省琮禅师
　　清化从琏禅师　　罗汉省贤禅师（已上四十五人无录）

佑圣宿禅师法嗣三人
　　智度一禅师　　　道林了一禅师
　　瑞岩智禅师（已上三人无录）

雪宝荣禅师法嗣一人
　　雪峰大智禅师（一人见录）

智者嗣如禅师法嗣四人
　　承天澄月禅师　　华藏虚外禅师
　　净土可嵩禅师（已上三人见录）　　宝林文慧禅师（一人无录）

白云端禅师法嗣一十二人
　　五祖法演禅师　　云盖智本禅师
　　琅邪永起禅师　　保福殊禅师
　　崇胜珙禅师　　　提刑郭祥正居士（已上六人见录）
　　天柱处凝禅师　　太平处清禅师

浮山鸿琏禅师　谷山广润禅师

香山慧常禅师　甘露归善禅师

卷第二十一
大鉴下第十四世
保宁仁勇禅师法嗣十二人
　　上方日益禅师　景福日余禅师
　　月掌知渊禅师　灵鹫宗映禅师
　　寿圣楚文禅师（已上五人见录）　保严道伦禅师
　　洞山文英禅师　灵凤允咸禅师
　　华藏实禅师　崇因宗袭禅师
　　铁索忠山主　西堂显首座（已上七人无录）
上蓝居晋禅师法嗣一人
　　双溪如圭禅师（无录）
兴化绍清禅师法嗣一人
　　高台德基禅师（无录）
白水中白禅师法嗣二人
　　天宁演禅师　大乘党禅师（已上二人无录）
云居元祐禅师法嗣二十七人
　　智海智清禅师　海会守从禅师
　　罗汉系南禅师　南峰永程禅师
　　宝相元禅师　永峰慧日庵主
　　白藻清俨禅师　慈云彦隆禅师
　　子陵自瑜禅师　景福省悦禅师（已上十人见录）

长兴得贤禅师　延福修献禅师

祥符有通禅师　子湖道元禅师

石巩戒明禅师　太平嘉蘖禅师

慧力崇教禅师　北台行新禅师

马溪山禾禅师　罗汉慕评禅师

天场教禅师　归宗子章禅师

灵峰敦雅禅师　长兴德宝禅师

鹅湖子昌禅师　承熙敏禅师

黄檗觉智禅师（已上十七人无录）

报本慧元禅师法嗣八人

永安元正禅师（一人见录）　凤皇德亨禅师

慧林政禅师　凤皇德亮禅师

高峰圆修禅师　景德院证禅师

报本宗澄禅师　高峰文纵禅师（已上七人无录）

甘露颙禅师法嗣一人

光孝元禅师（见录）

育王振禅师法嗣一人

岳林真禅师（见录）

招提湛禅师法嗣二人

华亭观音和尚（一人见录）　南塔守聪禅师（一人无录）

玄沙文禅师法嗣一人

广慧达杲禅师（见录）

保宁玑禅师法嗣七人

育王净昙禅师　真如戒香禅师（已上二人见录）

开福世逞禅师　蒋山文瑞禅师

　　南禅立宗禅师　圆明载清禅师

　　许颉彦忠居士（已上五人无录）

华光恭禅师法嗣一人

　　万寿念禅师（见录）

大沩怀秀禅师法嗣七人

　　大沩祖瑃禅师　方广有达禅师

　　南台允恭禅师　福严文演禅师（已上四人见录）

　　西材常贤禅师　上生有常禅师

　　云门怀素禅师（已上三人无录）

福严慈感禅师法嗣八人

　　育王法达禅师（见录）　南禅光澡禅师

　　云盖子思禅师　定山修举禅师

　　望川契宣禅师　醋头清岸禅师

　　禅林善从禅师　定山文普禅师（已上七人无录）

开元琦禅师法嗣六人

　　荐福道英禅师　双磎允光禅师

　　尊胜有朋禅师（已上三人见录）　承天禧宝禅师

　　三角如璇禅师　双磎先禅师（已上三人无录）

五祖山晓常禅师法嗣三人

　　月顶道轮禅师　乌崖楚清禅师（已上二人见录）

　　昭化希绍禅师（一人无录）

建隆昭庆禅师法嗣五人

　　玉泉善超禅师　泗州用元禅师（二人见录）

荐福德岑禅师　　秦少游学士

澧泉处安禅师（已上三人无录）

佛印宣明禅师法嗣六人

龙兴师定禅师（一人见录）　　广化素禅师

月珠壁禅师　　富乐德彰禅师

承天逢原禅师　　十地文用禅师（已上五人无录）

积翠永庵主法嗣一人

清平楚金禅师（一人见录）

三祖山法宗禅师法嗣四人

光孝惟爽禅师（一人见录）　　洞山渊禅师

西贤利贯禅师　　梅山海良禅师（已上三人无录）

四祖法演禅师法嗣二人

海会宗和尚　　南禅畅禅师（二人无录）

大中立志禅师法嗣一人

虎丘文湛禅师（一人无录）

灵鹫觉禅师法嗣一人

灵鹫有琦禅师（一人无录）

慧林逊禅师法嗣一人

天宁储禅师（一人无录）

石霜琳禅师法嗣三人

鼎州德山宗什庵主（见录）　　夔州卧龙思顺禅师

鼎州庆和怀悚禅师（已上二人见录）

卷第二十二
大鉴下第十四世
　黄龙晦堂心禅师法嗣四十七人
　　黄龙悟新禅师　黄龙惟清禅师
　　泐潭善清禅师　青原惟信禅师
　　夹山晓纯禅师　三圣继昌禅师
　　双岭化禅师　　龟山晓津禅师
　　保福本权禅师　双峰景齐禅师
　　护国景新禅师　黄龙智明禅师
　　道吾仲圆禅师　慈云道清禅师
　　黄龙如晓禅师　太史黄庭坚居士
　　观文王韶居士　秘书吴恂居士（已上十八人见录）
　　兴化演禅师　　显明道昌禅师
　　景德慧英禅师　集福宝严禅师
　　云门宝宣禅师　延禧智融禅师
　　天柱修静禅师　胜缘居智禅师
　　云盖师肇禅师　兴化法海禅师
　　鹿苑思齐禅师　大龟惟益禅师
　　大龙世和禅师　双峰如颖禅师
　　观音觉勤禅师　显亲如鉴禅师
　　南登法安禅师　建隆维庆禅师
　　无为维琮禅师　西峰素禅师
　　禅林希广禅师　法海法琮禅师
　　徐禧德占龙图　公立夏倚居士

意禅上座　　　彭汝励居士
王正言居士　　吴中立大夫
韩宗古侍郎（已上二十九人无录）

宝峰文禅师法嗣三十八人

兜率从悦禅师　　法云杲禅师
泐潭文准禅师　　慧日文雅禅师
洞山梵言禅师　　文殊宣能禅师
寿宁善资禅师　　上封慧和禅师
五峰本禅师　　　太平安禅师
报慈进英禅师　　洞山至干禅师
宝华普鉴禅师　　九峰希广禅师
黄檗道全禅师　　清凉德洪禅师
超化静禅师　　　石头怀志庵主
双溪印首座　　　慧安慧渊禅师（已上廿人见录）
泐潭福深禅师　　花药英禅师
龟山允平禅师　　嘉祐道用禅师
象耳惟古禅师　　北禅惟孝禅师
嘉祐赟禅师　　　曹山慧言禅师
雍熙道光禅师　　南台洪禅师
谷山希祖禅师　　光孝慧满禅师
北禅慧昭禅师　　石霜绍珂禅师
慈云敦雅禅师　　汤泉禅禅师
宝峰楚原首座　　安石王荆公（已上十八人无录）

第二十三

大鉴下第十五世

　黄龙清禅师法嗣十八人

　　长灵守卓禅师　　上封本才禅师

　　法轮应端禅师　　百丈以栖禅师

　　博山子经禅师　　黄龙德逢禅师

　　光孝昙清禅师　　光孝德周禅师

　　寺丞戴道纯居士（已上九人见录）

　　满月宁禅师　　　法轮实禅师

　　天宁宗觉禅师　　知县萧从居士

　　灵峰惟古禅师　　钦山元德禅师

　　广化若秀禅师　　隆庆海禅师

　　龟峰僧璘禅师（已上九人无录）

　黄龙死心新禅师法嗣一十六人

　　禾山慧方禅师　　南荡法空禅师

　　九顶慧泉禅师　　上封祖秀禅师

　　性空妙普庵主　　钟山道隆禅师

　　扬州齐谧首座　　空室智通道人（已上八人见录）

　　竹园道珠禅师　　天宁慧副禅师

　　西贤昙禅师　　　荐福慧珏禅师

　　罗汉守节禅师　　曲尺宗裔禅师

　　宁国道宗禅师　　慧宣首座（已上八人无录）

　草堂清禅师法嗣八人

　　雪峰慧空禅师　　育王普崇禅师

万年法一禅师　黄龙道震禅师（已上四人见录）

金山一禅师　云岩因禅师

慈云隆禅师　疏山了如禅师（已上四人无录）

青原惟信禅师法嗣五人

正法希明禅师　梁山欢禅师

岳山祖庵主（已上三人见录）　浮山光选禅师

昭觉苻禅师（已上二人无录）

夹山纯禅师法嗣三人

钦山普初禅师（见录）　洛浦惟昉禅师

希祖首座（二人无录）

柏子山嵩禅师法嗣一人

东禅惟资禅师（见录）

福严凤禅师法嗣三人

护国安佑禅师　北岩法融禅师

龙纪以定禅师（已上三人无录）

万杉慈禅师法嗣二人

白马元禅师　德章山楚当禅师（已上无录）

上蓝肇禅师法嗣一人

大宁文广禅师（无录）

褒亲有瑞禅师法嗣二人

寿宁道完禅师（见录）　兴国昌禅师（无录）

智海清禅师法嗣三人

干峰圆慧禅师　四祖仲宣禅师（已上二人见录）

白马汝鸿禅师（无录）

庐山罗汉南禅师法嗣三人
　　云峰慧昌禅师　　浮山德宣禅师（已上二人见录）
　　张戒居士（无录）
石巩明禅师法嗣一人
　　三祖昧禅师（无录）
琅邪起禅师法嗣一人
　　金陵俞道婆（见录）
光孝兰禅师法嗣一人
　　芦山法真禅师（见录）
象田卿禅师法嗣七人
　　雪窦持禅师　　石佛益禅师（已上二人见录）
　　光孝净源禅师　　九岩仲文禅师
　　象田珍禅师　　光孝宗益禅师
　　华严和尚（已上五人无录）
慧日雅禅师法嗣二人
　　九仙法清禅师　　觉海法因庵主（已上二人见录）
洞山言禅师法嗣一人
　　洞山择言禅师（见录）
道林一禅师法嗣一人
　　大沩智禅师（见录）

卷第二十四
大鉴下第十五世
　　净慈明禅师法嗣五人

净慈象禅师　雪峰隆禅师（已上二人见录）

灵岩德宗禅师　常乐本然禅师

宝应法照禅师（已上三人无录）

长芦和禅师法嗣十五人

甘露达珠禅师　灵隐慧淳禅师（已上二人见录）

雪窦明禅师　琅邪诚禅师

圆智和尚　凤山和尚

精严凤藻禅师　清凉可升禅师

华严尚刘禅师　褒禅道天禅师

显亲祖永禅师　长芦法永禅师

定水然禅师　兴国远禅师

法音首座禅师（已上十三人无录）

雪峰慧禅师法嗣十四人

净慈道昌禅师　径山了一禅师

金山了心禅师（已上三人见录）　大吉法圆禅师

南安达禅师　净慈升禅师

石松祖天禅师　庆成悟及禅师

兴王宝机禅师　宝胜守宁禅师

建善法藏禅师　净慈务晖禅师

南明戒通禅师　中峰宁禅师（已上十一人无录）

香严月禅师法嗣二人

香严如璧禅师（见录）　香严如琳禅师（无录）

慧林深禅师法嗣七人

灵隐慧光禅师　国清妙印禅师

国清普绍禅师　九座慧邃禅师（已上四人见录）

　　圆觉昙禅师　净慧法如禅师

　　圆觉胜禅师（已上三人无录）

报恩然禅师法嗣一人

　　资圣元祖禅师（见录）

慧林海禅师法嗣二人

　　万杉寿坚禅师（见录）　万杉寿隆禅师（无录）

开先宗禅师法嗣二人

　　黄檗惟初禅师　岳麓海禅师（二人见录）

雪峰演禅师法嗣四人

　　西禅慧舜禅师（一人见录）　凤山道沼禅师

　　能仁得能禅师　龙卧俞禅师（已上三人无录）

长芦了禅师法嗣十三人

　　天童宗珏禅师　长芦妙觉禅师

　　龟山义初禅师　保宁兴誉禅师

　　北山法通禅师（已上五人见录）　寿山德初禅师

　　龙翔道晖禅师　上蓝祖卿禅师

　　能仁崇寿禅师　幽岩子咏禅师

　　长芦慧悟禅师　神光道新禅师

　　雪窦鉴禅师（已上八人无录）

天童觉禅师法嗣十四人

　　雪窦嗣宗禅师　善权法智禅师

　　净慈慧晖禅师　瑞岩法恭禅师

　　石门法真禅师　光孝思彻禅师

大洪法为禅师　　长芦琳禅师（已上八人见录）

　　广慧法聪禅师　　凤凰世钊禅师

　　乌巨光禅师　　　宝福悟禅师

　　能仁理禅师　　　雪窦稔禅师（已上六人无录）

大洪预禅师法嗣五人

　　慧力悟禅师　　　雪峰慧深首座（已上二人见录）

　　智门雅禅师　　　普照充禅师

　　荐福演禅师（已上三人无录）

天封归禅师法嗣一人

　　东林通理禅师（一人见录）

天衣聪禅师法嗣六人

　　慧口法安禅师　　护国钦禅师

　　吉祥元实禅师　　投子道宣禅师（已上四人见录）

　　能仁普禧禅师　　石佛宗苇禅师（已上二人无录）

吉祥宣禅师法嗣一人

　　南华明禅师（无录）

大洪显禅师法嗣九人

　　子陵祖清禅师　　胜果道和禅师

　　龙安世能禅师　　北禅宗觉禅师

　　普宁祖悟禅师　　中巾山昭禅师

　　寿宁守轲禅师　　横山元经禅师

　　白兆法通禅师（已上九人俱无录）

罗汉遇禅师法嗣一人

　　曹山月禅师（无录）

径山悟禅师法嗣二人
　　慧照和尚　　宝陀了然和尚（二人俱无录）
宝林昌禅师法嗣二人
　　护国妙机禅师　兴化德观禅师（二人俱无录）
宝林慧禅师法嗣二人
　　祥符良度禅师　宣化德济禅师（二人俱无录）
承天月禅师法嗣二人
　　承天仲颜禅师（一人见录）　护国介丰禅师（一人无录）
光孝印禅师法嗣一人
　　东林本然禅师（无录）
普照钦禅师法嗣一人
　　永安可文禅师（无录）
净福文禅师法嗣二人
　　净光藏禅师　　扬州石塔和尚（二人俱无录）

续传灯录总目录卷下

卷第二十五
大鉴下第十五世
　五祖演禅师法嗣二十二人
　　　昭觉克勤禅师　太平慧勤禅师
　　　龙门清远禅师　开福道宁禅师
　　　大随元静禅师　无为宗泰禅师
　　　五祖表自禅师　龙华道初禅师

九顶清素禅师　　元礼首座
　　普融藏主　　　　法閟上座（已上十二人见录）
　　海会慧宗禅师　　中峰遵忻禅师
　　云顶才良禅师　　大明明禅师
　　牛心达禅师　　　四面山璘禅师
　　南禅宗古禅师　　五祖宗自禅师
　　延福远禅师　　　天目齐禅师（已上十人无录）

智海平禅师法嗣一十三人

　　净因继成禅师　　法轮彦孜禅师
　　开福崇哲禅师（已上三人见录）　广教从原禅师
　　云阳广悟禅师　　金山晓常禅师
　　隐静恭禅师　　　黄檗敏从禅师
　　云岩修辩禅师　　柏子慧崇禅师
　　方广智京禅师　　东禅法珊禅师
　　净慧从应禅师（已上十人无录）

禾山晓禅师法嗣一人

　　兴化道全禅师（无录）

宝峰祥禅师法嗣一十四人

　　鸿福升禅师　　　万寿素禅师
　　香山道渊禅师　　开善道璃禅师
　　宝峰景淳禅师　　怀玉用宣礼师（已上六人见录）
　　天宁彦宗禅师　　多宝道威禅师
　　启霞德宏禅师　　泐潭惟足禅师
　　中际继宁禅师　　凤凰师闵禅师

凤山璘禅师　　密严子琯禅师（已上八人无录）

云盖本禅师法嗣四人

承天慧连禅师　　承天自贤禅师

香山惟德禅师　　草衣岩庆禅师（已上四人见录）

护国本禅师法嗣一人

君山普净禅师（见录）

卷第二十六

大鉴下第十五世

兜率悦禅师法嗣十二人

兜率慧照禅师　　疏山了常禅师

丞相张商英居士（已上三人见录）

杨岐子圆禅师　　投子道胜禅师

慈云明鉴禅师　　兜率慧宣禅师

罗溪慧宜禅师　　广惠守真禅师

赣州智宣和尚　　清溪智言和尚

福州禅林和尚（已上九人无录）

泐潭准禅师法嗣五人

云岩天游禅师　　三角智尧禅师（已上二人见录）

兴化宗选禅师　　光孝智端禅师

李彭商老居士（已上三人无录）

曲尺继昌禅师法嗣三人

曲尺慧照禅师　　大随元信禅师

净光了威禅师（已上三人无录）

法云杲禅师法嗣三人

　　洞山辩禅师　　慧海仪禅师

　　西蜀鸾法师（已上三人见录）

华药英禅师法嗣一人

　　栖贤道宁禅师（无录）

文殊能禅师法嗣一人

　　天宁琼禅师（见录）

法轮添禅师法嗣二人

　　灵竺德宗禅师　　凤栖润禅师（已上二人无录）

谷隐静显禅师法嗣四人

　　石门政禅师　　白水宗月禅师

　　兴阳浩禅师　　谷隐闿禅师（已上四人无录）

龟山津禅师法嗣二人

　　普照齐禅师　　岳麓祖昙禅师（已上二人无录）

仰山菌禅师法嗣二人

　　仰山普禅师　　天宁蕴禅师（已上二人无录）

昭觉纯白禅师法嗣四人

　　信相宗显禅师（一人见录）　　铁像嵩禅师

　　成都安象禅师　　龙顷怀宗禅师（已上三人无录）

广利易禅师法嗣一人

　　龙兴顺禅师（无录）

马祖俨庵主法嗣一人

　　资教希则禅师（无录）

大沩璘禅师法嗣五人

中岩蕴能禅师　云顶宗印禅师（已上二人见录）

乾元希式禅师　灵峰了真禅师

天真法空禅师（已上三人无录）

荐福英禅师法嗣五人

等觉普明禅师（一人见录）　妙果德圆禅师

鹤林智璘禅师　崇宁庆舒禅师

密严善忠禅师（已上四人无录）

泐潭乾禅师法嗣一十八人

龙牙宗密禅师　圆通道旻禅师

天童普交禅师　东禅从密禅师

胜因咸静禅师　二灵知和庵主

兴化可都禅师　道吾楚芳禅师（已上八人见录）

雪峰有需禅师　资福郁禅师

景德良玉禅师　荐福真禅师

开福德筠禅师　南冈照禅师

云居如山禅师　石霜楚蟾禅师

木平觉澄禅师　资福省悟禅师（已上十人无录）

开先瑛禅师法嗣一十六人

大沩海评禅师　慈氏瑞仙禅师（已上二人见录）

道林法照禅师　光孝文璟禅师

游地汝英禅师　三植灌冲禅师

宝盖用兴禅师　天宁宗顺禅师

灵山慧浩禅师　净土希禅师

黄檗道钦禅师　九仙次岸禅师

正法无照禅师　卢山智通禅师

龙牙宗密禅师　德山声绝禅师（已上十四人无录）

圆通仙禅师法嗣四人

净光了威禅师　明招文慧禅师（已上二人见录）

祥符立禅师　浮山法真禅师（已上二人无录）

慧力昌禅师法嗣四人

慧力洞源禅师（一人见录）　福胜常极禅师

慧灯择英禅师　云溪文庆禅师（已上三人无录）

卷第二十七

大鉴下第十六世

昭觉圆悟勤禅师法嗣上十六人

径山宗杲禅师　虎丘绍隆禅师

育王端裕禅师　大沩法泰禅师

护国景元禅师　玄沙僧昭禅师（已上六人见录）

普照奉胜禅师　虎丘宗达禅师

正法化冲禅师　清溪常禅师

普慧因净禅师　天宁道成禅师

宝相道智禅师　长松晓禅师

信相圆禅师　九顶希问禅师（已上十人无录）

卷第二十八

大鉴下第十六世

昭觉圆悟勤禅师法嗣五十九人

南峰云辩禅师　　正法建禅师
华藏安民禅师　　昭觉道元禅师
中竺中仁禅师　　象耳袁觉禅师
华严祖觉禅师　　福严文演禅师
明因昙玩禅师　　虎丘元净禅师
天宁梵思禅师　　君山觉禅师
宝华显禅师　　　东山觉禅师
天封觉禅师　　　道祖首座
宗振首座　　　　枢密徐俯居士
郡王赵令衿居士　侍郎李弥逊居士
祖氏觉庵道人　　令人明室道人
成都范县君　　　灵隐慧远禅师
洪福子文禅师（已上二十五人见录）
中岩照禅师　　广利璲禅师
广利枢禅师　　无为胜禅师
定山昂禅师　　开福宜禅师
白水正禅师　　显报旸禅师
翠峰弼禅师　　云际全禅师
德山静禅师　　报恩莹禅师
四明亨禅师　　西禅通禅师
金文照禅师　　长溪朴禅师
江宁府悟明禅师　宝林勤禅师
九顶宗悟禅师　　智颛首座
道殊首座　　　　自珍首座

智度演禅师　　璟上座

师范首座　　中竺海禅师

永怀有证禅师　　幽岩珊禅师

干明印禅师　　保宁祖禅师

景德旻禅师　　门司郑谌居士

灵泉希寿禅师　　云顶宗正禅师

（已上三十四人无录）

卷第二十九

大鉴下第十六世

太平勤禅师法嗣十六人

文殊心道禅师　　南华知昺禅师

龙牙智才禅师　　蓬莱卿禅师

何山守珣禅师　　泐潭择明禅师

宝藏本禅师　　祥符清海禅师

净众了灿禅师　　谷山海禅师（已上十人见录）

灵岩昼禅师　　启霞楚谦禅师

福圣深禅师　　千山智嵩禅师

融藏主　　发书记（已上六人无录）

龙门佛眼远禅师法嗣二十一人

龙翔士圭禅师　　云居善悟禅师

西禅文琏禅师　　黄龙法忠禅师

乌巨道行禅师　　白杨法顺禅师

云居法如禅师　　归宗正贤禅师

道场明辨禅师　　方广深禅师

　　成都世奇首座　　净居尼惠温禅师

　　冯楫给事（已上十三人见录）　　云居圆禅师

　　云居祖禅师　　三圣道方禅师

　　寂庵主　　　　三角劫禅师

　　三圣真常禅师　　辨侍者

　　越州石佛世奇禅师（已上八人无录）

开嗣道宁禅师法嗣一人

　　大沩善果禅师（见录）

自得晖禅师法嗣四人

　　雪窦德云禅师　　仗锡崇坚禅师

　　华藏慧祚禅师　　雪窦焕禅师（已上四人无录）

瑞岩石窗恭禅师法嗣二人

　　净慈重皎禅师　　净慈壁禅师（已上二人无录）

大沩智禅师法嗣四人

　　云盖澄禅师　　石霜能禅师

　　泰岳久禅师　　陈与义居士（已上四人无录）

卷第三十

大鉴下第十六世

雪窦明禅师法嗣一人

　　崞山宁禅师（见录）

净慈昌禅师法嗣三人

　　五云悟禅师（见录）　　智者可升禅师

万寿正受首座（已上二人无录）
灵隐光禅师法嗣三人
　　中竺元妙禅师（见录）　　天衣性禅师
　　灵石辩禅师（二人无录）
圆觉昙禅师法嗣一人
　　灵岩圆日禅师（见录）
岳麓海禅师法嗣一人
　　玉泉思达禅师（见录）
天宁卓禅师法嗣八人
　　育王介谌禅师　　道场慧琳禅师
　　道场居慧禅师　　显宁圆知禅师
　　乌回良范禅师　　本寂文观禅师（已上六人见录）
　　温州符庵主　　径山惟表首座（已上二人无录）
佛心才禅师法嗣四人
　　普贤元素禅师　　鼓山僧洵禅师
　　鼓山祖珍禅师（已上三人见录）　　仁王大心谟禅师（一人无录）
云岩天游禅师法嗣二人
　　径山智策禅师（一人见录）　　报德智一禅师（一人无录）
圆通旻禅师法嗣七人
　　圆通守慧禅师　　黄龙道观禅师
　　左丞范冲居士　　枢密吴居厚居士
　　谏议彭汝霖居士　　中丞卢航居士
　　左司都贶郑居士（已上七人俱录）
雪峰需禅师法嗣五人

雪峰慧忠禅师（见录）　　净众全禅师

　　　天宁靖禅师　陈易体常居士

　　　鼓山宗译禅师（已上四人无录）

祥符立禅师法嗣一人

　　　报慈淳禅师（见录）

浮山法真禅师法嗣一人

　　　灵岩徽禅师（见录）

信相显禅师法嗣三人

　　　金绳文禅师（见录）　　云顶师旦禅师

　　　中峰祖源禅师（已上二人无录）

净因成禅师法嗣二人

　　瑞岩如胜禅师　冶父道川禅师（已上二人见录）

上封秀禅师法嗣一人

　　　文定胡安国居士（见录）

黄龙逢禅师法嗣一人

　　　荐福择崇禅师（见录）

黄龙震禅师法嗣三人

　　　德山慧初禅慧（见录）　　天龙毯禅师

　　　真州北山作禅师（已上二人无录）

万年一禅师法嗣二人

　　　报恩法常禅师（见录）　　石佛净禅师（无录）

岳山祖庵主法嗣一人

　　　延庆叔禅师（见录）

胜因静禅师法嗣六人

万寿普信禅师　　慧日兴道禅师

　　　光孝果懋禅师（已上三人见录）　　崇宁超禅师

　　　广教嵒禅师　　法慧冲禅师（已上三人无录）

天童交禅师法嗣一人

　　蓬莱圆禅师（见录）

明招慧禅师法嗣二人

　　宣秘礼禅师（见录）　　净光和尚（无录）

天童珏禅师法嗣一人

　　雪窦智鉴禅师（见录）

雪窦宗禅师法嗣二人

　　广福道勤禅师（见录）　　翠岩宗静禅师（无录）

善权智禅师法嗣二人

　　超化藻禅师（见录）　　保安超禅师（无录）

灵峰古禅师法嗣一人

　　舒州四面欣禅师（无录）

禾山方禅师法嗣二人

　　袁州仰山韬禅师　　黄龙乂和尚（二人无录）

中岩能禅师法嗣一人

　　毡头崇真化主（无录）

鸿福升禅师法嗣一人

　　舒州甘露常禅师（无录）

琼首座法嗣一人

　　雪峰慧山首座（无录）

琅邪诚禅师法嗣一人

北塔善初禅师（无录）

广慧聪禅师法嗣一人

　明州普照戒禅师（无录）

大随静禅师法嗣一十四人

　石头自回禅师　护圣居静禅师

　南岩胜禅师　梁山师远禅师

　能仁绍悟禅师　子言庵主

　剑门南修造禅师　莫将尚书少虚居士

　龙图王萧居士（已上九人见录）　能仁净禅师

　黄梅明禅师　妙高则禅师

　钓台诠禅师　提刑吴昕居士（已上五人无录）

五祖自禅师法嗣一人

　龙华高禅师（见录）

卷第三十一

大鉴下第十七世

　虎丘隆禅师法嗣一人

　　天童昙华禅师（见录）

　育王裕禅师法嗣九人

　　清凉坦禅师　净慈师一禅师

　　道场法全禅师　延福慧升禅师（已上四人见录）

　　云岩法秀禅师　连云行敦禅师

　　天目肇禅师　安岩古禅师

　　上岩咏禅师（已上五人无录）

大沩泰禅师法嗣四人

　　慧通清旦禅师　　灵岩仲安禅师

　　正法灏禅师　　昭觉辩禅师（已上四人见录）

护国元禅师法嗣五人

　　国清行机禅师　　焦山师体禅师

　　华藏智深禅师　　参政钱端礼居士

　　（已上四人见录）　上竺圆智禅师（一人无录）

灵隐远禅师法嗣九人

　　东山齐己禅师　　疏山如本禅师

　　觉阿上人　　内翰曾开居士

　　知府葛郯居士（已上五人无录）　济颠书记禅师

　　尧首座禅师　　上蓝了乘禅师

　　公安慧冲禅师（已上四人无录）

华藏民禅师法嗣一人

　　径山宝印禅师（见录）

华藏祚禅师法嗣一人

　　东谷光禅师（无录）

昭觉元禅师法嗣一人

　　凤栖慧观禅师（见录）

文殊道禅师法嗣三人

　　楚安慧方禅师　　文殊思业禅师（已上二人见录）

　　文殊琼禅师（一人无录）

佛灯珣禅师法嗣四人

　　稠岩了赟禅师　　待制潘良贵居士

（已上二人见录）　天井道如禅师

　　双槐郑续居士（已上二人无录）

泐潭明禅师法嗣一人

　　无为守缘禅师（见录）

卷第三十二

大鉴下第十七世

　径山大慧杲禅师法嗣九十四人

　　　教忠弥光禅师　　东林道颜禅师

　　　西禅鼎需禅师　　东禅思岳禅师

　　　西禅守净禅师　　开善道谦禅师

　　　育王德光禅师　　华藏宗演禅师

　　　天童净全禅师　　大沩法宝禅师

　　　玉泉昙懿禅师　　荐福悟本禅师

　　　育王遵璞禅师　　能仁祖元禅师

　　　灵岩了性禅师　　蒋山善直禅师

　　　万寿自护禅师　　大沩景晕禅师

　　　灵隐了演禅师　　光孝致远禅师

　　　雪峰蕴闻禅师　　连云道能禅师

　　　灵隐道印禅师　　竺原宗元庵主

　　　近礼侍者　　　　净居尼妙道禅师

　　　资寿尼妙总禅师　侍郎张九成居士

　　　参政李邴居士　　宝学刘彦修居士

　　　提刑吴伟明居士　门司黄彦节居士

秦国夫人计氏　　径山了明禅师（已上三十四人见录）
祖麟道者　　　　清凉珠禅师
花药继明禅师　　大云颖禅师
昭觉子文禅师　　龙王自隐禅师
岳麓梵禅师　　　南华因禅师
超宗道人　　　　大沩惠仰禅师
洛浦相禅师　　　径山祖庆禅师
伊山冲密禅师　　祥符如本禅师
象田德禅师　　　象田信禅师
龙牙信禅师　　　岳侍者
光孝林禅师　　　云卧晓莹禅师
九鼎法生禅师　　黄文昌编修
郑昂居士　　　　径山有才禅师
大悲闲禅师　　　雪峰慧然禅师
华严觉印禅师　　福严了贤禅师
庆成冲禅师　　　报恩崇海禅师
光孝祖彦禅师　　荐福妙熙禅师
博山能禅师　　　石门仁禅师
龙翔宗常禅师　　蒋山恩禅师
蒋山等诠禅师　　光孝圆禅师
黑水昙振禅师　　秀峰南禅师
法济僧鹗禅师　　报恩行禅师
舟峰庆老禅师　　荐福普仁禅师
水陆野庵和尚　　大沩如晦禅师

玉泉道成禅师　明招观禅师
兴王如沼禅师　从庆庆禅师
法宏首座　　　石泉咏禅师
光孝立禅师　　明昭微禅师
大明广容禅师　昭觉祖明禅师
正法秀禅师　　仰山圆禅师
正焕首座　　　关西尼真如（已上六十人无录）

卷第三十三
大鉴下第十七世
　龙翔珪禅师法嗣二人
　　云居德升禅师　狼山慧温禅师（已上二人见录）
　云居悟禅师法嗣九人
　　双林德用禅师　万年道闲禅师
　　中际善能禅师　云居自圆禅师（已上四人见录）
　　灵瑞肱禅师　　信州怀玉坚禅师
　　洪州同安隆禅师　灵岩宜方禅师
　　黄檗幻住印禅师（已上五人无录）
　乌巨行禅师法嗣六人
　　荐福休禅师　　龟峰慧光禅师
　　长芦守仁禅师（已上三人见录）　荐福忠禅师
　　天宁记禅师　　智者修禅师（已上三人无录）
　白杨顺禅师法嗣二人
　　青原如禅师（一人见录）　南安岩如禅师（一人无录）

云居如禅师法嗣二人

　　隐靖彦岑禅师　　报恩成禅师（已上二人见录）

道场辩禅师法嗣六人

　　觉报清禅师　　何山然首座（已上二人见录）

　　正法济禅师　　能仁朋禅师

　　金绳勤禅师　　道场言禅师（已上四人见录）

黄龙忠禅师法嗣四人

　　信相戒修禅师（一人见录）　　慈化印肃禅师

　　无为道徽禅师　　崇化道赟禅师（已上三人无录）

西禅琏禅师法嗣一人

　　西禅希秀禅师（一人见录）

净居尼蕴禅师法嗣一人

　　净居尼法灯禅师（一人见录）

大沩果禅师法嗣十五人

　　玉泉宗琏禅师　　大沩行禅师

　　道林渊禅师　　大洪祖证禅师

　　泐潭德淳禅师　　保安可封禅师

　　石亭祖璇禅师　　石霜宗鉴禅师（已上八人见录）

　　吉祥灿禅师　　石门立禅师

　　双林远禅师　　穹窿觉文禅师

　　禾山暹禅师　　法轮孜禅师

　　雪峰一禅师（已上七人无录）

石头回禅师法嗣一人

　　云居德会禅师（一人见录）

育王谌禅师法嗣七人

　　万年昙贲禅师　　天童了朴禅师

　　西岩宗回禅师　　高丽坦然国师

　　龙华本禅师（已上五人见录）　　华藏先禅师

　　雪窦妙湛禅师（已上二人无录）

道场琳禅师法嗣三人

　　东山吉禅师（一人见录）　　狼山珸禅师

　　径山了粹禅师（已上二人无录）

道场慧禅师法嗣一人

　　灵隐道枢禅师（一人见录）

光孝懃禅师法嗣二人

　　光孝悟初首座（一人见录）　　崇胜善行禅师（一人无录）

中竺妙禅师法嗣二人

　　光孝深禅师（一人见录）　　灵隐蕴衷禅师（一人无录）

南华炳禅师法嗣四人

　　四祖宗肇禅师　　天宁法清禅师

　　正法月禅师　　南华明禅师（已上四人无录）

雪庭净禅师法嗣一人

　　翠云僧价禅师（一人无录）

讷堂思禅师法嗣三人

　　澄照行齐禅师　　青原立禅师

　　智首座（已上三人无录）

大中海禅师法嗣一人

　　报恩法舟禅师（一人无录）

蓬莱卿禅师法嗣一人

 延福广禅师（一人无录）

真牧贤禅师法嗣二人

 永福嗣衡禅师　无为了悟禅师（二人无录）

廓庵远禅师法嗣一人

 信相宜禅师（一人无录）

古佛范禅师法嗣一人

 乌回禧禅师（无录）

球堂忠禅师法嗣一人

 上蓝独秀宏禅师（一人无录）

梦庵信禅师法嗣四人

 能仁琢禅师　鹤林妙禅师

 孝感竦禅师　永宁道全禅师（已上四人无录）

足庵鉴禅师法嗣一人

 天童如净禅师（一人无录）

卷第三十四

大鉴下第十八世

东林颜禅师法嗣一十一人

 公安祖珠禅师　报恩法演禅师

 净慈彦充禅师　智者真慈禅师

 昭觉绍渊禅师（已上五人有录）　万年荷屋常禅师

 积善道昌禅师　保福清皎禅师

 护圣麟庵开禅师　徽州简上座

栖贤辩禅师（已上六人无录）

西禅需禅师法嗣四人

　　鼓山安永禅师　龙翔南雅禅师

　　天王志清禅师　剑门安分庵主（已上四人俱录）

教忠弥光禅师法嗣二人

　　净慈昙密禅师　法石慧空禅师（已上二人俱录）

东禅岳禅师法嗣四人

　　鼓山宗逮禅师（一人见录）　径山德潜禅师

　　白云师沼禅师　鼓山知珵禅师（已上三人无录）

西禅净禅师法嗣三人

　　乾元宗颖禅师（一人见录）　华严云和尚

　　中际立才禅师（已上二人无录）

开善谦禅师法嗣一人

　　吴十三道人（一人见录）

遁庵演禅师法嗣四人

　　育王法明禅师　何山慧清禅师

　　南禅大用禅师　移忠得一禅师（已上四人无录）

无用全禅师法嗣七人

　　笑翁堪禅师（一人见录）　灵隐希夷禅师

　　承天允韶禅师　雪峰了宗禅师

　　雪窦处南禅师　盘山思卓和尚

　　钱象祖止庵居士（已上六人无录）

天童应庵华禅师法嗣八人

　　天童咸杰禅师　南书记

　　　　侍郎李浩居士（已上三人见录）　　凤山诠禅师

　　　　祥符善登禅师　　禾山心鉴禅师

　　　　智者满禅师　　严朝康教授（已上五人无录）

　道场全禅师法嗣一人

　　　　华藏有权禅师（一人见录）

　双林用禅师法嗣一人

　　　　三峰印禅师（一人见录）

　大沩行禅师法嗣二人

　　　　德山子涓禅师（一人见录）　　德山师本禅师（一人无录）

　净慈水庵一禅师法嗣四人

　　　　息庵达观禅师　　仰山嗣清禅师

　　　　瑞岩顺和尚　　承天湛和尚（已上四人俱无录）

　径山印禅师法嗣二人

　　　　金山道奇禅师　　金山永聪禅师（已上二人无录）

　玉泉宗琏禅师法嗣一人

　　　　玉泉希俨禅师（一人无录）

　万年贲禅师法嗣四人

　　　　龙鸣贤禅师　　大沩鉴禅师（已上二人见录）

　　　　天童从瑾禅师　　投子淳禅师（已上二人无录）

　大洪证禅师法嗣四人

　　　　玉泉恩禅师　　万寿师观禅师

　　　　丞相益国周公　　蓝丞成乘周公（已上四人无录）

　楚庵方禅师法嗣二人

　　　　和庵若禅师　　讷庵俊禅师（已上二人无录）

天童净禅师法嗣二人

　　石林秀禅师　　孤蟾莹禅师（已上二人无录）

普庵肃禅师法嗣二人

　　佛惠清禅师　　铁牛礼禅师（已上二人无录）

东谷光禅师法嗣一人

　　直翁举禅师（一人无录）

或庵体禅师法嗣三人

　　天童智颖禅师　　万寿了修禅师

　　雪峰云禅师（已上三人无录）

晦庵光禅师法嗣四人

　　雪峰元肇禅师　　径山元聪禅师

　　报恩智因禅师　　陈安节樵隐居士

　　（已上四人无录）

水陆野庵禅师法嗣一人

　　四恩庵主（一人无录）

大圆璞禅师法嗣一人

　　然庵主（一人无录）

可庵然禅师法嗣一人

　　如如居士颜公（一人无录）

荐福本禅师法嗣一人

　　法灯首座（一人无录）

灵瑞肱禅师法嗣一人

　　福严杰禅师（一人无录）

逢庵会禅师法嗣一人

万松大琏禅师（一人无录）
　慈航朴禅师法嗣二人
　　雪窦僧彦禅师　太平诏和尚（已上二人无录）

卷第三十五
大鉴下第十八世
　育王光禅师法嗣一十四人
　　灵隐之善禅师　净慈居简禅师
　　径山如琰禅师　天童派禅师
　　东禅观禅师　　上方铦禅师（已上六人见录）
　　育王宗印禅师　净慈义云禅师
　　径山妙嵩禅师　育王师瑞禅师
　　育王权禅师　　天童齐禅师
　　云居梵琮和尚　铁牛印禅师（已上八人无录）
大鉴下第十九世
　天童杰禅师法嗣九人
　　灵隐崇岳禅师　卧龙祖先禅师
　　荐福道生禅师　天童自镜禅师
　　净慈光禅师　　隐静致柔禅师（已上六人见录）
　　蒋山庆如禅师　灵隐了悟禅师
　　侍郎张镃居士（已上三人无录）
　天童达观禅师法嗣四人
　　虎丘善济禅师（一人见录）　华藏善净禅师
　　天衣文蔚禅师　柏岩凝和尚（已上三人无录）

径山如琰禅师法嗣七人

　　灵隐普济禅师　　净慈闻禅师

　　径山肇禅师　　　双林朋禅师（已上四人见录）

　　枯桩昙禅师　　　弁山阡禅师

　　东山源禅师（已上三人无录）

万寿崇观禅师法嗣四人

　　黄龙慧开禅师　　石霜妙印禅师（已上二人见录）

　　孤峰德秀禅师　　鸿福师洸禅师（已上二人无录）

育王师瑞禅师法嗣一人

　　瑞岩崇寿禅师（见录）

灵隐之善禅师法嗣四人

　　径山善珍禅师（一人见录）　　净慈仲颖禅师

　　无方安禅师　　　霜林果禅师（已上三人无录）

天童智颖禅师法嗣三人

　　径山如珏禅师（一人见录）　　虎丘务本禅师

　　雪峰德因禅师（已上二人无录）

净慈居茼禅师法嗣二人

　　育王大观禅师（见录）　　石楼明禅师（无录）

鼓山安永禅师法嗣二人

　　净慈悟明禅师（见录）　　承天法坚禅师（无录）

直翁举禅师法嗣一人

　　天童岫禅师（见录）

育王妙堪禅师法嗣一人

　　东湖祥禅师（无录）

育王宗印禅师法嗣一人
　　道场法舟禅师（无录）
乾元宗颖禅师法嗣二人
　　鼓山宗鉴禅师　白云仁禅师（已上二人无录）
金山道奇禅师法嗣一人
　　灵隐祖泉禅师（无录）
天童派禅师法嗣一人
　　无镜彻禅师（无录）
径山嵩禅师法嗣一人
　　无尘净禅师（无录）

大鉴下第二十世
　卧龙祖先禅师法嗣四人
　　径山师范禅师　灵隐法薰禅师（已上二人见录）
　　云居慈觉禅师　大慈道俦禅师（已上二人无录）

卷第三十六
大鉴下第二十世
　荐福道生禅师法嗣一人
　　径山道冲禅师（见录）
　净慈闻禅师法嗣三人
　　径山妙高禅师（见录）　天童止泓鉴禅师
　　何山铁镜明禅师（已上二人无录）
　育王观禅师法嗣一人
　　径山元熙禅师（见录）

径山善珍禅师法嗣二人
　　径山行端禅师（见录）　　曹溪觉禅师（无录）
净慈仲颖禅师法嗣三人
　　江心了万禅师　　岳林益禅师（已上二人见录）
　　双林云屋闲禅师（一人无录）
双林朋禅师法嗣一人
　　灵隐祖阇禅师（见录）
天童云岫禅师法嗣一人
　　雪窦大证禅师（见录）
孤峰秀禅师法嗣二人
　　鼓山皖山凝禅师　　双林一衲介禅师（二人无录）
灵隐普济禅师法嗣三人
　　蒋山东叟恺禅师　　雪窦野翁同禅师
　　天童石门来禅师（已上三人无录）
天童自镜禅师法嗣二人
　　松窗照禅师　　月窗圆禅师（已上二人无录）
径山如珏禅师法嗣一人
　　中竺空岩有禅师（无录）
雪窦大梦因禅师法嗣一人
　　风幡空山中禅师（无录）
黄龙慧开禅师法嗣一人
　　瞎驴见和尚（无录）
淳庵净禅师法嗣一人
　　天童西江谋禅师（无录）

灵隐崇岳禅师法嗣一十二人
  金山善开禅师　　道场普岩禅师
  华藏觉通禅师　　龙翔希琏禅师
  瑞岩光睦禅师　　天目文礼禅师（已上六人见录）
  雪窦大歇谦禅师　　净慈谷原道禅师
  瑞岩云巢岩禅师　　虎丘蕨藜昙禅师
  北海心禅师　　诺庵肇禅师

附编二

增集续传灯录

（明 文琇 集）

《增集续传灯录》序

余于少壮时，尝阅秀紫芝《人天宝鉴》，其序有云："先德有善不能昭昭于世者，后学之过也。及观《五灯会元》，若妙峰北涧、松源破庵诸老宿，皆未登此书，乃有撰述之志。于是凡见禅宗典籍及塔铭行状，自宋季及元以来诸硕德言行超卓者，遂笔之，迨今越三十余年矣。但不能遍历江湖访而求之，于心未慊。故于永乐乙未移书诸大方尊宿，幸籍灵谷幻居和尚、天童即庵和尚展转搜讨，继而又得郡人吴道玄亦为博寻遗籍，仅有所成遂用铨次。窃观《续传灯录》于《五灯会元》后，若大鉴第十八世至二十世曾收三世，奈收之未尽，已收者亦言行太略。今于所收外又增入之，故云《增集续传灯录》。噫！凡著述者言必尚文，余愧乏于文。然吾宗直指单传之道，所贵直书以显其旨趣耳，亦何假乎文哉！惟吾门通宗者鉴诸。

永乐十五年丁酉三月，径山禅寺前住持比丘文琇书

《增集续传灯录》凡例

宋景德中沙门道原所集《景德传灯录》者，其立名甚当，况有所据。后来诸师所集或名《续灯》，或名《联灯》《普灯》《广灯》，虽各有意趣，然终欠纯一。

大报恩寺重刊大藏经，新收《续传灯录》，其立名亦甚定当，但此书成于仓卒，所收太略。自大鉴第十八世至二十三世止，收得四十一人有机缘语句，其它皆空名而已，况四十一人中差误又多。今于《续传灯录》所收外又增集之，故名《增集续传灯录》。

采集规矩并依《传灯录》例，以宗旨为要，若行业超卓，堪为世范及传宗宗师，略载出处，以为后人矜式，他不具录。传受世代但据大鉴，不言南岳青原者，其有意也。盖吾宗本一祖所出，何须分作五派。徒涉支离曾无意谓，今之所收故不分也。《增集》始自大鉴第十八世，其不能齐于一世而止者，盖大慧虎丘二师而下，传受世代延促不同故。

大鉴第十八世内有二十一人，已见《五灯会元》，今复列于传次者，贵便于披阅也，各于目录名下注云"旧传"。《续传灯录》中有传者，于目录名下注云"续传"。《续传》中差误者，今考而正之，目录名下注云"增正"。《续传》中太略者，今复补入，目录名下注云"增备"。

据各处祖图及与前辈讲明，止得其名不见机缘语句及塔铭行状者，今但列名于目录中，庶见传流有自，后之好事者能搜访补入为幸。

卷第一
大鉴下第十八世
  天童应庵华禅师法嗣（嗣虎丘）
    天童密庵咸杰禅师　南书记
    侍郎李浩居士（已上三人旧传）　光孝善登禅师
    严康朝教授　　凤山守诠禅师（此后无传）
    禾山心鉴禅师　智者满禅师
  育王佛照光禅师法嗣（嗣大慧）
    灵隐妙峰之善禅师（续传）　净慈北磵居简禅师（增备）
    径山浙翁如琰禅师（增备）　天童无际了派禅师（增正）
    东禅性空智观禅师（续传）　上方朴翁义铦禅师（增备）
    育王退谷义云禅师　育王秀岩师瑞禅师
    育王孤云权禅师　　云居率庵梵琮禅师
    育王空叟宗印禅师　灵隐铁牛印禅师
    石庵正玿禅师　　　天童海门师齐禅师
    径山少林妙崧禅师（此后无传）
    虎丘镜中大禅师
  东林卍庵颜禅师法嗣（嗣大慧）
    公安遁庵祖珠禅师　汀州报恩法演禅师
    净慈肯堂彦充禅师　智者元庵真慈禅师（已上四人旧传）
    昭觉绍渊禅师（续传）
    徽州简上座　　万年荷屋常禅师（此后无传）

积善道昌禅师　　保福清皎禅师

护圣麟庵开禅师　　栖贤辩禅师

西禅懒庵需禅师法嗣（同）

鼓山木庵安永禅师　　龙翔柏堂南雅禅师

天王志清禅师　　剑南安分庵主（已上旧传）

教忠晦庵光禅师法嗣（同）

法石中庵慧空禅师　　净慈混源昙密禅师（已上旧传）

青原信庵唯裎禅师

道一维那（无传）

东禅蒙庵岳禅师法嗣

鼓山宗逮禅师（旧传）　　径山寓庵德潜禅师

鼓山石庵知诏禅师　　白云师沼禅师（无传）

西禅此庵净禅师法嗣（同）

乾元钝庵宗颖禅师（旧传）　　中济无禅立才禅师

华严别峰云禅师

华藏遁庵演禅师法嗣

何山月窟慧清禅师　　育王法明禅师（此后无传）

南禅大用禅师　　移忠得一禅师

开善谦禅师法嗣（同）

吴十三道人（旧传）

天童无用全禅师法嗣（同）

育王笑翁妙堪禅师（增备）　　灵隐石鼓希夷禅师

雪窦野云处云禅师　　雪峰灭堂了宗禅师

盘山思卓和尚　　止庵居士钱象祖

可庵然禅师法嗣（同）

　　如如居士颜公

隐静圆极岑禅师法嗣（嗣云居如）

　　福严礼禅师（无传）

道场无庵全禅师法嗣（嗣育王裕）

　　华藏伊庵有权禅师（旧传）

双林用禅师法嗣（嗣云居悟）

　　三峰印禅师（旧传）

大沩行禅师法嗣（嗣大沩果）

　　德山子涓禅师（旧传）　德山师本禅师（此后无传）

　　无为悟禅师　永福衡禅师

净慈水庵一禅师法嗣（嗣育王裕）

　　天童息庵达观禅师　仰山简庵嗣清禅师

　　瑞岩顺和尚（此后无传）　承天湛和尚

径山别峰印禅师法嗣（嗣华藏民）

　　金山退庵道奇禅师　金山蓬庵永聪禅师

玉泉穷谷琏禅师法嗣（嗣大沩果）

　　玉泉希俨禅师（无传）

万年心闻贲禅师法嗣（嗣育王谌）

　　龙鸣在庵贤禅师　大沩咦庵鉴禅师（已上二人旧传）

　　天童雪庵从瑾禅师　投子淳禅师（无传）

大洪老衲证禅师法嗣（嗣大沩果）

　　万寿月林师观禅师　玉泉恩禅师（此后无传）

　　丞相益国周公　　监丞成乘周公

雪庭裕禅师法嗣（裕嗣万松秀　秀嗣雪岩满　满嗣玉山体　体嗣大明宝　宝嗣青𣆟辩　辩嗣鹿门觉　觉嗣芙蓉楷）

　　灵隐泰禅师（无传）

楚安方禅师法嗣（嗣文殊道）

　　和庵若禅师（此后无传）

慈化普庵肃禅师法嗣（嗣黄龙忠）

　　佛慧清禅师（此后无传）　铁牛礼禅师

　　盘龙和光世禅师　讷僧俊禅师

灵隐东谷光禅师法嗣（嗣明极祚）

　　天宁直翁一举禅师

天童长翁净禅师法嗣（嗣足庵鉴）

　　承天孤蟾莹禅师（此后无传）　石林秀禅师

焦山或庵体禅师法嗣（嗣护国元）

　　天童痴钝智颖禅师　天童茨庵尧禅师

　　万寿无证了修禅师（此后无传）

　　雪峰云禅师

龟峰晦庵光禅师法嗣（嗣乌巨行）

　　径山蒙庵元聪禅师　雪峰累庵元肇禅师（此后无传）

　　报恩智因禅师　樵隐居士陈安节

灵瑞肱禅师法嗣（嗣云居悟）

　　福严杰禅师（无传）

云居蓬庵会禅师法嗣（嗣石头回）

　　万松坏衲大琎禅师

天童慈航朴禅师法嗣（嗣育王谌）

雪窦僧彦禅师（此后无传）　太平韶和尚

径山石桥宣禅师法嗣（嗣华藏民）

古樵侃禅师（无传）

竹林宝禅师法嗣（嗣懒牛和 和嗣天目齐）

竹林安禅师（无传）

卷第二

大鉴下第十九世

天童密庵杰禅师法嗣

灵隐松源崇岳禅师（续传）　卧龙破庵祖先禅师（增备）

龟峰曹源道生禅师（增备）　天童枯禅自镜禅师（同）

净慈潜庵慧光禅师（增正）　隐静万庵致柔禅师（同）

灵隐笑庵了悟禅师　　　　蒋山一翁庆如禅师

承天铁鞭允韶禅师　　　　约斋居士侍郎张公镃

业海茂禅师（此后无传）　柏庭文禅师

灵隐妙峰善禅师法嗣

径山藏叟善珍禅师（续传）　净慈东叟仲颖禅师

龙济友云宗鉴禅师　　　　雪峰霜林果禅师（此后无传）

无方安禅师　　　　　　　雪翁立禅师

净慈北涧简禅师法嗣

育王物初大观禅师（续传）　万寿石楼明禅师（无传）

径山浙翁琰禅师法嗣

径山偃溪广闻禅师（增备）　虎丘枯桩昙禅师

径山淮海元肇禅师（增备）　灵隐大川普济禅师（增备）

净慈介石朋禅师（增备）　　天童辨山仟禅师

虎丘东山道源禅师　　大慈芝岩慧洪禅师

寿国梦窗嗣清禅师　　龙溪文禅师

孤岩启禅师（此后无传）　　困叟源禅师

法藏闻禅师　　草堂隆禅师

承天琏禅师

天童无际派禅师法嗣

天宁无境彻禅师　　鳌峰定禅师

雪窗日禅师（无传）

育王秀岩瑞禅师法嗣

瑞岩无量寿禅师（增备）

育王空叟印禅师法嗣

道场别浦法舟禅师　　无极观禅师

径山少林崧禅师法嗣

无尘净禅师（无传）

鼓山木庵永禅师法嗣

净慈晦翁悟明禅师（续传）　　承天一庵法坚禅师（无传）

青原信庵裡禅师法嗣

青原正庵宗广禅师

乾元钝庵颖禅师法嗣

鼓山宗鉴禅师（此后无传）　　白云讷庵仁禅师

何山月窟清禅师法嗣

雪峰北山信禅师

育王笑翁堪禅师法嗣

黄龙东湖祥禅师（无传）

天童息庵观禅师法嗣

  虎丘刍堂善济禅师（续传）　　华藏纯庵善净禅师

  天衣啸岩文蔚禅师　　　　　柏岩凝和尚

  断崖躬禅师（此后无传）　　万寿独山礼禅师

  复川源禅师　　　　　　　　无芳觉禅师

金山退庵奇禅师法嗣

  灵隐高原祖泉禅师

万寿月林观禅师法嗣

  黄龙无门惠开禅师（增备）　石霜竹岩妙印禅师（增备）

  囊山孤峰德秀禅师　　　　　鸿福嵩严师洸禅师（无传）

灵隐秦禅师法嗣

  还源遇禅师（无传）

天宁直翁举禅师法嗣

  天童云外云岫禅师（续传）

天童痴钝颖禅师法嗣

  径山荆叟如珏禅师（增备）　雪峰大梦德因禅师

  虎丘不传务本禅师（此后无传）

  光孝伊庵玉禅师　南翁明禅师

竹林安禅师法嗣

  海西容庵海禅师（无传）

福严礼禅师法嗣

  半山嵩山晃禅师（无传）

卷第三

大鉴下第二十世

　灵隐松源岳禅师法嗣

　　　天童天目文礼禅师（增备）　　道场运庵普岩禅师（增备）

　　　江心石岩希瓃禅师（同）　　　金山掩室善开禅师（续传）

　　　华藏无得觉通禅师（续传）　　瑞岩少室光睦禅师（同）

　　　道场北海悟心禅师　　　　　　雪窦无相范禅师

　　　瑞岩云巢岩禅师　　　　　　　雪窦大歇谦禅师

　　　净慈谷源道禅师　　　　　　　虎丘蕨藜昙禅师

　　　诺庵肇和尚

　卧龙破庵先禅师法嗣

　　　径山无准师范禅师（增备）　　灵隐石田法薰禅师（同）

　　　云居即庵慈觉禅师　　　　　　大慈独庵道俦禅师

　龟峰曹源生禅师法嗣

　　　径山痴绝道冲禅师（增备）

　天童枯禅镜禅师法嗣

　　　育王寂窗有照禅师　　　净慈清溪沅禅师

　　　法石愚谷智禅师　　　　西禅月潭圆禅师

　　　报恩太古先禅师　　　　公安虚溪锡禅师

　　　岊翁淳禅师　　　　　　高峰崇禅师

　　　无已谦禅师（无传）

　隐静万庵柔禅师法嗣

　　　虎丘双杉元禅师

　育王物初观禅师法嗣

径山晦机原熙禅师（增备）　　用潜明禅师（无传）

径山藏叟珍禅师法嗣

　　径山原叟行端禅师（增备）　　曹溪觉禅师（无传）

净慈东叟颖禅师法嗣

　　江山一山了万禅师（增备）　　岳林栯堂益禅师（同）

　　智者云屋自间禅师

龙济友云鉴禅师法嗣

　　赣州彻庵见禅师（无传）

无方安禅师法嗣

　　枯木荣禅师

灵隐大川济禅师法嗣

　　天童石门来禅师　　雪窦野翁炳同禅师

　　蒋山东叟恺禅师（无传）

径山偃溪闻禅师法嗣

　　径山云峰妙高禅师（增备）　　何山铁镜至明禅师

　　天童止泓鉴禅师　　雪峰平楚耸禅师（此下无传）

　　北禅毒果因禅师　　南山寿禅师

径山淮海肇禅师法嗣

　　虎丘孤岩启禅师（无传）

净慈介石朋禅师法嗣

　　灵隐悦堂祖訚禅师（传续）

天童辨山仟禅师法嗣

　　圆通雪溪逸禅师

天宁无境彻禅师法嗣

灌溪昌禅师　　南浦遵禅师（无传）
无尘净禅师法嗣
　　光孝玉涧莹禅师（无传）
雪峰北山信禅师法嗣
　　大庆尼了庵智悟禅师
荐福无文璨禅师法嗣
　　圆通玉崖振禅师（此下无传）
　　荐禅定山一禅师　　别翁总禅师
华藏纯庵净禅师法嗣
　　雪峰石翁玉禅师　　天童西江谌禅师（此下无传）
　　月溪清禅师　　　　天宁勤禅师
　　荐福祥禅师
灵隐高原泉禅师法嗣
　　宝林无机禅师
黄龙无门开禅师法嗣
　　护国臭庵宗禅师　　慧云无传祖禅师
　　华藏瞎驴见禅师　　无疑定禅师（此下无传）
　　赵信庵居士
石霜竹岩印禅师法嗣
　　直翁圆藏主（无传）
囊山孤峰秀禅师法嗣
　　鼓山皖山止凝禅师　　双林一衲戒禅师
还源遇禅师法嗣
　　淳拙才禅师（无传）

天童云外岫禅师法嗣
　　雪窦无印大证禅师（续传）　独木升禅师（此下无传）
　　愚庵省禅师　大方聘禅师
径山荆叟珏禅师法嗣
　　中竺空岩有禅师
雪峰大梦因禅师法嗣
　　风幡空山中禅师（此下无传）　愚叟智禅师
　　古泉锡禅师
海西谷庵海禅师法嗣
　　庆寿中和璋禅师

卷第四
大鉴下二十一世
天童天目礼禅师法嗣
　　育王横川如珙禅师　净慈石林行巩禅师
　　天宁冰谷衍禅师　虎丘云耕靖禅师
　　翠岩守真禅师（此后无传）　月庭华禅师
道场运庵岩禅师法嗣
　　径山虚堂智愚禅师　天童石帆衍禅师
金山掩室开禅师法嗣
　　径山石溪心月禅师
华藏无得通禅师法嗣
　　径山虚舟普度禅师
雪窦大歇谦禅师法嗣

承天觉庵梦真禅师　　惠严象潭泳禅师

一关溥禅师　　国清溪西泽禅师

雪窦霍山昭禅师（无传）

瑞岩云巢岩禅师法嗣

万寿讷堂辩禅师　　虎丘清溪义禅师

净慈谷源道禅慧法嗣

万寿高峰岳禅师　　仰山无禅信禅师（无传）

径山无准范禅师法嗣（二十人）

仰山雪岩祖钦禅师　　净慈断桥妙伦禅师

天童西岩了慧禅师　　灵隐退耕宁禅师

天童别山智禅师　　天童瑰溪一禅师

天童月坡明禅师　　雪窦希叟绍昙禅师

雪峰绝岸可湘禅师　　光孝石室辉禅师

国清灵叟源禅师　　天童简翁敬禅师

东林指南宜禅师　　荐福无文璨禅师

雪窦方岩垠禅师（此后无传）　　江心兀庵宁禅师

东山日禅师　　石梁忠禅师

顽石玉禅师　　剑关益禅师

灵隐石田薰禅师法嗣

净慈愚极慧禅师　　中竺雪屋珂禅师

国清清虚心禅师（此后无传）　　灵隐一如因禅师

径山痴绝冲禅师法嗣

神光北山隆禅师　　高台此山应禅师

石霜西溪心禅师（此后无传）　　育王顽极弥禅师

蒋山正叟心禅师　净慈无文传禅师
　　开先别翁甄禅师　良山沂禅师
育王寂窗照禅师法嗣
　　道场龙源介清禅师
公安虎溪锡禅师法嗣
　　云山兴禅师（此后无传）　东溪亭禅师
径山晦机熙禅师法嗣
　　龙翔笑隐大欣禅师　保宁仲方天伦禅师
　　育王石室祖瑛禅师　中竺一关正逵禅师
　　天衣业海子清禅师　东林东阳德辉禅师（此后无传）
　　虎丘雪窗普明禅师　南禅宝洲觉岸禅师
　　祥符梅屋念常禅师　平川济禅师
径山原叟端禅师法嗣
　　灵隐竹泉法林禅师　径山古鼎祖铭禅师
　　国清梦堂昙噩禅师　天宁楚石梵琦禅师
　　径山愚庵智及禅师　万寿行中至仁禅师
　　径山复原福报禅师　灵隐性原慧明禅师
　　上竺我庵本无法师　开原愚仲善如禅师
　　灵隐天镜原净禅师　护圣迪原启禅师
　　万寿佛初智淳禅师　天宁仲猷祖阐禅师
　　天宁太古昙徽禅师（此后无传）
　　开原方崖成大禅师　五峰亢恕普慈禅师
　　清凉用堂子梗禅师　开化一庵道如禅师
江心一山万禅师法嗣

报恩无方智普禅师　　云居小隐师大禅师
赣州彻庵见禅师法嗣
　　黄龙空庵了一禅师（无传）
雪窦野翁同禅师法嗣
　　岳林水南湘禅师（无传）
径山云峰高禅师法嗣
　　东林古智哲禅师　　中竺一溪自如禅师
　　径山本源善达禅师　　天童怪石奇禅师
　　龙岩真首座　　国清无我亲禅师（无传）
天童止泓鉴禅师法嗣
　　道场玉溪思珉禅师　　万寿竺田汝霖禅师
何山铁镜明禅师法嗣
　　恭都寺
灵隐悦堂訚禅师法嗣
　　东林无外宗廓禅师　　雪岑立禅师（无传）
灌溪昌禅师法嗣
　　无积聚禅师（无传）
天童西江谋禅师法嗣
　　天宁怪翁祥禅师（此后无传）　　旌忠东溪仙禅师
华藏瞎驴见禅师法嗣
　　金芝铁觜念庵主
直翁圆藏主法嗣
　　天宁无能教禅师
鼓山皖山凝禅师法嗣

淀山蒙山德异禅师　冶父金牛真禅师（无传）

淳拙才禅师法嗣

少林竹庵子忍禅师　历岩稔禅师（无传）

中竺空岩有禅师法嗣

真觉原翁信禅师　信翁朝禅师（此后无传）

痴牛愚禅师　明叟宗禅师

风幡空山中禅师法嗣

吕铁船居士　南华古衲遵禅师（无传）

庆寿中和璋禅师法嗣

庆寿海云印简禅师

卷第五

大鉴下第二十二世

育王横川珙禅师法嗣

紫箨竺原妙道禅师　保宁古林清茂禅师

保福断江觉恩禅师　开寿商隐予禅师

学士文清公袁桷

净慈石林巩禅师法嗣

虎丘东州寿永禅师　净慈东屿德海禅师

穹窿独木林禅师　净光东石契禅师

天宁竺云昙禅师

径山石溪月禅师法嗣

西禅柏堂祖森禅师　东林明岩彻禅师

虎丘无机慧禅师　鼓山鼎翁鼒禅师

万寿南州珍禅师　　清凉南叟茂禅师

　　虎丘云谷庆禅师　　慧力圆中规禅师

　　莲峰玉禅师（无传）

径山虚堂愚禅师法嗣

　　虎丘闲极法云禅师　　定水宝业道源禅师

　　净慈灵石如芝禅师　　灵岩竹窗喜禅师

　　雪窦禹溪了禅师　　葛庐覃禅师

径山虚舟度禅师法嗣

　　径山虎岩净伏禅师　　承天庸叟时中禅师

　　天童竺西妙坦禅师　　灵隐玉山德珍禅师（无传）

　　疏山楚山端禅师（无传）　德岩佑禅师（无传）

　　一岩唯禅师（无传）

承天觉庵真禅师法嗣

　　东林泽山戌咸禅师　　可庭宗禅师（无传）

国清溪西泽禅师法嗣

　　易无象首座

仰山雪岩钦禅师法嗣

　　天目高峰原妙禅师　　径山虚谷希陵禅师

　　道场及庵信禅师　　灵云铁牛持定禅师

　　高丽铁山琼禅师　　药山天隐圆至禅师（无传）

　　慧力海印昭如禅师（无传）　达本陡崖戒禅师（无传）

　　华藏无涯浩禅师（无传）　万寿默翁一禅师（无传）

　　茶陵无学习禅师（无传）　石溪无一全禅师（无传）

净慈断桥伦禅师法嗣

净慈方山文宝禅师　　净慈古田垔禅师

　　　能仁藏室珍禅师　　西禅末宗本禅师

　　　江心啸云庄禅师　　光孝雪矶纲禅师

　　　新安雪山昺禅师　　隆教绝象鉴禅师

　　　归宗竹屋简禅师　　别翁传禅师（此后无传）

　　　雪山泽禅师

天童西岩慧禅师法嗣

　　　天童东岩净日禅师　　荐福月涧文明禅师

　　　翠岩木庵讷禅师　　天宁月舟乘禅师

　　　绝壑淳禅师（无传）

灵隐退耕宁禅师法嗣

　　　蒋山月庭忠禅师　　中竺旨堂宗禅师

天童别山智禅师法嗣

　　　西余竹洲修禅师　　西林松岩秀禅师

　　　应叟言禅师（无传）

天童环溪一禅师法嗣

　　　承天雪镜明禅师（此后无传）　　石梁忠禅师

　　　可堂悦禅师　　破衲修禅师

　　　南峰吉禅师

雪窦希叟昙禅师法嗣

　　　中吴承天克翁绍禅师（此后无传）

　　　方外圆禅师　　绝流慧泅禅师

　　　匆牛和庵主

雪峰绝岸湘禅师法嗣

云叟从禅师（此后无传）　　断崖恩禅师

净慈愚极慧禅师法嗣

　　雪峰樵隐悟逸禅师　　灵隐竺田悟心禅师

　　灵隐千濑庆禅师　　舜田满禅师

　　日休一禅师（此后无传）　　清拙澄禅师

育王顽极弥禅师法嗣

　　育王东生德明禅师

净慈无文传禅师法嗣

　　净慈石湖美禅师（无传）

蒋山正叟心禅师法嗣

　　石霜玉涧璁禅师（此后无传）　　云叟庆禅师

龙翔笑隐欣禅师法嗣

　　万寿别传起宗禅师（无传）　　天界觉原慧昙禅师

　　净慈用章廷俊禅师　　育王约之崇裕禅师

　　净慈仲邠克岐禅师　　灵隐用贞原良禅师

　　天界全室宗泐禅师　　天界芳林宗鬯禅师

　　九岩道纯雅禅师　　净慈清远怀渭禅师（此后无传）

　　承天仲铭克新禅师

保宁仲方伦禅师法嗣

　　奉圣笑庵善愈禅师　　灵谷物先仲义禅师（无传）

灵隐竹泉林禅师法嗣

　　鸿福牧隐文谦禅师　　虎丘灭宗宗起禅师

　　慧日昙石德祺禅师　　灵隐白云自悦禅师（无传）

　　虎丘石田隐畊禅师（无传）

径山古鼎铭禅师法嗣

  径山象原仁济禅师　　灵谷天渊清浚禅师

  天界白庵万金禅师　　万寿本空昙相禅师

  万寿泽源慧禅师　　灵隐竺昙敷禅师（此后无传）

  灵隐性中仁禅师　　江心极原智禅师

  江心印宗智蜜禅师　　虎丘觉原明心禅师

国清梦堂噩禅师法嗣

  径山岱宗心泰禅师

天宁楚石琦禅师法嗣

  万寿莹中景瓛禅师

径山愚庵及禅师法嗣

  灵隐空叟忻悟禅师　　天童用愚希颜禅师

  庆寿独庵道衍禅师　　瑞光希远观通禅师（无传）

  虎丘南琛智宝禅师（无传）　　巽中宝盈藏主（无传）

万寿行中仁禅师法嗣

  径山南石文琇禅师　　永怀无我普观禅师

  虎丘性海善法禅师　　天宁雪心明显禅师

  示光止庵普震禅师　　光孝仲虚广益禅师

径山复原报禅师法嗣

  疏山天霖弘泽禅师

灵隐性原明禅师法嗣

  碧峰无作慎行禅师

万寿佛初淳禅师法嗣

  天宁沧海智宝禅师

报恩无方普禅师法嗣

　　懒牛勤禅师

天童怪石奇禅师法嗣

　　广化宗圣觉禅师　　延祥绝海法舟禅师

　　古心仁藏主

万寿竺田霖禅师法嗣

　　净慈孤峰德禅师（此后无传）　　华藏习禅师

道场玉溪珉禅师法嗣

　　天童寿岩智昌禅师　　净慈愚溪弘智禅师

天宁无能教禅师法嗣

　　妙果竺源盛禅师

冶父金牛真禅师法嗣

　　太湖无用贤宽禅师

淀山蒙山异禅师法嗣

　　袁州孤舟济禅师（无传）

历岩稔禅师法嗣

　　秋江洁禅师（无传）

真觉原翁信禅师法嗣

　　虎跑止岩普成禅师　　广德东海德涌禅师

　　天池空海本源禅师　　乌石杰峰愚和尚

　　铁关枢禅师（此后无传）　　宇中泰禅师

庆寿海云简禅师法嗣

　　海云可庵智朗禅师（此后无传）　　赜庵儇禅师

卷第六

大鉴下第二十三世

　紫籜竺原道禅师法嗣

　　天童了堂唯一禅师　　瑞岩恕中无愠禅师
　　天童木庵司聪禅师　　径山大宗法兴禅师
　　保福一庵如禅师　　　灵石古帆新禅师
　　寿昌别源法源禅师（无传）

　保宁古林茂禅师法嗣

　　灵岩南堂清欲禅师　　龙华会翁清海禅师
　　仙岩仲谋猷禅师　　　建长竺仙梵仙禅师
　　定慧大方因禅师　　　清凉实庵茂禅师
　　永福灵江浩禅师（无传）

　净慈东屿海禅师法嗣

　　径山悦堂希颜禅师　　育王雪窗悟光禅师
　　育王大千照禅师　　　穹窿子原自厚禅师
　　虎丘中行本复禅师　　明因天渊湛禅师
　　万年横江浩禅师　　　明岩大古熙禅师
　　宝华枯林泽禅师　　　翠峰仲谦敏禅师（无传）

　万寿南州珍禅师法嗣

　　万寿中峰宗海禅师　　无异常禅师（无传）

　净慈灵石芝禅师法嗣

　　法喜岳云一嵩禅师

　径山虎岩伏禅师法嗣

　　育王月江正印禅师　　万寿别岸若舟禅师

径山南楚师悦禅师　　宝林明极楚俊禅师

灵隐独孤淳朋禅师　　江心无际本禅师

金山即休契了禅师（此后无传）

能仁定门习禅师　　无染净禅师

空远义禅师　　沧海立禅师

承天庸叟中禅师法嗣

万寿荆石琦禅师（无传）

天童竺西坦禅师法嗣

龙翔孚中怀信禅师　　雪窦华国子文禅师

天童正宗法匡禅师　　佛陇行可宜禅师

大慈天宇定禅师（无传）

灵隐玉山珍禅师法嗣

龙翔昙芳守忠禅师

天目高峰妙禅师法嗣

天目中峰明本禅师　　天目断崖了义禅师

中竺布衲祖雍禅师　　白云空中以假禅师

辨山千江珂月禅师（无传）

径山虚谷陵禅师法嗣

径山竺远正源禅师　　仰山了堂圆照禅师

兴圣觉隐本诚禅师　　中竺空海念禅师

千福木岩本植禅师　　桐江大禅师（此后无传）

唯堂一禅师

道场及庵信禅师法嗣

福源石屋清珙禅师　　净慈平山处林禅师

灵云铁牛定禅师法嗣
　　般若绝学世诚禅师　　南华玄极规禅师（此后无传）
　　皇庆绝翁绍禅师　　江陵古庭越庵主
高丽铁山琼禅师法嗣
　　江陵无闻聪禅师（无传）
净慈方山宝禅师法嗣
　　华顶无见先睹禅师　　天宁镜堂古禅师
　　资福一源灵禅师　　广孝秋江湛禅师（无传）
　　丁生
净慈古田垕禅师法嗣
　　江心东涧洵禅师　　古愚存禅师（此后无传）
　　天有昭禅师
归宗竹屋简禅师法嗣
　　明教如翁申禅师（此后无传）　　慧日无禅海禅师
天童东岩日禅师法嗣
　　天童平石如砥禅师　　灵岩虚中满禅师
　　江心无言宣禅师（此后无传）　　四祖止堂定禅师
　　云盖此堂证禅师
荐福月涧明禅师法嗣
　　饶州东山崇禅师
蒋山月庭忠禅师法嗣
　　万寿云西亮禅师（无传）
承天克翁绍禅师法嗣
　　虎丘居中寿宁禅师（无传）

天界觉源昙禅师法嗣

　　天界朴庵行椿禅师（无传）　　育王别峰常在禅师（同）

　　灵谷幻居净戒禅师（同）

天界全室泐禅师法嗣

　　天童佛朗性禅师（无传）

灵谷物先义禅师法嗣

　　净慈祖芳联禅师（无传）

慧日昙石祺禅师法嗣

　　守拙上座

天界白庵金禅师法嗣

　　鸡鸣白石瑄禅师（无传）

净慈孤峰德禅师法嗣

　　灵隐无文本绹禅师（无传）　　天宁象初道千禅师（同）

乌石杰峰愚和尚法嗣

　　福慧克庵和尚

铁关枢禅师法嗣

　　净慈逆川顺禅师

海云可庵朗禅师法嗣

　　华庵满禅师（无传）

颐庵僾禅师法嗣

　　云西安禅师（无传）

大鉴下第二十四世

　　天童了堂一禅师法嗣

径山敬中普庄禅师

瑞岩恕中愠禅师法嗣

　灵谷圆极居顶禅师

寿昌别源源禅师法嗣

　天童左庵原良禅师（无传）

灵岩南堂欲禅师法嗣

　金山穆庵文康禅师　灵岩天彰文焕禅师

虎丘中行复禅师法嗣

　虎丘松庵真禅师（无传）

径山南楚悦禅师法嗣

　灵隐见心来复禅师　承天野舟道间禅师（无传）

龙翔孚中信禅师法嗣

　万寿天叙宗秩禅师（无传）

天童正宗匡禅师法嗣

　道场竺芳慕联禅师

龙翔昙芳忠禅师法嗣

　荐严兰江清溑禅师

天目中峰本禅师法嗣

　圣寿千岩元长禅师　师林天如维则禅师

净慈平山林禅师法嗣

　天界易道夷简禅师（无传）　天界止庵德祥禅师

虎丘居中宁禅师法嗣

　虎丘道立中禅师（无传）

大鉴下第二十五世

圣寿千岩长禅师法嗣

圣恩万峰和尚　松隐唯庵德然禅师

无相居士学士宗濂（无传）

增集续传灯录卷第一

大鉴下第十八世

天童应庵华禅师法嗣

四明天童密庵咸杰禅师 福州郑氏子，母梦庐山老僧入舍而生。自幼颖悟，出家为僧，不惮游行，遍参知识。后谒应庵于衡之明果，庵孤硬难入，屡遭呵。一日庵问："如何是正法眼？"师遽答曰："破沙盆。"庵颔之。未几辞回省亲，庵送以偈曰："大彻投机句，当阳廓顶门，相从今四载，征诘洞无痕。虽未付钵袋，气宇吞乾坤，却把正法眼，唤作破沙盆。此行将省觐，切忌便垛根，吾有末后句，待归要汝遵。"

出世衡之乌巨，次迁祥符蒋山华藏。未几诏住径山灵隐，晚居太白。僧问："虚空消殒时如何？"师曰："罪不重科。"

上堂，"牛头横说竖说，不知有向上关棙子。有般漆桶辈，东西不辨，南北不分，便问如何是向上关棙子。何异开眼尿床！华藏有一转语，不在向上向下，千手大悲摸索不着，雨寒无处晒晾，今日普请布施大众"。良久曰："达磨大师无当门齿。"

上堂，"世尊不说说，拗曲作直。迦叶不闻闻，望空启告。

马祖即心即佛,悬羊头卖狗肉。赵州勘庵主,贵买贱卖,分文不直。祇如文殊是七佛之师,因甚出女子定不得?河天月晕鱼生子,槲叶风微鹿养茸"。

上堂,卓拄杖曰:"迷时只迷这个。"复卓一下曰:"悟时祇悟这个。迷悟双忘,粪扫堆头,重添搕搣。莫有向东涌西没,全机独脱处,道得一句底么?若道不得,华藏自道去也。"掷拄杖曰:"三十年后。"

上堂,举金峰和尚示众云:"老僧二十年前有老婆心,二十年后无老婆心。"时有僧问:"如何是和尚二十年前有老婆心?"峰云:"问凡答凡,问圣答圣。"曰:"如何是二十年后无老婆心?"峰云:"问凡不答凡,问圣不答圣。"师曰:"乌巨当时若见,但冷笑两声。这老汉忽若瞥地,自然不堕圣凡窠臼。"

上堂,举婆子烧庵话。师曰:"这个公案丛林中少有拈提者,杰上座裂破面皮,不免纳败一上,也要诸方检点。"乃召大众曰:"这婆子洞房深稳,水泄不通,偏向枯木上糁花,寒岩中发焰。个僧孤身迥迥惯入洪波,等闲坐断泼天潮,到底身无涓滴水。子细捡点将来,敲枷打锁则不无二人。若是佛法,未梦见在。乌巨与么提持,毕竟意归何处?"良久曰:"一把柳丝收不得,和烟搭在玉栏干。"

上堂,"动弦别曲,叶落知秋,举一明三,目机铢两。如王秉剑,杀活临时。犹是无风匝匝之波,向上一路,千圣把手,共行合入泥犁地狱。正当与么时,合作么生?江南两浙,春寒秋热"。

上堂,"尽乾坤大地唤作一句子,担枷带锁不唤作一句子,业识茫茫，两头俱透脱，净裸裸赤洒洒，没可把。达磨一宗扫土而尽。所以云门大师道：'尽乾坤大地无纤毫过患犹是转句，不见一法始是半提，更须知有全提底时节。'大小云门，剑去久矣，方乃刻舟"。后示寂，塔于寺之中峰。

南书记 福州人，久依应庵，于赵州狗子无佛性话豁然契悟。有偈曰："狗子无佛性，罗睺星入命，不是打杀人，被人打杀定。"庵见，喜其脱略。绍兴末终于归宗。

侍郎李浩居士 字德远，号正信。幼阅《首楞严经》如游旧国，志而不忘。造明果投诚入室，应庵揕其胸曰："侍郎死后向甚么处去？"公骇然汗下。庵喝出，公退参。不旬日竟跻堂奥，以偈寄同参严康朝曰："门有孙膑铺，家存甘贽妻，夜眠还早起，谁悟复谁迷。"庵见称喜。有鬻胭脂者亦久参应庵，颇自负，公赠之偈曰："不涂红粉自风流，往往禅徒到此休。透过古今圈襆后，却来这里吃拳头。"

衢州光孝百拙善登禅师 和州乌江闵氏子。住后，僧问："世尊生下一手指天一手指地云：'天上天下唯吾独尊。'意旨如何？"师云："一人传虚，万人传实。"僧云："有意气时添意气，不风流处也风流。"师云："赞叹也赞叹不及。"僧云："只如云门大师道：'我当时若见，一棒打杀与狗子吃，贵图天下太平。'毕竟具什么眼目？"师云："脑后荐取。"

上堂，"白日闹浩浩，夜后静悄悄，长廊走波波，步步无欠少。不识主人翁，全身入荒草，撞着傅大士，问讯维摩老。卧疾毗耶城，几个知天晓，若是过量人，不向那边讨。为什么如此"。喝一喝云："下坡不走快，便难逢。"颂香林因僧问如何是衲衣下事曰："香林腊月火烧山，冷淡家风退步看，闹里忽然轻踏着，方知日午打三更。"

饶州教授严康朝 湖州长兴人，尝问道于荐福雪堂。及见应庵于报恩得旨，尝有颂曰："赵州狗子无佛性，我道狗子佛性有，蓦然言下自知归，从兹不信赵州口。着精神，自抖擞，随人背后无好手。骑牛觅牛笑杀人，如今始觉从前谬。"时大慧在梅阳，严以此颂寄呈，大慧答以书，略曰："随人背后无好手，此八万四千皆公活路。"

育王佛照光禅师法嗣

杭州灵隐妙峰之善禅师 刘氏子，世居彭城，后徙吴兴。高曾、大父、父皆登膴仕。师生纨绮中，姿性高洁。年十三即辞家祝发，受业德清齐政院。其师教以经论，一览辄了大意，乃遍参诸大老。时佛照唱道鄮山，师往参礼。以风幡话悟旨，蒙印可，赠以偈曰："今日与君通一线，斩钉截铁起吾宗。"自是辩慧泉涌，然不以此自足。入康庐妙高峰下，面壁坐十年，身隐而名弥彰，学者尊之曰妙峰禅师。

出世于台之慧因、鸿福、万年诸刹，退皋亭刘寺者又十余年。大略如在妙峰时，其徒推迫不已。复领明之瑞岩、苏之万寿、常之华藏。晚至灵隐，亦非所乐。灵隐密迩于阙，轮蹄凑集，师掩户，若不闻，一无所将迎。公卿贵人或见之，寒温而已。会天童虚席，时郑清之秉钧轴，谓非师莫宜居，因勉师行。师答曰："老僧年逾耄矣，尚夜行不休乎。"郑公高之。

僧问："如何是不入众流句？"师曰："乌龟钻破壁。"僧云："如何是妙体无私句？"师曰："百疋马中一头驴。"僧云："如何是瞬目扬眉句？"师曰："花雨岩前石点头。"僧问："如何是奇特事？"师云："紫薇花下紫薇郎。"僧云："学人不会。"师云："三十年后。"

上堂，以拂子击禅床左边云："这里是镬汤炉炭。"击右边云："这里是剑树刀山，前面是观音势至，后面是文殊普贤，中间一着还知落处么？"又击云："毗婆尸佛早留心，直至如今不得妙。"

上堂，"久参高士，眼空四海，鼻孔辽天，见也见得亲，说也说得亲，行也行得亲，用也用得亲，只是未识老僧拄杖子在。何故？将成九仞之山，不进一篑之土"。

上堂，"谈玄说妙事如麻，添得时人眼里花，赤骨律穷挨得人，泼浪泼赖是生涯。悬羊头，卖狗肉，吃私酒，卧官街，笑倒篱根破草鞋"。

上堂，举云门普请般柴次，乃抛下柴片云："一大藏教只说者个。"师拈云："云门只见锥头利，不见凿头方。"师喜诱其徒，未尝厉声色。然一经指授，辄心融神化，充然皆有得。

将示寂，澡身趺坐书偈云："来也如是，去也如是，来去一如，清风万里。"遂逝，实端平二年九月二十八日，寿八十四，腊七十一。塔灵隐之西冈，郑公铭其塔。

杭州净慈北涧居简禅师　字敬叟，潼川龙氏。世业儒，资质颖异。幼见佛书必端坐，默观如宿习。依邑之广福院圆澄得度，参别峰涂毒于径山，沉默自究。一日阅卍庵语有省，遽往育王见佛照,机契,自是往来其门十五年,一时社中耆硕忘年与交。走江西,访诸祖遗迹。莹仲温尝掌大慧之记庵于罗湖,纂所闻成书,发挥祖道,与师议论,大奇之,以大慧居洋屿庵竹篦付之,师巽焉。

久之出世台之般若,迁报恩,英衲争附。儒硕竹岩钱公、水心叶公,莫不推重大参。真西山时为江东部使者,虚东林命之,以疾辞,乃于飞来峰北涧扫一室居十年,人不敢以字称,因以北涧称之。起应雪之铁佛西余、常之显庆碧云、苏之慧日、湖之道场。奉旨迁净慈,所至道化大行,垂老不倦槌拂。

结夏上堂,"以大圆觉为我伽蓝,身心安居平等性智。吃官酒,卧官街,当处死,当处埋。本来无位次,何用强安排"。

上堂,"云岩二十年在药山只明此事,澄潭不许苍龙蟠,赵州除二时粥饭外不杂用心。兔子何曾离得窟,铸成铁砚欲磨穿,还他万里功名骨"。

上堂,"先佛照道:'棒头拨着活衲僧,正法眼藏增高价。'北涧则不然,棒头拨着活衲僧,正法眼藏瓦解冰销。且道与先佛照是同是别?"尝颂《楞严经》六解一亡云:"六用无功信不通,一时分付与春风。篆烟一缕闲清昼,百鸟不来花自红。"

辟一室以居,名曰蘜室,作赋以自见。赵节斋奏师补处灵隐,师笑曰:"吾日迫矣。"乃举天童痴绝冲。淳祐丙午春示疾,三月二十八日索纸笔偈于纸尾,复书"四月一日珍重"六字,呼诸徒诫之曰:"时不待人,以道自励,吾世缘余两日耳。"至期昧爽索浴,浴罢若假寐然,视之已逝矣。寿八十三,腊六十二。葬全身于月堂昌禅师塔侧,遵治命也。

杭州径山浙翁如琰禅师 台州周氏子，幼岐嶷颖悟迈伦。上堂，举乾峰因僧问："十方薄伽梵，一路涅槃门，未审路头在什么处？"峰以拄杖画云："在这里。"后僧请益云门，门拈起扇子云："扇子𨁝跳上三十三天，筑着帝释鼻孔。东海鲤鱼打一棒，雨似盆倾。会么？"师云："唱愈高，和愈峻。还他二老，若是十方薄伽梵，一路涅槃门，总未踏着在。"上堂，拈拄杖云："蒋山唤这个作拄杖子，诸人亦唤这个作拄杖子，还有缁素也无？阑干虽共倚，山色不同观。"

四明天童无际了派禅师 上堂，"三五十五，月圆当户。然虽匝地普天，要且秋毫不露。对景凭谁话此心，令人翻忆寒山子"。

上堂，"诸人十二时中，上来下去，折旋俯仰，起居问讯，谩崇恩一点不得。只今坐立俨然，宾主交参，面面相睹，崇恩亦谩诸人一点不得。既然彼此不相谩，为什么自作障碍？"喝一喝，"因风吹火，用力不多"。

上堂，"昨夜安排一段禅，天明起来都忘却。而今打鼓众云臻，对面临时旋捏合"。遂回头唤侍者云："记取者一着。"

上堂，"释迦老子昔向今辰入大寂定，堪笑天下衲僧刻舟求剑，二千余年区区不已。崇恩今日不动神机，捩转瞿昙鼻孔，不图打草蛇惊，只要大家相见。汝等诸人各宜子细观瞻，莫教蹉过"。遂合掌云："不审不审。"

上堂，"佛法在你日用处，在你着衣吃饭处，在你语言酬酢处，在你行住坐卧处，在你屙屎送尿处。拟心思量便不是也。咄！啼得血流无用处，不如缄口过残春"。

福州东禅智观禅师 号性空。上堂，举盐官国师因僧问："如何是本身卢舍那？"官云："与老僧过净瓶来。"僧将净瓶至，官云："却安旧处着。"僧复来问，官云："古佛过去久矣。"师云："盲者难以与乎文彩，聩者难以与乎音声。者僧既不荐来机，国师祇成虚设。云门道无朕迹，扶国师不起。雪窦云，一手指天一手指地，争得无也扶国师不起。"以拂子画一画云："前来葛藤一时画断，且道毕竟如何是本身卢舍那？"掷拂子，下座。

上堂，举保寿和尚开堂日，三圣推出一僧公案。师云："众中商量道，三圣奔流度刃之作，向平地上涌波澜，保寿疾焰过风之机，向虚空里轰霹雳。二大老各出一只手，扶竖临济正法眼藏。与么说话，要作临济儿孙，且缓缓。东禅道，蚊子如何擎大柱，藕丝焉可挂须弥。若是临济正法眼藏，端的向二人边灭却。"

湖州上方朴翁义铦禅师 天资奇逸，辩博通宗。上堂，举赵州和尚因僧问狗子还有佛性也无，州云无。师颂云："狗子佛性无，还他大丈夫。是非虽入耳，东壁挂葫芦。"赞达磨像云："一言已出驷难追，赖得君王放过伊。扬子江心航折苇，浪头何似问头危。"

四明育王退谷义云禅师 僧问："三圣道，我逢人则出，出则不为人。意旨如何？"师云："东斗西移。"云："兴化道，我逢人则不出，出则便为人。又作么生？"师云："南斗北转。"

上堂，"奔流度刃，疾焰过风，啐啄同时，崖州万里。有底道，如人学射，久习则巧。殊不知未彀已前中的，早涉迂回了也。赵州到茱萸，靠却拄杖即且置。只如孚上座道圣箭折也，意作么生？"喝一喝云："若不同床睡，焉知被里穿。"

上堂，举首山拈竹篦示众云："唤作竹篦则触，不唤作竹篦则背。汝等诸人唤作什么？"叶县近前，掣竹篦拗作两橛，抛向阶下，却云："是什么？"山云："瞎。"县便礼拜。师云："临济一宗扫土而尽。"

四明育王秀岩师瑞禅师 上堂，举道吾和尚云："高不在绝顶，富不在福严。乐不在天堂，苦不在地狱。相识满天下，知心能几人。"大慧和尚云："高在绝顶，富在福严。乐在天堂，苦在地狱。谁知席帽下，元是旧时人。""大众，二大老随机应用即不无，若是衲僧门下未梦见在。且道衲僧门下作么生？"良久，"不是知音者，徒劳话岁寒"。

上堂，举灌溪参临济，济挡住灌溪，溪云领领，济乃托开。师颂曰："雨散云收后，崔嵬数十峰。倚阑频顾望，回首与谁同。"

四明育王孤云权禅师 上堂，举僧问雪："峰古涧寒泉时如何？峰云："瞪目不见底。"僧云："饮者如何。"峰云："不从口入。"又问赵州："古涧寒泉时如何？"州云："苦。"僧云："饮者如何？"州云："死。"师云："一人随波逐浪，一人截断众流。检点将来，总欠会在。今日有问育王古涧寒泉时如何，只对他道，须是亲见雪峰。饮者如何，问取赵州。"送僧归凤山偈云："凤凰山下凤凰儿，文采才彰羽翼齐。铁网漫天拦不得，归心已在碧梧枝。"

江州云居率庵梵琮禅师 上堂，举百丈野狐话，颂曰："百丈野狐，石女无夫。一回泪出，沧海干枯。"颂佛降生曰："且喜今朝降独尊，率庵无物庆生辰。只将一霎蔷薇露，洗出湖山净法身。"

四明育王空叟宗印禅师 西蜀人,初住湖山崇光保寿。僧问:"如何是本来身?"师云:"风吹日炙。"僧云:"意旨如何?"师云:"钉钉胶粘。"僧问:"如何是佛向上事?"师云:"非佛。"僧云:"意旨如何?"师云:"慢二急三。"僧云:"名状不得,所以云非,又作么生?"师云:"切忌错承当。"僧问:"如何是育王为人底句?"师云:"棒下绝商量。"僧云:"豁开户牖,划断玄微去也。"师云:"莫谤他好。"

上堂,"据虎头,收虎尾,第一句下明宗旨,直饶句下宗旨明,拈来犹较十万里。何故?大慧师祖于此悬羊头,卖狗肉。佛照老人于此冒姓名,佃官田。小比丘来继芳尘,毕竟如何施设?"拈拄杖云:"平生无所有,只此一枝藤。"

上堂,"大道坦然,离名离相,划除则失旨,建立则乖宗。从上佛祖,古往今来善知识,显大机,彰大用,尽是关空锁梦,过犯弥天。印上座打破面皮,还免得么?"良久,拍禅床云:"不入惊人浪,难逢称意鱼。"

上堂,"二由一有,一亦莫守,平地上死人无数。一心不生,万法无咎,屎窖里头出头没。孤迥迥,峭巍巍,花须连夜发,莫待晓风吹"。

上堂,"铁昆仑儿吃一撅,南海波斯舞不彻。夜半失却拦腰帛,笑倒东村王大伯"。拍禅床一下,下座。

杭州灵隐铁牛印禅师 上堂,举南泉示众云:"王老师自小养一头水牯牛,拟向溪东放,不免食他国王水草。向溪西放,亦不免食他国王水草。如今不免随分纳些些,总不见得。"颂曰:

"不如随分纳些些，唤作平常事已差，绿草溪边头角露，一蓑烟雨属谁家。"

石庵正珀禅师 归湖上偈曰："鸟不惊飞水不流，碧润空阔冷淡秋。一丝头上无香饵，风辊芦花落钓舟。"

四明天童海门师齐禅师 由台州瑞岩奉旨升天童，有童行日捧香合，随师各殿堂行香，及毕回方丈，佛前师白佛云："晨朝诵《大方广佛华严经》一部，回向真如。"云云。盖师出方丈门时，诵《世主妙严品》起，及回方丈已诵毕。其童行对众僧说如上事，众皆不信。师云："汝等八十一人各执经一卷，老僧于法座上诵。众僧依命。"师诵一卷毕，其八十一人各闻自手执经诵毕，众疑方释，知师是华严大菩萨再世者也。

东林卍庵颜禅师法嗣

荆南府公安遁庵祖珠禅师 南平人。上堂，"不是心，不是佛，不是物。沥尽野狐涎，趯翻山鬼窟。平田浅草里，露出焦尾大虫。太虚寥廓中，放出辽天俊鹘。阿呵呵，露风骨，等闲拈出众人前，毕竟分明是何物。咄咄！"上堂，"玉露垂青草，金风动白苹。一声寒雁叫，唤起未惺人"。

汀州报恩法演禅师 果州人。上堂，举俱胝竖指因缘。师曰："佳人睡起懒梳头，把得金钗插便休。大抵还他肌骨好，不涂红粉也风流。"

杭州府净慈肯堂彦充禅师 於潜盛氏子，幼依明空院义堪为师。首参大愚宏智、正堂大圆。后闻东林谓众曰："我此间别无玄妙，祇有木札羹，铁钉饭，任汝咬嚼。"神窃喜之。直造谒陈所见解，林曰："据汝见处，正坐在觉觉中。"师疑不已，将从前所得底一时扬下。一日闻僧举南泉道："时人见此一株花，如梦相似。"默有所觉曰："打草祇要蛇惊。"次日入室，林问："那里是岩头密启其意处？"师曰："今日捉败这老贼。"林曰："达磨大师性命在汝手里。"师拟开口，蓦被拦胸一拳，忽大悟，直得汗流浃背，点首自谓曰："林际道，黄檗佛法无多子，岂虚语哉。"遂呈颂曰："为人须为彻，杀人须见血。德山与岩头，万里一条铁。"林然之。

住后上堂，"世尊不说说，迦叶不闻闻"。卓拄杖曰："水流黄叶来何处，牛带寒鸦过远村。"

上堂，举雪峰示众云："尽大地是个解脱门，因甚把手拽不入？"师曰："大小雪峰话作两橛。既尽大地是个解脱门，用拽作么？"

上堂，"一向与么去，法堂前草深一丈。一向与么来，脚下泥深三尺。且道如何即是？三年逢一闰，鸡向五更啼"。

上堂，举卍庵先师道："坐佛床，斫佛脚，不敬东家孔夫子，却向他乡寻礼乐。"师曰："入泥入水即不无，先师争奈寒蝉抱枯木，泣尽不回头。"卓拄杖曰："灼然有不回头底，净慈向舛子里礼汝三拜。"

上堂，"三世诸佛无中说有，蕳（来宕切，毒药也）蒚（徒浪切）拾花针。六代祖师有里寻无，猿猴探水月。去此二途，如何话会？侬家不管兴亡事，尽日和云占洞庭"。

元庵受智者请，引座曰："南山有个老魔王，炯炯双眸放电光。口似血盆呵佛祖,牙如剑树骂诸方。几度业风吹不动,吹得动云黄山畔,与嵩头陀、傅大士。一火破落户,依旧孟八郎。赚他无限痴男女,开眼堂堂入镬汤。忽有个衲僧出来道,既是善知识,为甚赚人入镬汤。只向他道,非公境界。"后示寂,塔于寺之南庵。

婺州智者元庵真慈禅师 潼川人,姓李氏。初依成都正法出家具戒,后游讲肆,听讲《圆觉》,至"四大各离,今者妄身当在何处,毕竟无体,实同幻化"。因而有省,作颂曰:"一颗明珠在我这里,拨着动着,放光动地。"以呈诸讲师,无能晓之者。归以呈其师,遂举狗子无佛性话诘之。师云:"虽百千万亿公案不出此颂也。"其师以为不逊,乃叱出。师因南游,至庐山圆通挂搭,时卍庵为西堂,为众入室,举僧问云门:"拨尘见佛时如何?"门云:"佛亦是尘。"师随声便喝,以手指胸曰:"佛亦是尘。"师复颂曰:"拨尘见佛,佛亦是尘。问了答了,直下翻身。劝君更尽一杯酒,西出阳关无故人。"又颂尘尘三昧曰:"钵里饭,桶里水,别宝昆仑坐潭底。一尘尘上走须弥,明眼波斯笑弹指,珊瑚枝上清风起。"卍庵深肯之。

成都府昭觉绍渊禅师 上堂,举僧问云门:"树凋叶落时如何?"云:"体露金风。"师云:"要明陷虎之机,须是本色衲子始得。云门大师具逸群三昧,击节扣关,于闪电光中出一只手,与人解粘去缚,拔楔抽钉,不妨好手。子细点捡将来,大似与贼过梯。昭觉即不然,忽有僧问树凋叶落时如何,只答他道,落霞与孤鹜齐飞,秋水共长天一色。且道与云门是同是别?"复曰:"止止不须说,我法妙难思。"

上堂,"镕瓶盘钗钏作一金,搅酥酪醍醐成一味。如是宾主道合,内外安和,五位君臣齐透,四种料拣一串。放行,则细雨蒙蒙,秋风飒飒。把住,则空空如也,谁敢正眼觑着。且道放行为人好,把住为人好?"复曰:"等闲一似秋风至,无意凉人人自凉。"

上堂,举赵州初见南泉,问:"如何是道?"南泉云:"平常心是道。"赵州云:"还假趣向也无?"泉云:"拟向即乖。"州云:"不拟争知是道?"泉云:"道不属知,不属不知。知是妄觉,不知是无记。若真达不疑之道,廓然如太虚空,无有障碍。"师曰:"奇怪,诸禅德,虽是沙弥初入道,一拨便转,岂不是灵利人。南泉如善射者发箭,发箭中红心。若不是赵州,也大难承当。便向平常是道处动着关捩子,去却胸中物,丧却目前机,头头上明,物物上显,便能信脚行,信口道。等闲拈出,着着有出身之路。以何为验?岂不见僧问:'如何是祖师西来意?'答曰:'庭前柏树子。'问:'万法归一,一归何处?'答曰:'我在青州作一领布衫重七斤。'问:'如何是赵州?'答曰:'东门、西门、南门、北门。'与人解粘去缚,抽钉拔楔,坐断天下人舌头,穿过天下人鼻孔,岂不是平常心是道底关捩子。且不是钉斗底言语,排叠底章句,推人在死水里。者个便是沙弥底样子,应当学作么生承当?"乃曰:"欲行千里,一步为初,白日青天,快着精彩。"

徽州简上座

卍庵居径山首座时,因问之曰:"一二三四五六七,明眼衲僧数不出,你试数看!"简便喝。庵复曰:"七六五四三二一,你又作么生？"简拟对，庵便打出曰："你且莫乱道。"简于言下有省，遽说偈曰："你且莫乱道，皮毛卓竖寒，只知梅子熟，不觉鼻头酸。"又尝颂狗子无佛性话曰："赵州老汉，浑无面目，言下乖宗，神号鬼哭。"年仅三十而卒，交朋靡不伤悼。

西禅懒庵需禅师法嗣

福州鼓山木庵安永禅师 闽县吴氏子，弱冠为僧，未几谒懒庵于云门。一日入室，庵曰："不问有言，不问无言。世尊良久，不得向世尊良久处会。"随后便喝，师悠然契悟，作礼曰："不因今日问，争丧目前机。"庵许之。

住后上堂，"要明个事，须是具击石火闪电光底手段，方能崄峻岩头全身放舍，白云深处得大安居。如其觑地觅金针，直下脑门须迸裂。到这里假饶见机而变，不犯锋铓，全身独脱，犹涉流水。祇如本分全提一句又作么生道？"击拂子曰："淬出七星光灿烂，解粘天下任横行。"

上堂，举睦州示众云："诸人未得个入处，须得个入处。既得个入处，不得忘却老僧。"师曰："恁么说话，面皮厚多少？木庵则不然，诸人未得个入处，须得个入处。既得个入处，直须扬下入处始得。"

上堂，拈拄杖曰："临济小厮儿，未曾当头道着。今日全身放憨，也要诸人知有。"掷拄杖下座。

僧问："须弥顶上翻身倒卓时如何？"师曰："未曾见毛头星现。"曰："恁么则倾湫倒岳去也。"师曰："莫乱做。"僧便喝，师曰："雷声浩大，雨点全无。"

温州龙翔柏堂南雅禅师 上堂，"瑞峰顶上，栖凤亭边。一杯淡粥相依，百纳蒙头打坐。二祖礼三拜依位而立，已是周遮达磨老臊胡分，尽髓皮一场狼藉，其余之辈何足道哉。柏堂恁么道，还免诸方检责也无？"拍禅床云："洎合停囚长智。"

上堂，"大机贵直截，大用贵顿发，纵有啮镞机，一槌须打杀。何故？我王库内无如是刀"。

上堂，"紫蕨伸拳笋破梢，杨花飞尽绿阴交。分明西祖单传句，黄栗留鸣燕语巢。这里见得，谛信得及。若约诸方决定明窗下安排，龙翔门下直是一槌槌杀。何故？不是与人难共住，大都缁素要分明"。

福州天王志清禅师 上堂，竖起拂子云："只这个天不能盖地不能载，遍界遍空成圆成块。到这里，三世诸佛向甚么处摸索，六代祖师向甚么处提持，天下衲僧向甚么处名邈？除非自得自证，便乃敲唱双行。虽然如是，未是衲僧行履处。作么生是衲僧行履处？是非海里横身入，豺虎丛中纵步行。"

南剑州剑门安分庵主

少与木庵同隶业安国，后依懒庵未有深证。辞谒径山大慧，行次江干，仰瞻宫阙，闻衙司唱侍郎来，释然大悟，作偈曰："几年个事挂胸怀，问尽诸方眼不开，肝胆此时俱裂破，一声江上侍郎来。"遂径回西禅，懒庵迎之，付以伽梨，自尔不规所寓。后庵居剑门，化被岭表，学者从之，所作偈颂，走手而成，凡千余首盛行于世。

示众云："这一片田地，汝等诸人且道，天地未分已前在甚么处？直下彻去，已是钝置分，上座不少了也。更若拟议思量，何啻白云万里。"蓦拈拄杖打散大众。

示众："上至诸佛，下及众生，性命总在山僧手里，捡点将来，有没量罪过。还有捡点得出者么？"卓拄杖一下曰："冤有头，债有主。"遂左右颜视曰："自出洞来无敌手，得饶人处且饶人。"

示众："十五日已前，天上有星皆拱北。十五日已后，人间无水不朝东。已前已后总拈却，到处乡谈各不同。"乃屈指曰："一二三四五六七，八九十十一十二十三十四。诸兄弟，今日是几？"良久曰："本店买卖，分文不赊。"

教忠光禅师法嗣

泉州法石中庵慧空禅师　赣州蔡氏子。春日上堂，拈拄杖卓一下曰："先打春牛头。"又卓一下曰："后打春牛尾。惊起虚空入藕丝里，释迦无路潜踪，弥勒急走千里。文殊却知落处，拊掌大笑欢喜。且道欢喜个甚么？春风昨夜入门来，便见千花生碓觜。"

上堂，"千家楼阁，一霎秋风。祗知襟袖凉生，不觉园林落叶。于斯荐得，触处全真。其或未然，且作寒温相见？"

上堂，举《金刚经》云："佛告须菩提，尔所国土中所有众生若干种心，如来悉知。何以故？如来说诸心皆为非心，是名为心。""要会么？春风得意马蹄疾，一日看尽长安花。"僧问："先佛垂范禁足安居，未审是何宗旨？"曰："琉璃钵内拓须弥。"僧便喝，师便打。

杭州净慈混源昙密禅师 天台卢氏子，依资福道荣出家。十六圆具，习台教。弃参大慧于径山，谒雪巢一此庵元，入闽留东西禅，无省发。之泉南教忠，俾悦众解职归前资，偶触香严击竹因缘，豁然契悟，述偈呈忠。忠举玄沙未彻语诘之，无滞。忠曰："子方可见妙喜。"即辞，往梅阳服勤四载。

住后上堂，"诸佛出世打却杀人，祖师西来吹风放火。古今善知识佛口蛇心，天下衲僧自投笼槛。莫有天然气概特达丈夫，为宗门出一只手主张佛法者么？"良久曰："设有，也须斩为三段。"

上堂，"德山小参不答话，千古丛林成话杷。问话者三十棒，惯能说讹说夯。时有僧出的能破的，德山便打，风流儒雅。某甲话也未问，头上着枷，脚下着匣，你是那里人？一回相见一伤神，新罗人把手笑欣欣。未跨船舷好与三十棒，依前相厮玣。混源今日怎么批判责情，好与三十棒，且道是赏是罚？具参学眼者试辨看！"

上堂，举云门问僧光明寂照遍河沙因缘。师曰："平地摝鱼鰕，辽天射飞鹗。跛脚老云门，千错与万错。"后示寂，塔于本山。

吉州青原信庵唯裎禅师 福之长乐李氏子。年十有一而出闽，依旴江禅悦兰若广公为童子，阅五白而获僧服。因广以佛国白公《五十三知识颂》授诸摩那，师侍其傍，闻止住有林僧要见十方佛，无事间观一片心之句，便得要领。广异其根性，俾还闽，谒鼓山佛心才公、东禅月庵杲公、西禅懒庵需公，皆蒙其赏。第闻禅状元之誉，未及一见。以光之禅高于天下，故有是称。时晦庵住龟山，至彼才期月，于夜榻摸索净巾次，恍然大彻。黎明趋方丈通其所证，呈偈曰："业识茫茫无本可据，昨夜三更回头一觑，一殿灵光本来独露。"庵不觉解颜。出岭见颜。万庵于番阳荐福入室次，相与酬酢甚捷。颜厉声曰："这福州子被人教坏了也。"一众骇愕。

时大慧居梅阳，师往见。慧问曰："如何是佛？"师曰："觌面相呈更无别法。"又曰："如何保任？"对曰："饥来吃饭，困来打眠。"既而随大慧北还，住育王，迁径山。慧一日问师曰："许多人入室，几人道得着，几人道不着？"师曰："唯裡只管看。"慧忽展手曰："我手何似佛手？"师曰："天寒且请和尚通袖。"慧遽打一竹篦曰："且道是赏你是罚你？"师遂以颂发挥佛祖机缘十数则呈大慧。其世尊初生曰："撞出头来早自错，那堪开口更称尊。当时若解深藏舌，安得间愁到子孙。"慧为之击节。

开法天台真如，迁报恩豫章上蓝，转青原。所至，山川改观，法席增盛。僧问："三圣道，我逢人则出，出则不为人。意旨如何？"师曰："移花兼蝶至。"僧云："兴化道，我逢人则不出，出则便为人。又作么生？"师云："买石得云饶。"

上堂，举僧问云门树凋叶落时如何，门云体露金风。师云："云门袖头打领，腋下剜襟，不妨好手。子细看来，未免牵丝带线。或问报恩树凋叶落时如何，只向他道，来年更有新条在，恼乱春风卒未休。"

上堂，拈拄杖示众云："十方佛土中，唯有一乘法。这个是横泉拄杖子，那个是一乘法？"卓一下云："千峰势到岳边止，万派声归海上消。"

绍熙三年壬子六月示疾，十九日书偈云："末后一句，觌面分付，拟议思量，世谛流布。"遂跏趺而逝，罗湖莹仲温状其行。

东禅蒙庵岳禅师法嗣

福州鼓山宗连禅师 上堂，"世尊道，应如是知，如是见，如是信解，不生法相"。遂喝曰："玉本无瑕却有瑕。"

杭州径山寓庵德潜禅师 兴化人，机缘语句皆失录，独有入径山山门，佛事弹指一下便入，话行丛林。

福州鼓山石庵知玿禅师 僧问："坐断云山事已彰，可怜云水自茫茫。今日石门通一线，端然衣锦便还乡。还乡一曲作么生唱？"师云："罕遇知音。"僧云："争奈鼻头绳子犹属他人在。"师云："且道他是阿谁？"僧云："他也不识。"师云："依俙越国，仿佛扬州。"僧云："祇如未跨石门一句作么生道？"师云："百杂碎。"僧云："已跨石门一句又作么生？"师云："依旧却浑仑。"僧云："直得大顶峰点头，鼓山屶（林直切）剚（任力切）震动。"师云："未为分外。"僧云："祇今晏国师抚掌呵呵大笑云，幸得与老师相见去也。"师云："不是冤家不聚头。"僧礼拜，师云："放汝三十棒。"

上堂，谢李深卿、陈仲龄。"昔在东溪日，花开叶落时，几拟以黄金，铸作钟子期。"师云："古人恁么道，大似焦桐挂壁，罕遇知音。白云今日幸遇二居士到来，正值六合风清，万籁俱息，不免再理朱弦，试弹一曲。"横按拄杖云："诸人还闻么？闻即不无,且道是何曲调?"卓拄杖云:"太古希声无限意,知音知后更谁知。"

上堂,"语是谤,寂是谁。不语不寂,转增虚妄"。喝一喝云:"春风吹落桃李花,淡烟疏雨笼青嶂。"颂赵州和尚镇州萝卜话曰:"些儿活计口皮边,点着风驰与电旋。谩说镇州萝卜大,何曾亲见老南泉。"

西禅此庵净禅师法嗣

福州乾元钝庵宗颖禅师 上堂,卓拄杖曰:"性燥汉只在一槌。"靠拄杖曰:"灵利人不劳再举。而今莫有灵利底么?"良久曰:"比拟张麟。兔亦不遇。"

福州中济无禅立才禅师 上堂,举雪窦和尚颂云:"三分光阴二早过,灵台一点不揩磨。贪生逐日区区去,唤不回头争奈何。"师云:"雪窦老汉颠颠顶顶,佝佝侗侗,更参三十年也未会禅在。然虽如是,土旷人稀,试听下个注脚,瞎却摩醯三只眼。南北东西路不分,千秋叶落无人扫,独自松门展脚眠。"

上堂,举赵州和尚吃茶去话颂云:"赵州逢人吃茶,谁知事出急家。反手作云作雨,顺风撒土撒沙。引得洞山无意智,问佛也道三斤麻。"读《此庵语录》,偈曰:"南海波斯持密咒,千言万语少人知,春风一阵来何处,吹落桃花三四枝。"

兴化华严别峰云禅师 初住福州支提,迁福泉。至华严,上堂,"千种言,万般解,只要教君长不昧。且道不昧个什么?唤作竹篦则触,不唤作竹篦则背"。

上堂，"弥勒大士朝入伽蓝，暮成正觉。总似这般钝汉，有甚用处，直饶隔山望见支提双童峰便回去，脚跟下好与三十"。

上堂，举真净和尚道："也无禅也无道，也无玄也无妙，快活须明这一窍。"师云："既无禅道又无玄妙，甚处得这一窍？若有一窍可明，如何得快活去。诸人即今要得快活么？"便下座。

上堂，"过去诸如来斯门已成就，是甚语话。见在诸菩萨今各入圆明，诬人之罪。未来修学人当依如是法，莫钝置他好。其奈茫茫宇宙人无数，几个男儿是丈夫"。

华藏遁庵演禅师法嗣

湖州何山月窟慧清禅师 上堂，举天台韶国师初参法眼，因僧问法眼："如何是曹源一滴水？"法眼云："是曹源一滴水。"韶闻豁然开悟。师颂曰："曹源一滴水，相骂饶接觜。鹦雀空啾啾，骅骝已千里。"

开善谦禅师法嗣

建宁府仙州山吴十三道人 每以己事扣诸禅，及开善归，结茆于其左，遂往给侍。绍兴庚申三月八日夜适然启悟，占偈呈善曰："元来无缝罅，触着便光辉。既是千金宝，何须弹雀儿。"善答曰："啐地折时真庆快，死生凡圣尽平沉。仙州山下呵呵笑，不负相期宿昔心。"

天童无用全禅师法嗣

四明育王笑翁妙堪禅师 俗隶慈溪毛氏，广颡平顶，骨清气豪。从野庵道钦受释学，依息庵观于金山，参松源岳于灵隐，皆不契。时无用居天童，径造其室。用问曰："行脚僧，游山僧？"师曰："行脚僧。"用曰："如何是行脚事？"师以坐具便摵。用曰："此僧敢来者里捋虎须！"俾参堂室中常示狗子无佛性话。一日拟开口，用以竹篦劈口打，师应声呈偈曰："大涂毒鼓，轰天震地。转脑回头，横尸万里。"用颔之，即俾侍香。已而报恩约公致师分座，太守程公请出世妙胜。迁金文，移光孝。忠献史卫王以堂牒除台之报恩。天台旧无律宗师，与大卿齐公议合十寺为大刹，筑坛场，命负毗尼学者倡开遮持犯之法，风励新学。闽帅王公请居雪峰，未几诏住灵隐。师厌逼近屠沽，撤其庐，揭关飞来峰外，以限喧寂。卫王以大慈完美，请开山。及王薨，师庵居上柏。台州使君陈公，以瑞岩邀师，无何江心牒至，监丞史公强之，乃起净慈。诏下，丐辞不允。大参全公书来，谓不可重违君命。明年荆湖总臣，奏令僧道买紫衣师号，俾以师号住持。师谓如是则千金之子皆可主法，吾道殆矣。奏疏殿陛上书庙堂，其议遂寝。诏徙天童，力辞。东归翠岩筑室，奉先世香火。育王虚席，有旨起师，再辞不许。乃奉诏表章大觉，祖述妙喜，秩然有序。

上堂，"膏雨及时，江山如洗。幽乌语乔林，残红随远水。可怜盲聋喑哑人，不识此方真教体"。

上堂，举兴化开堂三圣推出僧话，颂曰："一人客路知天远，一个归心似箭轻。彼此征途虽有异，须知同日到天廷。"

上堂，举汾阳示众云："识得拄杖子行脚事毕。"颂曰："平地无端立话头，揭天声撼怒涛寒。直饶识得拄杖子，也是封皮作信看。"天童除书至，大参赵公请住净慈，悉谢之。示疾，书遗表。作寺丞张公书，请主后事。通守永嘉曹公来问疾，从容叙世契，移顷书偈曰："业镜高悬七十二年，一槌击碎大道坦然。"置笔泊然而逝。

杭州灵隐石鼓希夷禅师 上堂，举琅琊觉禅师因法华举和尚相见话，颂曰："闻名不如见面，见面不如闻名。此地无金二两，俗人沽酒三升。"

上堂，举南泉和尚云："文殊普贤昨夜三更每人与二十棒趁出院也。"赵州曰："和尚棒教谁吃？"南泉曰："且道王老师过在什么处？"赵州礼拜而出。师颂曰："春风吹落碧桃花，一片流经十万家。谁在画楼沽酒处，相邀来吃赵州茶。"

和梁山远禅师十牛图颂，句法与梁山相埒，理趣超卓，反有过焉。一寻牛，只管区区向外寻，不知脚底已泥深，几回芳草斜阳里，一曲新丰空自吟。二见迹，枯木岩前差路多，草窠里辊觉非么，脚跟若也随他去，未免当头蹉过他。三见牛，识得形容认得声，载嵩从此妙丹青，彻头彻尾浑相似，子细看来未十成。四得牛，牢把绳头莫放渠，几多毛病未曾除，徐徐蓦鼻牵将去，且要回头识旧居。五牧牛，甘分山林寄此身，有时亦蹋马蹄尘，不曾犯着人苗稼，来往空劳背上人。六骑牛还家，指点前坡即是家，旋吹桐角出烟霞，忽然变作还乡曲，未必知音旨伯牙。七忘牛存人，阑内无牛趁出山，烟蓑雨笠亦空闲，行歌行乐无拘系，赢得一身天地间。八人牛俱忘，惭愧众生界已空，个中消息若为通，后无来者前无去，未审凭谁继此宗。九返本还源，霁机不堕有无功，见色闻声不用聋，昨夜金乌飞入海，晓来依旧一轮红。十入廛垂手，者汉亲从异类来，分明马颔与驴腮，一挥铁棒如风疾，万户千门尽豁开。

四明雪窦野云处南禅师 上堂，"百计推寻，永不见面，一时休去，在处逢渠。长连床上吃粥吃饭，取饱为期。我且问你，常住一粒米是几番过手？"

上堂，"斩钉截铁，特地乖张，就下平高。衲僧笑，具皇觉。到此有理难伸，未审诸公如何理论？"

上堂，"摩醯正眼熙然赫然，一处该通万机顿赴。缚虎擒龙之手自此而伸，惊天动地之名从兹而起。且平常一句又作么生？莫把是非来辨我，浮生穿凿不相关。"

福州雪峰灭堂了宗禅师 上堂，"空索索，冷冰冰，清虚之理毕竟无身。为什么却有许多烟雨，晓得么？若晓得，七种供养诸人。若晓不得，滴水难消"。

盘山思卓和尚 上堂，拈拄杖云："登山渡水全藉者人。"掷下拄杖云："相见易得好，共住难为人。"

上堂，"寂寂惺惺有气死人，惺惺寂寂无用顽石。嘻！下载清风付与谁"。

止庵居士钱象祖 嘉定二年闰二月薨于天台里茅。象祖初守金陵，尝在保宁问道，于无用有所得。后于乡州建接待十所，皆以净土极乐名之。创止庵高僧寮，为谭道之所。自左相辞归，兼修净业。得微疾，有问起居者，则曰："不贪生不怖死，不生天上不生人中，惟当往生净土耳。"言讫跌坐而化。时天鼓震响，异香芬郁。未终之前，郡人有同闻空中声云："钱丞相当生西方莲宫为慈济菩萨。"

可庵然禅师法嗣

如如居士颜公 有举赵州见南泉话问居士，因以颂答之云："解把一茎野草，唤作丈六金身。会得头头皆是道，眼中瞳子面前人。"又颂子湖狗话曰："盆家无所有，只养一只狗，便是佛出来，也须遭一口。"

道场无庵全禅师法嗣

常州华藏伊庵有权禅师 临安昌化祁氏子。年十四得度，十八岁礼佛智裕禅师于灵隐。时无庵为第一座，室中以从无住本建一切法问之，师久而有省，答曰："暗里穿针，耳中出气。"庵可之，遂密付心印。尝夜坐达旦，行粥者至忘展钵，邻僧以手触之，师感悟为偈曰："黑漆昆仑把钓竿，古帆高挂下惊湍，芦花影里弄明月，引得盲龟上钓船。"

佛智尝问："心包太虚，量周沙界时如何？"师曰："大海不宿死尸。"智抚其座曰："此子他日当据此座呵佛骂祖去在。"师自是埋藏头角，益自韬晦。游历湖湘、江浙几十年。依应庵于归宗，参大慧于径山。无庵住道场，招师分座说法，于是声名隐然。

住后上堂，"今朝结却布袋口，明眼衲僧莫乱走。心行灭处解翻身，喷嚏也成师子吼。栴檀林，任驰骤，剔起眉毛顶上生，剜肉成疮露家丑"。

上堂，"禅禅无党无偏，迷时千里隔，悟在口皮边。所以僧问石霜如何是禅，霜云甋砖。又僧问睦州如何是禅，州云猛火着油煎。又僧问首山如何是禅，山云獅狖上树尾连颠。大众，道无横径，立处孤危。此三大老行声前活路，用劫外灵机。若以衲僧正眼检点将来，不无优劣。一人如张良入阵，一人如项羽用兵，一人如孔明料敌。若人辨白得，可与佛祖齐肩。虽然如是，忽有个衲僧出来道，长老话作两橛也。适来道，道无横径无党无偏，而今又却分许多优劣。且作么生祇对，还委悉么？把手上山齐着力，咽喉出气自家知。"

淳熙庚子秋示微疾，留偈趺坐而逝。茶毗齿舌不坏，获五色舍利无数。瘗于横山之塔，分骨归葬万年山寺。

双林用禅师法嗣

婺州三峰印禅师　上堂，举野狐话曰："不落不昧诬人之罪，不昧不落无绳自缚。可怜柳絮随春风，有时自西还自东。"

大沩行禅师法嗣

常德府德山子涓禅师　潼川人也。上堂，"见见之时，见非是见。见犹离见,见不能及。"遂喝曰:"鲸吞海水尽,露出珊瑚枝。众中忽有个衲僧出来道,长老休寐语。却许伊具一只眼。"

上堂,横案挂杖曰:"一二三四五六七,七六五四三二一。循环逆顺数将来,数到未来无尽日。因七见一,因一亡七。踏破太虚空,铁牛也汁出。绝气息,无踪迹。"掷挂杖曰:"更须放下这个,始是参学事毕。"

上堂,拈挂杖曰:"有时夺人不夺境,挂杖子七纵八横。有时夺境不夺人,山僧七颠八倒。有时人境两俱夺,挂杖子与山僧削迹吞声。有时人境俱不夺。"卓挂杖曰:"伴我行千里,携君过万山。忽然撞着临济大师时如何?"喝曰:"未明心地印,难透祖师关。"

净慈水庵一禅师法嗣

四明天童息庵达观禅师 务之义乌赵氏,年十二,受业于县之法慧寺正觉。初参应庵于天童,次见无庵于道场,后于天封水庵室中明得二老垂手处。木庵在闽,机用峻峭,为衲子一关。径往扣之,一语破的而返。至龙翔柏堂,遽分第一座。识者伟柏堂知人开法严州灵岩,阅四五刹。自金山被旨居灵隐。上堂,举二祖见达磨话,颂曰:"长安深夜雪漫漫,欲觅心安转不安,纵使言前开活眼,那知已被老胡谩。"

袁州仰山简庵嗣清禅师 上堂,举达磨大师一日谓门人曰:"时将至矣,汝等盍各言所得乎。"最后慧可出,礼三拜,依位而立。磨云:"汝得吾髓。"师颂曰:"捏目生花立问端,得他皮髓被他谩，这般瞎汉能多事，六月无霜也道寒。"

径山别峰印禅师法嗣

镇江金山退庵道奇禅师 僧问雪峰云："望州亭与汝相见了也，意旨如何？"师云："左眼半斤。"云："乌石岭与汝相见了也，作么生？"师云："右眼八两。"云："僧堂前与汝相见了也，又且如何？"师云："鼻孔大头向下。"云："只如鹅湖骤步归方丈，保福入僧堂，此意又作么生？"师云："水自竹边流出冷，风从花里过来香。"僧礼拜。

上堂，"此段大事，无处不周。新焦山未离东霞时，已与诸人相见了也，且道相见底事作么生？几多头角成龙去，虾蟹依前怒眼睛"。

上堂，"至道本乎无心，心法本乎无住。无住心体，灵知不昧，性相寂然。所以道吾打鼓，四大部洲同参。拄杖横也，挑干乾坤大地。钵盂转也，覆却恒河沙界。到这里，象王行处，狐兔绝踪，水月现时，风云自异。古今收不得，历劫不知名，千圣立下风，谁敢当头道。咄！我王库内无如是刀"。

镇江金山蓬庵自闻永聪禅师 杭之于潜徐氏。八岁依县东资福寺行居服僧伽梨，后还家塾授五经。十五从父游径山，慕别峰机辨警拔，白父曰："人天龙象也愿学焉。"别峰器焉。至育王天童，当拙庵、密庵全盛时，往来两翁间十余年。后游闽越江东、西湖南北，凡遇名流，反复博约，雍容婉辞，尽底蕴乃已。出世台之净慧，徙金陵保宁蒋山，转金山。终时寿六十五，腊五十七。

万年心闻贲禅师法嗣

温州龙鸣在庵贤禅师 上堂，举崇寿示众曰："识得凳子，周匝有余。云门道，识得凳子，天地悬殊。"师曰："崇寿老汉坐杀天下人，云门大师走杀天下人。龙鸣则不然，识得凳子四脚着地，要坐便坐，要起便起。"

上堂，举赵州勘婆话，颂曰："冰雪佳人貌最奇，常将玉笛向人吹。曲中无限花心动，独许东君第一枝。"

潭州大沩咦庵鉴禅师 会稽人也。上堂，"木落霜空，天寒水冷。释迦老子无处藏身，折东篱补西壁，撞着不空，见菩萨请示念佛三昧，也甚奇怪，却向道金色光明云。参退吃茶去"。

上堂，"老胡开一条路甚生径直，祇云歇即菩提，性净明心，不从人得。从人不得其门，一向奔驰南北，往复东西，极岁穷年，无个歇处。诸人还歇得么？休休！"

上堂，举晦堂和尚一日问僧甚处来，曰："南雄州。"堂曰："出来作甚么？"曰："寻访尊宿。"堂曰："不如归乡好。"曰："未审和尚令某归乡意旨如何？"堂曰："乡里三钱置一片鱼鲊如手掌大。"师曰："宁可碎身如微尘，终不瞎个师僧眼。晦堂较些子，有般汉便道熟处难忘，有甚共语处。"

上堂，举罽宾国王问师子尊者蕴空公案。师颂曰："尊者何曾得蕴空，罽宾徒自斩春风，桃花雨后已零落，染得一溪流水红。"

四明天童雪庵从瑾禅师　永嘉楠溪人，俗姓郑。礼普安院子回为师落发，谒心闻于瑞岩。一日入室，闻举红炉片雪问，师拟答，忽领旨，留待三年。入福州，见佛智于西禅。问："甚处来？"师曰："四明来。"智曰："曾见憨布袋么？"师便喝，智便打。师接住拳云："和尚不得草草。"智云："瞎汉这边立。"

时心闻主江心，师归谒，命充维那。一日问师："一喝分宾主，照用一时行。如何是一喝分宾主？"师便喝。闻云："此喝是宾是主。"师云："宾则始终宾，主则始终主。"闻笑曰："汝又眼花了。"师即呈偈云："一喝分宾主，依然又眼花。倒翻筋斗去，蹋杀死虾蟆。"

初住仪真灵岩，僧问："如何是灵岩境？"师云："鹿跑泉冷浸明月，龙斗港深藏白云。"僧问："如何是祖师西来意？"师云："夜半须弥安鼻孔。"僧云："如何是禅？"师云："仰面不见天。"僧云："如何是道？"师云："全身入荒草。"僧云："如何是法？"师云："千重百匝。"僧云："作家。"师云："收。"

上堂，"金槌影动，三世诸佛不敢当头。法令施行，外道天魔悉皆拱手。峭巍巍木无板仰，净裸裸不用安排。行住坐卧不用猜疑，好恶是非一时放下。然后和泥合水，拽把牵犁，任运纵横，总无妨碍。正恁么时，且道太平一曲作么生唱？"良久，"铁船横古渡，重整旧家风"。

上堂，"金刚圈里翻身，筑着帝释鼻孔，悬崖头上撒手，突出达磨眼睛。往复三回，兴犹未尽，机轮一转，势不可停。倒拈蝎尾，婢使声闻，顺捋虎须，奴呼菩萨。释迦已灭，弥勒未生，佛法祖令，总属天童。把住放行，如何施设？"良久，"无孔铁槌当面掷，普天匝地起清风"。庆元六年七月二十三日，索浴更衣书偈，投笔而寂。寿八十四，腊七十，全身葬心闻塔之左。

大洪老衲证禅师法嗣

苏州万寿月林师观禅师　俗姓黄，福州候官人。僧问："三圣道，逢人则出，出则不为人。意作么生？"师云："错。"僧云："兴化道，逢人则不出，出则便为人。又作么生？"师云："错。"僧云："兴化枪旗倒卓，三圣肝胆齐倾。"师云："引不着。"僧云："只如今日，和尚作么生为人？"师云："一棒一条痕。"

上堂，"诸佛于此转大法轮，诸佛于此而般涅槃。正恁么时，甚处见释迦老子？"良久云："三门头合掌，佛殿里烧香。"

上堂，"此世不移动，彼世不改变，当处发生，随处灭尽。阿呵呵，见不见，秋风一阵来，落叶两三片"。

上堂，举杨岐禅师示众云："身心清净，诸境清净。清净清净，身心清净。还知杨岐老人落处么？就船买得鱼偏美，踏雪酤来酒倍香。"

灵隐东谷光禅师法嗣

四明天宁直翁一举禅师　上堂，"机先一句，万别千差。三日一风，五日一雨。田畴水足，万物发生。且道陕府铁牛髭须长多少？"卓拄杖，下座。

焦山或庵体禅师法嗣

四明天童痴钝智颖禅师 出世茶陵军严福,迁金陵保宁、蒋山、绍兴报恩、苏州灵岩,再住蒋山。迁四明雪窦,至天童。

上堂,"德山棒,临济喝。龙跃云津,雷惊蛰户。开得眼者,顿彰意气。无转动者,死在其中。诸人要见德山、临济么?"卓拄杖,喝一喝,下座。

上堂,"日面月面,机前转变。千人万人,是谁亲见。西风一阵来,落叶两三片"。

上堂,"马祖升堂,百丈卷席。象王回旋,狮子返掷。拟议青天轰霹雳"。颂初祖见梁武帝话曰:"提起须弥第一槌,玉门金锁击难开。重施背踏空劳力,应悔迢迢万里来。"赠术士偈曰:"无位真人赤骨律,面门出入有谁知。太虚元与渠同寿,庚甲凭君子细推。"示张大夫狱吏偈曰:"活捉生擒百种囚,敲枷打锁问来由,个中一字能通变,活却从前死路头。"

四明天童茨庵尧禅师 赞二祖偈云:"青云未遂读书心,白首穷途困少林。三拜起来连底错,承虚接响至于今。"

龟峰晦庵光禅师法嗣

杭州径山蒙庵元聪禅师 福州人,晦庵会中得心要,众推为高第弟子。

上堂,举玄沙见僧礼拜,沙云:"因我得礼你。"师颂曰:

"因我得礼你,莫放屁撒屎,带累天下人,错认自家底。"

上堂,举赵州和尚在东司上见文远,侍者过,蓦召文远,远应诺,赵州曰:"东司上不可与汝说佛法。"师颂曰:"明明道不说,此理凭谁识。春风一阵来,满地花狼藉。"送行者求僧偈云:"山前麦熟雨初晴,桑柘青连柳色新。毫发不存风骨露,头头总是比丘身。"

云居蓬庵会禅师法嗣

万松坏衲大琏禅师 赞出山相佛偈曰:"行满功圆彻骨穷,不胜羸瘦发鬅松。弥天罪过今无数,毗舍耶中一款供。"

增集续传灯录卷第二

大鉴下第十九世

天童密庵杰禅师法嗣

杭州灵隐松源崇岳禅师 姓吴氏，生于处州龙泉之松源，故因以为号。自幼卓荦不凡，未尝嬉戏。年二十三弃家，衣扫塔服。首谒灵石妙公，继见大慧于径山。闻大慧称蒋山华公为人径捷，即往参。一夜举狗子无佛性话有省，即以扣应庵。庵举"世尊有密语，迦叶不覆藏"。师云："钝置和尚。"应庵励声一喝，师便礼拜。应庵大喜，以为法器，说偈劝其祝发。

隆兴二年，始得度于临安西湖白莲精舍。遍历诸大老之门，罕当其意。入闽见木庵永公，木庵一日举"有句无句，如藤倚树"。师云："裂破。"庵云："琅琊道，好一堆柴䉾。"师云："矢上加尖。"庵云："吾兄下语，老僧不能过。其如未在，他日拂柄在手，为人不得，验人不得。"师云："为人者，使博地凡夫一超入圣域，固难矣。验人者，打向面前过，不待开口，已知渠骨髓，何难之有。"庵举手云："明明向汝道开口不在舌头上，后当自知。"及见密庵于衢之西山，随问随答，庵但微笑。师切于道，至忘寝食。庵移蒋山，华藏径山皆从之。会入室次，问旁僧不是心不是佛不是物，师侍侧豁然大悟，乃云："今日方会木庵道，开口不在舌头上。"庵迁灵隐，遂命师为第一座。旋出世吴郡澄照，徙江阴光孝、无为冶父、番阳荐福、四明香山、苏之虎丘。

庆元三年被旨补灵隐，示众曰："明眼衲僧因甚打失鼻孔，有贼无贼。"

上堂，"大凡扶竖宗乘，须具顶门正眼悬肘后灵符。只如保寿开堂，三圣推出一僧，保寿便打。三圣道：'与么为人，瞎却镇州一城人眼去在。'保寿掷下拄杖便归方丈。二尊宿等闲一挨一拶，便乃发明临济心髓，只是不知性命总在这僧手里，还有检点得出者么？昔年觅火和烟得，今日担泉带月归"。

岁旦上堂，"元正改旦，事事成现。有时放行，有时坐断。不惜两茎眉，坐和盘掇转。佛法世法都卢一片，既是佛法世法，如何得成一片。但辨肯心，必不相赚"。

上堂，拈拄杖云："入荒田不拣，信手拈来草。怀州牛吃禾，益州马腹胀。怀宁独山张主管铸锅三口，宾头卢尊者不知，失却琉璃碗，且道落在什么处？"掷下拄杖云："众眼难瞒。"

上堂，举保宁勇和尚云："大方无外，大圆无内。无内无外，圣凡普会。瓦砾生光，须弥粉碎。无量法门，百千三昧。"拈起拄杖云："总向这里会去，苏卢苏卢，悉唎悉唎萨婆诃。"师云："这老汉业识茫茫，不奈船何，打破舻斗。"

居灵隐六年，法道盛行。退居东庵，俄属微疾，犹不废唱道。忽亲作书别诸公卿，垂二则语以验学者曰："有力量人，因甚么抬脚不起，开口不在舌头上？"又贻书嗣法香山光睦云居善开，嘱以大法，乃书偈曰："来无所来，去无所去。瞥转玄关，佛祖冈措。"跏趺而寂，实嘉定二年八月四日也，得年七十又一，坐夏四十，全身塔北高峰之原。待制陆游放翁铭其塔有曰："读师之语，峻峭嶒崒下临云雨，如五千仞之华山。蹴天驾空，骇心眩目，如钱唐海门之涛。虎狗股栗，屋瓦震堕，如汉军毗阳之战。可谓临济正宗，应庵、密庵之真子孙也。"放翁其知言者哉。

夔州卧龙破庵祖先禅师　族出蜀广安王氏。从罗汉院德祥出家，闻缘老宿住昭觉，往参扣语契，令奉圆悟香火。一日从方丈前过，缘问："庵头有人么？"师云："无人。"语未竟，缘劈胸与一拳云："你聻。"师忽有省。出峡依澧州德山涓落发，寻受具，遍参诸方。至苏之万寿，值雪夜坐，自念行脚十年矣，尚不能彻去。正闷闷间，不觉钟动，趋后架举头见昭堂二字，疑情顿释。既而见水庵一于双林，水庵问："师子尊者被罽宾斩却头固是，你道西天胡子为什么无须？"师云："非双林不举此话。"水庵云："今日撞着个作家。"师云："心不负人，面无惭色。"水庵遂拓开，师云："勘破了也。"逮水庵谢事，遂往见密庵于乌巨。庵命师典客，偶庵对旁僧举不是风动不是幡动，师闻豁然大悟。次日庵遇师于众寮前，谓师曰："总不得作伎俩，你试露个消息看。"师应声曰："方丈里有客。"庵呵呵大笑。庵迁蒋山，师侍行相从凡五载，尽得旨要。辞归蜀，庵以偈送之曰："万里南来川蓊苴，奔流度刃扣玄关，顶门戳瞎金刚眼，去住还同珠走盘。"

已而南至夔门，尚书杨公辅以卧龙请居之。辞去，遍游于吴华藏遁庵演、金山退庵奇、灵隐笑庵悟、径山蒙庵聪，皆分第一座命说法。历住常州荐福、真州灵岩、吴中秀峰穹窿。杨和王请住湖州资福，约斋居士张公请为广寿慧云禅寺开山住持。六坐道场，皆王公巨卿所请，时甚荣之。

上堂，举古人道："杨歧乍住屋壁疏，满堂尽布雪真珠。缩却项，暗嗟嘘。翻忆古人树下居。"师云："杨歧斗胜不斗劣，秀峰斗劣不斗胜。秀峰乍住没亲疏，个个尽怀沧海珠。满眼湖山看不足，释迦弥勒是他奴。"

上堂，举密庵先师道："有问冬来事，京师出大黄，贪他一粒米，失却半年粮。""秀峰不恁么，有问冬来事，京师出大黄，只图一粒米，却得百年粮。或被知事道：'长老长老，莫道百年粮，只得半年不少。'也得只向他道，但辨肯心，必不相赚。"

上堂，举东山和尚道："如何是禅？阎浮树在海南边，近则不离方寸，远则十万八千，毕竟如何？禅禅！"师云："穹窿也有个道处。如何是禅？阎浮树在海南边，撑天拄地，拄地撑天。巧说不得，只要心传，毕竟如何？禅禅！"

上堂："十五日已前明似镜，十五日已后黑如漆。正当十五日又且如何？莺迁乔木频频语，蝶恋芳丛对对飞。"

师将终，作书别所厚善，书偈曰："末后一句已成忉怛，写出人前千错万错。"书讫端坐而逝，实嘉定四年六月九日也。师化时寓径山，遗嘱弃骨山下，主翁石桥收骨，建塔于别峰塔之右。寿七十六，腊四十九。

信州龟峰曹源道生禅师 南剑人，出世饶州妙果。迁龟峰，后住饶州荐福，逾月化去。

上堂，"佛法二字人人知有，狼毒砒霜那容下口。直饶透出威音前,也是痴狂外边走。山僧已是拖泥带水,诸人合作么生?"喝一喝。

上堂,"今朝八月十五,天色半阴半雨。几多门外游人,不睹月圆当户。也好笑,又堪嗟,争似西湖寺里一队古佛。参退,归堂吃茶"。

上堂,"春风东扇西扇,春雨似晴不晴。浅白深红,烂铺锦绣。莺声燕语,互奏笙簧。一一揭示圆通妙门,头头流通正法眼藏。拟心凑泊,依前万水千山。直下知归,许你七穿八穴"。柏禅床下座。

上堂,"雨雪落纷纷,檐头水滴滴。良哉观世音,草里跳不出。也大屈,水里乌龟钻铁壁。咄!"

上堂,"月生一,拶倒银山并铁壁。月生二,土宿骑牛穿闹市。月生三,屋头幽鸟语喃喃,不是葛藤露布,亦非入理深谭。正与么时,宾主交参一句作么生道?万仞悬崖垂只手,百花丛里现优昙"。

上堂,"平旦清晨三月朝,南山苍翠插云霄。不须更觅西来意,窗外数声婆饼焦"。拍膝云:"好大歌,窗外数声婆饼焦。"拍膝云:"好大歌。"

四明天童枯禅自镜禅师 俗姓高,闽之长乐人。谒木庵永、水庵一、或庵体,最后见密庵于灵隐,机缘吻契。久之开法隆兴上蓝。迁建康旌忠、抚州白杨、福州太平西禅。宝庆元年被旨升灵隐,移天童。

上堂,"有句无句,如藤倚树,树倒藤枯,句归何处?"良久,"长忆江南三月里,鹧鸪啼处百花香"。

上堂,"一拽石,二般土,夜半日轮正卓午,老安曾牧沩山牛,南泉不打盐官鼓。报君知,莫莽卤,火里鹧鸪吞却虎。"

上堂,举僧到鹤林敲门,林云:"是谁?"僧云:"行脚僧。"林云:"非但行脚僧,佛来亦不着。"僧云:"既是佛来,因甚不着?"林云:"无你栖泊处。"师云:"若是天童有人敲门,即大开门户与伊入来,当胸挡住云:'道,道!'待伊拟开口,劈胸与一拳。若向这里转得,身吐得气,便请明窗下安排。"

杭州净慈潜庵慧光禅师 上堂,举赵州和尚因僧问狗子还有佛性也无,赵州云无。颂曰:"狗子无佛性,全提摩竭令。才拟犯锋铓,丧却穷性命。"

太平府隐静万庵致柔禅师 湖州陈氏子。妙喜南迁,道经干潮,祖父暹延供无虚日,其母黄氏梦一僧曰可供我,遂怀姙。及诞日,父母誓不以世尘累,年十岁投受和尚出家,越九载得度。谒鼓山木庵永,会庵升堂云:"国师再来也。"师微笑有省。又谒密庵于蒋山,庵室中举释迦弥勒是他奴他是阿谁,师曰:"无地头汉。"庵曰:"千闻不如一见。"师拳一打。庵擒住励声云:"小鬼头见个什么胡打乱打。"师云:"更要一拳在。"庵打两拳云:"打这无地头汉。"师豁然契悟。以母老归宁,郡将吏部朱公江请住城南广法。

上堂,"起道树,诣鹿苑,不是向上机。传少室,续曹溪,未为性燥汉。直得无依无欲,无一法当情,犹落第二见。放过一着,卷舒在我,纵夺临时。于把住处放行,露柱灯笼活鲅鲅。于放行处把住,释迦弥勒是他奴"。卓拄杖,"是放行,是把住?一气不言含有象,万灵何处谢无私。"

上堂,"毗卢师,法身主。若要动地放光,且来般柴运土。嗄!将谓忘却"。

上堂,"百丈不再参马祖,岂得三日耳聋。临济不到大愚,安知老婆心切。仰山将得镇海明珠,为甚向东寺面前叉手当胸?却道无理可伸,无言可说。咄!直饶倾下一栲栳,敢保老兄犹未彻"。

上堂,"饥荒老鼠咬葫芦,多计猢孙倒上树。要透报恩向上关,须是一步低一步。既是向上关,因甚一步低一步?待你踏着却向你道"。

上堂,举东山示众云:"空门有路人皆到,到者方知旨趣长。心地不生间草木,自然道放白毫光。"师云:"东山只解无中觅有,不解有中觅无。隐静则不然,空门有路人皆到,到者方知碍处通。石上栽花并结果,到头元不假春风。"将终,集众嘱曰:"予平生不畜长物,只如常僧,安寝堂二日足矣。"书偈端坐而化。越三日寺毁,众悟遗言,若有旨也。寿七十,腊五十二。

杭州灵隐笑庵了悟禅师 姑苏人。上堂,举睦州因僧问:"以一重去一重即不问,不以一重去一重时如何?"睦州曰:"昨日栽茄子,今日种冬瓜。"师颂曰:"昨日栽茄子,今日种冬瓜。一声河满子,和月落谁家。"

金陵蒋山一翁庆如禅师 姓汜,福州长乐人。上堂,"春雨如膏,春云似鹤,春鸟关关,春泉濯濯。揭却观音脑盖,踢倒慈氏楼阁,莫将错就错"。拍禅床云:"参!"

上堂,"过去诸如来,斯门已成就,一盲引众盲。现在诸菩萨,今各入圆明,鰕跳不出斗。未来修学人,当依如是法,赚杀一船人"。

上堂，"意能划句，句能划意，意句交驰，讨甚巴鼻。尽力道不得底句，不是河南便是河北。衲僧闻得与么告报，十个有五双鼻孔冷笑"。遂拈拄杖云："云居拄杖子，党理不党亲。"卓一下云："雪巢初冷夜，云须未梳时。"

上堂，"霜明万壑，月皎千家。达磨不会，却返流沙"。拍膝云："好大歌，归堂吃茶。"

上堂，"天地造化有阴有阳，有晦有朔。圣人治世有礼有乐，有刑有政。衲僧门下有杀有活，有擒有纵。其擒也纵也杀也活也，总是黄龙指甲缝里。汝若拟议，不消一掐。然虽如是，笑我者多，哂我者少"。

上堂，"一句截流，万机寝削，且道是那一句？"良久卓拄杖云："归堂吃茶。"

上堂，"久雨忽晴，天清地宁。云收岳面，月落波心"。拈拄杖卓一下云："恁么会去，达磨一宗扫土而尽。"

上堂，"诸佛不出世，人人举足踏着。祖师不西来，人人满口道着。既蹋着又道着，毕竟是个什么？有般汉东西不辨，南北不分，便道明明不覆藏，切忌从他觅。殊不知抛却真金，随群摄上"。

上堂，"豁开户牖，当轩无人。挝动雷门，凭谁侧耳。裴相国印心于老黄檗，温伯雪目击于鲁仲尼。衲僧门下检点将来，犹在半途。知县学士今日到来，云居如何与伊相见？"拈拄杖画一画云："万重关锁尽，一剑倚天寒。"

晚年退隐南昌西山。示寂，塔于定林，寿六十八，夏四十九。

苏州承天铁鞭允韶禅师 上堂,"一五二五,机轮无阻。南山起云,北山下雨。有人却道锦上添花,有人又道泥里洗土。有人又道,离此二途,便见丹霄独步。若总如斯论量,山僧未敢相许。毕竟如何?"良久云:"逢人不得错举。"

徽宗皇帝国忌日上堂,竖起拂子示众云:"还见么?眨得眼来,古佛过去久矣。珍重!"

师住泉州光孝,判府请开堂祝圣。白槌罢,师乃云:"唤什么作第一义?莫有旁不甘者么,出来道看!"时有僧出问顶额摩酰眼卓竖。师拈拄杖卓云:"住住,今日开堂不比寻常佛事。设问答到弥勒下生,勾镰连环盛水不满,也祇是空鼓粥饭气,于自己了没交涉。所以道,问不在答处,答不在问处。问答交驰,如青天轰霹雳,看者不容眼,那堪便向言中定旨、句下明宗。大似缘木求鱼,守株待兔。殊不知,我宗无语句,亦无一法与人。这里彻去,皇恩佛恩一时报毕。其或未然,更为锦上添花。"复卓拄杖一下。

佛涅槃日上堂,"老汉当年腊月八,三更夜半颠狂发。刚把长钉钉眼睛,直至如今未能拔。山僧今日下毒手,为他拔一拔看"。便下座。

约斋居士侍郎张公镃

久参密庵,闻钟声悟道,有偈云:"钟一撞,耳根塞,赤肉团边去个贼。有人问我解何宗,舜若多神面门黑。"东州永和尚举此偈,颂云:"一棒钟声到耳根,三千刹海一晴昏。贼从赤肉团边去,明日依然不离门。"

灵隐妙峰善禅师法嗣

杭州径山藏叟善珍禅师　泉州南安吕氏,年十三,依郡之崇福南和尚落鬊,游方至杭受具。谒妙峰于灵隐,入室悟旨。后出世里之光孝舛承天,迁湖之思溪圆觉、福之雪峰。朝命移四明育王、余杭径山。

上堂,"古者道,知之一字众妙之门。又有道,知之一字众祸之门。只这二门入得更须出得。三世诸佛出不得,历代祖师出不得,天下老和尚出不得。何故?变铁成金易,变金成铁难"。

上堂,"尽大地是紫磨金身,诸人每日开眼觑见释迦老子心肝,举步筑着释迦老子鼻孔,说有说无是谤,说生说灭是谤,说即心非心是妄,不谤不谤不妄,春风吹落桃李花,淡烟疏雨笼青嶂"。

上堂,"春雪寒,春霄短。古佛心,破灯盏。正法眼,干纸捻。抖擞精神只管看,看到北斗西移南斗东转,上元依旧正月半"。

上堂,"灵云见桃花悟去。玄沙道,敢保老兄未彻。香严闻击竹悟去,仰山道,祖师禅未会。禅和十个五双道,我此一门全无肯路,亦未知灵云香严在。要知二大老么?醉我落花天,借他弦管里。又据室去这里,便是问讯烧香了。来老僧身边立地底所在么?呆子!你自钝置犹可,莫来钝置老僧"。

尝自题其像云:"参禅无悟,识字有数。眼三角似燕山愁,胡面百折如赵婆。呷醋一着,高出诸方,敢道饭是米做"。送忍书记偈云："鬓丝不可织寒衣，煮字那能疗得饥。别欲语君安乐法，正忙却未有闲时。"

生于宋绍兴甲寅十月十二日，示寂于嘉定丁丑五月二十一日。寿八十三，塔全身于南塔院。

杭州净慈东叟仲颖禅师 上堂，"切忌随他觅，无劳向己求。纵横活鲅鲅，有放还有收。是什么？一叶落，天下秋"。

上堂，"迷生寂乱，悟无好恶。奉化县里契此翁，凸个肚，矮双足，拖个布袋十字街头，憨憨痴痴，落落魄魄，何似老龙牙手里把柄破木杓"。

上堂，拈拂子画一画云："伏羲发天地之秘，未明者消息。"又点三点云："瞿昙示圆伊之妙，未明者消息。者消息如何辨的？不见道，冬至乃书云物。"击拂子。

上堂，"上不在天，下不在地，中不在人"。喝一喝，"且道这一喝落在什么处？若也知得，也有宾也有主，也有照也有用。若也不知，参退巡堂吃茶"。

上堂，"挝动鼓，众斯聚，耳同闻，目同睹，超乾坤，越今古。夫何故如此？五月五是端午"。

上堂，"行者行，坐者坐，左之右之缺一不可。甘露园中蒺藜，黄檗树头蜜果。才与么不与么，不与么却与么，善贾之家不停滞货"。

吉水龙济友云宗鉴禅师 族出庐陵王氏，自幼喜学禅坐，十二从宝寿院海室淙公出家，寻剃发受具。参妙峰于灵隐，佛涅盘日，峰上堂拈拄杖云："释迦老子来也，诸人还见么？微妙净法身，具相三十二。"放下杖云："见汝诸人不会，入涅槃去也。"

师于言下豁然契悟。一日辞归，峰嘱曰："深山里结个茅庵去。"

师登吉水东山佛顶峰，扪萝披捧，得修山主古寺基遂居焉。木食涧饮，夙夜危坐。或雪寒缺粮，啖昌歜（但感切乃菖蒲菹也）数寸以度日。尝口点云："山僧有分住烟萝，无米无钱莫管他。水似琉璃山似玉，眼前总有许来多。"久之缁白踵至，遂成丛席。因旧名榜曰"龙济清凉禅寺"，书门以示来参曰："除却眼耳鼻舌身意，那个是你自己？若也道得，许你亲见龙济来。其或未然，且居门外。"雪岩和尚见而问曰："曾接得几人？"师曰："老僧从来不会按牛头吃草。"僧问："腊月三十日到来时如何？"师曰："门前无索债人。"至元丁亥七月二十七日入灭，住世八十，僧夏六十一，塔全身于峰之颠。

净慈北涧简禅师法嗣

四明育王物初大观禅师 鄞县横溪陆氏，蚤参北涧，于净慈悟旨，典文翰声祢籍甚。晚住育王，座下名缁蚁附。上堂，"达磨正宗，衲僧巴鼻，充塞虚空，无处回避。堪笑迷流，白日青天开却眼只管瞌睡。更有黄面老人，不识好恶，入泥入水，却道我于然灯佛所无一法可得而为我授记。何异好肉剜疮，空花求蒂。毕竟如何？悉唎悉唎。"既顺世，葬于寺之西庵。

径山浙翁琰禅师法嗣

杭州径山偃溪广闻禅师 闽之候官东家子，母陈氏，世业儒。疏眉秀目，哆口丰颐。从季父智隆于宛陵光孝，十八得度受具。初见铁牛印少室睦无际派，追随甚久。参浙翁于天童，针芥难投，自知未稳，及再参于双径，翁笑迎曰："汝来耶。"一夕坐檐间，闻更三转，入堂曳覆而蹶，如梦忽醒。翌朝造室，翁举赵州洗钵盂话，师将启吻，翁遽止之，平生疑情当下冰释。

绍定戊子四明制阃，胡公以小净慈致之。历住香山万寿雪窦、育王净慈、灵隐径坞。入山所至，革弊支倾，广容徒众。开炉上堂，举赵州和尚示众云："老僧三十年前在南方火炉头有个无宾主话，直至如今无人举着。"师曰："森罗万象，明暗色空，日夜举扬。赵州古佛不是不知，只为贪程速急。"

上堂，"杨岐眼中睛，临济顶中髓。一不成，二不是，点着不来，白云万里"。

佛成道，上堂，"错错！六载草绳空自缚。了了！开得眼来天大晓。古今天地，古今日月，古今星辰"。拍膝云："剑去久矣，切忌刻舟。"

上堂，"云门放洞山三顿棒，嚼饭喂婴孩。黄檗打临济三顿棒，按牛头吃草。只今不犯丝毫，有个方便"。良久云："大事为你不得，小事自家担当。"

上堂，"非风幡动，仁者心动，浇盆浇盆。非风铃鸣，我心鸣耳，漆桶漆桶。尽古往今来，和泥脱擎，有什么限？还知万寿落处么？劫石有消日，虚空无尽时"。

上堂，"十字街头石幢子，无你遮护处。一声江上侍郎来，无你回避处。初僧家朝出暮入，脚前脚后也，须子细。忽然筑着磕着，净慈拄杖别有分付"。

上堂，"一舛三合，拄杖头边万木千山，草鞋跟底未言先领。谁家灶里无烟，撩起便行。是处井中有水，莫道空来。又空去许多途路不相孤"。

上堂，"一句绝离微，浑仑无缝罅。善财七日寻觅不得，赵州五年分疏不下。灵山今日快便难逢。为通一线，六月卖松风，人间恐无价"。

上堂，"绕禅床一匝，挥香案一下，转藏已竟，讲经已竟。若具看经眼目，方知落处。其或未然，依经解义，三世佛冤。离经一字还同魔说"。

上堂，"赵州吃茶去，金牛吃饭来，龙门多上客。有人续得末后句，许你入阿字法门"。

景定四年六月十四日示寂，寿七十五，夏五十八。

苏州虎丘枯桩昙禅师 上堂，举大梅常禅师问马大师："如何是佛？"大师云："即心是佛。"师云："要知马师蹲坐处么？水向石边流出冷，风从花里过来香。"

杭州径山淮海原肇禅师 通州静海潘氏子，母朱氏，邑之利和寺妙观。其诸父也，谓其父母曰："是子生而有异，却荤蔬，殆亦凤种，盖俾出家，父母然之。年十九剃染受具，参浙翁于径山。"翁问："汝何处人？"师曰："淮人。"翁曰："泗州大圣为什么在扬州出现？"师曰："今日又在杭州撞着。"翁曰："且得没交涉。"师徐曰："自远趋风。"翁以师警敏，欲大激发，未容其参堂，才见便云："下一转语来！"拟开口，即喝出。师以书上，又以颂呈末句云："免教回首望长安。"翁云："这里是什么所在？"师曰："谢和尚挂搭。"始容就入室之列，已而命掌记。

翁既寂，师出世通之光孝，迁吴城双塔、金陵清凉、天台万年、苏州万寿、东嘉江心。而四明育王虚席，庙堂奏师补处。迁杭之净慈、灵隐径山。其住径山，歉余逋券山积，僧残屋老。未几楼阁矗霄，云衲踵至，不减浙翁全盛气象。俄示疾，嘱其徒为吾树一穴于东涧，见生死不忘奉师之意。浴讫书偈而逝。尝赞达磨偈曰："踏翻地轴与天关，合国人追不再还。去去一身轻似叶，长江千古浪如山。"

杭州灵隐大川普济禅师 明州奉化人。上堂，举睦州因僧问："如何是祖师西来意？"州云："一队衲僧来，一队衲僧去。"颂曰："一队衲僧来，一队衲僧去，打破睦州关，大地无寸土。"题世尊出山相偈曰："龙章凤质出王宫，肘露衣穿下雪峰。智愿必空诸有界，不知诸有几时空。"送僧偈曰："云遮剑阁三千界，水隔瞿唐十二峰，抖擞屎肠都说了，莫教错认瓮为钟。"

杭州净慈介石朋禅师 上堂，举明招谦禅师一日天寒上堂，众才集，招曰："风头稍硬，且归暖处商量。"便归方丈。众随至立定，招曰："才到暖室，便见瞌睡。"以拄杖一时趁下。师颂曰："稍硬风头早已乖，更将暖处自沉埋，反令千古成踪迹，枉吃罗山白饭来。"因见郁山主画像，旁僧索赞，师信笔书曰："拾得明珠笑眼开，为言尘尽转生埃，若无直下承当者，孤负阇黎一扑来。"

四明天童辨山仟禅师 送僧归乡偈曰："奋志南方问正因，正因一字不曾闻，七零八落袈裟角，惹得凌霄几片云。"赞观音偈曰："螺髻屈蟠春嶋碧，绿衣零乱晓云寒，寻声只么随流去，见甚真观清净观。"

苏州虎丘东山道源禅师 福建连江黄氏,隶业郡之白云,历两浙,见知识二十余员。末后到蒋山,见浙翁室中举即心即佛话有省。出世奉化清凉,上堂,"几载长庚度岁寒,横眠倒卧放痴顽,虽然不作住山计,却被无心趁出山。俯顺时机,高低普应,尧风荡荡,舜日熙熙,樵唱渔歌,咸归正化"。良久,"四海浪平龙睡稳,九天云净鹤飞高"。

上堂,拈拄杖。"德山棒,临济喝,总是用过了闲家泼具。且道虎丘将什么为人?"卓拄杖云:"不假钳锤烹佛祖,惯将折箸搅沧溟。"掷拄杖,下座。

师居虎丘,以病朔望不至官府,守许其简。师写一偈云:"业风吹我到姑苏,多病那能强自扶。珍重虎丘山上月,出门何处不逢渠。"建安徐直翁帅三山,以雪峰起师。至建安光孝寺,遗偈而化,淳祐元年九月二十九日也,寿五十九。

四明大慈芝岩惠洪禅师 越州新昌人,姓朱。其生也,母梦僧入卧内肖前石佛高禅师。年十六从石佛净因剃染。谒蒋山浙翁,翁问曰:"汝何处人?"师曰:"越州。"曰:"近离何处?"曰:"净慈。"曰:"如何是行脚事?"师拟议,翁色庄曰:"汝答我一一分晓,问着行脚事则茫然,为何所碍?"曰:"今日来见和尚。"翁曰:"念汝新到,参堂去!"翁迁天童,师再参翁。室中举不是心不是佛不是物,师曰:"毒龙行处草不生。"翁曰:"且喜没交涉。"师曰:"入水见长人。"翁便喝。

后应丞相忠献越王之命,出世崇报。上堂,"住山懒慢,百事无成,教为剩语,禅亦强名"。击拂子,"夜来春睡重,一觉到天明"。

住石佛,上堂。"红尘堆里四经秋,验尽诸方碗脱丘,忽地船头轻拨转,却来屋里贩杨州。襕衫翻着,曲唱还乡,坐断千差,壁立万仞。直得韶光溢目,故园桃李争妍。瑞气腾空,本地风光显现。若也顿开千眼,何妨把手同归。其或未然,善财一去无消息,楼阁门开竟日间。"

上堂,"若论此事,如春行大地,物物皆春。若是焦芽败种,又争怪得"。临终书偈云:"六十三年前,六十三年后,腊月火烧山,虚空俱出丑。"跏趺而逝。

四明寿国梦窗嗣清禅师 越之山阴于氏,肄业郡之天章。佛涅槃,上堂,"佛真法身犹若虚空,因甚二月十五日却向双林树下做尽死模活样,竹影扫阶尘不动,月穿潭底水无痕"。

上堂,举白云端和尚示众曰:"若端的得一回汗出。"师拈云:"要知白云老人落处么?自从塞北径鏖战,敢向江南说阵图。"

上堂,"德山入门便棒,临济入门便喝。逼龟成兆,终不能灵。宝陀这里寂然不动,感而遂通,马无千里谩追风"。

上堂,举曹山辞洞山,洞山云:"子向甚么处去?"曹山云:"不变异处去。"洞山云:"不变异处岂有去耶?"曹山云:"去亦不变异。"师云:"云藏无缝袄,乌宿不萌枝。"

上堂,"春风如刀,春雨如膏。裁剪不得处,桃花色转娇。灵云一见不疑去,谢郎舞棹更呈桡"。

上堂,"归宗斩蛇,秘魔擎义,禾山打鼓,赵州吃茶。十字街头开铺席,见钱买卖且无赊"。

上堂,"三十年来寻剑客,几回叶落又抽枝。自从一见桃花后，直至如今更不疑"。师云："寻常春梦无奇特，独有灵云说向人。只如玄沙道，谛当甚谛当，敢保老兄未彻在。若不同床睡，焉知被底穿。"

上堂，"万里无寸草，头上漫漫。出门便是草，脚下漫漫。夜行只管贪明月，不觉和衣渡水寒"。

龙溪文禅师 示众云："无相无形本寂寥，拟抬眸处转迢遥。蒲团静倚无余事，窗外一声婆饼焦。"

天童无际派禅师法嗣

天宁无境彻禅师 上堂，举岩头和尚因僧问："浩浩尘中如何辨主？"头云："铜沙锣里满盛油。"颂曰："百万雄兵入汉关，威如猛虎阵如山，单刀直取颜良首，不是关公也大难。"

鳌峰定禅师 赞玄沙和尚偈曰："襄衣不肯换金章，千古风流属谢郎，钓得锦鳞人不荐，夜寒沙上听鸣柳。"

育王秀岩瑞禅师法嗣

四明瑞岩无量寿禅师 上堂，举鸟窠和尚因白侍郎问："如何是佛法大意？"鸟窠曰："诸恶莫作，众善奉行。"侍郎曰："三岁孩儿也解恁么道。"鸟窠曰："三岁孩儿虽道得，八十老人行不得。"颂曰："恶无相貌善无形，皆自心田长养成。不动锋铓轻剔破，菩提烦恼等空平。"因僧问："世尊睹明星悟道，此意如何？"师答以偈曰："明星现处眼皮穿，汉语胡言万万千，暴富乞儿休说梦。谁家灶里火无烟。"

育王空叟印禅师法嗣

湖州道场别浦法舟禅师 尝有鱼篮妇赞曰:"月眉斜印海门孤,逐浪随波不丈夫,双手向人提掇处,却将鱼目换明珠。"

无极观禅师 出山佛赞曰:"王宫不住个痴呆,半夜逾城真怪哉,苦行六年谁采你,计穷只得出山来。"

鼓山木庵永禅师法嗣

杭州净慈晦翁悟明禅师 福州人。上堂,举夹山会下一僧到高亭才礼拜,亭便打。僧云:"特来礼拜师何打?"又拜,亭又打趁出。僧回举似夹山,山云:"会么?"云:"不会。"山云:"赖汝不会,汝若会,即夹山口哑去。"应庵拈云:"高亭一期忍俊不禁,争奈拄杖放行太速。这僧当时若是个汉,莫道高亭夹山,便是达磨大师出来也斩为三段。何故?家肥生孝子,国伯有忠臣。"师云:"高亭夹山门庭施设备得其宜,但中间一人较些子。应庵与么道,也是巩县茶瓶。"师纂修《联灯会要》传于丛林。

青原信庵裡禅师法嗣

吉州青原净居正庵宗广禅师 僧问:"不在内,不在外,不在中间,且道在什么处?"师曰:"逢人不得错举。"僧云:"还有请益个也无?"师云:"弄巧成拙。"僧礼拜,师云:"却较些子。"

上堂,"父子相继住此山,丛林轨则没多般,主宾色色皆仍旧"。蓦召大众,"且道仍旧后如何?一炷清香尽日间"。下座。

上堂,"不用爱圣,圣是假名。不用厌凡,凡是妄立。但得圣凡情尽,自然物我双忘。正与么时凭谁委悉?石女穿针山色秀,木人牵线海云生"。

何山月窟清禅师法嗣

福州雪峰北山信禅师 颂佛成道曰:"六年冻得眼无光,一见明星雪后霜,担水出山频唤卖,不知江海白茫茫。"

天童息庵观禅师法嗣

苏州虎丘幻堂善济禅师 赞鱼篮观音偈曰:"云鬟浓妆苦强颜,为它闻事入尘寰。携来活底无人买,只作寻常死货看。"

绍兴天衣啸岩文薛禅师 上堂,举云门和尚示众云:"人人尽有光明在,看时不见暗昏昏。作么生是诸人自己光明?自代云:厨库山门。又云:好事不如无。"师颂曰:"人人尽有光明在,看时不见暗昏昏,踢倒山门与厨库,此时明暗自然分。"

华藏纯庵善净禅师 上堂,举六祖风幡话,颂曰:"不是风兮不是幡,白云尽处见青山,可怜无限英灵汉,开眼堂堂入死关。"

柏岩凝和尚 作破衲颂曰:"零零落落几经年,信手拈来搭半肩,午夜定回和束倒,个中消息许谁传。"

金山退庵奇禅师法嗣

杭州灵隐高原祖泉禅师 上堂,举九祖伏驮密多尊者问八祖佛驮难提尊者父母非我亲话,颂曰:"父母分明非我亲,祖师肝胆向人倾。直下若能亲荐得,优昙花发火中春。"赠黄汉岭开接待偈曰:"路绕悬崖万仞头,行人到此一场愁,蓦然得个休歇处,重迤关山信脚游。"

万寿月林观禅师法嗣

隆兴黄龙无门慧开禅师 杭州良渚人,俗姓梁,母宋氏。礼天龙肱和尚为受业师,参月林于苏之万寿。林令看无字话,经于六年迥无入处,乃奋志克责。誓云:"若去睡眠,烂却我身。"每至困时,廊下行道,以头向露柱磕。一日在法座边立,忽闻斋鼓声有省,成偈曰:"青天白日一声雷,大地群生眼豁开。万象森罗齐稽首,须弥蹦跳舞三台。次日入室,欲通所得。林遽曰:"何处见神见鬼了也?"师便喝,林亦喝,师又喝,自此机语吻合。

嘉定十一年出世安吉报国,继迁隆兴天宁、黄龙翠岩、苏之开原、灵岩镇江焦山、金陵保宁,淳祐六年奉旨开山护国仁王寺。

上堂，"若人识得心，大地无寸土。古人恁么道，黄龙即不然，若人识得心，大地尽是土"。

上堂，"是非长短耳边风，切莫于中觅异同。要得八风吹不动，放教心地等虚空。慈受老人只解顺水张帆，不能逆风把柁。黄龙又且不然，是非都去了，是非里荐取。何故？聻！几度黑风翻大浪，未曾闻道钓舟倾"。

上堂，"三分光阴二早过，怀州牛吃禾。灵台一点不揩磨，益州马腹胀。贪生逐日区区去，天下觅医人，唤不回头争奈何。灸猪左膊上，于斯荐得，参学事毕。其或未然"。拈拄杖云："请木上座与诸人说破。"卓拄杖一下。

上堂，"赵州和尚云：'南来者与他下载，北来者与他上载。'大似世情看冷暖，人义逐高低。慈受和尚云：'南来者与他一面笑，北来者与他一面笑。'大似欢喜厮散，笑里有刀。若是焦山又且不然，南来者以平常待之，北来者以平常待之。也不嗔也不笑，也无下也无高。何故？清平世界不用干戈"。

作朝阳偈曰："寒时急用底物。趁暖着些针线。忽然腊月到来，免到脚忙手乱。"对月偈曰："始见些儿光影，要了末后一段，若是无门拳头，不打这般钝汉。"

师晚年倦于槌拂，庵居西湖之上，参学者犹众。理宗召入选德殿说法祈雨，随即感应，敕赐金襕法衣、佛眼之号，以示褒宠。

潭州石霜竹岩妙印禅师　豫章进贤万氏，受僧业于邑之龙塘绍昙。江浙名老宿历扣其庐，留龙门光痴钝颖最久。用心良苦，不遂其大欲。乃见月林于苏之万寿，于入室次，林问："如何是祖师西来意？"师云："老鼠咬破灯盏。"林领之。历住名刹。及居石霜，道大振，长松片石皆长颜色。作对月偈曰："未动舌头文采露，五千余卷一时周。若言待月重开卷，敢保驴年未彻头。"晚筑庵，曰紫霞。丞相赵公葵燕居里第，招师论道无虚日。宝佑三年八月示疾。二十三日手书偈云："六十九年一场大梦，归去来兮，珍重珍重。"泊然示寂。塔于紫霞。

兴化囊山孤峰德秀禅师 福之连江陈氏，于吴门枫桥祝发。上堂，举僧问雪峰："如何是第一句？"峰良久。僧举似长生，生云："此是第二句。"雪峰再令其僧问："如何是第一句？"生云："苍天苍天。"师云："二大老与么泪出痛肠。若是第一句，要且未梦见在。忽有人问怡山如何是第一句，只向他道，剑去久矣。"

上堂，举真净和尚云："头陀石被莓苔裹，掷笔峰遭薜荔缠。罗汉寺里一年度三个行者，归宗寺里参退吃茶。大众要会么？听取一颂：天晴日头出，雨落地下湿，尽情都说了，只恐信不及。"

天宁直翁举禅师法嗣

四明天童云外云岫禅师 昌国人，身材眇小，精悍有余。师事直翁举公剃落，究明曹洞宗旨，尽其源底。出世慈溪石门，历象山智门郡之天宁，继以三宗，四众推挽舛住天童。

上堂，"闹市红尘里，有闹市红尘里佛法。深山岩崖中，有深山岩崖中佛法。山僧昨日出城门，闹市红尘里佛法一时忘却了也。行到二十里松云,便见深山岩崖中佛法。大众,且道如何是深山岩崖中佛法?"良久云:"白云山淡泞,出没太虚之中,青萝寅缘直上寒松之顶。"

谢首座书记藏主,上堂,以拂子打圆相云:"摩诃衍法,离四句绝百非。"又打一圆相云:"礼之用,和为贵。先王之道,斯为美。"又打一圆相云:"摩尼珠人不识,如来藏里亲收得。诸人还见么?所见不同,互有得失。天童这里毋固毋必。"师说法能巧譬傍引,贵欲俯就,学者而曲成之。至于奔轶绝尘,虽鹘眼龙睛,亦无窥觑分。平生不倨傲,不贪积,得施利随与人。既寂无余资,禅者率钱津送,葬于本山。

天童痴钝颖禅师法嗣

杭州径山荆叟如珏禅师 婺州人。初见痴钝室中垂语曰:"如何是佛。"师答云:"烂冬瓜。"复成颂曰:"如何是佛,烂冬瓜,咬着冰霜透齿牙,根蒂虽然无窖子,一年一度一开花。"又尝作偈寄呈痴钝曰:"钟山白刃赤身挨,几度曾经被活。一自人亡家破后,了知无位可安排。"

夏小参。"我此一宗,正令全提,如暴风率雨,鼓荡无前,石火电光追奔不及。举意即迷源,抬眸已蹉过。不埋是目前法,莫生种种心。纵汝三种互修,克期取证,第二头第三首,万挂千撑,转见气急。殊不知髑髅未具,己眼先明。呱地一声,千了百当。然虽如是,亲证者万无一二,错会者数有河沙。"佛成道,颂曰:"六年雪岭方成道,打失从前鬼眼睛,满面惭惶无着处,至今生怕见明星。"

福州雪峰大梦德因禅师 作布袋和尚赞曰:"杖挑布袋走红尘,底事何曾见得亲,业识茫茫无本据,不知开口笑何人。"

增集续传灯录卷第三

大鉴下第二十世

灵隐松源岳禅师法嗣

四明天童灭翁文礼禅师 杭之临安人，家天目山之麓，因又号天目，姓沉氏。师生六岁，携篮随母采桑，俄而寤念曰："携篮者谁邪？"遂有出家志。年十六，依乡之真相寺僧智月剃落。往净慈参混源，不契。谒育王佛照光禅师，照问："恁么来者，那个是汝主人公？"师豁然领旨。他日照再问："是风动，是幡动，这僧如何？"师云："物见主，眼卓竖。"又问："不是风动，不是幡动，甚处见祖师？"师云："揭却脑盖。"照喜其俊迈，挽为书记。久之，返浙听一心三观之旨于上竺。时松源唱道饶之荐福，室中问僧不是风动不是幡动，僧拟议即棒出。师闻之，顿忘知解，乃往参焉，蒙印可。辞源，巡礼江淮间祖塔。至蒋山，浙翁命充立僧首座。晋陵尤公煜数入山，听师提唱语，悦服。

嘉定五年，约斋居士张公镃请开法慧云，迁温之能仁，未几辞隐钱塘之西丘。节斋越公慕师高行，微服过西丘。师亦不问其姓名，与语终日而去。明日奏请师住持净慈。厥后退居福泉，晚居天童。僧问："牛头未见四祖时如何？"师云："牛头。"僧云："见后如何。"师云："牛头牛头。"

问："和尚见佛照时如何？"师云："石中有玉。"僧云："见松源后如何？"师云："沙里无油。"僧问："祖意教意是同是别？"师云："南山笙笋，东海乌贼。"僧拟议，师辄督牙三下。

上堂，"长颈鸟乔林不栖，横飞天外。穴鼻牛山田耕了，直上峰头。天下衲僧望他不及。何故？嘉州打大像"。

上堂，举《楞严经》云："诸可还者自然非汝，不汝还者非汝而谁。"师颂云："不汝还者复是谁，残红流在钓鱼矶，日斜风定无人扫，燕子衔将水际飞。"

上堂，"投子和尚道：'迎之不见其首，随之不见其形，大似徐六担板。'天童则不然，仰之弥高，俯察非遥。横塘宿鹭斜飞起，几只银瓶挂树腰"。

上堂，"众生本不曾迷，夜阑鸡向五更啼。诸佛本不曾悟，秋清雁度长空去"。拍膝一下云："西窗昨夜月华明，凉飙已到梧桐树。"

元宵上堂，"昨夜摩腾法师遍点莲灯，助佛光明，直得善信真人失却光彩。太白龙王出来道，我从龙种上尊王佛时住此山，未闻有这个消息。于是空中打个闪电，变作满天黑风暴雨。还委悉么？我见灯明佛本光瑞如此"。

宏智禅师忌，上堂。"夜明帘外宝鉴台前，元无兼带莫有偏圆。正恁么时，毕竟谁居正位？古渡无人霜月冷，芦花风静鹭鸶眠。"

有来上座直入方丈云："某甲有状告投和尚。"师云："对头在那里。"来云："和尚便是。"师云："老僧与汝有甚么冤仇？"来无语。师捉住云："冤家冤家。"

新到相看，师问："汝名什么？"僧云："智虎。"师退身作怕势。僧拟议，师便归方丈。佛光法师首依师于梁渚，师令往下竺参北峰印公，作二偈送之曰："归去相依有鹫山，渠家一向斥前三。谁知开异归同后，圆旨于今亦厌谈。拣境分明妙药方，余之分别更须忘。晚风吹落残红片，休向枝头觅旧香。"丛林至今传诵。

师邃于《易》，干淳诸儒大阐道学，师与之游，直示以心法不为世语徇悦也。朱晦庵问毋不敬，师叉手示之。扬慈湖问不欺之力，师答以偈曰："此力分明在不欺，不欺能有几人知。要明象兔全提句，看取升阶正笏时。"其晓人类如此。

师阅五刹，通不过八九年而得。闲之岁月，多逍遥于梁渚之西丘，群衲参扣无异领众时也。其为人高古简俭，不苟为笑语。将入寂，问侍者曰："谁为我造无缝塔？"侍者云："请师塔样。"师云："尽力画不出。"怡然脱去。阇维，弟子收舍利遗骨，附葬应庵塔左。寿八十四，腊六十八。

湖州道场运庵普岩禅师 上堂，举洞山冬夜吃果子次问泰首座曰："有一物上拄天，下拄地，黑似漆，常在动用中，动用中收不得。且道过在什么处？"泰曰："过在动用中。"山曰："侍者掇退果卓。"师颂曰："洞山点辱家风，首座埋没自己。双双绣出鸳鸯，千古扶持不起。"

赞赵州和尚像曰："无端提起七斤衫，多少禅人着意参，尽向青州做窠窟，不知春色在江南。"

镇江金山掩室善开禅师 上堂，举密庵因应庵垂问："如何是正法眼藏？"密庵答云："破沙盆。"师颂曰："法眼拈来早自谩，无端错对破沙盆，而今遍界难遮掩，殃害丛林累子孙。"

华藏无得觉通禅师 青苗会，上堂。"破一微尘出大经，鸢飞鱼跃更分明，不将眼看将心看，已是重敲火里冰。淹黑豆，昧平生，直须劫外话丰登，缲成白雪桑重绿，割尽黄云稻正青。"

温州江心石岩希琏禅师 潮阳马氏子。上堂，举广慧琏禅师与杨大年夜话公案。师云："内翰攀南斗倚北辰，广慧转天关反地轴。寥寥千古许谁知，断弦须是鸾胶续。"

室中有僧问："昔日佛照光禅师因孝宗问释迦佛入山六年所成何事，佛照奏云将谓陛下忘却。此意如何？"师答以颂曰："大根大器大熏修，瞥转机轮向上头，万亿斯年惟一佛，雪山元不隔龙楼。"

台州瑞岩少室光睦禅师 上堂，举曹山霞因僧侍立，山曰："道者可煞热。"曰："是。"山曰："祇如热向甚么处回避？"曰："向镬汤炉炭里回避。"山曰："只如镬汤炉炭里又作么生回避？"曰："众苦不能到。"师颂曰："瞎却顶门三只眼，镬汤炉炭里优游，若言众苦不能到，端的何曾有地头。"

湖州道场北海悟心禅师 举黄檗在盐官殿上礼佛，时唐宣宗为沙弥，问曰："不着佛求，不着法求，不着僧求，礼拜何为？"黄檗曰："常礼如是事。"沙弥曰："用礼何为？"檗便掌。师颂曰："曾施三掌触君王，佛法何曾有寸长，粗行沙门封断际，至今无地着惭惶。"

四明雪窦无相范禅师 上堂，举赵州和尚云："才有是非，纷然失心，还有答话分也无？"僧举似洛浦，浦扣齿。又举似云居，居曰："何必。"僧回举似赵州，州曰："南方大有人丧身失命。"僧曰："请和尚举。"赵州方举前话。僧指旁僧曰："这个师僧吃却饭了作怎么语话。"师颂曰："坐底见立底，立底见坐底。咄哉老赵州，白日眼见鬼。"

台州瑞岩云巢岩禅师 作写经偈云："以字不成八字非，当阳拈起大家知。释迦老子舌无骨，黄叶将来吓小儿。"颂灵云见桃花话曰："三月桃花烂熳红，灵云打失主人翁，随邪逐恶玄沙老，半是真情半脱空。"

四明雪窦大歇谦禅师 上堂，举密庵因应庵问："如何是正法眼藏？"密庵对曰："破沙盆。"师颂曰："白玉琢成没弹子，黄金铸就铁昆仑，千年滞货无人买，未免如今累子孙。"送僧偈曰："兴化当年打克宾，丛林千载话犹存，云黄有棒且高阁，只么煎茶送出门。"

杭州净慈谷源道禅师 举丹霞然禅师参石头和尚，一日头告众曰："来日划佛殿前草。"师颂曰："石头划草验英豪，懵懂丹霞眼不高，若解转身行活路，至今应不累儿曹。"

苏州虎丘蒺藜昙禅师 初住四明延庆，迁苏之穹窿、震泽普济、镇江甘露、真州长芦。至虎丘，上堂，举僧问香林如何是衲衣下事，林云腊月火烧山。师曰："兔子何曾离得窟，若有人问延庆如何是衲衣下事，只对他道，就舡买得鱼偏美，踏雪沽来酒倍香。"

上堂，"念念释迦出世，时时弥勒下生。顿超天地未分之前，岂在天地既分之后。不历阶梯，掀翻宝所。便怎么去，可以开无量法门,可以演百千妙义"。蓦拈拄杖卓一下云:"无量法门,百千妙义,尽向这里百杂碎了也。还知虎丘落处么?"靠拄杖云:"祖祢不了,殃及儿孙。"颂灵云桃花话曰:"三月桃花是处开,灵云双眼尽尘埃,谢郎重整钓鳌手,未免将身一处埋。"

诺庵肇和尚 赞二祖偈曰:"觅心无处自欺谩,甘受齐腰雪正寒,三拜起来依位立,谁知遍界是波澜。"

卧龙破庵先禅师法嗣

杭州径山无准师范禅师 生于蜀之梓潼雍氏,九岁依阴平山道钦出家,经书过目成诵。绍熙五年登具戒,出游至成都坐夏正法,有老尧首座、瞎堂高弟,师请益坐禅之法。尧曰:"禅是何物,坐底是谁?"师受其语,昼夜体究。一日如厕,提前话有省。辞去,依佛照于育王东庵。照问曰:"何处人?"师曰:"剑州人。"照曰:"带得剑来么?"师随声便喝。照笑曰:"者乌头子也乱做,贫甚无资剃发。"故人以乌头子目之。未几,闻破庵住苏之西华秀峰,遂往见焉。有纯颠者入室次,横机不让,庵打至法堂,且欲逐出。师解之曰:"禅和家争禅亦常事,何止如此。"庵曰:"岂不闻道,我肚饥,闻板声,要吃饭去罨!"师闻其语,不觉白汗浃背。逮破庵居灵隐第一座,复往从之。因侍破庵游石笋庵,庵之道者请益曰:"胡孙子捉不住,乞师方便。"庵曰:"用捉他作什么?如风吹水,自然成纹。"师在侍傍,平生碍膺之物顿释。

岩云巢居吴郡穹窿,迁瑞光及台州瑞岩旨,延师分座。师在瑞岩，忽梦伟衣冠者持把茅见授，翌日明州清凉专使至，迨入院见伽蓝神，姓茅，衣冠形貌与畴昔所梦无异。继迁焦山、舛雪窦，连被旨移育王径山。师居径山二十年，储峙丰积，有众如海。虽丙丁火厄而旋复旧观，号法席全盛。

僧问："赵州道：'三十年前火炉头有个无宾主话，未曾有人举着。'此意如何？"师云："舌头拖地。"僧云："毕竟如何是无宾主话？"师云："言满天下。"僧云："只如玄沙闻得云：'者老汉脚跟未点地在。'又作么生？"师云："一坑埋却。"僧云："可谓焦砖打着连底冰，赤眼撞着火柴头。"师云："一画画断。"

上堂，"灵山指月，曹溪话月，递代相传，证龟成鳖。范上座寻常有一张口挂在壁上，未曾动着。今日无端入这行户，事到如此，只得东簸西簸，未免拈起多年历日，于中点出些子，误赚处说似诸人。且要郭大、李二、邓四、张三知得江南两浙春寒秋热。虽然如是，黄河三千年一度清"。

上堂，"若论个事，直是省要易会，多是诸人自作艰难，自作障碍。所以有时东廊西廊见诸人和南问讯，山僧便乃低头相接。其实无他，只要诸人识得长老是西川隆庆府人事。若识得去，便与诸人打些乡谈，说些乡话。如今且未说你识得长老，且各自知得自家乡井也得。还知么？明州六县，奉化八乡"。

上堂，"五峰门下百种全无，僧床迫窄堂供萧疏。脚下踏着底破砖头碎瓦砾，面前撞见底王獦獠李麻胡，恁么薄福住山，真个孤负老胡。虽然如是，更点分明"。

上堂，"一夏已满，无事不辨。遂府钵盂，功州磁碗"。

理宗尝召见于修政殿，奏对详明，上为之动色，赐金襕僧伽黎,仍宣诣慈明殿升座。上垂帘而听,以师所说法要示参政陈公贵谊。陈公奏云:"简明直截,有补圣治。"乃赐佛鉴禅师号,兼缣帛金银等物。

师去寺四十里作室接待云水,理宗亲洒宸翰赐额曰"万年正续"。淳祐己酉三月旦日示众曰:"山僧既老且病,无力得与诸人东语西话。今日勉强出来,从前所说不到底,尽情向诸人面前抖擞去也。"遂起身抖衣云:"是多少?"十五日亲书遗表及遗书十数,言笑谐谑如平时。医者诊视次,师谓曰:"你未识这一脉在。"十八日黎明索笔书偈曰:"来时空索索,去也赤条条,更要问端的,天台有石桥。"移顷而逝,全身葬于正续之侧,塔曰圆照。

杭州灵隐石田法熏禅师 眉山彭氏,生而慧敏。从丹棱石龙山法宝院智明出家,游方至石霜礼雷迁塔,述偈曰:"一念慈容元不隔,何须特地肆乖张,平高就下婆心切,恼得雷公一夜忙。"师名因是大着。闻破庵道望,时在吴门穹窿,遂往依焉。室中举世尊拈华迦叶微笑,师云:"焦砖打着连底冻,赤眼撞着火柴头。"庵阴奇之,每于日用语默故起其疑,师于是决志依栖,与无准日相激砺。久之出世苏之高峰,次迁枫桥普明,行辈有高原泉、无相范、即庵觉、石溪月、相依而住。俄钟山虚席,庙堂以师补处。宝庆初,诏迁净慈。端平二年,诏迁灵隐。

上堂,"一径直,二周遮,衲僧会得万别千差。庭前闲放目,春尽尚余花,老胡不合过流沙"。

上堂,"大道体宽,无易无难,相头买帽,此土西天"。

上堂,"识得心,山岳沉。握金成土,握土成金。脚后脚前,现成行货。少室峰前，交点不过"。

上堂，"石中有玉，沙里无油。德山临济，未出常流。却忆寒山子，时临古渡头"。

上堂，"见闻觉知，行住坐卧，贬上眉毛，早是蹉过。赤脚唱山歌，路上无人和"。

上堂，"把定重关，诸人性命在山僧手里。放开一线，山僧性命在诸人手里。而今也不把定，也不放开，山僧即是诸人，诸人即是山僧，三十年后莫道蒋山和泥合水"。

上堂，"自从胡乱后，三十年不少盐酱，马大师满地狼籍。灵山即不然，自从胡乱后，三十年不少"。良久云："衲子难谩。"

示众偈曰："剑刃翻身犹是钝，屋头问路太无端。楚鸡不是丹山凤，何必临风刷羽翰。"淳祐甲辰三月望日示徒云："但得本，莫愁末。唤什么作本，唤什么作末？松柏千年青，不入时人意。牡丹一日红，满城公子醉。山僧恁么道，若有不肯底是我同参。"弟子师俊绘师像求赞，有云："末后一句分付厨山。"众颇讶之。师先尝建接待院于西溪曰宝寿，忽示疾，即退居宝寿，趣辨终焉，计嘱窆全身于院之后山。端坐而化，寿七十五，腊五十三。

江州云居即庵慈觉禅师　上堂，举雪峰因闽王问："拟欲盖一所佛殿去时如何？"峰曰："大王何不盖取一所空王殿？"王曰："请师样子。"峰展两手。云门云："一举四十九。"师颂曰："空王殿样子，雪峰展两手。添得老韶阳，一举四十九。总是面南看北斗。"赞船子和尚偈曰："三十余年在药山，鬼家活计岂能传，当时不得夹山老，你且耐烦撑破船。"

四明大慈独庵道俦禅师 赠制鞋匠偈曰："透底工夫做已圆，须知密处自心传，脚跟着地随他转，踏到驴年也未穿。"

龟峰曹源生禅师法嗣

杭州径山痴绝道冲禅师 武信长江苟氏子，母郭氏。生而丰上短下，资性绝人。少长，习进士业，兼之受释氏学。于梓州妙音院礼修证为落发师，游成都习经论于圣慈，以名相厌人复弃去。闻松源唱道于饶之荐福，径造其门，以岁饥不受。曹源以云居首座出世妙果，师听其入门语有省。源遂俾侍香，老拳痛棒不少贷。平生知见至是绝无影响。源徙龟峰，师复侍行，久之呈偈辞。游浙有曰："尚余穷相一双手，要向诸方痒处爬。"江湖盛传。

至杭时松源主灵隐，门严户峻，八阅月不得入室。或以失士告，源曰："我已八字打开挂搭他，自是他当面蹉过了。"师闻其语彻见。侍曹源于妙果龟峰，时嘻笑怒骂皆为人善巧方便。嘉定己卯，由径山第一座出世嘉禾光孝，道闻于朝。忠献史卫王以堂帖除蒋山，侍郎曹公豳帅闽以鼓山来聘，未行。雪峰牒至，领事半年而天童诏下众集如海，犹宏智盛时。育王虚席，摄住持事，往来说法两山间。

淳祐甲辰有旨移灵隐，师谓大父密庵、伯父松源，弘道之地，方欲奋励力振祖风，而世故有不满其意者，伐鼓辞众，归隐金陵。朝命以虎丘俾养老，不就。留守虚斋赵公以蒋山起之，不应。育王笑翁散席，朝论以大觉故家召师隐所，使者三返，卒不应诏。明年,京尹赵公以法华请开山,将领事径山,诏至,师欲以法华并辞,自谓不赴法华则失信,重违君命则不恭,失恭与信何以为后学法,乃幡然而作。留法华逾月,即登径山,故人神响应,欢声如雷。

上堂,僧问:"心佛及众生是三无差别,如何是过去心?"师云:"待冷来看。"僧云:"如何是现在心?"师云:"你问我答。"僧云:"如何是未来心?"师云:"后次上堂向你道。"僧:"如何是过去佛?"师云:"去年梅。"僧:"如何是现在佛?"师云:"今岁柳。"僧云:"如何是未来佛?"师云:"颜色馨香依旧。"僧:"如何是过去差别智?"师以拂子击禅床左边。僧云:"如何是现在差别智?"师以拂子击禅床右边。僧云:"如何是未来差别智?"师以拂子中间点一点。僧云:"心佛众生无向背,十方刹海一毫收。"便礼拜。师乃云:"过去心不可得,现在心不可得,未来心不可得。三世既不可得,唤什么作差别智?若人见得彻去,三世诸佛无一时不在诸人顶额上转大法轮,更来这里挨肩并足讨什么碗。"以拄杖一时赶散。

结夏上堂,"圆觉伽蓝尘尘有路,坐断去来顿空今古。那里十三这边十五,后先不差毫发许。可笑黄面瞿昙,至今不知落处"。

上堂,"尽乾坤大地无丝毫许大,是汝诸人横担拄杖,绕四天下行脚,道我无处不到,无事不知。且道西天那烂陀寺戒贤论师今日说什么法?"便下座。

上堂,"有一人一念顿证堕在佛数,有一人累劫阐提不愿成佛。且道那个合受人天供养?"良久云:"蝶穿芳径双眉湿,蜂掠残花两股肥。"

临示寂，手书龛记并遗书十数。且曰："无准忌在三月十八日，吾以十五日即行，不能瓣香修供。"侍僧亟以遗偈请师，谓曰："末后一句无可商量，只要个人直下承当。"即命笔书。辞众上堂，语至夜分起坐，移顷而逝，寿八十二，腊六十一。茶毗，舍利五色者无数。其徒遵治命，奉骨归葬金陵。玉山庵学者追慕不忍，含中分其半，建塔菖蒲田玉芝庵。

天童枯禅镜禅师法嗣

四明育王寂窗有照禅师 福之闽县邓氏，依九峰榕庵慧得度。时枯禅唱道怡山，往从之。一日禅曰："自从一见桃花后，直至如今更不疑。那里是他不疑处？"师大笑，趋出。禅深肯之。禅迁灵隐，师掌内记。已而见大梅石岩、虎丘蒉藜、鄮峰无准、金山大歇，皆深器重。以母老归省雪峰，痴绝留掌记室。闽帅赵公汝愚钦师名，命开法东山大乘，住福之黄檗。时左史竹溪林公希逸从师论心法，拳拳服膺。竹溪有诗云："老来得友如师少，别去伊谁伴我闲。"朝命主江心，诏迁玉几。适灾变，竭力兴建众屋，稍完谒平章。贾魏公闻奏朝廷，降金帛鼎，建舍利宝塔，顿复旧规。

僧问："如何是佛？"师云："八吉祥。"僧云："如何是法？"师云："六殊胜。"僧云："如何是僧？"师云："面目见在。"

上堂，"六尘不恶，还同正觉。鸦鸣鸦鸦，鹊噪鹊鹊。江北江南，潮生潮落。春风二月花草香，善财何处寻楼阁。喝！"

上堂,"如何是道木头?如何是禅碌砖?古德与么垂示,十个五双恬不为事,殊不知,正抓着邓峰痒处。何故?建造殿宇恰用得着"。

杭州净慈清溪沅禅师 上堂,"达磨西来一坐具地,被他神光礼了三拜一时占了,致令后代儿孙各自分疆列界。衲僧家拨草瞻风,朝吴暮越,南天台,北五台,挂杖头,草鞋底,还曾踏着也未?"良久,"切忌踏着"。

泉州法石愚谷智禅师 山居偈曰:"栗色伽黎千百结,倚松扪腹看云飞。有人问我云山趣,向道春深笋蕨肥。"

福州西禅月潭圆禅师 开炉上堂,"人人尽守瓮中天,地覆天翻我不然。直下一槌星火迸,螺江烧却谢郎船"。赞猪头和尚云:"血淋淋,古佛心,几回提起,谁是知音。"

报恩太古先禅师 上堂,"若论此事,不涉心思意想,非干默照忘怀,要得洞然明白,须是汗下一回。汗下后如何?"唤侍者云:"将扇子来。"

上堂,"夜冷清霜重,风来寒更多。因循时节过,自己事如何?"拍禅床云:"不是知音者,如何举向他。"

上堂,"衲僧家游方行脚,拨草瞻风,第一须识路径始得。路径不错,东西南北到处为家。稍涉迂回,五里单牌,十里双堠,那里更在那里。"掷下挂杖云:"看脚下。"

荆南府公安虎溪锡禅师 上堂,"心心浅处实甚深,道道幽远无人到。急行踏不着,缓行成蹉过。少林几坐花木春,却忆西来胡达磨"。

岊翁淳禅师 佛诞偈曰:"毗岚毒种毒花开,添得云门醉后杯。今日柯桥风色恶，淡烟疏雨洗黄梅。"

高峰崇和尚 颂初祖见梁武帝话曰："开旗展阵入梁邦，未睹天颜早已降。纵有神通难展款，翩翩一苇渡长江。"

隐静万庵柔禅师法嗣

苏州虎丘双杉元禅师 上堂，举密庵因应庵和尚问："如何是正法眼藏？"密庵曰："破沙盆。"师颂曰："五陵公子少年时，得意春风跃马蹄。不惜黄金为弹子，海棠华下打黄鹂。"冷泉画两廊壁，颂曰："一一尘中坚密身，改头换面转精神，谁知东壁打西壁，尽是灵山会上人。"

育王物初观禅师法嗣

杭州径山佛智晦机原熙禅师 族豫章唐氏，世业儒，西山明觉院明公乃师族叔父，聚宗族子弟教世典。师与兄原龄俱习进士业，原龄既登第，师遂从明公祝发焉。将游方，其母私具白金为装。师谓财足丧志，即善言辞之，不持一钱以行。闻物初阐化玉几，往依之。物初与语惊异，留侍左右。后谒东叟颖于南屏，命掌记。至元间总统杨琏真加奉旨取育王舍利，亲诣师求记述舍利始末，因招与俱。师辞曰："我有老母，兵后存亡不可知。"遂归江西。则原龄先以临江通判从丈丞相起兵死，独母在堂，师奉之以孝闻。

元贞二年出世百丈，居十二载法席振兴。至大初应净慈请入寺。日行中书省行宣政院官属俯伏迎请发扬宗旨，四方英衲一时辐凑。上堂，"云门道个普字，尽大地人不奈何。殊不知，云门四棱蹋地，当时若与震威一喝，得此老恶发，徐徐打个问讯道：'莫怪触忤好！'非徒扶起此老，管取话行天下"。

上堂，举太原孚上座闻角声悟道话，颂曰："琴生入沧海，太史游名山。从此扬州城外路，令严不许早开关。"

上堂，"三界无法，何处求心。白云为盖，流泉作琴，古今无间，谁是知音"。击拂子云："一曲两曲无人会，雨过夜塘秋水深。"

上堂，"独坐大雄峰，寒灰拨不红。一星荧火出，孤鹤过辽东"。

结制上堂，以手作结布袋势云："南山今日结布袋口了也，汝等诸人各各于中身心安居平等性智。忽有个开冲碧落撞倒须弥底，莫道结子不坚密。"良久云："缦天网子百千重。"居七载，迁径山。已而杖策归南屏山下，百丈大仰之徒闻师退闲，争来请师。辞不获已，遂返仰山居三年。将示寂，手书与所往来书偈示众，掷笔而化，延祐六年闰八月十有七日也，寿八十二，于金鸡石下葬焉，其弟子在杭者，又分爪发塔于净慈西隐。

径山藏叟珍禅师法嗣

杭州径山原叟行端禅师 族临海何氏，世为儒家，母陈氏能通五经。师六岁，母教以《论语》《孟子》，辄能成诵。十二从族叔父茂上人得度于余杭化城院。逮受具戒，一切文字不由师授，自然能通。而克志大法，至忘寝食。

初参藏叟于径山，叟问："汝是甚处人？"师云："台州。"叟便喝。师展坐具，叟又喝。师收坐具，叟云："放汝三十棒，参堂去！"师于言下豁然大悟。一日侍次，叟云："我泉南无僧。"师云："和尚謩。"叟便棒。师接住云："莫道无僧好。"叟颔之，即延入侍司。叟既告寂，至净慈，依石林巩公处以记室。寻以灵隐山水清胜，往挂锡焉。师尝自称寒拾里人。横川在育王以偈招之，有云："寥寥天地间，只有寒山子。"师竟不渡江而谒觉庵真于承天，复谒雪岩钦于仰山。岩问："何处来？"师云："西浙。"岩云："因甚语音不同？"师云："合取臭口。"岩云："獭径桥高，集云峰峻，未识书记在。"师拍手云："鸭吞螺蛳，眼睛突出。"岩笑顾谓侍者点好茶来，即送师归蒙堂，居三年而岩逝，乃还浙右。虎岩伏时住径山，请师居第一座。寻退处楞伽室，拟寒山子诗百余篇，皆真乘流注，四方衲子多传诵之。

德大庚子，出世湖之资福，名闻京国，特旨赐慧文正辩禅师。中书省平章政事张闾公，任行宣政院使首举师主中竺。复迁居灵隐，有旨设水陆斋于金山，命师说法。竣事入觐于便殿，奏对称旨，加赐佛日普照之号。陛辞南归，即养高于梁渚西庵。至治壬戌径山虚席，三宗四众相率白于宣政行院，请师补处，乃阖辞奏请玺书护持师。至是凡三被金襕袈裟之赐。二十年间足不越阃，慕其道者鳞萃至无所容。虽素以师道自任者，至则气索意消愿就下列。

僧问："如何是正法眼藏？"师云："十字街头石敢当。"僧云："莫只这便是么？"师云："月似弯弓，少雨多风。"

上堂，举僧问："赵州狗子还有佛性也无？"州云："无。"又僧问："狗子还有佛性也无？"州云："有。"师云："若以无为究竟，后来因甚道有。若以有为谛当，前面因甚道无。者里捉败赵州，许你天上天下。"

上堂，"秋风凉，秋夜长，未归客，思故乡"。拍禅床，"自是不归归便得，五湖烟景有谁争"。

上堂，"心不是佛，兔马有角。智不是道，牛羊无角"。蓦拈拄杖画一画云："一夜落花雨，满城流水香。"

师尝勘一新到僧云："何方圣者，甚处灵祇？"僧云："临朕砧。"师云："杜撰禅和，如麻似粟，参堂去。"又勘一僧云："棋盘石斫破你脑门，钵盂池浸烂你脚板。"僧拟答，师便喝。又勘一僧云："擘开华岳连天秀，放出黄河彻底清，即且置。平实地上道将一句来。"僧拟开口，师便打。师以呵叱怒骂，为门弟子慈切之诲，以不近人情，行天下大公之道。宾友相从，未尝谭人间细故。舍大法不发一言，得宗师体裁，具宗师机用。绍临济正传，为藏叟的子一人而已。

至正辛巳八月四日终于丈室。其先五日示微疾，越四日沐浴更衣趺坐书偈云："本无生死，焉有去来。冰河发焰，铁树花开。"投笔垂一足而化。龛留七日，颜貌如生。奉全身塔于寺之后，曰寂照。庵分爪发建塔化城幻有庵。世寿八十八，僧腊七十六。

净慈东叟颖禅师法嗣

温州江心一山了万禅师 族临川金氏，貌瘠而弱，年十五业程文有声，然素志出家，去从金溪常乐院思仁祝发。及游方谒偃溪，闻荆叟珏简翁敬皆相语合。东叟领南屏择师掌记，偶经神祠，见纸灰随风旋起，脱然忘所证，亟以白东叟，叟诘之无滞。后游天台，众请开法寒岩。迁仙居紫箨疏山。未几，江淮总统会诸山于灵隐直指堂，议以开先迎居之。升住江心，少不适意，辄弃去，寺众数百恳留，随至冯公岭，不从。庐山月涧明迎归东溪，及明示寂，开先之众复以请，不敢以寺事累师，惟乞训徒耳。

上堂，"静情情，闹浩浩，浑不涉阶梯，已踏向上道。万里无寸草，出门便是草。撞着卖柴翁，便是栽松老。琉璃殿上月团团，珊瑚枝头日杲杲"。

上堂，"逢尧舜，则陈典谟，要立生涯。遇桀纣，则道杀伐，尽扫活计。我辈人，干曝曝，硬曝曝，净裸裸，赤洒洒，何曾有许多事。可怪陈睦州见僧入门便道，现成公案放汝三十棒。子细看来，也是穷急计生"。

上堂，拈拄杖云："此拄杖子西天四七，东土二三，天下老和尚拈弄不出。今日在开先手里，无头无尾，能放能收，离相离名，不与不夺。虽然如是，也只为中下之机。忽遇上上人来时如何？"画一画云："放过一着。"

皇庆元年十一月二十六日遭疾。阅七日，命具浴更衣，书诀众语。坐逝,阇维五色舍利如菽不可计,双目睛齿牙顶骨俱不烬。时改作豫章乌遮塔。江西行省丞相干赤命以旧藏释尊舍利奉于中,遣使分一山之目睛舍利,贮之银匣陪葬焉。

奉化岳林栴堂益禅师 温州人,出世婺之天宁。迁荐福,后主明之太平,升彰圣至岳林。

上堂,"鲁祖面壁,麻谷闭门。二大老虽与天宁相去数百年,今日各与二十拄杖。何故?譬如油蜡作灯烛,不以火点终不明"。

示众:"诸子出息,不保入息。二六时中,切莫将身心别处杂用。饶你掉臂也是祖师西来意,脚头尖也踢出一员古佛,不如无事好。"

上堂,"古者道,我这里无法与人,只是据款结案。彰圣者里亦无法与人,亦不据款结案"。拈柱杖云:"如何是佛,赤脚踏莲花。如何是佛向上事,雕梁画栋。"掷下拄杖,便归方丈。

二月十五日上堂,击拂子一下。"彰圣今日将三十年前冷灰中爆出一粒乌豆,换老胡眼睛去也。"喝一喝云:"设有一法过于涅槃,我此一喝不作一喝用。"

上堂,举黄龙三关话拈云:"黄龙老人头匾,所以说漳泉福建话逼真,谩得天下人过,谩漳泉福建人不过。"

上堂,"指左边者是香炉,指右边者是花瓶。能以一义作无量义,能以无量义为一义。陈尊宿织蒲鞋,邓师伯打瓦鼓"。

上堂,"一切世间诸所有物,皆即菩提妙明元心。石䏲入水即干,出水即湿。独活有风不动,无风独摇"。

上堂,"诸上座步步是汝证明处,须是自肯,方可归家稳坐。若不然者,蝾蛞腹蟹水母目虾"。

上堂，"五千四十八卷，只作一句道却"。遂起身云："立地待诸人构取。"便下座。临终遗偈云："八十三年什么巴鼻，柏树成佛，虚空落地。"火葬，牙齿数珠不坏，舍利莹然。

金华智者云屋自间禅师 括苍叶氏，雪堂行和尚乃师之九世诸父也。初见荆叟于冷泉，次见东叟于净慈，俾掌记。撰成道疏云："发见精于午夜。"叟易发为泯，师不觉股栗汗下如撒，蒙蔀顿见叟垂手处。自是韬晦大方，累聘悉皆辞焉。虽双林智者两提钺斧，乃为人所强耳。皇庆壬子十月二十五日，与客语笑如常，时命侍僧取笔，书偈已遂终。

无方安禅师法嗣

枯木荣禅师 赞三祖偈曰："风恙缠身世莫医，家贫遭劫更堪悲，谁知觅罪了无处，正是贼归空屋时。"

灵隐大川济禅师法嗣

四明天童石门来禅师 尝作剪刀颂曰："浑钢打就冷光浮，两刃交锋未肯休，直截当机为人处，何曾动着一丝头。"

四明雪窦野翁炳同禅师 越州人，送僧之华顶见溪西和尚，偈曰："高高峰顶屹云中，八十溪翁也眼空，相见莫言行脚事，累他双耳又添聋。"

径山偃溪闻禅师法嗣

杭州径山云峰妙高禅师 福之长溪人也，家世业儒。母阮梦池上婴儿合爪坐莲华心，手捧得之，觉而生师，因名梦池。幼而神彩秀发，嗜书力学，尤耽释典，愿学出世法。依吴中云梦泽公，继受具戒。师锐意在道，首参痴绝，次见无准，准尤器重。寻之育王见偃溪入室，掌藏钥。一日溪举譬如牛过窗棂，头角四蹄都过了，因甚尾巴过不得。师划然有省，即答曰："鲸吞海水尽，露出珊瑚枝。"溪云："也只道得一半。"

后出世，住南兴大芦。迁江阴劝忠、雪川何山。蒋山虚席，奉朝命居之，历十有三载，众逾五千指。德祐改元，元兵渡江，军士有迫师求金者以刃拟师，师延颈曰："欲杀即杀，吾头非汝砺刃石。"辞色了无怖畏，军士感动叩首而去。丞相伯颜见师加敬，施牛百斋粮五佰，寺赖以济。迁径山寺，罹回禄，草创才什一，师究心兴建，不十年悉还旧观。

示众："前念是凡，后念是圣。一刀两段，更莫迟回。是以涅槃会上，广额屠儿放下屠刀，便言我是千佛一数。虽然，若无举鼎拔山力，千里乌骓不易骑。"

示众："言前辨旨，句下明宗。东计山炽然说法，湛渎水专为流通。这里构得，未免递相钝置。若是尚存观听，扰扰忽忽，晨鸡暮钟。"

上堂："声色为无生之鸩毒，受想乃至人之坑穽。者般说话，阿谁不知。然粗餐易饱，细嚼难饥。"

上堂，"世界未形，乾坤泰定。生佛未具，觌体全真。无端镜容大士鹰巢跃出擘破面皮，早是遭人描邈。那更缺齿老胡不依本分，遥望东震旦有大乘根器，迢迢十万里来，意在攧行夺市。直得凤堂鼓响，阿阁钟鸣，转喉触讳，插脚无门，合国难追，重遭评露。新蒋山迫不得已，跨他船舷，入他界分。新官不理旧事，毕竟如何？"拍禅床云："戍楼静贮千峰月，塞草间铺万里秋。"

上堂，"五峰峭峙，到者须是其人。一镜当空，无物不蒙其照。祖师基业依然犹在，衲僧活计何曾变迁。着手不得处，正要提撕。措足无门时，方堪履践。直得山云淡泞，涧水潺湲，一曲无私，万邦乐业。正恁么时，功归何所？车书自古同文轨，四海如今共一家"。

至元戊子春，僧录杨辇真加奉旨，集江南教禅诸德朝觐论道。上问："禅以何为宗？"师进前奏云："禅也者，净智妙圆体本空寂，非见闻觉知之所可知，非思量分别之所能解。"上又云："禅之宗裔，可历说？"师云："禅之宗裔，始于释迦世尊在灵山会上拈起一枝金色波罗花普示大众，惟迦叶微笑。世尊云：'吾有正法眼藏涅槃妙心，分付迦叶。'由此代相授受而至菩提达磨。达磨望此东震旦国有大乘根器，航海而来，不立文字，直指人心，见性成佛，是为禅宗也。"上嘉之。师因从容奏云："禅与教本一体也，譬如百千异流同归于海而无异味。又如陛下坐镇山河天下一统，四夷百蛮随方而至。必从顺承门外而入，到得黄金殿上亲睹金面皮，方可谓之到家。若是教家，只依着文字语言，不达玄旨，犹是顺承门外人。若是禅家，虽坐破六七个蒲团，未得证悟,亦是顺承门外人,谓之到家俱来也。是则习教者必须达玄旨,习禅者必须悟自心。如臣等今日亲登黄金殿上睹金面皮一番,方可称到家人也。"上喜,赐食而退,陛辞南归。

示众云:"我本深藏岩窦,隐遁过时,不谓日照天临,难逃至化。"又云:"衲被蒙头万事休,此时山僧都不会。"山中复灾,师谓众曰:"吾负此山债耳。"遂竭力再营建,汇殿坡为池他屋,以次而成。癸巳六月十七日书偈而逝,寿七十五,腊五十九,葬寺之西麓。

湖州何山铁镜至明禅师　福唐长溪黄氏子,首谒蓦叟尧于嘉禾天宁,虽蒙其策励,未大省发。后依偃溪于净慈,俾侍左右,朝参暮叩,获臻智证。访清溪沉于虎丘,命司藏典。登双径藏叟,复俾掌藏。至元辛巳,何山虚席,请师补处,移住四明大梅。大德庚子,何山耆旧合辞上行宣政院延致再住。

上堂,"原野秋阴,寒螀悉吟。枫林落叶,片片赤心。达磨顶门无骨儿孙海底摸针,忽然摸着时如何,谁道龙王宫殿深"。

上堂,"达磨不来东土,官路少人行。二祖不往西天,私酒多人吃。何山门前一条大路,南来北往知是几多,只是中间一块石头,未曾有人踏着。众中还有踏著者么?"掷下拄杖云:"看脚下。"

上堂,"今朝八月二十五,记得洞山离查渡,落在云门网子中,有屈至今无雪处"。竖拂子,"云门大师来也,合吃何山手中棒,且道过在什么处?不合鼓弄人家男女"。

上堂,"着意驰求,驴年见面。尽情放下,瞥尔现前。香严闻击竹声,彻见本来面目即不问,且道怎么热向甚处回避?归堂吃茶去"。

延祐乙卯十一月初五日，呼其徒嘱以后事，索纸大书曰："绝罗笼，没回互。大海波澄，虚空独露。"放笔翛然而逝，寿八十六。

四明天童止泓鉴禅师 初住信州真如，上堂，"诸佛不能真实说法度群生，菩萨有智慧见性不分明。白云无心意，洒为世间雨。大地不含情，能长诸草木。古德与么提唱，于四谛法中，开凿人天，不妨善巧。若据衲僧分上，何止白云万里"。上堂，拈拄杖云："一有多种，二无两般。枯桑知天风，海水知天寒。拄杖子闻与么道，不觉忻忻笑云，出身犹可易，脱体道应难。"掷拄杖，下座。

净慈介石朋禅师法嗣

杭州灵隐悦堂祖訚禅师 南康周氏子，依同郡嘉瑞寺出家，礼偃上人为师剃落。一日阅《华严经》至"惟一坚密身，一切尘中现"，有省。即往见别山智于蒋山，山："近离何处？"师云："江西。"山云："马大师安乐否？"师叉手进前云："起动和尚。"

未几至杭，见断桥伦于净慈。桥问："临济三遭黄檗痛棒，是否？"师云："是。"桥云："因甚大愚肋下筑三拳？"师云："得人一牛，还人一马。"桥颔之。桥逝，柏山介石来补处。一日室中举柏树子话，师拟议，石抗声云："何不道黄鹤楼前鹦鹉洲？"师于言下顿悟，即令侍香。久之归庐山，东岩日住圆通，延师分座。九江守钱真孙聘师出世西林。至元二十五年迁开先，继升东林。元贞初奉诏赴阙，入对称旨，赐玺书，号通慧禅师，并金襕法衣。

大德九年升住灵隐，尝勘一僧云："微尘诸佛在你舌上，三藏圣教在你脚底，何不瞥地？"僧罔措，师便喝。又勘一僧云："释迦弥勒是他奴，他是阿谁？"僧拟对，师便打。一僧新到，师问何处来，僧云闽中，师云："彼处佛法如何住持？"僧云："饥即吃饭，困即打眠。"师云："错。"僧云："未审和尚此间如何住持？"师拂袖归方丈，僧休去。居四岁而寂，诀众偈曰："缘会而来，缘散而去，撞倒须弥，虚空独露。"寿七十五，腊五十二。

天童辨山仟禅师法嗣

圆通雪溪逸禅师 赞兴化和尚偈曰："中原一宝有来由，捞得君王引幞头，到此若无青白眼，当机谁敢谩轻酬。"

天宁无境彻禅师法嗣

灌溪昌禅师 山居偈曰："闲来石上玩长松，百衲禅衣破又缝，今日不忧明日事，生涯只在钵盂中。"

雪峰北山信禅师法嗣

绍兴大庆尼了庵智悟禅师 生闽中王氏，幼孤，年十一白母愿出家。礼祥山寺普升得度，习经诵至空无所有一句顿悟。每自叹曰："不求明师决择，恐成差别，虚弃光阴。"

时北山退漳之南院闲居鼓山西庵，师随众入室。山问曰："上座什么处住？"师曰："不住南台江边。"山诘曰："毕竟住在什么处？"师不审便行。山叱曰："走作么，合吃山僧手中棒。"师面热汗下。次日复诣请益："某甲昨日祇对和尚有什么过？"山厉声云："更来这里觅过在。"师云："月明照见夜行人。"山指旁僧曰："看渠志气甚不凡。"遂印以偈，有"相逢若问其中事，风搅螺江浪拍天"之句。

出世苏之西竺，一日痴绝来访，问曰："子悟处，如末山见大愚，忽然撞着灌溪为佛法来时如何？"师对曰："大海不让细流。"痴绝一笑而已。宝佑六年太师判宗大王帖请住大庆，僧问云："灌溪道，我在临济爷爷处得半杓，末山娘娘处得半杓。毕竟是有是无？"师云："百花球子上，何用绣红旗。"

上堂，拈拄杖云："天垂十二阑干角，风满三千世界中。热恼变成清净境，禅心顿觉悟真空。"靠拄杖云："有甚共语处？"

上堂，"大阳门下日日三秋，明月堂前时时九夏。古人恁么，未免坐在这里。大庆即不然，山转疑无路，溪回别有村"。

上堂，"柳絮飘风，杏花沐雨，好个生机，快须荐取"。以拂子击禅床云："咄！三十年后不得错举。"

华藏纯庵净禅师法嗣

福州雪峰石翁玉禅师 礼雪峰塔偈曰："入闽早是四旬余，

象骨岩前缚屋居,谁道开平年代后,春畴烟雨几犁锄。"

灵隐高原泉禅师法嗣

婺州宝林无机和尚 上堂,举教中道:"居一切时,不起妄念。于诸妄心,亦不息灭。住妄想境,不加了知。于无了知,不辨真实。"大慧和尚颂曰:"荷叶团团团似镜,菱角尖尖尖似锥。风吹柳絮毛球走,雨打梨花蛱蝶飞。""大慧和尚可谓桃花李花总成一家。双林则不然,客舍并州二十霜,归心日夜忆咸阳。无端更度桑干水,却望并州是故乡。"

上堂,"芦花对蓼红,木落山露骨,彷佛扬州,依稀越国"。拈拄杖卓一下云:"为君卓落精灵窟,无位真人赤骨律。"

黄龙无门开禅师法嗣

杭州护国臭庵宗禅师 上堂,举丰干谓寒山拾得云:"你与我去游五台,便是我同流。"寒山云:"你去游五台作么?"干云:"礼拜文殊。"山云:"你不是我同流。"师云:"丰干开口不在舌头上,寒山同坑无异土。检点将来,两个驼子厮撞着,世上应无直底人。"

上堂,举岳林振禅师示众云:"布袋口开还有买底么?"僧云:"有。"林云:"不作贱不作贵,作么生买?"僧无语,林云:"老僧失利。"师云:"岳林设个问端也甚奇特,及至被人道个有字,直得东遮西掩,囊藏不迭。护国今日布袋口开,还有买底么?"良久云:"阑干虽共倚,山色不同观。"

杭州慧云无传祖禅师 上堂,"佛佛广说,大智莫能知。祖祖相传,凡情讵能测。先天后地,成坏长存。入死出生,去来不变。于斯荐得,已涉支离。其或未然,山僧更为下个注脚"。以拂子击禅床云:"啼得血流无用处,不如缄口过残春。"

华藏瞎驴见和尚

颂兴化打克宾话曰:"兴化打克宾,言亲语不亲,棒头如雨点,敲出玉麒麟。"

囊山孤峰秀禅师法嗣

福州鼓山皖山止凝禅师 龙舒太湖人,乃大唐神尧之后。其号皖山者,因生缘密迩三祖道场故也。年十七,二亲俱丧,投黄州双泉道瑛剃落,鄂渚开原受具。即游方遍参,往三祖见环庵琎、钟山痴绝、冲长芦、南山哲,皆不契。参双塔无明性,明问:"达磨九年面壁时如何?"师曰:"有理难伸。"被明劈胸一拳,师忽然有省,叹曰:"我生平用底,遭这老汉一拳,瓦解冰销了也。"

入闽之披秀,礼孤峰和尚,峰举狗子无佛性话令参究,及半年得臻阃奥,乃颂曰:"赵州道无,箭不虚发。筑着磕着,全杀全活。"峰曰:"你也得只是未在。"一日峰举德山见龙潭话,问:"那里是德山亲到处?"师以手掩峰口,即说颂曰:"潭不见,龙不现,全身已在空王殿。梦回忽听晓莺啼,春风落尽桃花片。"峰曰:"汝今日方知泗州大圣不在扬州出现,善自护持。"遂俾侍香。峰迁西禅囊山,师亦随侍。峰归寂,师登石鼓典藏教,上雪峰霜林果,请归板首。

宝佑丁巳,出世福州钓台,升万岁,久之,太傅贾平章魏国公札迁鼓山,槌拂之下,众盈四千指,七闽丛席斯为第一,贤士大夫抠衣问道,恨识师之晚。黄童白叟见以郎罢呼之,至于家绘其像,饮食必祝。非于全闽宿昔有缘,畴克臻此哉。

上堂,"入院方三日,追陪人事忙。灯笼与露柱,密密细商量。且道商量个什么?"拍禅床云:"昨夜碧天风浪静,一轮明月映螺江。"

上堂,"六月旦,夏巳中,荷花开水面,荔子映山红。无位真人,处处相逢,拟议云山千万重"。

鼓山入院上堂,拈拄杖云:"扬下补山鉏斧,拈起国师圣箭。"卓拄杖,"一镞破三关,机锋如掣电。左右逢原,全机杀活。直得大顶峰小顶峰,望空斫额。白云亭涌泉亭,笑里点头。正与么时,且道功归何所?"靠拄杖云:"雕弓已挂狼烟息,万国来朝贺太平。"

示众:"万机不到,千圣攒眉。正令当行,阿谁敢拟。便恁么会,已落第二义谛。大似望默林止渴,有甚快活处。衲僧家将黑豆子换人眼睛,把断贯索,穿人鼻孔,未为分外。且道衲僧见个甚么道理?"卓拄杖一下云:"选佛若无如是眼,宗风那得到于今。"

将终,集两序示遗诫,索笔书偈云:"八十四年一梦相似,梦破还空也无些事。"端坐而逝。

婺州双林一衲戒禅师 赞傅大士偈曰:"非儒非道亦非禅,

杜撰修行忒可怜，担阁一身三不了，至今八百有余年。"

天童云外岫禅师法嗣

四明雪窦无印大证禅师 番阳史氏，幼颖异，父母知不可留，便从昌国寺智节学出世法。谒荆石琬于庐山圆通，不契。时思庵睿居闲房，师日亲锻炼。云外唱曹洞之道于天童，往依之入室。云外云："天童今日大死去也，汝作么生救？"师云："请和尚吃饭。"外又云："天童今日大死去也，汝不要相救。"师云："救他作么。"外又云："天童今日大死去也，阿谁与我同行？"师云："和尚先行，某甲后随。"外呵呵大笑。自兹情同鱼水，犹沩山寂子，命典藏教。

至治间，诏天下善书者金书藏经，竣事赐织金。屈昫南还江浙，丞相脱欢公起师主衢之南禅。继领光孝，迁信之祥符，移明之定水，升雪窦。

上堂，"千说万说，不若觌面。一见昨日二十九，今朝七月一。报你参玄人，光阴如箭疾。娘生两只眼，个个黑如漆。急急急，回头看取天真佛"。良久，"是何面目？"下座，巡堂吃茶。

上堂，"妙不妙，衲僧鼻孔多无窍。玄不玄，刹竿头上无青天。至士宁容衲手，良马岂待挥鞭。全超棒喝，不落蹄筌。百鸟不来春又过，岩房赢得日高眠"。退居定水圆明庵，入寂，至正辛丑九月二十一日也，寿六十五。阇维，牙齿数珠不坏，舍利明莹，门人景云等塔于圆明庵之后。

径山荆叟珏禅师法嗣

杭州中竺空岩有禅师 室中勘验学者垂语云："黄金铸就铁真人，东海涌颂云。锦衣公子醉田家，熟睡柴床日未斜，热渴呼浆无所得，便将玉带换瓯茶。"

海西容庵海禅师法嗣

广阳庆寿中和璋禅师 天姿粹美，机用纵横。室中示徒，或握木剑，或执绵蛇。因海云初见便问曰："某甲不来而来，作么生相见？"师曰："参须实参，悟须实悟，莫打野榸。"曰："因击火迸散，乃知眉横鼻直。"师云："吾此处别。"曰："如何表信？"师曰："吾牙是一口骨，耳乃两片皮。"曰："将谓别有。"师曰："错。"海云喝曰："草贼大败。"师便休。次日师举临济两堂首座齐下喝，僧问临济："还有宾主也无？"济曰："宾主历然。""汝作么生会？"海云曰："打破秦时镜，磨尖上古锥，龙飞霄汉外，何劳更下槌。"师曰："汝只得其机，不得其用。"海云便掀禅床，师曰："路途之乐，终未到家。"海云与一掌曰："精灵千载野狐窟，看破如今不直钱。"师打一拂子曰："汝只得其用，不得其体。"海云进前曰："青山耸寒色，月照一溪春。"师曰："汝只得其体，不得其智。"海云曰："流水自西东，落花无向背。"师曰："汝虽善语言三昧，要且没交涉。"海云竖起拳，复拍一拍，丈室震动。师曰："如是如是。"海云拂袖便出。

增集续传灯录卷第四

大鉴下二十一世

天童天目礼禅师法嗣

四明育王横川如珙禅师　永嘉大姓林氏，有叔父为禅沙门者曰正则，视师幼不肉食，爱之乃度其祝发，预戒于广慈院。初见石田于灵隐，及痴绝至，犹留从之，然终疑碍无入。闻天目居大白，往投以疑。目举南山笙笋东海乌鳖，师拟对，目打之，师忽有省，遂留执侍。国清断桥延师典藏，桥迁净慈，命为第二座，寻又为第一座。丞相以师有行解可师，表以鹰山灵岩命出世。继迁能仁，既归放牧寮，辞病不应外。

至元十年有旨授师育王，僧问："如何是教外别传底句？"师云："不落玄妙。"僧云："恁么则直入如来地。"师云："且缓缓。"僧问："如何是学人行履处？"师云："你适间从甚么上来？"僧云："如何报得四恩去？"师云："但从适间路下去。"僧问："虎逼临崖时如何？"师云："命若悬丝。"僧云："相救相救。"师拈拄杖掷与之。僧问："如何是闻复翳根除？"师云："一不成二不是。"僧云："如何是尘消觉圆净？"师云："漏木杓破笊篱。"僧问："有问赵州如何是西来意，云庭前柏树子。有问庆云，云庭前无柏树。一等是问西来意，为甚答不同？"师云："不是阇梨问，老僧也不知。"

上堂，"地大、水大、火大、风大。若一念无疑，地不能碍。若一念无爱，水不能溺。若一念无嗔，火不能烧。若一念无喜，风不能飘。如此即是无依道人。佛从无依生，若悟无依，佛亦无得"。

中秋上堂，"马祖百丈智藏南泉玩月，各呈自己见解，于月有甚交涉。月轮有圆有缺，孤光透彻，谓之月光。菩萨照破山河大地昏暗，开一切众生心地昏暗。老僧出母胎时正当今夜，拈却门前大案山，放你诸人东去西去"。

上堂，"鲁祖三昧最省力，才见僧来便面壁。育王三昧又省力，才见僧来便合掌。南山北山，如牛拽磨。脚瘦草鞋宽，地肥茄子大"。

上堂，"妙明心印印佛，则一手指天，一手指地。印法，则狗衔敕书，诸侯避道。印僧，则个个钵盂口向天。还有自印者么？自印则行住坐卧——明了。灵山会上传此心印，少室峰前传此心印。为藏穴寺侧曰此庵，乃自为铭曰病叟。今年六十六死日将至，火化好土化好？"西堂唯庵贯和尚云："古鄒山中有片荒地，因迭石为塔焉。"铭曰："天生一穴，藏吾枯骨，骨朽成土，土能生物，结个葫芦挂赵州壁，永脱轮回，超三世佛。"将没，书诀众记而化，年六十八，至元二十六年三月十八日也。门人禀遗诫，窆全体于塔。

杭州净慈石林行巩禅师 初住安吉上方，升思溪法宝、隆兴黄龙、吴郡承天。至净慈，上堂，"横眸碧汉，万国风清。垂手红尘，千峰日出。才恁么便不恁么。所以道，我此法印为欲利益世间故说。在所游方，勿妄宣传"。横按拄杖云："佛灭二千二百单六载，沙门行巩今于苕雪尽头鼓钟清处，显示此印，丝毫无有妄者。"卓拄杖云："谨白。"

上堂，"山静课花蜂股重，林空含箨笋肌明。倚栏不觉成痴兀，又得黄鹂唤一声。思溪恁么道，好吃拄杖三十。何故？为他不合随声逐色"。

上堂，"水乡水阔地多湿，六月花蚊觜如铁。夜半起来笑不彻，烦恼不彻作什么。床头一柄扇，无端又打折"。

上堂，"三家村里牛动尾巴"。乃摇拂子云："与这个相去多少？"掷拂子云："泊合停囚长智。"

上堂，"雪峰辊球，禾山打鼓。秘魔擎叉，道吾作舞。一切贤圣皆以无为法而有差别"。喝一喝，下座。

师室中垂示云："尽大地是个金刚正体，上座者皮袋向甚处着？芭蕉闻雷而抽，且道是有情是无情？南屏山下，壁立三关，透不过者一错百错，透得过者千难万难。忽有不甘底出来道，既透得过，因甚么也难。去，明日来，与你子细相看。"

嘉兴天宁冰谷衍禅师 上堂，"朔风何萧萧，吹彼岩下衣。家业久荒芜，游子胡不归。人生百岁岂长保，昨日少年今已老。翻忆寒山子，十年归不得，忘却来时道"。

上堂，"劫石可消，恩情难断"。拍膝云："坏冢青松下，年年挂纸钱。"

上堂，"冷风疏雨作新年，寂寞寒泉古涧边。暖合地炉煨榾柮，送穷不用更烧钱"。

圣节上堂，"心王安，六国通。天地阔，车书同。风从虎，云从龙。深惟海，高惟嵩。万灵无处参化工，俱知一气复鸿蒙"。击拂子一下。

苏州虎丘云畔靖禅师 上堂，"我若不说破，恐汝不回头。我若说破，又恐后日骂我去"。

上堂，"山僧若真正举扬，河步亭无汝着脚分。且抑下威光随汝根器未说超宗。异日若知得虎丘山高一百三十尺，舍利塔是隋朝建立，也许汝有个入处。甘心下劣，又争怪得老僧"。

上堂，"龙门无客个个无退步底道理，矮疏山三千里外卖布单，跛云门被拶脚折。汝辈只管悠悠过日"。

佛生日，上堂，"我观如来前际不来，后际不去，今亦不住。且道大殿里香汤沐浴个什么？若也会得，手中杓子拈放自由。其或未然，明年今日依旧胡泼乱泼"。

上堂，"冷如冰霜，细如米末。水不能漂，火不能热。王母昼下云旗翻，子规夜啼山竹裂"。

上堂，"古人道：'依经解义，三世佛冤。离经一字，还同魔说。'依与离既不可得，毕竟如何？"卓拄杖云："渔人只看丝纶上，不见芦花对蓼红"。

上堂，拈拄杖云："云岩看山玩水，拄杖子亦乃看山玩水。云岩浑身病苦，拄杖子亦乃浑身病苦。云岩脱体轻安，拄杖子亦乃脱体轻安。"卓拄杖云："擘开河岳易，除却爱憎难"。

道场运庵岩禅师法嗣

杭州径山虚堂智愚禅师 四明人,出世嘉禾兴圣,迁光孝、明之显孝、延福、瑞岩、婺之宝林、四明育王、柏严、杭之净慈、径山,凡历住十刹。师室中垂语曰:"己眼未明底,因甚将虚空作裤着画地为牢?因甚透者个不过?入海箅沙底,因甚向针锋头上翘足?"僧问:"声前一句,不堕常机。转位就功,如何相见?"师云:"问讯不出手。"僧云:"且道天子万年作么生?"师云:"瑞草生嘉运,林花结早春。"僧云:"直得九州岛四海雷动风飞。"师云:"出门惟恐不先到。"

上堂,"春风如刃,春雨如膏。衲僧门下,何用忉忉"。

上堂,"言而足,终日言而尽道。言而不足,终日言而尽物。且道道与物是一是二?若道是一,为甚么案山,主山低。若道是二,为甚么天地一指,万物一马。个里缁素得出,还你草鞋钱。不然,但愿来年蚕麦熟,罗睺罗儿与一文"。

结夏上堂,"有一人日销万两黄金同此圣制,只是无人认得。若有人认得,许伊日销万两黄金"。

上堂,"二林初无门户与人近傍,亦不置之于无何有之乡。只要诸人如铁入土与土俱化,然后可以发越其如运粪入者,吾末如之何"。

上堂,举松源师祖临示寂告众云:"久参兄弟正路上行者有,只不能用黑豆法,临济之道将泯绝无闻伤哉!"拈云:"鹫峰老大似倚杖骑马,虽无僵仆之患,未免傍观者丑。"

师在净慈入院日问答绝,忽天使踵门传旨,问:"赵州因甚八十行脚,虚堂因甚八十住山?"师举赵州行脚到临济话,颂曰:"赵州八十方行脚,虚堂八十再住山。别有一机恢佛祖,九重城里动龙颜。"使以颂回奏,上大悦,特赐米伍伯石、绢一百缣,开堂安众。再住育王径山,亦赐赍优渥。

四明天童石帆衍禅师 上堂,举大颠和尚因韩文公问春秋多少,大颠提起数珠曰:"会么?"公曰:"不会。"大颠曰:"昼夜一百八。"师颂曰:"一串摩尼觌面当机,赚却首座疑杀昌黎。弄尽许多穷伎俩,春秋元自不曾知。"

金山掩室开禅师法嗣

杭州径山石溪心月禅师 西蜀眉州人。上堂,举僧问九峰和尚:"如何是学人自己?"峰曰:"更问阿谁?"僧云:"便恁么承当时如何?"峰曰:"须弥还更戴须弥。"师颂曰:"自家冷暖自家知,祖意西来更问谁。全体承当全体是,须弥顶上戴须弥。"送僧偈曰:"未到双林见旧游,眉横新月眼横秋,寒暄未举宜先问,因甚桥流水不流。"

华藏无得通禅师法嗣

杭州径山虚舟普度禅师 维扬江都人,姓史氏。稍长,虽习世书,绝无处俗意。母识其志,俾依郡之天宁出家。会与毕将军再遇共语,大奇之曰:"此儿短小精悍,音吐如钟,他日法中向上爪牙也。"携归武林，礼东堂院祖信为受业师。侍信左石五年，奋志参方。初见铁牛印于灵隐，已而江东西湖南北悉遍历焉。时无得唱道饶州荐福，师决志叩请，其迁福严华藏亦与俱。偶入室次，得问："不与万法为侣者是甚么人？"师曰："金香炉下铁昆仑。"得曰："将谓这矮子有长处，见解只如此。"师曲躬作礼曰："谢和尚证明。"若天童晦谷光、大慈石岩琏、虎丘石室迪，一见器异，留典法务。

淳祐初，制府赵信庵以金陵半山请出世。继迁润之金山、潭之鹿苑、抚之疏山、苏之承天。景定间，大传贾魏公奏补中天竺，复请旨升灵隐。至元丁丑，被命径山。

上堂，"邪人说正法，正法悉皆邪。正人说邪法，邪法悉皆正"。卓拄杖一下，"邪耶正耶？"又卓拄杖一下，"说耶不说耶？向这里拣辨得出，黄金为屋未为贵，玉食锦衣何足荣"。

上堂，"万法是心光，诸缘惟性晓，本无迷悟人，只要今日了。既无迷悟人，了个什么？"卓拄杖一下，"千言万语无人会，又逐流莺过短墙"。

上堂，举云门和尚示众云："汝等诸人在此过夏，山僧深不欲向你道惜取眉毛好。"师云："云门灵龟，曳尾拂迹。迹生灵隐即不然，汝等诸人在此过夏，山僧直截向你说，口是祸门。"

上堂，举临济和尚道："有一人论劫在途中，不离家舍。有一人离家舍，不在途中，那个合受人天供养？"师云："兔马有角，牛羊无角。寸毫尺厘，天地寥廓。潘阆倒骑驴，撷杀黄番绰。"师住径山值火，余志图兴，复将有绪。俄示微恙，索笔大书曰："八十二年驾无底船，踏翻归去明月一天。"全身塔寺东十里挂罳坞之阳。

雪窦大歇谦禅师法嗣

苏州承天觉庵梦真禅师 宣州人，八岁为僧，十九受具，二十便行脚。凡见尊宿七八员，师意不能了此事。闻无准手段恶辣，遂登径山。每到室中战怖，话头也不记得，自此不去入室，昼夜只是坐禅。一日廊下行闻火板鸣有省，私自欢喜。知得本命元辰落处，于是又去入室。准问："你是吃粥吃饭僧、参禅学道僧？"师抗声云："吃粥吃饭僧。"准云："更须饱吃始得。"师云："谢和尚供养。"自此得一条路行，只是看狗子无佛性话，无入作处。乃过雪窦见大歇，歇问："作么生是生死底事？"师云："眉毛安眼上。"歇云："眉毛因甚安眼上？"师云："说着令人转不堪。"歇又问："汝甚处来？"师云："径山来。"歇云："火后事作么生？"师云："五峰依旧插天高。"歇云："那事还曾坏么？"师叉手向前云："幸喜不曾动着。"遂挂塔归堂。

师自知未得透脱，心下常热哄哄地。一夜更深行至僧堂前，见琉璃灯豁然大悟，从前所得一时冰消瓦解。次日入室，歇举如何是佛三脚驴子弄蹄行，声未绝，师云："一任蹦跳。"歇拟议，师当中间问讯。歇云："甚么与杨岐相见？"师云："当面蹉过。"歇又拟议，师过东边与僧对面问讯。歇云："犹隔海在。"师拍手呵呵大笑而出。久之开法永庆，迁连云，升何山，至承天。

上堂，"将心学佛，摄入魔宫。拟心参禅，堕在阴界。直饶嫌佛不肯做，被拄杖子穿过髑髅。若怎么看来，直是无用心处"。

卓拄杖云："携取旧书归旧隐，野花啼鸟一般春。"

上堂，"庭前翠竹青青，砌下黄花郁郁。唤作真如体，又是般若用。忽有个出来道，我见从上佛祖说了万千体用，不似承天样蹊跷，莫是智过佛祖耶，杜撰臆说耶？"卓拄杖云："好向暮天沙上望，西风惊起鹰行斜"。

上堂，举韶国师颂云："通玄峰顶不是人间，心外无法满目青山。"师召大众云："韶国师好个颂子，只是打成两橛。承天亦有个颂，可惜落韵双峨峰，顶上是青天。夜半捉乌鸡，伸手不见掌。"喝一喝。

上堂，"三伏热不似人心热，行路险不似人心险。万斛清风碧玉盘，不知谁共倚阑干。忽有个出来道，长老正恁么时，如何是祖师西来意？向他道，作贼人心虚"。

至元间，有贤首宗讲主奏请江南两浙名刹，易为华严教寺。奉旨南来，抵承天，次日师升座说法，博引《华严》旨要，纵横放肆。剖析诸师论解是非，若指诸掌。其讲主闻所未闻，大沾法益，且谓承天长老尚如是矧杭之巨刹大宗师耶。因回奏，遂寝前旨。

慧严象潭泳禅师 上堂，举无着和尚至五台与老翁吃茶次，翁拈起玻璃盏问曰："南方还有这个么？"着云："无。"翁云："寻常将甚么吃茶？"着无对。师颂曰："五台凝望思迟迟，白日青天被鬼迷，最苦一般难理会，玻璃盏子吃茶时。"

一关溥禅师 颂马祖令僧问大梅曰，和尚见马祖，得个甚么便住此山话，曰："只将马祖铅刀子，裂破漫天铁网罗，碧沼夜敲荷叶雨，至今贫恨一身多。"

天台国清溪西泽禅师 普说略云："参玄上士,行脚高流,拨草瞻风,到一处所,便乃供下入门口款,谓之生死事大,无常迅速。"乃召云:"兄弟,生死若是有,从古至今无有一人能免生死。若是无,争奈目前生死何。生死亦有亦无,不有不无。当恁么时还有漏网底么?既是走透无门,腊月三十日撞到面前,毕竟如何支准。等是踏破草鞋,岁月飘忽,不可把玩。要须穷教去处分明,与前来入门口款相应始得。"又云:"便只恁么歇去,则适来说出许多络索,甚处安着。直饶诸人一时不受打迭得净尽,山僧却有个古话举似诸人。记得长庆示众云:'净洁打迭了,却须近前来就我觅。有一棒到你当生惭愧,无一棒到你又作么生?'雪窦云:'净洁打迭了,却须近前来就我觅,有一棒到你则屈着你,无一棒到你与你平出。'二大好一棒,未免作得失论量。天封不然,净洁打迭了,却须近前来就我觅。有一棒到你,花铺锦上。无一棒到你,霜加雪上。且道前头为人后头为人?辨明得出,后次挂牌时却来通吐。"

瑞岩云巢岩禅师法嗣

苏州万寿讷堂辩禅师 上堂,"释迦老子降诞王宫,好个初生孩子,不妨令人疑着。及乎道天上天下唯吾独尊,败阙了也。后来冷地羞惭四十九年,三百余会,救搭也救搭不来,收拾也收拾不上。诸仁者,要见释迦老子败阙处么?是非只为多开口,烦恼皆因强出头"。

上堂,"你在这里,我在这里,人天交接,两得相见,时清休唱太平歌。一贯文籴三斗半米，二贯五百文买一个大绢。好诸禅德，虽然如此，厨中有剩饭，路上有饥人"。

上堂，举僧问古德万境来侵时如何，德云垂却着。"古德有障断狂澜底手段，未免劳心费力。或有人问金山，万境来侵时如何，只向他道，我既无心于万物，何妨万物常围绕。"

上堂，"我若与你说破，将后必须骂我。我若不与你说破，又恐你因循蹉过。忽有个汉出来道，长老话堕了也。只向他道，老僧罪过"。悼云巢和尚偈云："人传师死已多时，我独踌躅未决疑。既是巢空云又散，春深犹有子规啼。"寄铁鞭和尚偈云："思量四句寄承天，卷得完全缺半边，颂又不成诗不是，如何拈出向人前。"寄无准和尚偈云："猿与鼋交割不开，兄呼弟应似忘怀。及乎说到諵讹处，又却心肝不带来。"

苏州虎丘清溪义禅师 送僧偈云："台山万迭入眉青，途路同行各奔程，清晓鸡啼茅店月，是谁先起唤师兄。"

净慈谷源道禅师法嗣

万寿高峰岳禅师 赞达磨偈曰："开旗展阵入梁邦，未睹天颜早已降。纵有神通难展款，翩翩一苇渡长江。"

径山无准范禅师法嗣

袁州仰山雪岩祖钦禅师 婺州人，初见无准于径山，因铸钟令作疏语，师成偈曰："通身只是一张口，百炼炉中辊出来，断送夕阳归去后，又催明月上楼台。"准即俾居侍司，自是声动丛林。出世潭州龙兴，迁湘西道林、处州佛日、台州护圣、湖州光孝。逮尸仰山，道遂大显。

上堂，"纯清绝点，正是真常流注。打破镜来，未免一场狼藉。不若遇饭吃饭，遇茶吃茶，晓来独立空庭外，闲对寒梅几树花"。

上堂，"海水不可斗量，虚空不可尺度。净地不可撒沙，烂泥不可着脚。这四转语转转有落处，且道落在什么处？东京大相国寺里有树芭蕉，风吹雨打一似破袈裟"。

上堂，"有句无句如藤倚树，白鹭下田千点雪，黄鹂上树一枝花。三千里外卖却布单，不远而来，因甚放下泥盘？"呵呵大笑，"毗婆尸佛早留心，直至如今不得妙"。

上堂，"禅树上叫喧喧，道门前风浩浩，冷地思量真可笑，笑什么，等闲拾得苏州梨，看来却是青州枣"。

上堂，"个事本成现，觅则不可见。白珪本无瑕，琢磨乃成玷。执之以实法，空中生闪电。视之似等闲，脚下添红线，若是学道人，好好看方便。作么生？莫看仙人手中扇"。

杭州净慈断桥妙伦禅师　天台黄岩徐氏子。母刘，梦月而孕。十八落发于永嘉广慈院，见谷源道于瑞岩。闻三斤麻之话疑之，遍叩诸方，机终未凑。自谓吾口讷耳聩，不若把本修行。日以诵经为业，忽阅《楞伽》。于云居见山堂，至"蚊虫蝼蚁无有言说而能辨事"，顿然有省曰："赵州柏树子话，可煞直截，然不以语人。"还谒无准于雪窦，准以狗子因何有业识，令师下语。凡三十转不契。师曰："可无方便乎？"准以真净所颂答之，即竦然良久。忽闻板声，通身汗下，于是始脱然矣。淮移育王双径，皆以师从，俾分座。出世祇园，迁瑞岩国清，至净慈。

上堂，"荆山有玉，获得者不在荆山。赤水有珠，拾得者不在赤水。衲僧有无位真人，证得者出入不在面门"。蓦拈拄杖横按云："会么？幽州江口石人蹲。"

上堂。举慈明室中安一盆。水盆上横一柄剑。剑上安一纳草鞋。凡见僧来便指。拟议便打。师颂曰。百花丛里跃鞭过。俊逸风流有许多。末第儒生偷眼觑。满怀无奈旧愁何。

上堂，"德山低头，夹山点头。俱胝竖起手指头，玄沙筑破脚指头"。提起拄杖云："都来不出山僧拄杖头，何以见得？"卓拄杖云："一叶落天下秋。"

上堂，举达观颖禅师示众曰："七佛是性隶，万法是心奴。且道主人翁在甚么处？"自喝云："七佛已下出头。"又自诺云："各自祗候。"师云："唤七佛为性隶，指万法是心奴。达观自谓有出身路，及乎自喝自诺，又是奴隶边事，主人翁何曾梦见在。大众要见么？"以拂拂一拂云："晓来一阵春风动，开遍园林百样花。"

将终，与众入室罢，索笔作书辞诸山及魏国公。公馈药不受，又使人问曰："师生天台，因甚死净慈？"师答曰："日出东方夜落西。"遂书偈而化，寿六十一，腊四十四。

四明天童西岩了慧禅师　蜀之蓬州罗氏，垂髫与群儿戏，必抟泥沙为佛塔像。一日玉掌山祖灯与其舍，师向之合掌。父母以师资宿契，遂令出家。灯授以《般舟三昧》，非其志，辞往成都，谒坏庵照于昭觉，器许之，属令南询，乃参浙翁琰于径山。

闻高原泉为人径直，心慕之，适原赴台之瑞岩，师与俱往。一日，原问："山河大地是有是无？"师拟开口，原即喝出。师复以偈呈，原曰："没交涉。"师一日偶书白杨示众语，原阅之笑曰："写字与作言句尽得，争奈没交涉何。"师愤悱莫伸。原曰："吾方便屡矣，汝自不顾，盖缘不在此，其往见雪窦乎。"时无准主雪窦，师造席下，自陈来历。准呵曰："熟睡去。"继而令充不厘务侍者。一日谓师曰："觑不透处只在鼻尖头，道不着处不离唇皮上，讨之则千里万里。"师抗声曰："将谓有多少？"准迁育王，师侍行，从容承禀，乃尽其要。逮准居径山，往典藏教，复升第二座，自是声动丛林。节斋赵观文作牧苏州，举师开法定慧，众集寺治时甚称之。迁东嘉能仁、江州东林，而至天童，咸有伟绩。

佛涅槃日上堂，拈拄杖召大众云："黄面瞿昙乃竺干猛将，以慈悲为弓矢，以智慧为戈矛，统百万雄兵，勇不可当，布三百余阵，势不可敌。如是四十九年，演出五千余卷兵书，虽流落人间，而未尝有一字漏泄。因与生死魔军为冤为对，遂于跋提河边筑一巨城，名为涅盘。于其城中，先以紫磨金躯犒赏诸兵，令其瞻仰取足，再三抚谕，而又散以八斛四斗珠珍。其谋意无他，必欲打破生死牢关，普与尽大地众生共行通天活路，得到大安隐、大解脱之场而后已。岂谓二千余载犹未遂其志而未奏其功。山僧既知其力尽计穷，不免拔剑相助去也。"以拄杖画一画云："四海浪平龙睡稳，九天云净鹤飞高。"芙蓉长老至，上堂，举芙蓉和尚访寰性大师。寰性上堂，右边拈拄杖向左边云："若不是芙蓉师兄，也大难委悉。"颂曰："陪尽老精神，杯盘越样新。谁知村店酒，难劝御楼人。"

晚居寺之幻智塔庵，将终，戒执事已。问曰："今何时？"对曰："二鼓矣。"遂放身若投，斯须视之已逝矣。实景定三年三月十一日也，寿六十五，夏四十七。

杭州灵隐退耕宁禅师 初住嘉兴崇圣，次居苏之报恩承天、慧日万寿。至灵隐，上堂，"目前无法，意在目前。雨余山色翠，风暖鸟声喧"。拍禅床一下云："堪笑老胡无转智，少室峰前坐九年。"上堂，举香林因僧问："年穷岁尽时如何？"林云："东村王老夜烧钱。"师云："王老烧钱，言端语端，锦包特石，铁裹泥团。"上堂，"极目千峰锁翠，满空柳絮飞绵。可怜无位真人，一向草宿露眠。哑！三春看又过，何日是归年"。

四明天童别山智禅师 上堂，举世尊临入涅槃，文殊请佛再转法轮。世尊咄云："吾四十九年未尝说一字，汝请吾再转法轮，是吾曾转法轮耶。"颂曰："老汉生平大脱空，将无作有诳盲聋。临期一语方真实，也是阇梨饭后钟。"

四明天童环溪一禅师 上堂，举经云："大通智胜佛，十劫坐道场，佛法不现前，不得成佛道。"颂曰："劫初铸就毗卢印，古篆雕虫尚宛然，堪笑堪悲人不识，却嫌字画不完全。"

四明天童月坡明禅师 上堂，举马祖因僧问离四句绝百非话。颂曰："离四句兮绝百非，递相推过几曾知，这僧担一担懵懂，换得两头渳（胡骨切，浊也）腯（徒骨切，肥也）归。"

四明雪窦希叟绍昙禅师 西蜀人，出世佛陇。上堂，僧问："向上宗乘事若何？"师云："檐头滴滴分明历历。"师乃云："西子湖边泛渺茫，一堤寒绿看垂杨，谁知业债难逃避，开眼堂堂入镬汤。到这里如何即得？拟欲烂煨黄，独不顾紫泥，未免踏古人脚迹。拟欲关空锁梦，塞路断桥，又恐坐在葛藤窠里。不如随分纳些些，俯顺时宜去。"拈拄杖，"竖穷三际，横亘十方"。靠拄杖，"碧眼黄头会不得，野梅风定暗香浮"。

上堂，"二月春云暮，韶华似酒浓，莺啼杨柳雨，蝶弄海棠风。若作境会，过山寻蚁迹。不作境会，度水觅鱼踪。毕竟如何？故国归路远，日暮泣途穷"。

上堂，"一宿觉，三担土，脚未跨门，手骨已露。等闲举一步，危径结寒花。信彩示一机，断崖飞瀑布。虽然，要跨乳峰门即易，要入乳峰室即难。何故？鸿飞冥冥弋人何篡"。

上堂，"发得一机活，出得一言当。万里无片云，青天合吃棒。不待春风着意开，暗香已在梅花上"。寄天目和尚偈曰："翁翁八十再生牙，烂嚼虚空吐出查。撒向玲珑岩畔树，枝枝叶叶是昙华。"

福州雪峰绝岸可湘禅师 上堂，举曹山因僧问："雪覆千山，因甚孤峰不白？"山曰："须知有异中异。"曰："如何是异中异？"山曰："不堕众山色。"师颂曰："言中彼此带幽玄，尽向言中辨正偏。孤负一条官驿路，茫茫沉在月明前。"渔浦接待偈曰："吴山那畔越山前，有饭充饥有榻眠，到此便能休歇去，帝乡犹隔一潮船。"

光孝石室辉禅师 上堂，举城东有一老姥与佛同生，不欲见佛，每见佛来，即便回避。虽然如此，回顾东西总皆是佛。遂以手掩面，十指掌中亦总是佛。师颂曰："平生不愿佛相逢，十指尖头现绀容。夹路桃花风雨后，马蹄无处避残红。"

天台国清灵叟源禅师 上堂，举僧问赵州："真如凡圣皆是梦言，如何是真言？"州云："唵部临噼。"师云："赵州禅只在口皮边，看他与么也是唤钟作瓮。忽有问灵岩，却向他道饥时但吃饭。且道与古人是同是别？西天梵语，此土唐言。"

上堂，"炎自炎，凉自凉。法无二法，不用商量。只如人人鼻孔在面上，则固是知有。我更问你，别沼荷香，何似深村稻香？"示防意如城偈曰："六门长锁旧封疆，已是攀缘万虑忘。昨夜贫家忽遭劫，元来祸起自萧墙。"守口如瓶偈曰："明明只在鼻孔下，动着无非是祸门，直下放教如木橛，青天白日怒雷奔。"

四明天童简翁敬禅师 上堂，举文殊问庵提遮女生以何为义话。颂曰："问处分明答处端，当机觌面不相谩，死生生死元无际，月上青山玉一团。"

庐山东林指南宜禅师 送人之成都偈曰："智不到处道一句，一句当机便到家，宿鹭亭前风摆柳，锦宫城里雨催花。"

饶州荐福无文璨禅师 尝与其友知无闻书有云："住院何足道哉，近年敕差堂除者何限，可挂齿牙者能几人。使吾有口可以吞三世诸佛，则曲录床终身不坐又何慊。无闻以为，何如某昔者入众见识字人多不修细行，决意不作书记。诸老不作据位称师者，又多看不上眼。遂无意出世，今皆不遂其初矣。住院十年名为长老，只是旧时璨上座。饮食起居与堂僧无异，出入时多了一轿两仆耳。使目不眩，轿仆亦不用之。相从衲子岁不下百数十人，遇五日挝鼓升堂，以平时在诸老间所得细大法门随分东语西话。断不敢以脱空语笼罩学者，亦不敢以过头语欺谩学者。说到无巴鼻无滋味处，欣然自笑，听者不必解笑也。士大夫多相知，然所知者不过谓其读书也，能文也，解起废也，硬脊梁也。盖胆毛几茎则知者鲜矣，读其书则其所造可知。"

灵隐石田熏禅师法嗣

杭州净慈愚极慧禅师 参石田于灵隐，田室中举云门念七话，连举十数过无人下语。忽有一僧才跨门，田曰："雪峰辊球。"师在侍傍耸耳而听，蓦然领悟，冲口呈偈云："云门念七，雪峰辊球，白苹红蓼，明月孤舟。"田颔之。住北禅日，谢剑南儒藏主、云谷庆藏主、无则珍藏主，上堂，举白云师祖开堂拈香有云："众中衣钵道友，有一言半句利益我者同伸报谢。山僧乍住，二三故人远来相贺，又非一言半句者，比岂无片香以为供养，烧枫香是着菩提边事，烧黄熟是说佛说祖边事。而今猛爇一炉，也要尽大地人知道，浙西管内嘉兴府川原地道，且道烧底是什么香？"良久云："不下阁。"送宁禅人偈曰："心未宁时为汝安，落花小雨酿春寒。断桥流水孤山路，杨柳丝丝拂画阑。"

杭州中竺雪屋珂禅师 上堂，"枯桑知天风，海水知天寒，且道衲僧知个什么？知道饭是米做，直饶恁么，阎罗老子索饭钱有日在。"师以宋鼎既迁，即谢寺事，金山贤默庵雅知师且尊其道行。时元兵下江南，默庵被总兵伯颜胁而置之幕中，从至武林。默庵言于伯颜，请师升住灵隐，亲持请疏叩师门。师抽关露半面问云："汝为谁？"默庵云："和尚故人某甲也。"师落关云："我不识你。"盖师虽处世外而以忠节自持，故不屑灵隐之命。后断江恩有诗云："雪屋今亡四十年，高风凛凛尚依然，伯颜丞相拜床下，不肯为渠来冷泉。"

径山痴绝冲禅师法嗣

福州神光北山隆禅师 礼镜清塔偈曰："惯问门前什么声，池蛙笑汝自蛙鸣。年来荒却天华寺，正令方才一半行。"

高台此山应禅师 上堂，举大隋庵侧有一龟。僧问："一切众生皮裹骨，这个众生因甚骨裹皮？"隋拈草履覆龟背上，僧无语。师颂曰："休将皮骨强分张，得六藏时且六藏，只履尽情都盖了，这僧无事可思量。"

育王寂窗照禅师法嗣

湖州道场龙源介清禅师 王氏，世居福州长溪，得度于义兴法藏齐禅师。过育王，谒寂窗入室有契，俾为侍者，复掌藏钥。出世四明寿国，迁开寿，升道场。上堂，"三春云暮，绿暗红稀，动为境转，静为法迷。不以色盖，不以声骑，风前闲听杜鹃啼"。上堂，"终日忙忙，那事无妨，显而不灵，隐而不藏。如何是隐而不藏底事？玉梅结子浮青树，石笋抽条上绿窗"。

径山晦机熙禅师法嗣

金陵龙翔笑隐大欣禅师 族姓陈，九江义门唐尚书操诸孙。从郡之水陆院出家，初至庐山，谒开先一山万公。既而遣诣百丈，参晦机。机一见器重，由内记升记室。一日问曰："黄龙得旨泐潭，领徒游方，及见慈明，气索汗下，过在什么处？"师抗声曰："千年桃核里，觅甚旧时仁。"又一日，举百丈野狐话诘曰："且道不落因果便堕野狐身，不昧因果便脱野狐身，利害在什么处？"师拟答，机遽喝之，平生凝滞涣然冰释。因同参者告问，师颂曰："百丈野狐，野狐百丈，埋作一坑，伏惟尚享。"机迁净慈，复延掌记。

出世湖之乌回，迁杭之报国中天竺。天历元年，文宗以金陵潜邸为大龙翔集庆寺，妙东名德开山，首膺其选，号曰广智全悟大禅师，为开山第一代住持。厥后驿召赴阙入见奎章阁，赐坐咨问法要，对扬称旨，赐貂裘金衲衣。及顺帝御极，待遇益隆。有旨命百丈山东阳德辉重编《禅林清规》，仍命师校正，遂定为九章，四方咸取以为法。以老病求退，御史大夫撒迪公以闻优诏不许，加号释教宗主兼领五山寺，敕外台护视，使安居终老。

师因僧侍立展手云："八字打开了也，为什么不肯承当？"僧云："恐钝置和尚。"师云："许多时没一点气息。"便打。一日问僧甚处来，僧云游山来，师云："笠子下拶破洛浦遍参底作么生？"僧云："未入门时已呈似和尚了也。"师云："即今为甚不拈出？"僧拟议，师便打。一日云："青州布衫重七斤，古人道了也。毕竟万法归一，一归何处？"有僧出云："东廊头西廊下。"师云："什么处见赵州？"僧拟对。师云："捧上不成龙。"

一日有僧来参，师云："竖拂拈槌，古佛榜样。擎叉舞剑，列祖条章。衲僧门下一句作么生道？"僧珍重便行，师云："不消一札。"

上堂，"赡养国中水鸟树林，悉皆念佛。知足天上树相撑触，演说苦空"。竖起拂子，"山僧拂子穿汝诸人鼻孔，诸人向甚处出气？"

入新寺升座，"第一义谛明如杲日，宽若太虚，万汇森然，纤尘不立。明今举古，无非节外生枝。立主立宾，何异虚空钉橛。然圣旨建寺，诸官临筵，不可只恁么休去，还有共相激扬底么？"问答罢，乃云："释迦世尊舍金轮而登佛位，今上皇帝从佛位而御金轮。收摄三千刹海于一印中，具足八万法门于一毫上。如华严会上，菩萨得无尽福德，藏解脱门，于一器中出生种种美味饮食，又于众会仰观空中而雨种种珍宝，随众生心悉令满足。然后得其宝者尽证法门，食其味者咸成妙道，无一尘而不具足佛事，无一法而不圆满正宗。即今崇建宝坊，阐扬法施，诸天音乐不鼓自鸣，梵呗咏歌自然敷奏，十方菩萨咸集道场，八部天龙同伸庆赞。还有不历化城，径登宝所者么？"击拂子云："四海已归皇化里，时清休唱太平歌。"

上堂，"拈花微笑彩奔咬家，断臂安心漏逗不少，汝诸人分上又作么生？不经一事不长一智"。至正四年五月俄示微疾，肩舆与御史大夫脱欢公为别留书。凡与交游之善者嘱其徒，以两朝赐己金币作万佛阁，上报国恩。二十四日遂书偈，趺坐而化，春秋六十一，夏四十六。

金陵保宁仲万天伦禅师 明之象山张氏，幼而岐嶷，投广德天宁竺源嗣公剃落。竺源谓曰："汝志趣宏远，堪任大法，无为我滞此。"遂往依虎丘东州永，偶过旃檀林，与一僧看《传灯录》，语之曰："千七百则公案，浑如生铁锁子，还有得钥匙入手者么?"师于言下有省。时晦机在净慈,师遂往见,才入门,机云:"湖山霭霭,湖水洋洋,浸烂你鼻孔,塞破你眼睛,因甚不知?"师云:"通身无影象,步步绝行踪。"机云:"未在更道。"师拂袖便出,未几俾居侍司,复命掌藏钥。

师僻人事繁杂,叹曰:"世降道衰,人根浮薄。宿师硕德具大知见,犹不为学者信服。无他,盖表里不纯故也。"自是必欲铲踪削迹于深静地。闻吴兴桃花坞尤僻邃,乃往缚茅焉。一日灌园,忽四山云瞑,骤雨疾风,摧折林木,霹雳一声,胸中疑碍顿释。乃曰:"大奇大奇也大奇,掇转虚空颠倒骑,蟭螟吞却五须弥。曩于南屏室中,屡扣老和尚终不肯为我说。使当时说破,安有今日耶。"

泰定丁卯,出主广德东泉。迁明之佛岩,龙翔笑隐招居第一座。南台治书吐鲁公数来问道,泛及《楞严》,玄旨契合。会保宁虚席,台章荐举宣院札付俾主之。有僧至参,师云:"好个僧怎么行履。"僧云:"拨草瞻风,岂因别事。"师云:"汝吃得棒也未?"僧拟议,师便喝。又僧问:"如何是和尚家风?"师云:"谁人看不见?"又问:"如何是一相三昧?"师曰:"青黄赤白。"又问:"如何是凤台境?"师云:"凤台有什么境?"

上堂,"言无展事,语不投机。承言者丧,滞句者迷。与么也不得,不与么也不得,与么不与么总不得。你有拄杖子,我与你拄杖子。你无拄杖子,我夺却你拄杖子"。

上堂,举僧问云门久雨不晴时如何?门云札。"云门一札,猿啼巴峡。熊耳峰高,石头路滑。"初在桃花坞定惺时,见一僧礼拜,师问:"汝何礼拜?"僧云:"师非救菩萨也。"言讫不见。

晚年卜筑于凤台西，曰新庵。将终，谓净觉昙公曰："欲将后事相浼。今日何日？"净觉曰："二十九日。"师云："月穷日，不宜去。明日五月一，吾即行矣。"至期，召门人付嘱已，举手作别。或请书偈，叱去。端坐而逝，世寿六十六，僧腊五十一。

四明育王石室祖瑛禅师 族姓陈氏，苏之吴江人。龆年出家住里之普向寺，十五祝发寻受具戒，即杖策游方。初从虚谷于仰山，闻净慈晦机道化亟往投之。一见契合，遂留执侍，继掌记室，声闻日章。

出世四明隆教，升浙江万寿、鄞之雪窦育王。谢天童平石砥问疾，有偈曰："是身无我病根深，惭愧文殊远访临。自有檐花谈不二，青灯相对笑吟吟。法身遍在一切处，噇饭噇空得自由。太白鄮峰烟雨里，笋舆来往亦风流。"

迨谢事，遂退处于受经，自号罢休老子，又称鸿一道人。昆阳郑东季明作《罢休老子传》。晚年得痿痹疾，造一龛，曰木榻，日坐其中，绝不涉人事。

至正癸未三月，定中见一衰衣妇人扣头，请师应身为国王。师曰："吾不愿生天王家。"逾月十有七日趺坐化去。阇维，以其遗骨煅之，遵治命也。既而炭灰已尽，益以香薪百炼不回，镕作金铜色，扣之有声，四众惊异，附葬于三藏道法师塔右粤。三年，吴兴郑希圣七月二日夜，梦师高坐，语希圣曰："此兜率内院也，慈氏菩萨今现在宫中说法，汝往拜之。"希圣往观内院，境之胜众之多，如经所云。古林茂悼以偈有云："毗岚风折须弥柱，摩竭鱼吞般若舟。"

杭州中天竺一关正逵禅师 番易人，姓方氏。参晦机于净慈,机问甚处人,师曰番易人。机曰:"番易湖水深多少?"师曰:"瞪目不见底。"机曰:"怎么则浸烂衲僧鼻孔也。"师曰:"终不借和尚鼻孔出气。"机曰:"毕竟借谁鼻孔出气?"师曰:"恭惟和尚万福。"机肯之,命充侍者。逾二年,往依中峰于天目山。久之,径山原叟命掌记,中天竺笑隐又俾分座。既而出世金陵崇因,帝师授以佛日普照之号。迁凤山资福,升主报国。

至中天竺,示众曰:"心不是佛,智不是道,一念涉思惟,全身入荒草。所以道,目前无法,意在目前,不是目前法,非耳目之所到。古今天地,古今日月,古今山河,古今人伦。头头显露,物物全彰。不从千圣借,不向万机求,内外绝承当,古今无处所。怎么解会,犹是错认驴鞍桥作阿爷下颔。虽然,既是泗州大圣,因甚在扬州出现?"良久云:"参!"示寂年五十又七,腊四十又四。

越州天衣业海了清禅师 上堂,"三岁孩儿抱花鼓,八十翁翁辊绣球,娇羞老丑都呈露,直得诸人笑不休。山僧昔在南屏山下粪扫堆头,拾得一领破襕衫子,抖擞将呈,天目不为顾采。又过崇德,撞着恶辣汉,被渠扯(昌者切,裂开也)破,七孔八穿,收拾仍归南屏,深藏四十余年,不将轻与外人。无端今日来天衣比看,破旧相似,颜色一般,着来嫌袖大,起舞觉天宽。直得十峰齐起舞,双涧共鸣湍。尽看当场,鲍老不知,笑倒旁观"。遂大笑,拄拄杖画一画,"更把一枝无孔笛,等闲吹出万年欢"。复举三圣我逢人则出话。师云:"二大老窃得临济家私,各自卖弄。检点将来,好与一坑埋却。"同参至上堂,"飒飒凉风景,同人访寂寥,煮茶山下水,烧鼎洞中樵。慈明老祖将常住物作自己人情。天衣则不然，供佛懒拈花，延宾不煮茶，莫嫌无礼数，冷淡是僧家"。

径山原叟端禅师法嗣

杭州灵隐竹泉法林禅师 别号了幻，族姓黄，台之宁海人。依同邑法安太虚同禅师出家，因看睦州语有省，白虚曰："从生至死，只是这个不由别人也。"参原叟于中天竺，叟问："何处来？"师曰："天台。"叟曰："曾见寒山拾得么？"师叉手而前曰："今日亲见和尚。"叟曰："脱空谩语汉，参堂去！"寻俾侍香，复掌藏钥。看经次，叟曰："看经那？"师曰："是。"叟曰："将甚么看？"师曰："将眼看。"叟竖起拳曰："何不道将这个看。"师曰："放下拳头将甚么看？"叟微笑。

东屿在净慈，招分半座，时竺原在浮山得师提唱语，称誉不置，寻美以偈。有五百众中居上首，妙解堪作人天之句。居净慈蒙堂，不出户者九年。行省左丞相脱欢公，请主浙江万寿。迁中天竺，后至元四年迁灵隐，宗风大振，顺帝锡以金襕法衣。时寂照在径山，父子同时唱道，五山人以为盛事。

上堂，"法是常法，道是常道。掚破面门，点即不到。雪峰一千七百人善知识，朝夕只辊三个木球。赵州七百甲子老禅和，见人只道吃茶去。中峰居常见兄弟相访，只道叙通寒温，烧香叉手。若是金毛师子子，三千里外定誵讹"。

上堂，举僧问赵州："万法归一，一归何处？"州云："我在青州作一领布衫重七斤"。师云："赵州虽则善用太阿截断这僧舌头,未免自扬家丑。灵隐则不然,忽有僧问万法归一一归何处,只向他道,今日热如昨日。"

元宵上堂,"今朝上原节,雪霁见晴春,梵刹灯千点,长空月一轮。鼓钟喧静夜,歌管闹比邻。总是圆通境,何须别问津"。

上堂,"一大藏教五千四十八卷,顿也渐也权也实也偏也圆也,只作一句道却:三世诸佛在你脚跟下"。

上堂,"古杭管内灵隐名山,肇建于东晋咸和年间,慧理法师为第一祖。今日上原令节诸处放灯,知事直岁各各照管风烛"。便下座。

大龙翔席虚,呈吉大夫遣币聘,师辞不赴。使者三往返,师避于会稽山中。行院知不可强,具疏请师仍领灵隐。又居三年,退处了幻庵。至正十五年春感末疾,二月二日集诸徒叙平生本末,且诫之曰:"佛法下衰无甚于今,宜各努力,吾世缘止于斯矣。"索笔书偈曰:"七十二年虚空钉橛,末后一句不说不说。"遂奄然而化。龛留十日,颜色不变,全身窆于松源塔西塔前。古桂当春吐花,清香满路,见者叹异。侍讲学士黄公晋卿目见其事故,自书塔铭序中。

杭州径山古鼎祖铭禅师 姓应氏,世居四明奉化,依金峨横山锡公得度,竺西坦公主天童辟为内记。后遍参诸尊宿。元叟在灵隐,往从焉,叩黄龙见慈明因缘。叟诘之曰:"只如赵州云,台山婆子被我勘破。慈明笑曰是骂耶。你且道二老汉用处是同是别?"师曰:"一对无孔铁锤。"叟曰:"黄龙直下悟去又且如何?"师曰:"也是病眼见空花。"叟曰:"不是不是。"师拟进语,叟便喝,师当下廓然,即命居记室,自是声誉顿发,而师愈谦抑自持。

及年五十四，始出主隆教。迁宝陀中天竺径山。帝师闻法席之盛，锡号慧性宏觉普济大师。僧问："祖意教意是同是别？"师云："破粪箕生苕帚。"僧礼拜云："谢师指示。"师云："昨夜三更失却牛，天明起来失却火。"问："如何是佛？"师云："秤锤蘸醋。"僧云："如何是佛向上事？"师云："仰面不见天。"僧云："记得僧问云门如何是佛，门云干屎橛。又作么生？"师云："云门不是好心。"僧云："干屎橛与秤锤蘸醋相去多少？"师云："镬汤无冷处。"僧拟进语，师便喝。

上堂，"将十方世界安向诸人眼睫上，丝毫不动。将四大海水倾向诸人脚跟底，涓滴不流。会医还少病，知分不多愁"。

上堂，举大愚芝和尚示众云："大家相聚吃茎齑，若唤作一茎齑，入地狱如箭射。"师云："宗师为人如蛊毒之家，置毒于饮食中与人，未尝不欲断其命根。虽然，是冤对者能有几人。"颖毫作乱，师治妙明庵以将归老焉。元日祝厘行省，现白光三道。丞相康里公奉师所赞观音像于紫薇阁，是夕瑞光煜然。葛獠焚掠径山，丞相延至郡城云居，时诣师叩宗门玄旨。一日看经次，问："长老何不看经？"师云："寻行数墨为看经耶？"丞相无语。师翻经云："老僧看经去也。"丞相以手掩经云："请为说破。"师云："伊尹周公是阿谁做？"中天竺用贞良公谓师尝阐化是山，请归了幻庵。寻示疾，致书嘱丞相外护，书偈曰："生死纯真，太虚纯满，七十九年，摇篮绳断。"掷笔而逝。

台州国清梦堂昙噩禅师 自号西庵，慈溪王氏子也。母周氏，生六年而父殁。母命从乡校师游，气岸高骞，有一日千里之意。洎长，穷览儒籍，彻其义髓。学文于修道胡先生长孺，已而心有所感叹曰："攻书修辞，此世间相耳，曷若求出世间法乎？"乃白母，走奉化广法院，礼良公为师。访道吴楚，渡江憩真之长芦。雪庭传公有鉴裁，知师器识，遂为剃发，师春秋已二十三矣，继受具戒。凡佛经及诸宗之文，昼夜磨研，不知有饥渴寒暑。久之复叹曰："教相如海，苟执着不回，是觅绳自缚，曷若求明本心乎。"原叟由中天竺补灵隐，门风高，非宿学莫敢闯其门。师直往咨叩，了无畏惧，机契命掌内记。径山虚谷慎选书记，得师缁白交庆。至元五年出主四明咸圣，迁慈溪开寿。帝师锡以佛真文懿号。至元十七年，行宣政院以国清聘瑞龙院，易甲乙为十方，师为开山院赖增重。

上堂，竖拂子，"只这个在临济则大机大用，卷舒擒纵，杀活自由。在云门则孤危耸峻，格外提持，言前定夺。在曹洞则家风细密，金针玉线，明合暗投。在沩仰则父慈子孝，用剑刃事，施陷虎机。在法眼则箭锋相拄，心空法了，情尽见除。五家提唱，金声玉振，迈古超今。总是门庭施设，若是直截一句不曾道着，作么是直截一句？"厉声云："看脚下。"

上堂，"一二三四五六七，七六五四三二一。黄河九曲出昆仑，摩诃般若波罗蜜"。师数诫诸徒曰："吾与尔等究明此道，当外形骸忘寝食，以消累劫宿习，然后心地光明。"自是日惟一食，终夜凝坐以达于旦。国朝洪武三年，诏征江南有道僧，而师居其首，馆于天界。既奏对，上悯师年耄，赐令还山。晚年以梁唐《宋高僧传》重加笔削，刻板以传。六年二月甲申，无疾忽索浴易衣，出器物遗大方诸友，集众而言曰："三界空花如风卷烟，六尘妄影如汤沃冰。吾之幻躯今将入灭，灭后阇维煅骨为尘，不可建塔以累后世。"言讫敛目危坐而逝，寿八十九。

嘉兴天宁楚石梵琦禅师 四明象山人，姓朱氏，母张。师在襁褓中有僧来见之，谓其父曰："此儿佛日也，必当振佛法照耀浊世。"乡党因以昙曜称之。从族祖晋翁洵公说法湖之崇恩，师往从焉。赵魏公见之，特器重，为鬻牒为僧，继受具。晋翁迁道场，师为侍者，又司藏室。因阅《楞严》至"缘见因明暗成无见"，恍然有省。由是览内外典宛如宿习，然尚有凝碍。原叟主径山，师往参次，即问："如何是言发非声色前不物？"叟遽云："言发非声色前不物，速道速道！"师拟答，叟震威一喝，师错愕而退。

会英宗诏金书大藏经，有司以师善书，选上京都。一夕，闻彩楼鼓鸣，豁然大悟，抚几笑曰："径山败阙处，被我识破了也。"因成偈曰："崇天门外鼓腾腾，蓦札虚空就地崩，拾得红炉一点雪，却是黄河六月冰。"翩然东旋至双径，叟迎笑曰："西来密意，喜子已得之矣。"遽处以第二座。

初居海盐福臻，升永祚，迁杭之报国、嘉兴之本觉天宁。僧问："不愁念起惟恐觉迟，如何是觉？"师曰："牛角马角。"僧云："如何是念？"师云："四五二十也不识。"僧礼拜。僧问："一大藏教是个切脚，未审切个什么字？"师云："切个不字。"僧云："只如不字又切个什么？"师云："莫错举似人。"僧云："谢师指示。"师云："石羊头子向东看。"僧问："一切诸佛及诸佛阿耨多罗三藐三菩提法，皆从此经出。如何是此经？"师云："更要批注那。"

上堂，"弥勒真弥勒，分身千百亿。时时示时人，时人自不识"。拈拄杖云："冲开碧落松千尺，截断红尘水一溪。"

上堂，"米里有虫，麦里有面。厨库僧堂，山门佛殿。盏子扑落地，撲子成七片"。

上堂，"炉鞴之所多钝铁，良医之门足病夫，不因柳毅传书信，何缘得到洞庭湖"。

上堂，"闻声悟道，塞却你耳根。见色明心，换却你眼睛。蒲团上端坐，针眼里穿线。西风一陈来，落叶两三片"。

晚年于永祚筑西斋而终老焉，因自号西斋老人。洪武元年九月，上念将臣或没于战，民庶或死于兵，宜以释氏法设冥以济拔之。于钟山建大法会，征师说法。廷臣奏其说，上大悦。明年三月，复用元年故事召师说法。又明年秋，上又召师以鬼神为问，师与同召诸师援据经论，辨核其理成书，将入朝敷奏。师忽示微疾，索浴更衣，取笔书偈曰："真性圆明本无生灭，木马夜鸣西方日出。"置笔谓梦堂曰："师兄，我去也。"堂曰："何处去？"师曰："西方去。"堂曰："西方有佛，东方无佛耶？"师乃震威一喝而逝，实七月二十六日也。礼部官以遗偈闻，上为嗟悼之。缁白瞻礼，如佛涅槃。天界住持白庵乃法门犹子也，为治后事，时制火化，上以师故特开僧家火化之例。火余，牙齿数珠不坏，舍利纷缀遗骸。参徒奉其遗骸，归葬西斋而塔焉。寿七十五，腊六十三。

杭州径山愚庵智及禅师 字以中，别号西麓，苏之吴县顾氏。父茂卿，母周氏。入海云院为童子，释书儒典并进。闽国王清献公都中见之，特加赏异。听贤首家讲法界观，未终章，遂莞尔笑曰："一真法界圆通太虚，但涉言辞即成剩法。"乃去。谒广智于龙翔，微露文采，广智大惊。有屿上人者呵曰："子才俊爽若此，不思负荷大法，甘作诗骚奴仆乎。无尽灯偈所谓黄叶飘飘者何谓也。"师舌噤不能答，即归海云。胸中如碍巨石，逾月忽见秋叶吹坠于庭，豁然有省。虽喜不自胜，不取证明眼，恐涉偏执，乃走见径山。山勘辨之，师应答不滞，山遂命执侍，久之迁主藏室。至正壬午行院举师出世昌国隆教，转普慈。未几，行省左丞相达失公延主净慈，复请升径山。

僧问："语是谤，默是诳，语默向上有事在。如何是向上事？"师云："胡孙上树尾连颠。"僧问："如何是宾中宾？"师云："君向潇湘我向秦。"云："如何是宾中主？"师云："常在途中不离家舍。"云："如何是主中宾？"师云："常在家舍不离途中。"云："如何是主中主？"师云："横按镆耶全正令，太平寰宇斩痴顽。"

一日达失帖穆尔丞相到方丈问："净名丈室容三万二千狮子座，净慈丈室容多少？"师云："一尘不立。"相云："得与么觌体相违。"师揭起帘云："请丞相鉴。"相呵呵大笑云："作家宗师，不劳再勘。"师便供茶。

上堂，举东山演祖示众云："祖师说不着，诸佛看不见，四面老婆心，为君通一线。"师云："若教频下泪，沧海也须干。"

上堂，"诸方今日开炉，未免与诸人说些火炉头话"。乃以拂子作吹火势云："唤作火烧杀你，不唤作火冻杀你。"

上堂，"一二三四五六七，地水火风空觉识。拈来数日甚分明，明眼衲僧数不出。也大奇，乌龙钻败壁，鸡向五更啼"。

洪武癸丑，诏有道硕师十余人集天界寺，师居其首，以病不及召对。赐还穹窿山，即海云也。戊午八月忽示疾，至九月四日索笔书偈而逝。其徒以遗骨藏海云山阴，又分爪发归径山，于无等才禅师塔左瘗焉。寿六十八，腊五十一。

苏州万寿行中至仁禅师　自号澹居子，又曰熙怡叟，番阳吴氏，父仲华为江州儒学教授。师方五岁，其父俾从州之报恩真牧纯公，七岁得度。自幼见地颖拔，迥出常儿。西域指空和尚赴英宗召，便道憩报恩。见师叹异，曰："再世人天师也。"因授以戒。及持摩利胝天咒法师受真牧，嘱参原叟于径山。叟视师轩渠一笑，师罔知所以，汗流浃背，失展尼师坛。叟咄曰："参堂去!"次日又见，叟曰："尔何处人?"师曰："番阳人。"叟曰："番阳湖深多少阔多少?"师展手作量势，叟曰："不是不是。"师曰："合取臭口。"遂留侍香，继掌外记。叟喜得师，谓其徒曰："仁书记虎而翼者也。"

出世蕲之德章，次住越之云顶崇报、苏之虎丘万寿。法道衰微，位以求得，独师务韬晦。五名刹皆公卿敦迫而赴，故一出人皆尚之。师室中拈木枕子问僧云："者个是甚么?"僧云："也知和尚老婆心切。"师掷枕于地，僧拟议，师便喝出。一日云："一切众生性清净，因甚么轮回六趣?"时有僧云："愿和尚慈悲指示。"师云："钵盂口向天。"

上堂，竖拂子，"这个是马祖家风"。喝一喝，"这个是临济家风"。以拂子画一画云："这个是什么家风?若到诸方不得错举。"

上堂，"迭迭远山青，迢迢江水绿。尽日小吴轩，倚阑看不足"。蓦唤侍者云："收取拂子。"便下座。

上堂，"禅性无生，离生禅想。禅性无住，离住禅寂。五台山上云蒸饭，佛殿阶前狗尿天。刹竿头上煎馉子，三个胡孙夜簸钱"。师旁通外典，尤邃于《易》。其所论著，务在匡宗，不以此自多。若虞文靖公集、黄文献公溍、张潞公翥、宋侍讲濂辈，皆称之。文靖见师《黄州思贤寺苏文忠公祠堂记》曰："文辞简奥，有西汉风。"潞国尝以诗寄，有"今代能仁叟高风播海涯"之句。国朝洪武初，皇上以鬼神之理，召释氏之老问焉。师与同召者曰："鬼神之说，当本佛旨以对。"及为书以进，上大悦。

师暮年养闲于松林兰若，道望益尊。人不敢叱名，咸称曰松林和尚。十五年三月忽示疾，十九日有同参如愚仲来问讯曰："师兄时节既至矣，诸弟子在侧，可不赐一言为末后训乎。"师曰："十方薄伽梵。一路涅槃门。"曰："与师缔交五十年矣，此别直至净土相见。"师厉声曰："尽大千界是一个净土，何处不相见。"良久，索纸书偈已，泊然而逝。世寿七十四，腊六十七。

杭州径山复原福报禅师 台之宁海人，俗姓方，母张氏。禀父母命，往杭之梁渚崇福出家。时石湖美公主净慈，师往参，湖器之，为祝发。径山原叟门庭严峻，师以己事未明，往咨决之。叟问："近离甚处？"师云："净慈。"叟云："来作甚么？"师云："久慕和尚道风，特来礼拜。"叟云："赵州见南泉作么生？"师云："头顶天脚踏地。"叟云："见后如何？"师云："饥来吃饭困来眠。"叟云："何处学得这虚头来？"师云："今日亲见和尚。"叟颔之。次日命居侍司，明年升掌藏教。

久之出世慈溪庐山，迁越之东山四明智门。

皇朝洪武初，驿召道行沙门，师与径山以中及上竺日章你赴京，馆天界寺。屡入内庭，应对称旨。留三年，赐还智门，庵于寺东，扁曰海印，为终焉之计。径山虚席，起师补处。

上堂，"举一不得，举二放过，一着落在第二。古人怎么说话，正是抱赃叫屈。东山即不然，举二不得，举一放过，一着落在第七。到这里，须知有向上一路始得。如何是向上一路？"良久云："莫守寒岩异草青，坐却白云宗不妙。"

上堂，"一叶落天下秋，一尘起大地收。谁谓北郁单越不是南瞻部洲？刚自骑牛更觅牛"。

上堂，"语是谤，默是诳，还有二俱不涉者么？"拍禅床云："洎合停囚长智。"

上堂，"一默一语一作一止，何似水银落地。僧问赵州云乞师指示，州云吃粥已未，僧云吃粥了也，州云洗钵盂去"。

上堂，"终日着衣未尝挂着一缕丝，终日吃饭未尝咬着一粒米。似地擎山不知山之孤峻，如石含玉不知玉之无瑕。不着佛求，不着法求，不着僧求"。拈拄杖，"有时乘好月，特地过沧洲"。

前住山象原经始佛殿，未就而终，师力完之，其费则出姑苏葛德润氏。两住径山甫八年。忽一日得疾甚，革侍者请偈，师叱曰："吾世寿尚有三年。"已而果然终时，寿八十四，夏六十四，门人奉全身窆寂照塔右之冈。

杭州灵隐性原慧明禅师　幻隐别号也，出台之黄岩项氏，母陈。既长不甘俗处，往依温之宝冠东山鲁公出家，谒竺原道公于仙居紫箨山，咨问心要，不大省发。去参径山原叟，叟问：

"东岭来西岭来?"师指脚下草鞋曰:"此是三文钱买得。"叟曰:"未在,更道。"师曰:"某甲只与么,未审和尚作么生。"叟曰:"念汝远来,放汝三十棒。"久之职侍香,朝参夕究,一旦默契。

育王雪窗招师掌藏教,未几出住鄞之五峰,迁金峨。洪武五年春,诏天下高僧建大斋会于钟山,师与径山季潭俱与是选。既竣事,季潭奉旨住天界,延师居第一座,提纲举要得表率丛林体。又明年镇江金山请师补处,十一年升居灵隐,学徒坌集,宗风大振。

上堂,"今朝闰五月初一,依旧日从东畔出,衲僧个个解知。音短咏长歌皆中律。梅雨晴,树阴密林下优游。何得失,无位真人赤肉团,等闲靠倒维摩诘"。

佛涅槃上堂,"涅槃生死等是空华,佛及众生皆为剩语。诸人到这里作么生会?"良久拍禅床云:"但见落花随水去,不知流出洞中春。"

浴佛上堂,举香严和尚云:"去年贫未是贫,今年贫始是贫。去年贫犹有卓锥之地,今年贫锥也无。众中忽有个汉出来问:'长老错了也,今朝四月八是佛生日,如何举此公案。'山僧只对道,住持事烦。"下座。

师始至经画大雄宝殿,仅一载即落成,屼然山峙。师室中垂语曰:"莲华峰被虮蜉食却半边,因甚么不知。"又曰:"冷泉亭吞却壑雷亭即不问,南高峰与北高峰斗额,是第几机?"罕有契之者。示灭于洪武十九年六月二十三日,寿六十九,夏五十。

杭州上天竺我庵本无法师

黄岩人,从净慈方山落发,依寂照于中天竺,掌纲维。有舅氏教庠老成挽之更宗，于是见湛堂于演福，研精教部。寂照惜其去，作偈寄之云："从教入禅今古有，从禅入教古今无。一心三观门虽别，水满千江月自孤。"

后出世，既为湛堂嗣，仍爇一香报寂照，不以迹异而二其心。寂照示寂时，师住四明延庆，遗书祝其力弘大苏宗趣，余无他言。师于祭筵拈香云："妙喜五传最光焰，寂照一代甘露门。等闲触着肝脑裂，冰霜忽作阳春温。我思打失鼻孔日，是何气息今犹存。天风北来岁云暮，掣电讨甚空中痕。"我庵临终，无疾坐蜕。

苏州开原愚仲善如禅师 吴江人。上堂，"佛身充满于法界，普现一切群生前。为甚么沪渎居民黄老之流迎之而风涛骇吐，像即没沉，吴县朱膺东灵帛尼一请而灵相峨峨，倏然双泛？试就提捧，豁尔胜舟，今山中所奉维卫、迦叶二石像是也。岂非随缘赴感靡不周而恒处此菩提座。大众，若作恁么会，大虫看水磨。不作恁么会，真州望长芦。恁么不恁么总拈却，又作么生？清平世界不用讹言。"

师动止安徐，言不妄发。或有求偈语，信笔而书，皆有警策之意。若寄闻门草庵僧云："国师万代善知识，雁宕草庵天下闻，得在其中居住者，生难遭想报深恩。度牒亲从天上降，得来何翅万黄金，时中若不修僧行，孤负皇王一片心。"师晚年因法门从子瓛莹中住万寿，辟一室延之养老。及相本空继席，待之尤至，故得优游以乐其道。尝居荨门直指庵，人因称之曰直指和尚。将终，呼本空及松林诸子贞松石等诀别，泊然而逝。

杭州灵隐天镜原净禅师 会稽倪氏，幼从至大寺雪庭立公祝发。及受具,遂往杭之集庆,从天岸济公学止观。一日师自谓:"从上诸老多由教入禅,吾亦究别传之旨乎。"登华顶参无见睹。又如玉几见石室瑛,室与语,大奇之曰:"吾法叔径山原叟和尚具大眼目,今代妙喜也,子欲了己躬事往见勿后。"师遂参叟于不动轩。入门,叟震威一喝,师不觉汗流浃背,即礼三拜。已而俾居侍司,继掌记室。寻游金陵,见笑隐于龙翔。上江西,礼诸祖塔像。过临川,访虞文靖公,道话契合,延师度夏,为作断江塔铭、朴隐轩铭。

至正丙申,出世邑之长庆,迁天衣。圣朝洪武五年,设广荐法会于钟山。诏天下名尊宿轮座说法,师预焉。九年冬,杭诸山请居灵隐,辞再四,金曰:"而祖佛照妙峰,而父寂照,而兄了幻,皆说法灵隐。于今振坠绪提宏纲,舍和尚其谁哉。"师幡然而起,上堂,"即心即佛,嘉州牛吃禾。非心非佛,益州马腹胀。不是心不是佛,天下觅医人灸猪左膊上"。良久,"啼得血流无用处,不如缄口过残春"。

上堂,"声不是声,观音三昧。色不是色,文殊法门。声色无碍,普贤境界"。拈拄杖画一画云:"大鹏展翅盖十洲,篱边燕雀空啾啾。"终时年六十七,腊五十五。

台州护圣迪原启禅师 临海人,为书生时,拜叔父坚上人于里之宝藏寺。偶阅其几上《首楞严经》至"山河大地皆是妙明心中所现物处"。置卷绅绎良久,豁然有省。白父母求出家,礼寂照为师,服头陀行,久而益勤。出世护圣,退居东堂七年,著书曰《大普幻海》、曰《法运通略》、曰《赘谭》、曰《疣说》、曰《儒释精华》,总若干卷。又作《佛祖大统赋》。终时寿四十三。

苏州万寿佛初智淳禅师 送忠侍者偈曰："鸟窠吹起布毛，侍者当下悟去。一对无孔铁锤，卖弄鬼家活计。若是灵利阿师，别有天然气宇。恢张本地风光，显出衲僧巴鼻。以大千摄入毫端，将须弥纳向芥子。直踏毗卢顶上行，千手大悲拦不住。"

宁波府天宁仲猷祖阐禅师 别号归庵，族陈氏，鄞人也。依佛智匡禅师于永乐而获剃染，参寂照于径山得旨。久之出世芦山，迁香山，升郡之天宁。

上堂，"第一句，三世诸佛道不得，六代祖师道不得，天下老和尚道不得，山僧道不得，大众道不得"。拈拄杖，"拄杖子道得也是第二句"。

上堂，"即心即佛，非心非佛，不是心不是佛。五台山上云蒸饭，佛殿阶前狗尿天。刹竿头上煎锤子，三个胡孙夜簸钱"。

元宵上堂，"十五日已前，脚头脚尾黄金莲。十五日已后，白牡狸奴成队走。正当十五日，楼台上下火照火，车马往来人看人。好大众，且道好在什么处？众眼难谩"。便下座。

江心一山万禅师法嗣

报恩无方智普禅师 桂阳人，俗姓龙。住后上堂，"六月行人口吐烟，区区只为利名牵。争如林下无心客，一觉和衣到晓眠"。拍禅床起来，"干明不惜口业为你说破，腊月三十日阎老子要问你索饭钱在"。

上堂，"春色浓，春日融，园林暖，野桃红。昔日灵云一见，透脱色空。而今诸人总见，因甚不悟。若也不悟，眼被色笼，天宁未免开示令得悟入"。击拂子，"错教人恨五更风"。

南康云居小隐师大禅师 终日方丈危坐澹如也。剃余须发，侍者镊生争取藏之，信次即生舍利。尝送信禅人偈曰："信是道元功德母，药如有验不消多。上人直下承当得，佛祖安能奈尔何。"

径山云峰高禅师法嗣

江州东林古智哲禅师 都昌人，俗姓巢氏。初住兴国兴圣，迁东林。

上堂，"过去诸佛已说，未来诸佛当说，现在诸佛今说。且毕竟说个什么？"卓拄杖下座。

上堂，"明来暗谢，智起惑亡。黑牛卧死水，癞马系枯桩。何似东村黑王老，黄昏伸脚睡，一觉到天光。山僧与么道，切忌错承当"。

上堂，"尽令提纲，圣凡罔测。放开线道，普请同参。熏风自南来，殿阁生微凉"。

上堂，"诸禅德，祖师道圆同太虚，无欠无余。三条椽下七尺单前，切忌依他作解。莫有向天外出头底么？"乃云："巡堂吃茶。"礼遁道者塔偈云："髑髅元自有灵光，雪窦何曾抖屎肠。截断婆婆三寸舌，至今双剑倚天长。"

送万禅人参径山虚谷和尚偈曰："万辙千途同一车，参方眼正不曾差，一千七百人中主，元是仰山小释迦。"

杭州中天竺一溪自如禅师 福建人，元兵下江南。师年少，被游兵虏至临安遗之而去，富民胡氏收养之，令伴其子弟读书乡塾。师隅立，凝神静听，默识无所失，胡氏喜。因子之既长，命隶里中无相寺为僧，参云峰于径山得旨。戒检精严，法服应器不离体。初住浙江万寿寺，后有大家黄氏重师道行，常供以伊蒲塞馔。一日，请归其家，进供逾勤。乃开私帑所藏金玉示师，欲动其心，师归谓左右曰："彼黄氏以帑中宝示我，欲诱我死去为其子耳。殊不知我视金玉如瓦砾，古人堕此辙者颇众。非但为其子，为其牛马者有之，我自此其疏黄氏矣。"天历初，中天竺笑隐奉诏开山大龙翔寺，因举代住中竺者三人，御笔点师名，宣政院具疏敦请。久之化去，茶毗灵异颇多。

杭州径山本源善达禅师 仙居柴氏，早年与及庵信行脚，誓不历职。往江西见雪岩于仰山，随众入室，无所省发。后归仙居，里人请主多福。弃去，游湖南主福严。寻还浙西，见径山云峰，入室有省，峰印可之。适慧云虚席命师补处，后住保宁净慈径山，皆有成绩可纪。师凡住处，不设卧榻，夜则焚香然烛，安坐至旦，率以为常。又体所禀与人异，遇严寒则衣绨绤，大热则大缯絮。以余资建大圆院于东路半山，接待云侣。一日自知时至，会众叙平生行脚事毕，须臾端坐而寂。

四明天童怪石奇禅师 为众普说，其略云："参禅本无难易，只要具大信根，有决烈志，万机休罢，千圣不携，坐断诸缘，不存一法。如太虚空了无朕迹，如须弥卢屹然不动，无上真乘方可希冀。"又云："此事如人饥渴相似，说饮说食，岂能救疗。直须自饮水自吃饭，方有实效处。"又云：因举从上先德痛切为人语要开示,"倘能向者里虚却心,不即法相不离法相。一闻顿悟,便是涅槃会上广额屠儿放下刀立地成佛底时节。是即是,不得怎么会,言多去道转远,且截断葛藤"。喝一喝,下座。

龙岩真首座

诸方屡聘,不肯应世,尝作乐闲歌曰:"即心是佛,无心是道。万事但随缘,自觉身心好。院子从来不要住,便是佛也不要做。律亦不曾持,戒亦不曾破。放行把住总由人,执法修行驴拽磨。要行便行要坐便坐,也不精进也不懒惰,一卷三字经,逐日为工课。有时深深海底行,有时高高山顶卧。几生修得做闲人,肯为虚名被羁锁。我不轻汝等,从他当面唾。百年能得几光阴,何必强分人与我。贫也不须忧,富也休庄大。阎王相请无亲疏,尽付一堆红焰火。自家作得主宰,终不随风倒柂。补破遮寒暖即休,淡饭粗茶随分过。我作乐闲歌,自歌还自和,不是闲人不肯闲,世上闲人能几个。"

天童止泓鉴禅师法嗣

湖州道场玉溪思珉禅师 明之象山张氏,首参云峰于径山,次谒止泓于天童。泓问:"近自何来?"师曰:"径山。"泓曰:"未离径山一句作么生道?"师曰:"平如镜面,险似悬崖。"泓曰:"昨夜山前因甚虎咬大虫?"师拟进语,泓即掌之,师忽有省。一日侍次,泓举世尊因外道问:"不问有言不问无言,世尊良久。""意旨如何?"师叉手进前。泓曰:"外道赞叹云,世尊大慈,开我迷云,令我得入。又作么生?"师曰:"君子爱财,取之有道。"泓喜其类己，令典藏教。

大德四年，出世郡之吉祥，迁金文大梅保福。帝师颁旨襃护，赐佛心明妙之号。至顺三年，广教府聘主娑之双林。元统二年，行省选住道场。示众云："此事如铁壁银山，如大火聚，凑泊不得，回避不得。你辈合作么生？直饶脚不点地，通霄别有活路，也是不快漆桶。"上堂，"依经解义，三世佛冤。离经一字，即同魔说"。拈拄杖卓一下，"六月不热，五谷不结"。后至元三年四月示微恙，至二十有八日书偈而逝。

苏州万寿竺田汝霖禅师 四明昌国王氏，从郡之慈溪永乐寺梅涧福公出家，既祝发受具。闻天童止泓道化，往参拜。泓密奇之，遂命为侍者。泓室中，举赵州狗子无佛性话勘验来学，众皆未喻，师已豁然矣。已而见悦堂訚于杭之灵隐，堂器之命典记室。会其受业师祖方岩会公赴龙兴上蓝，以师侍行。因游百丈，晦机素知师，遂命分座。师每有著述，晦机阅之加敬。未几继祖住上蓝，大振法道，缁白翕如。久之升明之雪窦，阅三载，松江淀山缺席屈师。俄寺毁，师不惮劬勚，十余年间殿堂众宇皆一新之。晚主万寿仅一载，示微疾，更衣书偈，诀众而逝，后至元五年五月二十五日也。茶毗，设利五色如菽粟者不胜数，人争得之。或后至者掘土而淘，亦满其意。徒众分舍利骨石为二，一塔淀山，一归葬龙山之西冈。寿六十六，腊五十勚。

何山铁镜明禅师法嗣

恭都寺 四明人，廉介自持，精修梵行，日诵《法华经》。

因聆铁镜上堂，遂得心要，尝夜坐有偈云："点尽山窗一盏油，地炉无火冷啾啾，话头留向明朝举，道者敲钟又上楼。"铁镜因升堂，特称赏之。临终无疾，更衣坐逝。阇维，舌根不坏，湖海人声偈追悼。

灵隐悦堂訚禅师法嗣

江州庐山东林无外宗廓禅师 送僧之中吴，偈曰："佛是西天老比丘，何缘卧倒在苏州，凭君此去轻扶起，问取二千年话头。"

华藏瞎驴见禅师法嗣

苏州阳山金芝岭铁觜念庵主 示众："灵山付嘱天下葛藤桩，少室单传诸方是非窟。安心忏罪破漆桶，又要重光。付法传衣滞行货，徒劳索价。临济棒头开正眼，拳下示生涯。曹洞锦帐绣鸳鸯，行人难得见。云门三句可辨，一镞辽空。法眼大地山河俱为妙用。沩仰团团无缝罅，壁立绝中边。看来世界清平，何用琼森节目。金芝今日为诸人断这公案去也。看看！"以挂杖画一画云："四海浪平龙睡稳，九天云净鹤飞高。"复举三圣道："我逢人则出，出则不为人。"兴化道："我逢人则不出，出则便为人。"师颂云："谁谓家风分两边，一条挂杖两人牵。休观千嶂凌云势，好看银河落九天。"颂舍利弗入城、月上女出城话曰："出城入郭两相逢，来去谁云路不同，回首涅盘台上望，九州岛四海一家风。"

直翁圆藏主法嗣

无为州天宁无能教禅师 于门首悬一牌云："谨防恶犬。"竺源盛，初往参，及跨门，源便云："老和尚为我赶狗。"师便入去。有长芦智首座出接，同坐，须臾，师从面前过，智起禀云："此上人得得来见和尚。"师云："已相见了也。"已而源每闻师呵蒙山。不合引兄弟礼佛拜忏施食之类。源云："清净地上不受一尘，佛事门中不舍一法。"师云："不然，我宗门中合提何事，如何是佛麻三斤，如何是佛干屎橛，当提此事始得。"源就问云："蒙山和尚平昔问学者云，栽松道者不具三缘而生。达磨大师葬熊耳，三年后只履西归，谓是神通妙用，谓是法尔如然。"师云："为是他不会，我道莫作禅会，得么？"源当下如梦忽醒。

鼓山皖山凝禅师法嗣

松江淀山蒙山德异禅师 示阳高安卢氏，参苏之承天孤蟾莹。蟾问："亡僧迁化向甚处去？"师罔措，俳发参究。因首座入堂坠香合作声，豁然有省，乃成颂曰："没兴路头穷，踏翻波是水，超群老赵州，面目乃如此。"武忠吕公闻之，寄颂旌美。登径山谒虚堂，语契。然师未以此自足，往参皖山于鼓山。室中举狗子话反复征诘，箭拄匜合。山又拶以张拙寂照之语，师拟议，山震威一喝，师当下意消心废。一日，山举卧云深处不朝天，因甚到这里。师云："邦有道则现。"山深肯之。已而复如吴万寿石楼明，命典藏。至元间，丞相伯颜破吴武，暇询决禅要，机契确，请出世于淀山。既退承天觉庵，遂处以第一座。素轩蔡公施莲湖桥庵请居之，曰休休。僧问："保寿开堂，三圣推出一僧，其意如何？"师云："两彩一赛。"僧云："保寿便打，又作么生？"师云："为人须为彻。"僧云："三圣道怎么为人，非但瞎却这僧眼，瞎却镇州一城人眼去在。是何的意？"师云："兜率陀天一日，人间四百年。"僧云："保寿归方丈，有利害也无？"师云："疑杀憨痴佛祖，庆快灵利男儿。"

师以虚中十妙示学者曰："位中功中，动中静中，体中用中，意中句中，要中妙中，各演以偈。"

上堂，"昨日十四，今日十五。灵利衲僧，吞却佛祖。从教谢三郎，月下自摇舻。阿呵呵，莫莽卤，甜瓜彻蒂甜，苦瓠连根苦"。

上堂，"夺人不夺境，九月菊花新。夺境不夺人，当阳扑破镜。人境两俱夺，古井浸乾坤。人境俱不夺，撼树摘来香。便怎么去，在人背后叉手。不行此道，八十四种圆相如何收拾。灵利汉更进一步，拂却行踪，瞥转一机，平常无偶。自然境智干净，自然父慈子孝。虽然，两口无一舌，是何宗旨？"良久，"暗机犹未动，义海已全彰"。

淳拙才禅师法嗣

河南府嵩山少林竹庵子忍禅师　邓之内乡王氏。上堂，举法灯开堂谓众曰:"本欲栖藏岩窦,又缘清凉老人。有不了底公案,今日出来为他了却。"僧云:"如何是不了公案?"灯便打云:"祖祢不了,殃及儿孙。"僧云:"过在什么处?"灯云:"过在我殃及你。"天童宏智拈云:"这僧若是个汉,出来便与掀倒禅床。不唯自己有出身之路,亦免见祖祢不了,殃及儿孙。"师云:"山僧则不然,今日若有人问,如何是不了底公案。"拈拄杖打云:"狮子咬人,韩獹逐块。"

中竺空岩有禅师法嗣

嘉兴石门真觉元翁信禅师 真觉肇兴众请开山,上堂,"向上一机,末后一诀,佛祖不传,千圣结舌。莫有转身吐气者么?出来通个消息看"。僧问:"鈯斧开山从古有,师今新启石门关。借路经过,不妨一问。"师云:"公验快将来。"僧云:"如何是关中主?"师云:"太平不举令。"进云:"意旨如何?"师云:"镆鋣横在手,未肯斩痴顽。"僧拟议,师便喝。僧礼拜,师云:"痴顽汉。"僧归众,师乃云:"满目溪山绝点埃,无边刹海自周回。毗卢楼阁重重现,谁睹门门有善财。"卓拄杖,石门关启,以杖画一画,"真觉场开"。横按拄杖,"一任南来与北来"。复云:"昔日灵山会上,世尊拈花,迦叶微笑。世尊云:'吾有正法眼藏,付嘱摩诃迦叶,传授将来,无令断绝。'大众,且道如何是正法眼瞥?适来已为重拈出,金色头陀笑未休。"

小参,"建法幢,立宗旨,明明佛敕曹溪是。大众,建法幢则故然,如何是立宗旨?莫是二转五转竖拳下喝么?莫是默然据座拂袖便行么？莫是语言文字确古论今么？莫是灰头土面长坐不卧么？切须子细。若是正眼不明，尽堕偏邪执滞。所以道，醍醐上味，为世所珍。遇斯等人，翻成毒药。据我祖师门下，尽十方世界是个无缝铁壁，达磨不识。尽十方世界是个无孔铁槌，迦叶不知。无汝拟议时，无汝承当处。旋天转地，换斗移星，双放双收，透顶透底。还会么？龙袖拂开全体现，象王行处绝狐踪"。

风幡空山中禅师法嗣

吕铁船居士 其母秦国夫人，妊时梦公安二圣住持福岩，佑公至而生。故居士虽在富贵中，每以欲透彻祖关为要。当未弱冠时，日夕参空山。一日空山问云："曾见赵州么？"居士厉声云："无。"空山休去，称于人曰："再来人也。"居士尝任江淮都府总管，于苏之嘉定建佛寺曰永寿，以延云水。赓和永明寿禅师山居诗六十九首，甚得山林旨趣，及他偈言皆超迈绝俗，诚有所得者也。

有达磨忌拈香云："西来不称梁王旨，西去空携一只履。若言妙用与神通，真正衲僧谁数你。九年面壁寻出场，接得一人又无臂。衣盂连累到卢能，从此葛藤生不已。罪过有弥天，源流无滴水。今朝七百八十六年逢忌辰，那个儿孙痛彻髓。一炉香篆一瓯茶，报恩却是孤恩底。欲把鼻头举似伊，怜梁已没当门齿。"

庆寿中和璋禅师法嗣

广阳庆寿海云印简禅师 山西人,姓宋,世业儒,父静虚先生有隐德,母王氏。师七龄,父授以《孝经·开宗明义章》。师问云:"开者何宗,明者何义?"父异之,携见传戒颜公。戒欲观其根器,以石头和尚草庵歌俾读之,至"坏与不坏,主元在处"乃问云:"主在什么处?"戒云:"什么主?"师云:"离坏与不坏者。"戒云:"此正是客也。"师云:"主瞢。"戒吟吟而已。即往礼中观沼观为师,剃发受具。一夕,闻空中有声,召师名曰:"印简,大事将成行矣,毋滞。"遂挟策之京。过松铺岭,值雨宿岩下,因同行者击火,师见火星迸散,遂大悟。以手扪面曰:"今日始知眉横鼻直,信道天下老和尚不寐语。"遂谒庆寿中和。先一夕,和梦一异僧策杖径趋方丈踞狮子座,明日和以所梦语左右,且曰:"今日有暂到即引见。"迨日晡,师至。和笑曰:"此衲子即夜来所梦者。"往复征诘,师机语捷出无滞语。见中和传,中和喜命典记室,智证益深,乃以衣颂授师曰:"天地同根无异殊,家山何处不逢渠。吾今付与空王印,万法光辉总一如。"历住名刹,晚两主庆寿。自元太祖至世祖,屡朝师奉之,位至僧统,宠遇优渥,不可备述。

年五十六忽患风痹,一日说偈辞众毕,顾侍僧毋喧,吾欲偃息。侍僧忽呼主事人至,师已吉祥卧逝。茶维,设利无算,奉敕葬庆寿寺侧,建石塔于其上。谥佛日圆明大师。

增集续传灯录卷第五

大鉴下第二十二世

育王横川珙禅师法嗣

台州紫箨竺原妙道禅师 台之宁海人，俗姓陈，父曰原卿，母何氏。幼嗜学，偶患右目，母携以祷观音像前，仰见像之右目有蛛窠，为揭去之，患随愈。父以为于佛有缘，合俾出家，依杭之六和寺正严得度。严令学《百法论》，师乃曰："一法不学，学百法乎？"乃遍参禅门知识。至育王谒横川，与语契合，遂居侍司。川一日问曰："僧问云门如何是佛，门云干屎橛。汝作么生会？"师累日怏怏不能答，遂再诣质问，川云："汝不会耶？"展开两手云："那那。"师豁然大悟，即呈偈曰："云门干屎橛，光明照十方，鄮峰才发足，五日到钱塘。"川颔之，谓左右曰："道侍者再来人也。"由是名动丛林。

至元己丑，释教都统起师出世邑之慈源。迁仙居紫箨，有以师名闻于仁宗，特旨住黄岩鸿福，号定慧圆明禅师。继而苏之诸山讽大府请住昆山荐严，法席鼎盛。僧问："陆亘大夫问南泉云：'弟子家中有一片石，也曾坐也曾卧，欲镌作佛得么？'泉云：

'得。'亘云：'莫不得么？'泉云：'不得。'意作么生？"师云："如人向十字街头开个饭店，只是不许人吃。"僧问："和尚教看柏树子话并无入路。"师云："河里失钱河里摝。"一僧夜上方丈请益狗子无佛性话，师云："试举看。"僧拟开口，师厉声云："夜深，下去。"僧不会，归堂中怨詈不已，或者以告。师云："他向后会去在。"僧闻之释然。

台之监郡也都公问："如何是佛？"师云："牛背上老鸦。"问："如何是法？"师云："蘸雪吃冬瓜。"公欣然领旨。僧问："如何是祖师西来意？"师云："石马不生毛。"僧云："莫只这便是么？"师云："一字无两画。"僧问："祖意教意是同是别？"师云："乾三连，坤六断。"僧问："前三三后三三，意作么生？"师云："猢狲倒上树。"

上堂，"胡卢得雨方浮甲，匾豆新栽未上笆。日日后园行一转，住山何事不干怀"。

上堂，"灵台不磨而自莹，灵源不决而自流。妙花不植而自生，妙轮不拨而自转。碧兔水中悬宝镜，乌龟火里辊金球"。

上堂，"今时禅和子不肯参自己，要解会古人言句。古人言句不从解会来，从自己流出。你若踏着正脉，言句即是自己。自己即是言句，别有纤毫，并同流浪"。

上堂，"虚空无变动之相，日月自上自下。宝镜无鉴照之心，物象自去自来。须菩提宴坐岩中，帝释雨花赞叹"。喝一喝，"不觉日又夜，争教人少年"。

上堂，"鹄不日浴而白，乌不日黔而黑。六尘为自己之雠，稊稗乃嘉禾之贼。庄周梦蝶，庖丁解牛。虚空放纸鹞，线断一时休"。

师晚年归休于紫箨，不出山十有四年，乃自号东海暮翁。至正甲申，师年八十又八，门人散处他山者期以九十会庆。师闻之曰："我不过明年正月半。"明年正月十二日忽诫参徒曰："从朝至暮，行住坐卧，起心动念，但能与道相应，自然无愧佛祖。吾明日行矣，宜各努力。"十三日趺坐叙平生始末以别众，众乞留偈。师曰："诸方到此作尽伎俩，我只如常。"乃书偈曰："佛寿八十我多九年，世间情尽寂灭现前。"阇维，目睛不坏，门人收遗骨藏山中。

金陵保宁古林清茂禅师 别号休居叟，温州林氏。十岁闻人诵《法华经·妙庄严王品》感而出家，事天台国清孤岩启公，试经得度，从律师温容受具。启公尝励众曰："尔等持父母所生之身，从师入佛，无饥寒无徭役，不于此时究竟，出家果何为乎。"师闻之流涕愤悱，遂往参石林于净慈。林问："甚处人？"师曰："温州。"林云："永嘉到曹溪，因甚打失鼻孔？"师良久呈偈云："永嘉到曹溪，鼻孔何曾失。振锡绕禅床，九九八十一。"林云："善则善，只恐汝错会。"师拟进语，林喝云："果然错会，参堂去。"继而室中闻举南山笙笋东海乌蟹，有省。俄林化去，往依横川于雁山能仁放牧寮，即呈所作一编。川火之曰："佛法不如此，作此见解，非吾种草，他日何足出而为人。"师不觉通身流汗。一日侍次，川顾师云："僧问云门不起一念还有过也无？门云须弥山。"声未绝，师豁然大彻，励声曰："和尚教坏人家男女了也。"川下床擒住云："你向甚处见云门？"师托开云："张公吃酒李公醉。"川喜于得人，每示众必曰："惟茂侍者知我语落处。"

出世苏之天平,迁开原饶之永福,晚居保宁,在处缁白蚁慕。尝垂三关语曰:"舌是斩身之本,须菩提岩中宴坐,因甚天雨四华?明知四大五阴是生死根本,因甚入者皮袋吃粥了也洗钵盂去?衲僧家因甚口挂壁上?"师问僧:"国师三唤侍者,你作么生会?"僧拟议,师便打出。僧不甘再至,师云:"你适来既道不得,如今更是道不得也。"僧拟议,师又打出。僧问:"一言道尽时如何?"师云:"驷不及舌。"僧云:"学人不会。"师云:"头长三尺。"僧云:"便与么去时如何?"师云:"猢狲系露柱。"

师一日坐次,僧才入,师云:"适来上座乱统打出了也,你因甚么也乱统?"僧拟议,即喝出。次有僧入,师云:"适来那僧不曾开口,因甚么道他乱统?"僧云:"某甲是某州某县人民。"师云:"却是你乱统。"便打出。

上堂,"一大藏教只说者个,有底道不说,坐深井者不知太虚之宽广,忘偏见者方明至理之圆融。岂不见僧问五祖云:'一大藏教是个切脚。未审切个甚?'祖云:'钵罗狼。'"卓拄杖云:"野色更无山隔断,天光直与水相连。"

上堂,举雪窦云:"春力不到处,枯树亦开花。九年人不识,几度过流沙。"师云:"日不待火而热,月不待风而凉。虽然,志士苦日短,愁人知夜长。"

其退开原,居隆祖塔所时,有旨特赐佛性号,侍者承宣以雪窦拈古请益,师云:"出据款结案耳。今诸方以密庵传授,岂祖师意?得吾海印三昧又何疑?"者宣记所闻别为一编,附语录宗门统要之书,止于杨岐会禅师。师在永福时续之,凡十二卷。其居保宁，文宗亦潜邸金陵常延师谭玄要，深契旨意，造《佛顶心经》刻本，特命叙其首。入践大位，遣使赍白金致褒问。居开原时，侍讲袁公伯长亦尝作偈以寄。其为圣君贤臣所知如此。将入灭众请留偈，师云："犹少这一解在。"乃援笔书云："来亦不迟，去亦不早，打破虚空，红日杲杲。"掷笔问云："甚时？"众云："戌时。"遂逝。

四明保福断江觉恩禅师 慈溪顾氏，形模修瘠，操履清峻。依云门广孝寺落发，从明之延庆闻法师受《四教仪》，七日通之，莫不惊讶。时横川住育王，师往入室，机契，命典内记，德业日彰，名振遐迩。所制诗颂典雅高古，尝有偈寄紫箨道公云："茶塘茶与水井水，此味由来属老饕。铁鹞春风吹不起，儿童争放纸鸢高。"若袁文清公、赵文敏公、邓康庄公，皆相友善。出世苏之太平，迁开原明之保福，而至越之天衣。一日坐次，扶杖而言曰："老僧嵌空倚杖藜，分明画出须菩提。"顾侍者曰："会么？"曰："不会。"即掷杖倚蒲团而逝。

四明开寿商隐予禅师 上堂，"见闻觉知，路绝一切。诸法现前，僧堂佛殿。穿过汝髑髅，四大海水灌注汝心田。汝等诸人还觉么？若也觉去，头上火起脚下烟生"。上堂，"诸兄弟且歇却狂心与，你若能履践得纯熟，心花发明照十方刹。"

侍讲学士袁文清公 伯长尝作数偈，寄吴中诸山，其寄开原古林茂公偈曰："玉几峰头第一枝，老禅吃吃我心知。曾将铁杵敲冰骨，自怪铅刀割蜜脾。法外无心犹涉解，句中有眼即成疑。袈裟不展蒲团稳，此是开原妙总持。"在朝与内翰虞文靖公伯生为同僚，伯生每见其辩博奇奥，浩然莫穷其津涯，意其所得，非一学能名，因询其所以，伯长乃谓曰："横川在吾郡说法时往咨决，得其激发之益，古林乃吾同参也。"伯生自是愈信佛学。

净慈石林巩禅师法嗣

苏州虎丘东州寿永禅师　上堂，"青萝夤缘，直上寒松之顶。白云淡泞，出没太虚之中。须菩提无说而显道，天帝释绝听而雨花。"拍禅床一下云："善财去后无消息，楼阁门开竟日闲。"

上堂，"昨日朔风生八极，昨日篱头吹觱篥。今朝起来看历日，又是十一月初一。天色严寒，无事不须久立"。

上堂，"频频唤汝不归家，何处是家？贫向门前弄土沙，争怪得他。每看年年二三月，不寒不热，满城开尽牡丹花。佛手难遮"。拈拄杖画一画。

上堂，"经台剑石的的全彰，古木寒泉重重显露。南歌北唱，时时闻解脱之音。汉阮秦筝，一一奏无生之曲。声来耳边，色到眼中，不落见闻，归家稳坐。所以古德道，君若随缘得似风，飞沙走石不乖空，但于事上通无事，见色闻声不用聋"。

上堂，"一二三四五六七，无角铁牛眠少室。七六五四三二一，波斯鼻孔黑如漆。空中木马舞三台，眼里瞳人吹觱篥。千重关锁一齐开，万两黄金亦销得"。

杭州灵隐东屿德海禅师　台州临海陈氏子，其母舅智益为苏州寒山寺僧，挈与俱从蜀僧安石山落发。及受大戒即谒石林于承天，林问："如何是汝自己？"师拟议，林即推出。师自是疑情莫决，如仇同处。一日为病僧市药，路忘所向。及归，值林开室，问曰："尽大地是金刚正体，何处着上座这皮袋？"拟对，林便打，师当下豁然，即呈颂自通。林迁净慈，命师为侍者。一日林问云："国师三唤侍者，意作么生？"师云："不是失却猫儿，即是失却狗子。"林云："是孤负不是孤负？"师云："瞒人自瞒。"林休去。

横川主育王，师往见之。川室中垂语云："南山笙笋，东海乌鲗。"师遽掩其口曰："请师更道。"川托开云："朝看东南，暮看西北。"师拂袖便出，川遂以藏钥留之。

开法天台寒岩，迁姑苏寒山，升昆山荐严。武宗赐玺书金襕衣。历居杭之中天竺、净慈、灵隐，室中垂语曰："手握利刃剑，因甚猕狲子不死？"曰："咬破铁酸豏，因甚路上有饥人？"曰："波斯去帽，蔗咬甜头。"又曰："鱼以水为命，因甚死在水中？"僧问："如何是佛？"师云："牯牛背上立乌鸦。"僧云："如何是祖师西来意？"师云："真州望长芦。"僧云："如何是法身？"师云："德山卓牌。"僧云："如何是法身向上事？"师云："劈来也好做柴烧。"僧问："如何是衣线下事？"师云："仙人礼枯骨。"僧云："作么生是仙人礼枯骨？"师云："六脚蜘蛛上板床。"僧问："描貌不得处，如何是无位真人？"师云："石厌笋斜出，岸悬花倒生。"僧云："提掇不起处，如何是吹毛剑？"师云："旱地千寻浪，青天一阵雷。"僧问："如何是宗门极则事？"师云："眼里瞳人踢绣球。"僧云："学人不会。"师云："人心似铁，官法如炉。"

上堂，"白玉阶前舞癞牛，虚空背上看扬州。眼中瞳子吹长笛，纸画仙姑踢气球"。

上堂，"古今佛法尽知，古今机用尽会，按下云头，不如无事好。释迦掩室不是无事，净名杜口不是无事，达磨面壁不是无事，黄檗掩耳不是无事。佛与祖师皆非无事底人，觅个无事底，也是腊月莲花"。延祐四年九月初三日示灭，寿七十二，腊五十七。赐号明宗慧忍。

苏州穹窿独木林禅师 初参石林于黄龙，林问："你曾参见什么人来？"师从实吐露，林取坐具于师面前一拜云："你作得我师。"便归方丈，闭却门。师便归堂坐，不觉通身是汗。自后每见便云："还我一拜来。"师心热闷如是三年。一日，室中林举德山托钵话，师复请问，林将公案举一遍，师便问讯而出。林云："末后句是有是无却来道。"次日，师闻僧堂前钟声，豁然省得密启处意，便上方丈。林一见便问："如何是末后句？"卓上有一两瓜，师便捧起云："只这便是末后句。"林曰："你四五日思量得这一句子。"师应声云："莫相瞒好。"林曰："密启正是何意？"师曰："贼见贼。"林曰："贼在什么处？"师即指云："即这是。"寻呈一偈曰："不识岩头密启时，有无之句几多疑。风吹柳絮毛球走，雨打梨花蛱蝶飞。"林方许可。后到雁山能仁，参横川和尚，一见便问："近来甚处？"师曰："和尚试道看。"川曰："道不得。"师曰："道不得最亲。"川曰："此是我语。"师曰："切忌分别。"

至明州报恩，值觉庵入室提起竹篦云："唤作竹篦则触，不唤作竹篦则背。"师把住竹篦云："和尚离却这个别道。"庵竖起拳头。师曰："话作两橛。"庵打一下云："诸方即得报恩门下吃棒有分。"师曰："逢人但与么举。"庵有颂曰："蒺藜遍地火漫空，峭壁悬崖路不通。不是四明林侍者，谁拚性命到其中。"

先主苏城觉报，次主穹窿。上堂，"恁么，则五龙池畔全彰古佛家风。不恁么，则花板台中突出衲僧巴鼻。恁么不恁么，阖庐城动地雨花。然虽如是，于少室门风一点也使不着。何也？风定尧天阔，云开舜日明"。

上堂，举佛眼和尚示众云："一日日一时时，龙门老心自知。""山僧则不然，一日日一时时，要与空王为弟子，莫教心病最难医。"

上堂，"若了目前法，便会西祖意。目前法即且置，如何是西祖意？"击拂子云："暑运推移，日南长至。"上堂，"二由一有，一亦莫守。窦八布衫穿，风吹石臼走"。

温州净光东石契禅师 上堂，"脚绊草鞋，肩横拄杖，不历所司，径登方丈，你有伎俩，我无伎俩。侍者烧香，行者点茶，你无伎俩，我有伎俩"。

上堂，"一切静处有湛然凝止之相，一切闹处有视听言动之劳。蚯蚓斩为两段，两头俱动"。

上堂，"灯笼拜露柱，露柱拜灯笼，与你发明过去尘沙劫边事。蛇吞鳖鼻，虎咬大虫，与你显示现行三昧。冬瓜直侊侗，瓠子曲弯弯。无你咬嚼处，无你近傍处"。

上堂，"歇得念念驰求心，着衣吃饭，屙屎送尿，是脱生死法。不歇得念念驰求心，着衣吃饭，屙屎送尿，是生死无际，轮转不息"。上堂，"自从胡乱后，三十年不少盐酱，舌是斩身之本"。

嘉兴天宁竺云昙禅师 初出世婺州治平，迁松江北禅金山昭庆，至天宁。上堂，"俱胝竖指，秘魔擎叉，雪峰辊球，三平驾箭，总唤作西来祖意三生六十劫"。卓拄杖下座。上堂，"惟一坚密身，一切尘中现。砖头瓦砾，孤迥迥地。墙壁露柱，硬斜斜地。青山绿水，净裸裸地。草木丛林，赤洒洒地。觑着则瞎，动着即错。切忌认驴鞍桥作阿爷下颔"。上堂，"五五由来二十五，余山不打禾山鼓。等闲拈起金刚圈，当阳坐断主中主。明眼人，莫莽卤，发机须是千钧弩"。卓拄杖下座。

径山石溪月禅师法嗣

福州西禅柏堂祖森禅师 蜀重庆巴县人，俗姓杨。年十九，其父见师种性绝俗，俾事乡之崇因寺绍先，越三年得度。束包出峡如浙，一时宗匠，若痴绝、无准、石田、北涧，参谒殆遍，皆以法中龙象许之。石溪由虎丘升灵径，师皆依侍。一日，室中问云："如何是父母未生前面目？"师答云："棋盘石元在凌霄峰顶。"溪喝云："更须下这一着始得。"师密领其旨，遂司藏钥。溪归寂，从灵叟源公，于焦山国清，皆为第一座。

出世口之般若，迁杭庆远、闽西禅、雪峰神光，晚复居西禅。

上堂，"客从远方来，遗我径寸璧，中有一个字，举世无人识。大藏五千四十八卷是上头一点，传灯千七百则是下面一人。般若不敢私藏，也要下个音释"。卓拄杖云："会么？类格切。"

上堂，"古人道即心即佛，又道非心非佛，又道不是心不是佛。庭前种莴苣，莴苣生火箸，火箸生莲花，莲花生木瓜，木瓜擩落地，撒出大油麻"。

上堂，举玄沙参次，闻燕子声，遂云："深谭实相，善说法要。"便下座。寻有僧出云："某甲不会。"沙云："去，谁信你。"师颂曰："娇娥羞倚玉楼妆，密把金针绣锦囊。轻薄少年楼下过，风前遥认绮罗香。"

上堂，"佛佛禅禅，一犁春雨。万顷良田，远近青秧。漠漠往来，白乌翩翩。画也画不成，举也举不全。佛佛禅禅，新妇骑驴阿家牵"。上堂，"蛊毒乡，水莫尝，皱眉吃橄榄，吐唾嚼槟榔。待得甘回齿颊，更须着意堤防。且堤防个什么？饭中沙石，蜜里砒霜"。临终书偈已，跏趺而逝，寿七十二，腊五十三。

江州东林明岩彻禅师 上堂，"三日雨，两日晴，子规苦苦劝归人。王孙醉眠芳草，游子烂走江尘。是汝诸人还猛省么？画角声前孚上座，野桃花下老灵云"。

苏州虎丘无机慧禅师 上堂，举同安察禅师因僧问："新岁方来，残年已去。莫有不受岁者么？"安曰："有。"曰："如何是不受岁者？"安曰："作么生？"曰："恁么则不受岁也。"安曰："城上已吹新岁角，窗前犹点旧年灯。"师颂曰："楼上鸣咿角已吹，灯前蝴蝶梦犹迷。如今要识不迁义，日出东方夜落西。"

福州鼓山鼎翁鼐禅师 上堂，"鼓声未动，古佛显露堂堂。及乎才动鼓声，便见释迦走入诸人鼻孔中，弥勒跳入诸人眼睛里。还觉顶门重么？"

苏州万寿南州珍禅师 初住常熟甘草能仁，迁庐山开先，升万寿。上堂，"大道只在目前，要且目前难睹。欲识大道真体，不离声色言语。踏着底土埋砖头，撞着底灯笼露柱。毕竟大道真体在什么处？"良久，下座。上堂，"眼若不睡，诸梦自除。心若不异，万法一如。大众，唤什么作不睡底眼？唤什么作不异底心？"良久，"缫成白雪桑重绿，割尽黄云稻正青"。上堂，"耕而食，蚕而衣，天地造化，万物生于四时。说甚无修无证、无念无为，山僧来年七十三岁，谁知道乙酉生人不属鸡"。

清凉南叟茂禅师 上堂，举赵州谂禅师因僧问："道人相见时如何？"州云："呈漆器。"师颂曰："漱石泠泠石涧阴，乔松千尺带寒青，多应只看昂霄操，谁信根头有茯苓。"

苏州虎丘云谷庆禅师 题血书《法华经》偈曰："眼里有筋皮有血，自家针札自家知，一毫头上能通变，红菡萏花三四枝。"

九江慧力圆中规禅师 上堂，"一夜春风浩浩，扫尽千花百草"。因忆临济向黄檗吃六十拄杖，遂拍膝云："知机良不早。"

径山虚堂愚禅师法嗣

苏州虎丘闲极云禅师 上堂，"一茎草上明宗，面壁老胡多虚。少实三转语中定旨，鹫峰聩祖暗展明收。全身奉重底，无一点佛法。身心拨无因果底，具无量殊胜妙义。者里转得一步，便见皇都城里人物骈阗，管弦杂沓，落星石畔，山明水秀，渔唱樵歌。可谓羲皇上人成佛子住。然虽如是，犹堕功勋。量外一机如何举唱？"击拂子，"彻底潮收青海尾，好看月上长珊瑚。上岂多歧亡羊，多言丧道，蓦札相逢，何曾欠少。岂不见天台桐柏宫卢道士年一百二十岁，摄召行法极好。若也不信，问取洞庭山水仙太保"。上堂，"南熏凉荐，卜香日长，无事靠胡床。乾坤秭稗，身世糟糠。苍苔满地无人到，付与蝉声送夕阳"。上堂，举药山久不上堂，院主白云："大众久思和尚示诲公案。"师云："当时若道得个起动和尚，管取药山归方丈不得。"

四明定水宝业源禅师　本郡人，参虚堂于径山，凡宗门话头未能透脱者，必咨决老成。一日问虚堂云："德山末后句若谓有，德山焉得不会。若谓无，岩头又道德山未会。望和尚慈悲指示。"堂云："我不会，汝去问云首座。"师去问云，适云游山归，索水濯足。师丞进水，委身出手为摩挲之，却仰首问云："德山末后句某甲未识有无，望首座开示。"云以两手掇濯足水浇泼云："有什么末后句？"师不明其指，明日见堂，具道问云事。堂云："他无别语。"师云："他道有什么末后句？"堂云："那那我向你道他会得。"师当下释然。

住后，僧问："记得僧问洞山如何是佛，洞山云麻三斤。意旨如何？"师云："款出囚口。"僧云："又僧问赵州如何是佛，赵州云殿里底。又作么生？"师云："贵买贱卖。"

上堂，"见见之时，见非是见。见犹离见，见不能及"。师拈云："释迦老子四棱蹋地去也，还有人救得么？"喝一喝。

上堂，"蒲团收足，未有长住而不行。拄杖横肩，未有长行而不住。舍彼就此，从西过东，了无佛法干怀，亦无世谛留念。粗饭淡羹，随缘度日。熏炉茗碗，任意适时。一句酬恩，如何敲唱？风定尧天阔，云开舜日明"。

上堂，举赵州和尚因僧问："如何是祖师西来意？"州云：

"庭前柏树子。"僧云:"和尚莫将境示人。"州云:"我不将境示人。"僧云:"如何是祖师西来意?"州云:"庭前柏树子。"师拈云:"这僧未发问时,已自黛色参天二千尺。赵州再答一遍,岂止霜皮溜雨四十围。"

上堂,"诸方谈禅浩浩,崇福并无分晓,土面灰头过时,住持职事不子。手臂长衫袖小,直裰袈裟布粗皂。将无作有接,禅和笑倒保真泉大道"。

上堂,举古德道三世诸佛不知有,狸奴白牯却知有。师拈云:"知有是,不知有是。"击拂子,"名利尽随骑马客,是非不到钓鱼人"。

杭州净慈灵石如芝禅师 初住嘉禾兴圣,迁台之涌泉嘉兴本觉。上堂,"奔蜂不能化藿蠋,鲁鸡不能伏鹄卵。衲僧九十日中,刚要蒸沙作饭,者一半那一半,劈腹剜心,穷坑易满"。

上堂,"六月不热,五谷不结。波斯顶上罩晓镜,金刚脑后添生铁。岂不见云门大师道,尽大地无纤毫过患,犹是转句,不见一色,始是半提,更须知有全提时节"。卓拄杖下座。

上堂,"结夏已一月,光阴迅如注。水牯牛水草伤甘,寒山子饭饱弄箸。针膏肓,起沉痼,山僧有易简私方,普施诸人去也"。击拂子,"若饭食时量彼来处"。

灵岩竹窗喜禅师 上堂,"诸人每日行住坐卧、闻见觉知、俯仰折旋、攀附应接,头头妙用圆融,处处神光具足。为甚闻钟声披衣,闻鼓声上堂?向这里见得明白,许你七穿八穴。不然,万紫千红零落尽,一年春事又成休"。

四明雪窦禹溪予禅师 上堂,"如何是佛,即心是佛,与么会便不是。如何是佛，即心是佛，与么会方始是。金不博金，水不洗水，两三行鹰冷云边，七八叶芦秋色里"。

葛庐覃禅师 颂傅大士讲经公案："双林大士太无端，又向梁朝露一斑。经旨未分玄路绝，一挥案上动龙颜。"

径山虚舟度禅师法嗣

杭州径山虎岩净伏禅师 淮安人，初由中天竺首座出世潭州石霜。上堂，"廓落无依是何境界？风不鸣条，雨不破块"。以拂子击禅床云："尧舜之君犹有化在。"

上堂，"是句非句，全提半提。虚空剜孔窍，节目上生枝。似这般病，朝打三千暮打八百，有什么过？"

上堂，"机先领旨，句下明宗。云门拶得脚折，百丈喝得耳聋。落花三月雨，残梦五更钟"。

上堂，"拈香择火，运水搬柴，不是神通妙用。着衣吃饭，屙屎送尿，不是神通妙用。毕竟如何？放旷长如痴兀人，他家自有通人爱"。

上堂，"点着便行脚跟下，好与三十棒。不拨自转顶门上，犹欠一锥。总不恁么，几般云色出峰顶，一样泉声落槛前"。

上堂，"高山坠石，至平地而势自休。大海生波，遇无风而波自息。两头坐断，一法不存。那里有明暗色空，那里有山河大地？虽然，不是僧繇手，徒说会丹青"。

上堂，"凌霄峰顶有一片碁盘石，方不方圆不圆，平不平仄不仄，提掇不动，穿凿不开。莓苔薜荔裹之不交，风雨烟云洒之不湿。以满天星斗万象森罗为一局棋子，白月则现，黑月则隐。自古自今，无人下得一着。衲子旁观有分，山僧试为下者一着"。蓦拈拄杖卓一下云："路从平处嶮，人向静中忙。"

苏州承天庸叟时中禅师　初参径山无准，次于冷泉见虚舟。其出世四明万寿，开堂拈香有云："此香于淳化年间，凌霄峰顶，瓦砾场中拾得，便知道地。次于乳窦峰前，寒花亭畔，皮肤脱尽，惟在真实。末后逗到飞来峰下，直指堂前，撞着个不分不晓，指南作北底老和尚，被渠一嗅嗅着，直得气息全无，熏天灸地云云。"

上堂，"无心则差，用意则错，良医之门，如何发药？"抚膝一下云："睦州担板，普化摇铎"。

上堂，举僧问云门："杀父杀母佛前忏悔，杀佛杀祖向甚处忏悔。"云门云："露。"师颂云："一般春色未尝偏，白白红红各自妍，路转溪回风景好，五须弥顶浪滔天。"

上堂，"释迦老子四十九年说，要且说不到。达磨大师九年冷坐，要且觑不破。说不到觑不破，海神知贵不知价，留与人间光照夜"。

上堂，举古德道："君若无心得似风，飞沙走石不乖空，但于事上通无事，见色闻声不用聋。""大众，古德与么说话，早是压良为贱了也。双峨则不然，君若无心得似风，东西南北路头通，个中声色非声色，云自高飞水自东。"

上堂，举三分光阴二早过，何曾动着，灵台一点不揩磨，争怪得他。"贪生逐日区区去，也是寻常行履处。唤不回头争奈何，前无达者后无人。承天与么批判，诸人不得随语生解。"卓拄杖一下。

四明天童竺西妙坦禅师 族金氏,婺之浦江人。母张,梦莲花产于庭而生。依同里慧香净月为师,既得度。下涛江,登天竺,从晦岩照公妍,究三观一心之旨。会虚舟唱道灵隐,委身事焉。一日室中,舟问:"如何是良遂知处?"诸人不知。师答曰:"冬瓜直侗侗,瓠子曲弯弯。"舟咄曰:"如斯见解,不离教乘。"师拟答,舟以拳劈面便打,师有省遽作礼,趋出,舟即命为侍者。舟莅径山,召掌书记。西游见觉庵真于承天,寻主无锡保宁,迁慧山移华藏,退处承天。久之乃赴灵岩,居数月复遁于虎丘祖塔。大德戊戌,被旨仍主华藏逾十年,至大戊申迁天童。

上堂,"静处闹浩浩,闹处静悄悄,谨白参玄人,莫向两头讨,出门总是长安道"。

上堂,"霜露既降,木叶尽脱。古者道,有寒暑兮促君寿,有鬼神兮妬君福。是你诸人还觉寒毛卓竖么?忽若死灰里火发燎却面门,便是参学事毕"。喝一喝。

示众:"五日风,十日雨,野老不知尧舜力。今日三,明日四,悠悠空度少年时。大众,还知天童苦心处么?昨夜三更月到窗,杜鹃啼在深深树。"

承天觉庵真禅师法嗣

江州庐山东林泽山戈咸禅师 病起上堂,"寒一上,热一上,左之右之,七颠八倒,明头暗头,千思万想。大地长时动摇,四至罔知所向。待令冷汗通身,顿觉神清气爽。便解信口呼五作六，信手抛三放两。诸仁者，要论衣单下工夫，总不出这个模样"。喝一喝。

上堂，"祖意教意全提半提，翻风蝴蝶舞，呼雨鹧鸪啼。海上明公秀，赵州东院西"。

上堂，"行脚参寻等是不着，便一切事闻如不闻，一切事见如不见"。拍禅床，"西风一阵来，落叶两三片"。

上堂，"日迟迟，风细细，解脱门开，不可思议。土宿骑黄牛，那咤伸八臂。咄咄"。

上堂，"少减多添，将无作有。此是通人分上事，虎丘直下儿孙偏用省数，须一是一二是二始得"。

国清溪西泽禅师法嗣

易首座 字无象，宋将家子，夏氏。膂力过人，武技最精。曾袭父职，不乐弃官，隶上虞奉国寺出家落发。其师俾诵《心经》，三日不记一字，因大恶。俄有僧曰妙峰者，过其寺谓其师曰："此人好危坐，恐是禅定中来，可以与我。"其师忻然命与俱。首抵雪窦挂搭，孜孜参究，胁不至席。忽一日定去屹如枯株，经七日徐徐出定，似有庆快。清夜徐步廊庑间，有正首座者云："且喜大事了毕。"师不答，指所见钟楼，肆口说偈云云。即抵华顶，见溪西，往复勘辨悟旨，踢倒香倚即行。又往见天目高峰，机语尤契合，俾为首座。至正初来明之海会，机绝诸缘，影不出户，道具不离侧，人咸仰之。甲午正月忽谓侍僧曰："吾俟来月二十四日暂游戏江东。"至期，沐浴更衣跌坐，告众曰："吾前日岂不向汝道今日游戏乎！"言讫乃泊然而逝。

仰山雪岩钦禅师法嗣

杭州天目高峰原妙禅师 十五岁出家，十六岁为僧，十八习教，二十更衣入净慈，参断桥和尚习禅，遂立三年死限，用工虽切，未有入处。时雪岩闲居北涧塔，遂往请益，方问讯即被打出。次日复去，始得相见。岩问已前参究处，师一一答了。岩令看无字话，从头开发，做工夫一遍。日前所积之疑，当下便得豁然。岩又令日日上来一转，要见用工处。自后一入门，岩便问："阿谁为你拖者死尸来？"声未绝便打，日日如此，正被逼拶，方有些涯际。值岩赴南明请，师遂上径山度夏。忽一夜梦中忆着断桥和尚所举万法归一话，自此工夫打成一片。又一日至三塔阁上讽经，忽睹五祖和尚真赞末后云："百年三万六千朝，返覆看来只这汉。"日前被岩问拖死尸句子蓦然打破。虽然如此，日用中尚不得自由，如欠人债相似。后侍岩赴天宁，途中岩诘问曰："日用浩浩时还作得主么？"师答曰："作得主。"曰："睡梦时作得主么？"曰："作得主。"曰："正睡着时无梦无想无见无闻，主在甚么处？"师无语，岩却嘱云："从今日去，也不要你学佛学法，也不要你穷古穷今，但只饥来吃饭，困来打眠。才眠觉来却抖擞精神，我者一觉主人公毕竟在甚处。"师遵守此语及五年，偶寓一庵宿睡觉，正疑此事。忽同宿道友枕子堕地作声，打破疑团，如在网罗中跳出。日前所疑佛祖譸讹公案，古今差别因缘，恰如泗州见大圣，远客还故乡，元是旧时人，不改旧时行履处。

至元丁亥冬众请开堂，师室中垂语曰："大彻底人本脱生死，因甚命根不断？佛祖公案只是一个道理，因甚有明与不明？大修行人当遵佛行，因甚不守毗尼？杲日当空无所不照，因甚被片云遮却？人人有个影子寸步不离，因甚踏不着？尽大地是个火坑，得何三昧不被烧却？"

　　示众："有一物，明历历，佛祖觑不破，大地无人识，常在舌头尖，尽力吐不出。吐得出，也是胡饼里呷汁。"

　　示众："海底泥牛衔月走，岩前石虎抱儿眠。铁蛇钻入金刚眼，昆仑骑象鹭鸶牵。此四句内有一句能杀能活，能纵能夺，若捡点得出，许汝一生参学事毕。"

　　上堂，"日正暄，春已暮，花片片，随流去"。拈拄杖云："拄枝杖头一点红，馨香遍界无人顾。大众，顾不顾即且止，毕竟一归何处？"掷拄杖下座。

　　上堂，举僧问长庆："众手淘金，谁是得者？"庆云："有伎俩者得。"僧云："学人还得也无？"庆云："大远在。"师拈云："西峰不然，今日忽有人问众手淘金谁是得者，只向他道阿谁无分？"又云："学人还得也无？犹嫌少在。"将终书偈云："来不入死关，去不出死关，铁蛇钻入海，抬倒须弥山。"

　　杭州径山虚谷希陵禅师　婺州人。上堂，"直指人心，曲垂方便。石巩张弓，三平架箭"。上堂，"见处平常，用处平常，截鹤而短，续凫而长。有见恁么道，便道我会了也。西天胡子因甚没髭须？"

　　湖州道场及庵宗信禅师　婺之方氏。僧问："一念未兴时如何？"师云："名不得。"僧云："名不得后如何？"师云："初八二十上三堂,千说万说,不如亲见一面。东去西去,无过只要到家。"竖拂召大众云:"见么?见了。"击拂云:"到也到了,且其中事作么生?"以拂子画一画云:"不是与人难共住,大教缁素要分明。"

上堂,举岩头访仰山,才跨门便提起坐具云:"和尚。"仰山拟取拂子,岩头云:"不妨好手。"师云:"仲尼温伯雪,目击而道存。千古之下谁是知音?"顾视大众云:"不可谓秦无人。"

上堂,举杉堂长老问仰山和尚:"学道人还假悟也无?"山云:"悟则不无,争奈落在第二。"师颂云:"油煎石磲盘,一口吞一个,不是不与人,只缘劈不破。"

上堂,举僧问赵州:"万法归一,一归何处?"州云:"我在青州作一领布衫重七斤。"师颂曰:"万法归一,一何归,南海波斯舞柘枝,青山只解磨今古。流水何曾洗是非。"

鄠县灵云铁牛持定禅师 吉安大和王氏,宋尚书赟九世孙也。依雪岩于仰山服杜多行,岩示众有云:"兄弟家做工夫,若也七日夜一念无间,眼不交睫,无个入处。斫取老僧头作舀屎杓。"师闻,遂励精奋发。因为众持茅,众患痢,师委身事之。未几亦有疾,医谓不可治。乃取一触桶于屏处,危坐其上,单持正念,七日不动,忽觉山河大地遍界如雪霁月明,堂堂一身独露乾坤之外。久之似闻击木声,遍体汗流,其疾亦顿愈。遂请陈于岩,岩诘之,酬对无滞。复示以偈曰:"昭昭灵灵是什么,眨得眼来已蹉过,厕边筹子放光明,直下元来只是我。"寻为大僧。一日岩上堂举亡僧死了烧了向什么处去,自代云:"山河及大地。全露法王身。"师于言下疑情荡然,身如涌高丈许,即造方丈曰:

"适来和尚举扬般若,惊得法堂前石狮子笑舞不已。"岩云:"你试道看。"师云:"劫外春回万物枯,山河大地一尘无,法身超出如何举,笑倒西天碧眼胡。"岩敲面前卓子云:"山河大地一尘无,者个是什么?"师作掀倒势,岩笑曰:"一彩两赛。"岩巡堂次,师以楮被裹身睡。岩召至方丈励声云:"我巡堂,汝打睡,若道得即放过汝。"师答云:"铁牛无力懒耕田,带索和犂就雪眠,大地白银都盖覆,德山无处下金鞭。"岩曰:"好个铁牛也。"因以为号。游方至衡阳酃县,爱其桃源山幽深,结屋而居,酃人翕然从化。寺成榜曰灵安。大德七年癸卯正月十五日示寂,函全身于陶具,三年启视,坐如生,爪发俱长,乃建塔于其上。

高丽铁山琼禅师 湘潭人。年十三,因一僧教导方知有佛法,但以诵经礼佛为事。见经云:"种种供养非报佛恩,惟发菩提心能报佛恩。"然不知菩提心作么生发。又见《法华经》云:"新发意菩萨常于间处修摄其心。"自此乃学坐禅。二十二为僧,二十四受具。往参雪岩于仰山,值岁歉不纳,径到石霜讨住。众中有庚首座,他是有发明者,师遂亲炙学坐禅。偶见雪岩坐禅箴,思量做处不曾从这里过,乃复上仰山。久之方得归堂。一日岩上堂有云:"兄弟家终日在蒲团上瞌睡,也须是下地后架头走一遭,冷水灌漱,洗开两眼。却上蒲团上竖起脊梁,壁立万仞,单单提一个无字。如关云长百万军中斩颜良头相似,斩得头来,百万军众总不知。诚能如是用工七日七夜,若不悟去,斩取老僧头去作舀屎杓。此是老僧四十年前已用之工。"师闻如是说,便咬定牙关,依彼所说而坐。至第四日夜,忽觉如劈破髑髅相似,又如万丈井底掇出在虚空中相似。突出这一段光明,露裸裸地在面前，直是无着欢喜处。次日见岩，才入门，岩便问："什么人？"师云："某甲。"岩云："有什么事？"师云："门前好五凤楼。"岩以拄杖连打二三十下，却坐定问数转语，师一一答了。岩云："未在，更去做工夫。"师寻以纸求语，岩示以偈曰："一拶虚空粉碎时，花开铁树散琼枝。绍隆佛种向上事，脑后依前欠一槌。"已而至庐山东岩作夏，一日东岩开堂次，举心不是佛，智不是道。师云："抱赃叫屈。"又云："不是心不是佛。"师云："眉间放出辽天鹘。"岩命师掌藏教。未几岩迁育王，师送入院。又请充后堂。后到苏之休休，见蒙山机契。蒙山甚喜，请居第一座。冬节秉拂云："冬在月头，卖被买牛。冬在月尾，卖牛买被。"卓拄杖云："者里无头无尾，中道齐休。行也休休，坐也休休，住也休休，卧也休休。睡眼豁开，五云现瑞。光风霁月，无处不周。梅绽枯枝古渡头，风前时复暗香浮。虽然到此，向上一路，万里崖州，何以见得？"靠拄杖云："休休！"蒙山谓人曰："说禅还是铁山始得。"

高丽国王钦师道德，具礼币遣使专请师至彼国，玄风大行，得度者甚伙。

因洪宰相请普说，有云："蒙山和尚宗门旨要最亲最切，前辈到处不到处，悉捡点得出，细大法门，莫不精通。从前承师友教导者，多独蒙山胜他前辈。所谓纵擒杀活掣电之机而得自在。雪岩道，如人入海，轻入轻深。蒙山道，犹如剥珠，愈剥愈光。二老之言，若合符节。"师终时甚多灵异。

净慈断桥伦禅师法嗣

杭州净慈方山文宝禅师 上堂，"三世诸佛，六代祖师，在你诸人脚跟下，还有踏得著者么？"良久云："若踏不着，三世诸佛六代祖师在你诸人顶额上屙。"

上堂，"山僧一夏与诸人说底，总是世谛之谈，与那事略无干涉。若要与那事相应，直须向世谛中明取。傥不如斯，向后逢人切不得道在祇园过夏"。

上堂，"一鸡二犬三豕四羊，新年佛法已为举扬。傥或观听尚留，便见五马六牛七人八谷去也"。

上堂，"百骸俱溃散，一物镇长灵"。拈拄杖，"者个是拄杖子，那个是长灵一物？"掷下拄杖，"何似南山鳖鼻蛇"。

上堂，"一夏以来，东敲西击，费尽手脚，为汝诸人得彻困，赖是恬然不顾。设若一个半个眼睛定动，老僧定入无间地狱"。

腊八，上堂，"北斗七南斗八，夜夜光生，人人眼活。老瞿昙突然道个奇哉，是甚树栽竹栽鱼栽菜栽？"

上堂，"禅和家气宇如王，几肯放头低人半箸叶地，为甚逗到今日各各不敢做一动子？"良久，"山中九十日，云外一千年"。

杭州净慈古田垕禅师 初住扬州雍熙，迁广德灵山、安吉凤山、吉州东山、吴中虎丘、台州慧因天宁、杭州中天竺。上堂，举傅大士颂曰："空手把锄头，步行骑水牛，人从桥上过，桥流水不流。"师拈云："乡谈满口也怪他大士不得。灵山亦有一颂：赤脚过干溪，草鞋绊树生，仰身吃一撅，肚下污黄泥。"

解夏上堂，举古德一夏不与兄弟说话，大开东合，有僧自叹云："只么空过，不望说佛法得闻正因二字，亦得把饭叫饥。"德闻云："阇梨莫誓速。若论正因二字，也无这多口汉。"德复扣齿云："适来不合与么道，也是倒抽书。"邻壁老宿闻云："好釜羹被两颗鼠粪污却。"拈却卦盘复云："古人三寸咽喉，被灵山一掐掐定了也。"顾视左右云："莫有与伊出气底么？"便下座。

上堂，"此土清规，画圈禁蚁。西天古制，缚圈关羊。今日尽情革去，别立条章"。击拂子云："依旧熏风殿阁凉。"

上堂，举世尊升座，大众集定，迦叶白槌云："世尊说法竟。"世尊便下座。师拈云："元首明哉，股肱良哉！虽然如是，还知太平无象么？"

上堂，举古德道："乾坤之内，宇宙之间，中有一宝，秘在形山。"又古德云："挂在壁上。"师拈云："好一宝，无端被二大老韫椟而藏之。凤山今日与诸人打开去也。乾坤之内，宇宙之间，中有一宝。"便下座。

上堂，"赵州倾鸩毒于茶瓯，不能烂院主肠肚。懒安露霜刀于笑面，未即断疏山命根。若是吾乡我里之人，决不敢轻易动着。何故？台州性一触便发"。

上堂，"江南两浙，春寒秋热，一雨便凉，莫言不说"。

上堂，拈挂杖卓一下云："白大众。"众举首。遂靠挂杖云："且待别时。"

开炉上堂，"南山自瞿回禄之后，不敢道着火字，亦不敢动着死柴头。今日开炉，且拨冷灰看"。以挂杖拨云："照顾燎却眉毛。"至元壬辰四月十四日终于净慈丈室。

温州能仁藏室珍禅师 台州人，初住大同。上堂，"吾法二千年后不移毫发，达磨大师预将后人田园界至高低，作一白契籍没了也。至若穷山深谷，猿狖昼啼，草木尘毛，形影相杂处，各住本位，各演本法，咸彰未兆之前，共助无为之化。新大同出来亦只作得个证明而已，争敢妄通消息。虽然如是，台州管内近有七处开堂"。复举僧问大同济："如何是祖师西来意？"济云："庭前一丛竹经霜不自寒。"僧云："毕竟如何？"济云："只闻风击响，知是几千竿。"师云："如人善舞，节拍相成，只是罕逢别者。忽有问新大同如何是祖师西来意？只向道：拄杖开封，毕竟如何？卸下衲衣，痛与一顿。"

上堂，"大道通衢，曾无傍径。青天白日，何用指迷。新能仁惩时不轨，努力出头来，将从上古德间家泼具，德山棒、临济喝，石巩弓秘魔叉，一时籍没。普请大地人归家稳坐"。乃拍手笑云："且喜天下太平。"溪亭晚坐，偈曰："雨饱山田稻正香，溪亭贫坐晚风凉。今无监院鸣参鼓，得听寒螀送夕阳。"

西禅末宗本禅师 听蛙，偈曰："头戴青苔咄咄鸣，千山虚寂月初明，一机顿发空诸有，太雅松风无此声。"

温州江心啸云庄禅师 上堂，"世尊不居灵鹫，老胡不涉流沙。智者不来金地，宿觉不在永嘉。黄梅时节家家雨，青草池塘处处蛙"。

光孝雪矶纲禅师 上堂，"我宗无语句，亦无一法与人。遍地刀枪，通身泥水。光孝只知检点，德山老汉自己不觉开眼尿床"。

上堂，"眉毛眨上，电影难留，丝毫念起，万里崖州。休去歇去,古庙香炉去,冷湫湫地去。债有主,冤有头,三世如来碗脱丘"。喝一喝。

上堂,"放开线,路重重,铁壁银山,不动纤尘,处处七花八裂。恁么则释迦虚费口业,净名徒然杜词。有人会得,钱唐江潮一日两度,不是差异底事。不然,拄杖子用得恰好"。以拄杖卓一下。

上堂,"十方无影像,三界绝行踪。叶落千岩雨,松号万壑风。多有人到这里只么打住,三十年后,宁免换手搥胸"。

象山新安雪山昙禅师 闽中人,蚤从断桥得旨相,依方山于瑞岩甚久。尝着《禅门宗要》,凤山一源灵称羡此书。其中提掇古人不到处,余不能及。其首篇云:"我宗无语句,亦无一法与人,已是枝蔓了也。后代而降,口耳授受,何左途哉。或理于玄妙,则曰:'风动尘起,云行鸟飞,动作施为,无非是道。'去道远矣。或堕于空寂,则曰:'身如槁木,心如死灰,绝虑忘缘,静观默照。'谓道在是,去道远矣。愚常考诸古,如神光三拜依位而立,有所传耶,无所传耶?鲁祖面壁,有所说耶,无所说耶?起模画样,百丑千拙,若谓之不立文字,教外别传。吾宗扫土而尽。"

四明隆教绝象鉴禅师 颂孚公勘鼓山赴大王请话:"洞天无壁月无遮,朝斗先生叩齿牙,风撼古坛松子脱,打反头上帽檐斜。"

归宗竹屋简禅师 上堂,举鼓山晏国师参雪峰,峰拦住云:"是什么?"山释然了悟而忘其了,唯举手摇曳而已。峰云:"子作道理耶?"山云:"何道理之有?"峰抚而印之。师颂曰:"蓑被曾郎挡着胸，平生途路忽然穷，无端抬手轻摇曳，笑倒南方大顶峰。"

天童西岩惠禅师法嗣

四明天童东岩净日禅师 僧问："三圣道，我逢人则出，出则不为人。意旨如何？"师云："车不横推，理无曲断。"云："兴化道，我逢人即不出，出则便为人。又作么生？"师云："梵音亭下月临泉。"

上堂，"释迦掩室于摩竭，净名杜口于毗耶。白昼讹言妖语，不知哄动几家。直得杨岐三脚驴，走遍天涯海涯，夜来依旧宿芦花"。

上堂，"一日日一时时，口如鼻眼如眉，翻覆看渠渠是谁"。良久，"未明三八九，难辨力围希"。

上堂，"万法本闲，唯人自闹。"喝一喝，"苦瓠连根苦，甜瓜彻蒂甜"。

临终垂诫云："吾灭后，但依常僧例，三日后茶毗，一切丧礼并免。历观前辈遗嘱，或令露骸松下，或化骨藏之众塔，或投于江去。后往往为诸徒藉此白占常住山地，造塔建庵为温饱计。岂为师弟子之道哉！"故述一偈以示二三子："以天为盖地为函，底用重营塔与庵，煅骨焚躯言已出，勿违吾志重吾惭。"

饶州荐福月涧明禅师 上堂，"五千四十八卷破故纸，一千七百烂葛藤。其间说长说短，说玄说妙，至于疏解笺注，胡批乱判，总是杜撰僻说，带累后代儿孙，刺头入烂泥中，何有了日"。蓦拈拄杖画一画云："山僧为诸人一时扫绝去也。"卓拄杖，"野色更无山隔断，天光直与水相通"。

洪州翠岩水庵讷禅师　上堂，"日可冷，月可热，众魔不能坏真说。三乘十二分教尽是妄谈，且如何是真说？"拍禅床云："山上鲤鱼吞石螺，海底泥牛嚼生铁。"

天宁月舟乘禅师　作无参偈曰："得罢休时便罢休，南询着什么来由，情知五十三知识，门掩西风一样秋。"

灵隐退耕宁禅师法嗣

金陵蒋山月庭忠禅师　潭州人，上堂，"入门便棒，入门便喝，临济德山现钱足陌。诸人还知落处么？六月不热，五谷不结"。上堂，"离四句绝百非，西来祖意觌面提持，拟心凑泊隔云泥"。上堂，"松风凉，秋夜长，虫鸣古砌，叶堕银床。何事五湖云水客，甘心流落在他乡"。

杭州中竺旨堂宗禅师　上堂，"隔山见烟，便知是火。隔墙见角，便知是牛。咄哉！不快漆桶。我更问你，参学眼在什么处？"

上堂，"诸德行亦禅坐亦禅，未到曹溪时语。到了曹溪时语，若与么，永嘉大师正好行脚"。

上堂，举僧问百丈如何是奇特事，丈云独坐大雄峰。师云："老百丈与么道未为奇特。或有问山僧如何是奇特事，只向道，中峰今日开堂。"

上堂，"诸兄弟南来北往，京三汴四。行脚事未问，你还知诸方老宿向上提持么？"良久，"路遥知马力，岁久见人心"。上堂，"千了百当，孤峰独宿。七间僧堂，甘心闲却。中峰与么道，也是按牛头吃草"。

天童别山智禅师法嗣

湖州西余大觉竹洲修禅师　上堂，"有来由，没已鼻。一种春风，万般花卉。年年费尽巧精神，见彻根源能有几。直饶见得亲切，也是玄沙道底"。

上堂，"一叶坠林端，山河珠走盘。随流能转物，世上独称尊。离微不犯，切忌埭根。不见古人曾有言，犹是王老师儿孙"。

西林松岩秀禅师　上堂，举玄沙参次，闻燕子声，沙云："深谈实相，善说法要。"便下座。时有僧请益云："某甲不会。"沙云："去，无人信汝。"师云："深谈实相，善说法要。钵盂着柄，虚空掘窖。者僧请益，利刃有蜜。玄沙道去无人信汝，甜瓜彻蒂甜，苦瓠连根苦。"

净慈愚极慧禅师法嗣

福州雪峰樵隐悟逸禅师　俗姓聂，绝岸湘手度弟子。上堂，"开口道着，不在口皮边。举足踏着，不在脚跟底。万物一马，天地一指。临济德山讨甚巴鼻"。

上堂，举僧问投子："春雨霖霖，百草为什么不抽芽？"投子云："巴蕉只么长。"僧问法眼，法眼云："却是本色百草。"师云:"二大老与么答话,如慈云密布,甘雨普沾,争奈不能活这僧焦芽败种。山僧若见他与么问,拈拄杖劈脊梁便打也。教他知道,近水柳先绿,向阳花易红。"

上堂,"巧梓顺轮桶之用,枉直无废材。良御适险易之宜,驽骥无失性。喝下知归,棒头取证,临济德山未能尽令"。

上堂,"子湖立牌于门下,千金嫁蛊毒。德山卓牌于闹市,五彩缦毒缸。钟山这里终不学他这些伎俩,寒暄语话一切如常,早是龟毛数丈长"。

上堂,举白云和尚云:"开口时,末上一句正道着。举足时,末上一步正踏着。为甚到底鼻孔不正?只为寻常见他顽了,所以不肯发心。白云今日劝诸人发心去。"乃云:"一。"师云:"白云师翁与么说话,大似自家心里急,他人未肯忙。钟山这里一个个总是发心底,要且不用劝他。何故?青山碾为尘,白日无闲人。"

上堂,拈拄杖,"一径直,二周遮,道吾舞笏,秘魔擎义"。掷下拄杖云:"何似南山鳖鼻蛇。"

杭州灵隐竺田悟心禅师 初住南康天宁,迁庐山罗汉,转栖贤至圆通,后升灵隐。僧问:"诸佛出世接物利生,和尚出世有何方便?"师云:"一举四十九。"僧云:"还许学人领会也无?"师云:"三十年后。"僧云:"和尚眼空佛祖,为什么不识某甲问头?"师云:"放汝三十棒。"

上堂,"若约祖师门下,直尔无你开口处,无你措足处。你若问佛,佛是名句。你若问法,法无相状。二六时中,但回光返照,不用别求。穷劫至今,一道神光初无间歇。诸禅德,秖如是见,不用疑惑,便是报佛祖之恩,报国王之恩。古者道,歇即菩提,各自努力"。

上堂,举夹山示众云:"百草头上荐取老僧,闹市门头识取天子。"师云:"草鞋跟底认取达磨大师。"

上堂,"不着佛求,不着法求,不着僧求。蒲团上端坐,针眼里穿线。西风一阵来,落叶两三片"。

杭州灵隐千濑庆禅师 上堂,举玄沙因僧问:"尽大地是一颗明珠,因甚学人不会?"沙云:"用会作么?"师颂曰:"白发渔翁理钓舟,烟波万里思悠悠。苹花冷照江天雪,醉卧不知明月秋。"

舜田满禅师 送僧偈曰:"昔年曾入长蛇阵,重整风前旧战袍,春醉马蹄花影乱,一鞭暗日上凌霄。"

育王顽极弥禅师法嗣

四明育王东生德明禅师 上堂,"今日初一,明日初二。冻解寒岩,春回大地。江路野梅香,漏泄西来意"。上堂,"目前无法,六鳌头戴远峰青。意在目前,大海波澄春水绿。不得作境话会,切忌佛法商量。只如高提祖印,丕赞皇猷,又且如何举唱?海国乾坤阔,蓬莱日月长"。

颂临济参黄檗话,曰:"梅边春尽已三分,戏蝶游蜂总未闻,怪底清香轻漏泄,一枝斜亚竹篱根。"送僧见荐福泽山偈,曰:"上人参礼何方去,玉几难为指路头,有个长汀憨布袋,如今出现在饶州。"

龙翔笑隐欣禅师法嗣

应天府天界觉原慧昙禅师　天台杨氏，母贾，梦吞明珠而有娠。及生，广颡丰颐，平顶大耳，相甚异焉。长依越之法果大均，学出世法。迨冠剃染具戒，习《华严》于高丽教公，听《止观》于上竺澄公。已而皆弃去。时广智在中天竺，师造焉。智问曰："何处来？"师曰："游山来。"智曰："笠子下拶破洛浦遍参底作么生？"师曰："未入门时呈似和尚了也。"智曰："即今因甚不拈出？"师拟议，智便喝，师当下脱然有省。一日智展两手示师曰："八字打开了也，因甚不肯承当？"师曰："休来钝置。"智曰："近前来为汝说。"师即掩耳而出，智颔之。及广智奉敕为龙翔开山住持，师随至掌藏钥，继分座。

至顺辛未，行台檄师出世牛头山祖堂。至正癸未，升清凉。道行闻于帝师，授以净觉妙行之号。乙未，迁保宁。丙申，太祖高皇帝定建邺，师谒于辕门。见师魁伟杰特，叹曰："真福慧僧也。"命主蒋山。丁酉，赐龙翔为大天界寺，诏师住持。御书"天界第一禅林"六大字，揭于门以旌宗极。师室中示僧曰："二六时中，无你啗啄分，无你趣向分。会么？僧罔措。师曰："未明三八九，难免自沉吟。"

示众曰："春风浩浩，春日迟迟，黄莺啼在百花枝，个中无限意，毕竟许谁知。"语未既遽有僧问曰："心意识遏捺不住时如何？"师厉声曰："是谁不住？"

上堂，"六月一日前，万象森罗替说禅。六月一日后，八角磨盘空里走。今朝正当六月一,无位真人赤骨律,金毛狮子解翻身。无角铁牛眠少室,十圣三贤总不知,笑倒寒山并拾得"。

上堂,"朝到西天,暮归唐土,鉴在机先,未敢相许。保宁八字打开了也,莫有控勒不住者么?"下座。

上堂,"拥之不聚,拨之不散。类之不齐,混之不滥。绝照忘缘,十方坐断。隔江招手见誵讹,尽力承当得一半。蒋山与么提持,驴年也未梦见"。

上堂,"只个现成公案,众中领解者极多,错会者不少。所以金鍮不辨,玉石不分,龙河者里直要分辨去也。张上座,李上座,一个手臂长,一个眼睛大。总似今日达磨一宗,教甚么人担荷"。嘘一声下座。

上堂,"经有经师,论有论师。龙河放一线道,分科列段去也"。拈拄杖卓一下云:"且道是何章句?"

上堂,"威音王已前,弥勒佛已后,有个现成公案,未敢与汝说破。何故?心不负人,面无惭色"。

上堂,"恢杨岐宗风,坐南泉钵位,佛祖命根,衲僧巴鼻"。卓拄杖云:"东头买贱,西头卖贵。"

示众:"文远当年侍赵州,东司说法未轻酬。回光一念分明处,午夜霜清月满楼。"

至大元年,大内新成,上将登宝位,诏师引千二百僧,披阅藏经,用严清净觉地。师升座说法,上亲帅群臣座前瞻听。大悦,出内帑帛以赐。洪武元年戊申,春开善世院,诏师领院事,赐紫衣及金襕方袍,御制诰章其略曰:"自予肇业,命汝匡宗,德风振起于法门,景运赞襄于家国,特授'演梵善世利国崇教大禅师'。"时章缝之士以释子为世蠹，奏请除之。上以疏章示师，师对曰："孔子以佛为大圣人，以此知真儒必不非佛，非佛必非真儒矣。"上亦以佛之教阴翊王度，却不听。庚戌夏六月，廷议西域末臣伏，上以彼域敦尚佛乘，特命师往，诏尚书赵某为之副。师承命即日登途，衣盂之资一无顾惜。辛亥秋道憩僧伽罗国，其王奉师于佛山精舍，执弟子礼。九月示微恙，二十六日沐浴更衣，亟命尚书至，谓曰："某幻缘终，此不能复命矣。"仍诫谕左右。屹然端坐，夜过半问曰："天明也未？"对曰："未也。"少顷复问，对曰："日出矣。"遂恬然而逝。世寿六十八，僧腊五十三。其王奉棺茶毗，收舍利齿牙舌根，祔葬彼国辟支佛塔。甲寅冬尚书赵某还朝陈其事，上闻而嗟悼，敕天界住持宗泐，以师遗衣藏于雨华台之左。

杭州灵隐用贞原良禅师　别号介庵，苏之吴县人，范文正公第三子，尚书右丞恭献公讳纯礼之九世孙，父伯和，母郑氏，生二子，长叔敬，次师也。年十五从里之迎福院受弥剃发，依北禅泽法师学天台教观。因天平住山士瞻璎公劝其从禅，于是往见广智于龙翔。智问："汝自何来？"师曰："苏州北禅来。"智曰："三乘十二分教即不问，如何是行脚事？"师拟议，智便喝，师礼拜而退。次日又见，拟伸问，智又喝。师俛首，智曰："思而得之，落在第二头去。"师遂有省，乃执侍左右，久之尽得其要旨。复往谒石室瑛公于育王，室俾掌藏教。至正壬午，行宣政院檄师出世嘉兴资圣，迁越之天章，移杭之中天竺，升灵隐。

示众曰："夏末秋初，衲僧家东去西去，拄杖头拨着一个会佛法底，便是祸事。三世诸佛构不着，历代祖师构不着，天下老和尚构不着。"喝。又曰:"百千法门无量妙义,一毫头上识得根源,万两黄金亦消得,因甚云门道还我九十日饭钱来?盖谓炉鞴之所多钝铁,良医之门足病人。向上更有事在,其间别有商量,达磨一宗扫土而尽。"洪武四年正月十六日化去。先一日谓左右曰:"明日巳时行矣。"至时澡浴端坐,侍僧请偈,乃书曰:"今年五十五,打破虚空鼓,不涉死生关,讨甚佛与祖。"须臾寂然而逝。

杭州净慈懒庵廷俊禅师 用彰,其字也。世居饶之乐平,姓董氏,从里之大云辑公出家,年二十剃发受具。二十又五游方,历庐山诸刹。久之往浙中,见月江印于吴兴何山,印曰:"未入门来相见了也。"师曰:"凤栖不在梧桐树。"印曰:"不是不是。"师疑之,执侍期岁终不契。时广智阐道杭之中天竺,师往谒,智展两手示之,师即礼拜。智曰:"见什么?"师曰:"骅骝堕地,志在千里。"智叹曰:"子黄龙佛印流也,善自护持。"灵隐东屿寻命掌记室。天历初,文宗即金陵,潜邸建大龙翔集庆寺,广智为开山住持,延师居第一座。讲行清规,号令广众,遂致法席全盛。至正二年,行宣政院选师住苏之白马,继迁吴兴资福。作大殿山门僧堂厨库方丈,仅五载而大完。再迁绍兴能仁、杭之中天竺净慈。国朝洪武元年,浙西僧道以赋役集金陵,师在行寓钟山。五月二十三日端坐如常,寂然久之。侍僧意师欲去,膜拜请偈,师瞠目曰:"缘未尽则住,缘尽则去,何偈为。"顷之则逝。天界觉源昙公,法门昆仲,为力治丧事,世寿七十,僧腊五十。

四明育王约之崇裕禅师 毗陵陈氏子。事寿昌院东林晓公为师，参径山寂照天目断崖，俱不契，见广智于中天竺。及至龙翔，始机凑，俾充纲维掌藏教，自是益励精于道，三十年胁不沾席。

出世太平南禅，迁九江圆通，至育王。上堂，"鸿蒙未剖已前，天地未位之际，有一句子三世诸佛不知，六代祖师不会，老僧不惜眉毛今日当阳显示"。展两手云："嗄。"

上堂，"昔日简堂和尚拈出一个死猫头，向山中开张铺席，辽天索价，卖弄不行，直至如今风吹日炙，臭气熏天。山僧不惜腕头之力，重为上行去也。莫有定价者么？见义不为，何勇之有"。

上堂，"教中道，清净本然，云何忽生山河大地？山僧道，清净本然，唤什么作山河大地。若向教中语下悟去，压沙取油。若向山僧语下悟去，画波求缝。毕竟如何？地倾东南，天倾西北"。

上堂，"诸禅德，也无玄也无妙，也无佛也无祖。从朝至暮，东廊上西廊下，还曾有物绊你脚跟么？"

杭州净慈仲邠克岐禅师 别号尚素，台之临海人，姓徐。年十三，依天台明岩太古熙得度。闻无际本唱道江心，遂往谒。际问何处来，师曰："天台来。"际曰："石桥昨夜作两截，汝还知么？"师曰："近离华顶。"际曰："我问汝石桥。"师曰："十日到此。"际乃喜。久之往谒广智于龙翔，掌内记。礼寂照于径山，典藏教，自是丛林易观。

出世四明五峰，迁大梅，升净慈。上堂，"问话且止，未入门来已为诸人相见了也，皇恩佛恩一时报毕，若也尚存观听，未免重下注脚。达磨云：'吾本来兹土，传法救迷情。一华开五叶，结果自然成。'年来事久多变，后代儿孙门风无限，搅得身心一团麻线，五峰今朝都为截断，还会么？一百五日近清明，上元定是正月半"。

上堂，"长天无极，白日如飞。人心不定，白发催归。物理昭然，古今不易。三条椽下，七尺单前，宜加省察"。

上堂，"贪嗔痴，戒定慧。泥团土块作么生得十成去？河里失钱河里摝"。

上堂，"鹭池鹫岭，海甸庵园，曹溪路上，少室峰前，其平如掌，其直如弦，总在这里。有耳者闻，有眼者见，闻见历然。直下是个什么？"良久。"依稀越国，彷佛杨州。"洪武二十四年八月十七日示寂，寿八十三，腊六十九。

应天府天界李潭全室宗泐禅师 台之临海人，周姓，父吉甫，母葛氏。师生始能坐即跏趺，父母亲族咸异之。八岁命从杭之中天竺广智学佛，经书过目成诵。十四剃发，二十受具。智开山金陵龙翔集庆寺，师与俱。一日智问："国师三唤侍者三应，意旨如何？"师云："何得剜肉作疮。"智云："将谓汝奇特，原来只与么。"师喝，智拟棒，师拂袖而出，自是日臻玄奥。久之谒原叟于径山，语合，命掌记室。未几出世宣之水西余二十祀，众废毕举。

洪武戊申，升杭之中天竺，迁径山。太祖高皇帝问鬼神事，诏两浙有学行僧，师居其首，馆于天界，对扬称旨。既而建普度大会于钟山，师奉命作赞佛乐章，复对鬼神说法，太祖临筵，瞻听叹美，命住天界宠荣之，一时缁白向化，法席鼎盛。

上堂，"苦乐逆顺，道在其中。无苦无乐，无逆无顺，道在什么处？"卓拄杖云："满堂无限白苹风，明明不在秋江起。"

上堂，"一年十二月，九个月游州猎县，玩水观山，看来有甚了期？安居三个月正好休去歇去。山僧恁么告报，也是泥里洗土块"。遂击拂子，"熏风自南来，殿阁生微凉"。

冬至上堂，"一阳来复，万汇昭苏。鲁公台上书云，汉女宫中添线。若作世谛流布，塞壑填沟。更作佛法商量，堕坑落堑。何故？车不横推，理无曲断"。

上堂，"仲冬严寒，天寒人寒。地炉频着火，收足上蒲团。现成有一句，大雪满长安"。拍禅床下座。

上堂，"说心说性，说妙说玄，总是野狐涎唾。行棒行喝，擎叉舞笋，亦是鬼家活计"。卓拄杖云："毗婆尸佛早留心，直至如今不得妙。"

上堂，"今朝三月旦，过去已灭，未来未至，现在无住，从无住本立一切法"。击拂子云："大虫舌上打秋千，蟭螟眼中放夜市。"

驾每临幸，或召对内廷，赐茶与膳，复和师所作诗一袟以赐。西天善世禅师板的达来朝，见师叹曰："真苦海慈航也。"尝患疾，驾幸慰问，使医诊视。丁巳春奉诏，同杭州普福如玘注《心经》《楞伽》《金刚般若》三经行世。太祖以佛书有遗逸，命师领徒三十人往西域求之，得《庄严》《宝王》《文殊》等经。洪武十五年三月还朝，十六年开僧录司，以右街善世授师。或有教门事，同官不敢言，惟师力言之。后因长官奏事获谴，同往凤阳槎峰建寺，三年讫工，敕赐圆通之额。十九年秋趣归天界，引见赐诗，有"溺翁去此问谁禅，朝夕常思在目前"之句。后二年旧寺灾，师以兴复为己任，率住山春公奏重建于聚宝门外，上曰可。师于是力为无倦色，落成，师辟一室于三塔庵，额曰松下居，为佚老之所。二十三年夏，诏再住天界，上曰："一百二十岁永镇纲宗。"二十四年，复领右街，善世居无何以年老赐归槎峰，诣阙拜辞。上曰："寂寞观明月，逍遥对白云，汝其往哉。"绝江至江浦石佛寺，俄示疾，召门人诚谕已，遂泊然而寂。阇维，设利无算，乃九月十日也。世寿七十四，夏六十。余骼附葬于天界广智塔右。

应天府天界芳林宗巒禅师 别号幻梦，台之临海毛氏子。示众曰："古德云：'是身寿命如驹过隙，何暇间情妄为杂事。'大众，汝十二时中着衣吃饭，岂不是杂事。烧香礼佛，岂不是杂事。看经坐禅，岂不是杂事。且道那个是本分底事？"良久云："我不敢轻于汝等，汝等皆当作佛。"

台州九岩道纯雅禅师 颂佛成道曰："堂堂独露劫空前，万里青天赫日悬。夜睹明星方瞥地，顶门合吃棒三千。"

保宁仲方伦禅师法嗣

勾容奉圣笑岩喜念禅师 上堂，"非不非，是不是，差之毫厘失之千里。赵州茶，庐陵米，玉箸撑开虎眼睛，金鞭敲出凤凰髓。阿呵呵！谁识阎罗王是鬼"。

上堂，"一口针，三尺线，金州布，扬州绢。赵州道，我在青州做一领布衫重七斤。闭门造车，出门合辙"。寄同参偈曰：

"黍为住山人,甘自忍饥饿。三条篾束腰,四壁寒凝雾。袈裟无一截,纸被都碎破。床上笑翻身,门外车声过。仰面看屋梁,知心无一个。新开一片畲,雨余萝卜大。"

灵隐竹泉林禅师法嗣

台州鸿福牧隐文谦禅师 福州长乐方氏,幼颖悟,书过目能诵。年十一,从邵武安国寺自建得度。游方抵蒋山,时昙芳法席盛甚,有首座所铁山者亦闽人,号为宿德,师咨以禅要。所令参狗子无佛性话,久之有省,乃造所曰:"赵州被我捉败了也。"所曰:"无字瞥。"师遂拳之。所曰:"离此一拳落在甚么处?"师提起坐具撼之曰:"更少个什么。"所曰:"放汝三十棒。"去谒金山即休了公,休命掌记。闻灵隐了幻道化,往谒曰:"自远趋风,乞师一接。"幻曰:"未入门来,接心了也。"师曰:"因风吹火,用力不多。"幻曰:"书记近离甚处?"师曰:"金山。"幻曰:"金山与焦山斗额是第几机?"师曰:"不辞向和尚道,只恐不信。"幻颔之,复令掌记。行宣政院檄住台之觉慈,迁鸿福。

洪武五年春,太祖高皇帝有旨,召高德僧十人于钟山法会,演法师与其选,召对武楼下,赐膳。次日驾幸钟山,御崇禧寺,对扬称旨,天颜大悦。已而感微疾,谓其徒曰:"吾今日去矣。"有问者曰:"和尚如何?"师曰:"谓吾昏耶?"问者曰:"昏得这个,昏不得那个。"师厉声曰:"有甚这个那个?"众请留偈,乃援笔大署曰:"有世可辞是众生见,无世可辞是如来见。踏倒须弥卢,虚空无背面。"遂端坐而化。天界金禅师因召入内,具奏师告寂之故，并诵其遗偈。太祖为手书之，嘉叹良久。阇维，舍利无算。寿五十七，夏四十六。

苏州虎丘灭宗宗起禅师 族出天台，谢事万年，隐居石桥庵，长年禅坐，不知有人世事。暮年僧录司举住云岩，仅一载。师为人简淡，拙于应世，士庶待之寻常。及化去，光明伟异，皆嗟叹不已，乃洪武廿三年也。师终时，以平昔法语藁自焚之，惟记其尝送衡公住穹窿偈曰："穹窿山顶铁船浮，直接南湖万顷秋，谩说国师遗旧业，今逢开士继徽猷。髻螺山好排檐拥，法雨泉甘绕舍流，莫谓西来无祖意，未曾开口已先酬。"

苏州常熟慧日昙石德祺禅师 嵬山太仓胡氏子，兴福院出家。初见湖州天池元翁信，至杭中天竺，了幻爱其笃志在道，俾居侍司，复升掌藏教。及幻迁灵隐，又往参谒，遂分第二座。从游既久，尽得其末后一着。久之，归大仓构庵而居，曰净慧。与数禅者同住，朝钟暮鼓，禅诵有常规，邑之黎庶翕然归敬。士大夫过门，但与谭禅，不及世故。不能契机，辄旁引《圆觉》《楞严》开喻。凡聆其指教，无不油然生信。晚年四众劝勉开法慧日，虽不遇其时，能以法道自任，凡丛林清规真举。

上堂，"从来大道出平常，那用将心漫度量，渴则饮泉饥则饭，寒时向火热乘凉。慧日寺里一众，清晨上殿讽经，粥了打板坐禅，饭罢廊下东行西行。且道是平常不是平常？若是金毛狮子，三千里外见誵讹"。

上堂，举真净和尚云："二月仲春渐暄，时来万物争妍，莫待桃花悟道，出门芳草芊芊。"师云："怎么说话，犹带廉纤在。惠日则不然，二月仲春渐暄，日长正好打眠，长连床上一觉，团团月出山颠。"良久，"子期去后知音少，往往徒劳奏七弦"。终于嘉定檀越顾长达所建圆觉庵。师将终，谓庵主琛石隐云："有一顶袈裟无人堪受领，不幸得罪于师门。"言毕泪下。良久，泊然而逝。茶毗，异香袭人，莫不异之。

径山古鼎铭禅师法嗣

杭州径山象原仁淑禅师 台之临海陈氏。年二十闻径山寂照道望，往依之，获剃染。昙芳继席，俾掌内记。东还之鄞至育王，雪窗命职书记。妙明主杭中天竺，师造焉。明曰："书记带得育王舍利来么？"师展两手云："是什么？"明曰："侊侗真如。"师曰："当面蹉过。"明以竹篦拄之曰："不是不是。"师汗下如雨，乃云："这回识破这老子了也。"会明迁径山，师再往参之，命居第二座。行院札符开法天目山，大觉兄视妙明而师承之。洪武元年，善世院檄住嘉禾。天宁五年，诏天下高僧建法会于钟山，师预其列。入觐奉天殿，赐坐与膳，寻住径山。

上堂，"心不是佛，智不是道。恁么会者，庆快平生。不恁么会者，庆快平生。上乘菩萨信无疑，中下闻之必相笑"。卓拄杖云："莫相笑，木马夜嘶风，天明失却晓。"

上堂，举乾峰示众云："举一不得举二，放过一着落在第二。"云门出众云："昨日有人从天台来，却往径山去。"峰顾侍者云："明日不得普请。"师拈云："乾峰如项羽持兵四十万，会汉高于鸿门。若不是云门嗅土知机，争见前徒倒戈卸甲。"顾侍者云："明日不得普请，败阙多少？"

上堂，"有一句到你肉上抉疮，无一句到你日中逃影。总不恁么时如何？"良久，"横身当宇宙，谁是出头人"。因县令梁公复庵勉师建佛殿，材木已具而工未就，忽谓门人曰："吾初住此山，梦寂照授箸九双，今越九载，缘止是矣。"书偈而逝，洪武庚申六月四日也。阇维，脊梁骨寸余，成佛像，眉目分明。观者惊异，叹未曾有。设利如珠，粘缀遗骨，塔于凌霄峰下，曰归云。其住径山，翰林学士宋公濂赠以十偈，其末章云："寂照传灯到妙明，如今正印属师兄，好将东海为油点，续焰联芳到化城。"

应天府灵谷天渊清濬禅师 别号随庵，俗黄岩李氏，父益母应。师幼学乡校，颖悟特异，然不甘处俗。年十三，依妙明于明之宝陀，逾年剃发受具。明迁中竺，延师居侍司。及升双径，又处以记室。师益奋励，坐究行参，弗忘向上事。一日阅大慧语录，至"唤作竹篦则触，不唤作竹篦则背"，忽有悟，即白明。明曰："我手何似佛手，怎么生？"师曰："合取臭口。"明呵呵大笑。师复日阅《楞严》《圆觉》《楞伽》《维摩》等经，皆深究义趣。既而还四明，留育王佛照祖庵五载。爱东湖青山境致清绝，往挂锡焉。

洪武改元，始应郡守请，出世万寿。甫三载，又卜二灵，和庵主故山缚茅而居，扁曰随庵。四年，太祖高皇帝有旨，于钟山设普度大会，驿召有道沙门十人，师居一也。事竣还山，赐赉甚优。十五年，肇开僧录司，召师职觉义。十九年，被旨即灵谷大斋会说法，祥光发现，照曜林谷，万目咸睹叹未曾有。适灵谷住持羲物，先以疾辞退，太祖命师补处，亲制诗十二章以宠其行，仍敕僧录司，官弘道夷简守。仁宗泐翰林学士刘三吾、董伦咸属和以赠师。寻和进太祖，览之称善。时天大雪，太祖御几筵，复为冒雪来朝诗以褒嘉之，有"佛日增辉万象开，全身又入梦中来"之句。自是太祖侍遇益隆，屡奉制赓和。一日钦和思亲怀故诗进，太祖嘉叹，赐宝钞二千五百。师不己有，就奏为万工池费，而尤为诸亲王礼待，赐予手书诗偈及珍异物。道风远播，四方参学之士，云屯水汇。师皆随其根器以加策励，多所成就。

佛诞上堂，举世尊初生下，一手指天一手指地，周行七步，目顾四方云："天上天下唯我独尊。"云门云："我当时若见，一棒打杀与狗子吃，贵图天下太平。"师颂云："指天指地称第一，万祸千殃从此出。云门棒短没奈何，殃及儿孙无了日。"

结制并谢首座，上堂，举云门和尚有时云："平地上死人无数，过得荆棘林是好手。"时有僧出云："与么则堂中第一座有长处也。"师云："唤什么作荆棘林，又何用要过。殊不知荆棘林即是菩提座，从旷大劫来未尝暂离。行也在里许，住也在里许，坐也在里许，卧也在里许。卷舒出没，纵横变化，无不自在。所以道，随缘赴感靡不周，而恒处此菩提座。虽然，只如世尊入因沙室，与此时是同是别？毕竟水须朝海去，到头云定觅山归。"

示全侍者偈曰："破颜微笑显全机，二十乌藤未放伊，前路逢人休错举，得便宜是落便宜。"洪武壬申五月三十日入灭。其先五日斥服玩，散交游，诫诸徒，别同僚。书偈而化。春秋六十五，夏五十一。阇维，其徒收遗骨，陪葬双径妙明塔左。

应天府天界白庵万金禅师 吴郡姚氏子，母苏，生师时，奇香馥郁满庭。年临五六，方颡圆颜，白皙如玉。琢郡大夫爱之，时抱载车上，归与妻妾瑰玩之，欲索为子，父母靳弗与。逮七岁，颖悟异常，几书一览即记忆。一日请于母："儿患世相不常，愿求出世间法。"母曰："出家甚苦，尔来幼弗堪。"曰："儿心自乐之，想无苦也。"自后请之不已，父母知志不可夺，俾依吴县宝积寺道原衍公为弟子，祝发及受具。衍主嘉禾德藏师为纲维。俄弃去，谒妙明于双径。明一见以法器期之，留侍左右。一日谓曰："德山见龙潭，因甚向吹灭纸烛处，方始瞥地？"师曰："莫瞒某甲好。"又一日，举如"来有密语，迦叶不覆藏"，声未绝，师即抗声曰："和尚惜取眉毛。"一日，闻厓石堕地，胸中廓然，顿忘知解，明俾掌记，由后堂复升前堂，自是声称籍甚。

至正乙未，出世苏之瑞光，迁嘉禾天宁。帝师大宝法王闻师之道，授以圆通普济禅师之号。师自幼丧父，惟有母存，乃于城东筑孤云庵以奉养焉。洪武改元，肇开善世院以统释教院，以疏币聘师补处杭之净慈，不受。已而有旨起师住持天界，师应诏至阙，见太祖高皇帝于外朝，慰劳优渥。即令内宫送入院，赐天厨之膳。自后屡奏对多称旨。

上堂，"天地与我同根，万物与我一体。灯笼自灯笼，露柱自露柱，何曾得一体来？南泉道，时人见此一株花如梦相似。又且如何？休将支遁鹤唤作右军鹅"。

上堂，举黄檗示众云："汝等诸人尽是噇酒糟汉，恁么行脚何处有今日？还知大唐国里无禅师么？"时有僧出云："只如诸方匡徒领众又作么生？"檗云："不是无禅，只是无师。"师云："潭州纸遗一状领过。"

五年春，诏三宗名僧十人，及其徒二千，建广荐法会于钟山，命师总持斋事。师能灵承上旨，凡仪制规式皆堪传永久。寻以母年耄，举径山淴公自代，复还喜禾侍母。是年冬诏复建会钟山如初。大驾临幸，诏师说法，公侯庶僚靡不悦服。上以师才智踔绝，谕令罢道辅政，师固辞而止。一日示门弟子曰："吾有宿因必酬之。"去饮食七日，委顺而化，实六年十二月二十四日也。停龛六旬，启而视之，容貌如生，爪发皆长。阇维，数珠顶骨齿牙不坏。寿四十七，腊三十六。其徒奉灵骨及诸不坏塔于天宁。

苏州万寿本空昙相禅师 谢檀越施法被，上堂，"见则易，识则难，花根本艳，虎体元斑。识不难，见不易，干木随身，逢场作戏。钟山道，林大士拈起杖头剪刀把虚空剪得七零八落，有个摩耶佛母忍俊不禁，向金针锋上玉线蹊中恰好揍得还成一片。青者自青，白者自白，红者自红，绿者自绿，莫不自然。斗角捉方。攒花簇锦，以致过现未来三世诸佛向杂华世界各坐一方，同声赞叹奇哉奇哉！希有希有！因见诸人懵懵不采，走入山僧拄杖里去也"。举起拄杖云："若唤作三世诸佛，又是拄杖子。若唤作拄杖子，又是三世诸佛。三世诸佛穿过拄杖子，拄杖子穿过三世诸佛。正与么时，若有具择法眼缁素得出，许你一生参学事毕。其或未然，拄杖子为你说破。"卓拄杖云："菩提妙华遍庄严，随所住处常安乐。锦绣丛中辊出来，须弥顶上大张开。看他妙用神通处，鹊眼龙睛妙莫猜。"

上堂，举云门因僧问："如何是学人自己？"门云："游山玩水。"师云："原来跛脚阿师，说得行不得，带累多多少少人向山水中着到。若有问北山如何是学人自己，便与一喝，岂不直截分明。"良久，"个中若了元无事，体用何妨分不分"。

上堂,"遇八念诵,遇五升堂。虽然旧事,举起何妨。云门干屎橛,切忌错承当"。

佛诞日上堂,"才出胞胎便会行,多生习气不能忘。西天五印都瞒尽,最苦难瞒是大唐"。

上堂,"三期果满在今朝,大野风生暑气销,脚下草鞋生两翼,吴云楚水任游遨。大众,切忌踢破脚指头"。

苏州万寿泽原慧禅师　上堂,举东印土国王请般若多罗尊者斋次,王问:"诸人尽转经,唯师为甚不转经?"者云:"贫道出息不随众缘,入息不居阴界。常转如是经百千万亿卷,非但一卷两卷。"师云:"山僧道,东印土国王只有供养心,全无问难意。见与么答,便言请尊者经看。若下得这一转语,非惟檀波罗蜜具足圆满,亦乃财法二施等无差别。"

上堂,举晏国师示众云:"鼓山门下不得咳嗽。"时有僧咳嗽一声,国师云:"作什么?"僧云:"伤风。"国师云:"伤风即得。"师云:"大小国师龙头蛇尾。当时若见他道伤风,便云伤风败教之徒,偏门摈出。非惟有放有收,抑亦玄风独振。"

上堂,"马祖升堂,百丈卷席。剑出匣,画人之头婴锋而摧。矢离弦,石虎之额没羽而裂。正所谓毗岚倒山、霹雳破柱时也。未举先知,尚为钝根。伫思停机,岂是灵利"。卓拄杖,"在途空尔念归家,多勇何如多智慧"。

上堂,"得之于心,伊兰作栴檀之树。去之于旨,甘露乃蒺藜之园。古德与么道,品之教苑堪逞座主,长材班之禅丛,未见宗师手段,慧上座不惜眉毛为他去也"。拍禅床下座。

上堂,"临济云:'佛者心清净是,法者心光明是,道者处处无碍净光是。'"良久云:"三段不同,打归一处。"

国清梦堂噩禅师法嗣

杭州径山岱宗心泰禅师 别号佛幻,越之上虞人,姓孙,父子实,母何氏。产师时外向而出,识者谓离俗之兆。未髫即聪颖,群儿莫与敌。尝书于闼曰:"一行白鹭非上天,不识飞作非。"父母异之。七岁入乡校读书,过目能诵,不烦捶责,校师奇之。然不乐处俗,惟僧是乐。年十五依等慈沃洲达公,后礼其徒闻叟爱公剃染,继往郡城开原受具。志欲游方,遂入杭。初夏于西天竺,寻上径山见古鼎铭,鼎留为侍者,弗就。逾十载,闻梦堂说法天台国清,遂往见之。堂曰:"汝从何来?"师曰:"上虞来。"曰:"来作甚么?"曰:"特来礼拜和尚。"曰:"礼拜我作么?"曰:"学佛法耳。"曰:"若是佛法,我这里一毫也无。"曰:"和尚说底。"堂器之,即令入室。久之见用贞于灵隐,命掌书记。国朝洪武初天界白庵,疏命董姚江龙泉,继主上虞东山国庆。十三年,僧录司举住中天竺。时浙江布政使司布政王公钝重师林而能文,力为外护。永乐元年升住径山,开炉上堂,举此庵和尚云:"开炉今岁无柴炭,潦倒情怀实不安。寒气四山来得重,大家收足上蒲团。"径山亦成一偈举似大众,"诸方无炭又无薪,寒气如何不着人,径坞有薪还有炭,自然暖处好安身"。

浴佛上堂,"母胎才出已称尊,不是兴家便灭门。莫谓云门无毒手,棒头别有一乾坤"。四年丙戌,国家纂修《永乐大典》,师承召赴京,僧录司以师年耄,馆于天界闲居以俟,葛利麻上师至而迎接之。丁亥得归山中，戊子谢事，居寂照庵。辛卯受业诸孙请归永乐侍奉。乙未冬十一月示微疾。十四日作偈别众曰："八十九年为僧到老，末后一句不道不道。"掷笔而逝。茶毗，徒孙收遗骨塔于等慈。

天宁楚石琦禅师法嗣

苏州万寿莹中景瓛禅师 别号笑轩，族出携李姚氏，父桂卿，母茆氏。幼岐嶷，与群儿戏，辄作呗匿声。或诮之曰："明日有船来取你作堉去也。"师怒曰："便是铁船来也打碎他底。"父母识其志，送同郡兴福寺礼法云祝发，犹壹郁不怿。既具戒，即更礼天宁西斋为师，始惬素抱。一日叩问曰："父母未生已前。"西斋遽曰："那个是你本来面目？"师遂有省。径山竺远爱其英伟，招为侍者，升记室。寻往宣之水西，依法叔澹居于西堂，日增智证。国朝洪武元年，肇开善世院，总统昙公雅知师，首举出世海盐。天宁四年，澹居出主虎丘，师躬辅翼，迨迁万寿，犹从之，若普化之于临济也。偶与僧山塘行次，僧举妙喜遣僧与张公紫岩书话，至"拖个死尸路上走"。乃大笑曰："先师用处我识得了也。"及澹居谢事，郡守王公兴宗请师嗣居之。时丁潦饥众多而食不给，师分卫以赡。

上堂，"世尊无说说，迦叶不闻闻。一段奇特事，分明举向君"。便下座。

上堂，"溪光山色，全彰清净法身。柳巷花街，廓尔涅槃正路"。良久，"竹杖化龙去，痴人犹夜塘"。

上堂,"夏日长,熏风凉,雨过满庭薝卜香,莫作境物会却,休为佛法商量"。良久,"达磨大师牙齿缺,释迦老子面皮黄"。

上堂,"妙明心印,触处全彰,在天是天,在地是地,在僧是僧,在俗是俗。即今坐立俨然,何处是妙明心印?"喝一喝,下座。

上堂,"如来禅,祖师禅,如水合水,似空藏空。有般汉闻恁么道,便云我会也我会也。且问你,阿难因甚合掌,迦叶因甚擎拳?"击拂子,下座。

上堂,"百千法门同归方寸,河沙妙德总在心源。玄沙和尚云:'达磨不来东土,二祖不往西天。'何处得恁么说话?嗄!口因踢破脚指头"。十一年,诏天下僧徒习《心经》《金刚般若》《楞伽》三经。昼则讲演,夜则坐禅。师为众讲说,言简理丰,靡不厌服。十五年,僧录司选住青州华严而终。茶毗,其嗣法弟子昆山、荐严、素蕴等奉遗骨,塔于苏之西山佛日庵。

径山愚庵及禅师法嗣

杭州灵隐空叟忻悟禅师 苏之吴县人,俗姓钮,父本华,母吴氏。儿时简重寡默,父母知其非处俗质,甫九岁,命入郡城龙兴,依白云间公出家。暨受具,即欲参方。时愚庵居净慈,师往见。庵诘之曰:"如何是永明旨?"师曰:"某甲新到,只见一湖水,不识永明旨。"庵可之,遂容入室为侍者,继命典藏教,复居第二座。既而中天竺懒庵请居第一座,表率其众。久之还乡里,吴郡诸山以天平请,弗徙。时帝师闻师道誉,锡以圆慈正济之号。皇明洪武元年戊申,善世院命居感慈,亦不赴。三年庚戌,京都宗刹疏住浙江万寿,起废之余,待云锡不懈。迁住中天竺,募施建天香阁。既完,升住灵隐,学者鳞萃。

上堂,"绝思惟,断疑惑,三际十方明历历。放过德山,扫除临济。热则乘凉,困则打睡。山悠悠,水悠悠,更嫌何处不风流"。

上堂,"诸佛不出世,亦无有涅盘。释迦世尊因甚向双林树下摩胸告众云:'汝等善观吾紫磨金色之身,瞻仰取足,毋令后悔,今日则有,明日则无。'世尊毕竟是涅槃耶,不涅槃耶?还委悉么?阑干虽共倚,山色不同观"。

新正上堂,"今朝正月一,一岁从新起,遍界动香风,普天施法雨。一生二,二生三,三生万物,管取今年禾麦熟,大家安坐乐升平"。

开炉上堂,兼谢龙华和尚。"今朝十月旦,天寒宜向火。深山古寺兽炭少,大家迭足团圞坐。堪笑丹霞烧木佛,却教院主眉须堕。相识满天下,知心能几人。"终时寿五十五,腊四十。

四明天童用愚希颜禅师 苏之长洲余氏,觉林出家。住后上堂,"登山须到顶,入海须到底。登山不到顶,不知大虚之宽广。入海不到底,不知沧溟之浅深"。喝,"才有是非,纷然失心"。

上堂,举东山演祖示众云:"祖师说不着,佛眼看不见,四面老婆心,为君通一线。"便下座。师云:"若教频下泪,沧海也须干。"终于浙江万寿东堂。

北京顺天府庆寿独庵道衍禅师 苏之长洲姚氏,幼依里之妙智庵出家。入乡校读书，不烦师谕，义理自通。寻礼宗传为师披削。未及冠即能诗文，为时所称。从北禅虚白亮公习天台教。阅《四教仪图解》，剔其谬处问虚白，白不能答，遂弃之。往杭之径山，参愚庵，机契，命司记室。自是往来十余年，尽得旨要，声誉洋洋聿起江海间。

初出世临安普庆，迁住杭之天龙、嘉定之留光。洪武壬戌，僧录司选举，钦除庆寿住持。皇上当潜龙时，重师道学，每召入内府，必茗膳问辩。屡锡楮锭黄白之物无虚月，众集如云，法席一振。

上堂，举修山主云："二破不成一，一法镇长存。若作一二会，永劫受沉沦。修山主尽力只道得八成，普庆为他画虎添斑去也。二破不成一，黄昏候日出。一法镇长存，面南看北辰。若作一二会，隔壁猜哑谜。永劫受沉沦，圆通解脱门。"喝。"禾黍不阳艳，竞栽桃李春，翻令力耕者，半作卖花人。"

上堂，"霜华扑户北风凉，荒院萧萧夜愈长，莫只拥衾间瞌睡，火炉头话合商量"。

上堂，"今朝三月十五庆寿，升堂打鼓。山门厨库交参，露柱灯笼起舞。直得开山和尚向山僧拂子头上，将木剑绵蛇横拈倒弄，踊跃欢喜而脱咒曰：室利室利，苏噜苏噜。报禅流，休莽卤，蟭螟虫吞却虎，大地山河无寸土"。

永乐二年，皇上命师罢道辅政，特授资善大夫太子少师，赐名广孝。与府第，享厚禄，屡锡金帛。虽胀冠带当富贵，清修自如而淡薄，禅诵比旧益加。十六年三月二十五日，往朝皇上于北京。二十八日遂敛衽趺坐而逝。皇上哀悼，辍视朝三日，命有司为治丧葬，追封荣国公，谥恭清，遣官赐祭。以四月六日火化，惟舌不坏，坚如金石，得舍利皆五色光彩煜然。仍为卜地于西山砻石建塔。寿八十四。

万寿行中仁禅师法嗣

杭州径山南石文琇禅师 苏之昆山李氏，父福成，母沉氏善清。幼从邑之双江绍隆院智兴祝发。初参兰江湊公于荐严，一见器许，然师意终未满。洪武四年，熙怡翁说法虎丘，师谓闻其名既久，必一见乃已。才觌面，果契合，遂俾居侍司，升记室，自是声誉霭然。未几出世郡之普门，迁灵严，升住万寿，法席大振。

永乐四年，奉召纂修《永乐大典》，留京三年。及书完，僧录司公举师住杭之径山，参徒云集。

上堂，"十方无异路，为什么南寻天台北寻五台？目前无异草，为什么桃花红李花白？"良久，"打破祖师关，总是自家底"。

上堂，"情尘易遣，理障难除，尽十方世界空索索地，有什么情尘可遣？有什么理障可除？虽然，山门头，佛殿里，切忌撞着露柱"。

上堂，"望州亭，乌石岭，相见了也。发明空劫已前事，灯笼与露柱交参。厨库对僧堂发笑，显示现行三昧。嘉州牛吃禾，益州马腹胀。天下觅医人，炙猪左膊上。三世诸佛构不着，历代祖师构不着"。

上堂，"但参活句，莫参死句。头头上显，物物上明，是死句。举步踏着南辰，转身触翻北斗，是死句。且作么生是活句？苏州街雨过着绣鞋"。众拟议，掷拂子下座。

上堂，"森罗及万象，一法之所印。前面是钵盂峰，后面是凌霄峰，中间是佛殿，唤什么作一法？"良久，"国一祖师原是昆山人"。

上堂，"目前无法，意在目前。不是目前，不是目前法，非耳目之所到。洗砚池头云冉冉，埋鸡冢上草离离"。师室中垂语云："道源不远，在什么处？祖师西来，为什么事？菩提无树，谁为立名？"僧问："昔有僧问巴陵，祖意教意是同是别？巴陵云，鸡寒上树，鸭寒下水。此意如何？"师云："你问我。"僧云："祖意教意是同是别？"师云："鳖瓦钵，破蒲扇。"僧云："某甲不会，望和尚慈悲指示。"师云："钵好盛饭，扇好取风。"

师问侍者："南阳三度唤侍者，你还么么？"者云："也只为老婆心切。"师云："你怎么会，国师汗臭气也未梦见在。"者云："望和尚点破。"师云："待钵盂峰点头，向汝道。"

师暮年还万寿松院，纂成此录，及脱藁次，于永乐十六年九月二十四日入寂。茶毗，舍利累然，其徒孙奉遗骨塔于永怀门，弟子分塔于寂照塔之右。世寿七十四，僧腊六十七。嗣法吴郡翠峰宗谧校对寿梓，依世次而书入之。

昆山永怀无我普观禅师 族出嘉定，于邑之留光寺出家。初参昙石于常熟慧日，咨以出世之法，石屡启之，知有而不能发，遂见熙怡于北山，俾居座首。一日熙怡问曰："仰山梦升兜率，其意若何？"师曰："白日青天，休要说梦。"熙怡领之。师尝颂赵州无字话曰："狗子无佛性，一刀便断命，若是懵懂流，拟议即成病。"

苏州虎丘性海善法禅师 别号无说，吴县徐墅顾氏。幼依宝寿信庵谨公，学出世法，礼其徒祖显为师。见熙怡于万寿，俾职纲维。一日熙怡问曰："兴化打克宾，你还会么?"师曰："太平不用将军令。"怡休去。既而之杭，遍游湖山。时空叟悟主中夫竺，挽居藏司，师虽孜孜以向上事存心，然终有疑碍。偶访旧于江阴独行道中，田家小儿唤耕夫吃饭来，师闻不觉手舞足踏，私自庆曰："今日始知眉毛元在眼上。"

洪武庚申，出世秀峰，壬申迁虎丘。佛诞上堂，举世尊初生话颂曰："分手指上下，颠狂似少神，茫茫天地内，将谓更无人。"

灵岩南石至，上堂。拈拄杖竖起云："灵岩拄杖子，若不是云岩师兄到来，决不肯容易拈出。且拈出后如何?"遂以拄杖放旧处云："明眼人前不敢妄通消息。"居四年，退归受经，辟一室日宴坐其中。永乐七年正月旦示微疾，初十日呼徒孙诚之曰："吾世缘止于此矣，汝辈当勤道业，莫负出家之志。"言讫端坐泊然而逝。茶毗，收骨石附葬其祖信庵塔右。

常州天宁雪心明显禅师 檇李陈氏，母颜，俱茹素事佛，故师自幼即绝荤血。稍长，父母命礼海盐德藏荆翁珏法师为师，年十有六，始得度为大僧，寻诣杭之昭庆受具戒。忽自叹曰："出家以明佛心宗为要，若寻常碌碌者，名字沙门耳，何足取哉?"乃更衣往姑苏万寿，参熙怡和尚。怡问曰："汝是驱乌沙弥、应法沙弥?"师曰："和尚年尊，惜取眉毛好。"怡见师年少英伟，异之，遂俾为侍者。亲炙既久，遂臻壶奥。去登径山见泉原，原闻自熙怡室中来，即延居记室，一时龙象皆敬而友之。常之僧纲司稔师道誉，以永庆久废，特命师起之。甫三载，堂殿一新。升主天宁，法席尤盛。室中垂语曰："三世诸佛不知有，狸奴白牯却知有，且道知有什么？"又曰："山门佛殿日夜为诸人说法，还闻么？"

上堂，"历代祖师，天下善知识，互相出兴，各开方便，盖得其本而然也。所以道，从无住本立一切法。你诸人若得其本，便能开大口说大话。不得其本，莫道着衣吃饭量家道，便是土也消不得。天宁怎么说话，且道还有本么？"自云："有。归堂吃茶去。"

上堂，"如来说一切法即非佛法。唤什么作佛法？昨日栽茄子，今日种冬瓜"。已而退居长洲庄溪福济庵，日以禅诵自怡，士庶归依者益众。永乐十三年四月示微疾，十五日澡浴更衣端坐而逝。阇维，设利无算。迨旬余，有以灰土淘洗，又悉满所欲。其徒复初等收遗骨，建塔福济之后。

苏州示光止庵普震禅师 嘉定瞿氏，参熙怡于万寿，由内记而掌外记。出住示光经一十年，克苦精勤，得住持之体。募建大雄氏殿甫成，诏修《永乐大典》，至长于因疾而逝。师学赡内外，湖海咸期其起熙怡之家。俄尔倾逝，莫不痛惜，多声偈以悼师。尝题鱼篮观音云："丰婆窈窕鬓鬖松，篮内鱼儿活似龙，路转金沙晴日暖，令人无处避腥风。"

江阴光孝仲虚广益禅师 号萍庵，苏之吴县徐氏。从古庭学公于光福究华严之宗趣，侍熙怡于虎丘了少林之别传。一日侍次，熙怡举南阳三唤侍者话未竟，师遽说偈曰："南阳三唤太无端，六月无风彻骨寒。一把柳丝收不得，和烟搭在玉栏干。"

住后上堂，"非不非，是不是，辩如悬河说不出，力能扛鼎提不起。阿呵呵，啰啰哩。三级浪高鱼化龙，痴人犹㧾夜塘水"。终时寓江阴广福。

径山复原报禅师法嗣

抚州疏山天霖泽禅师 初住智门，后居天界第一座，升疏山。解夏上堂，"九旬禁足，以大圆觉为我伽蓝，身心安居平等性智，释迦老子舌头拖地。赵州云：'有佛处不得住，无佛处急走过，三千里外逢人不得错好'。犹较些子。如今截断二途，剖破藩篱去也。须弥顶上走马，大洋海底蹴球，人人鼻孔辽天，一任随缘去留"。颂僧问巴陵话："珊瑚枝枝撑着月，三世如来同一舌，共工触到不周山，女娲炼石补天缺。"终于疏山。

灵隐性原明禅师法嗣

应天府碧峰无作慎行禅师 别号卐庵，族出台之临海毛氏。幼聪敏，稍长从四明雪窦寿松怀祝发。及受具，才思泉涌，偈句操觚而成，人因称为小高僧。洪武戊午，如杭冷泉参幻隐。隐问何处来，师曰："四明。"隐曰："如何是三佛出处？"师曰："一尚不可得，何况有三。"隐曰："未在。"师曰："和尚因甚自生退窟？"隐乃厉声云："参堂去。"师当下豁然。隐喜，即俾侍香。凡幻隐上堂小参赠送偈语，诸徒争执笔记录，师一经耳目，绝无忘失。丁卯,杭之僧纲司以大报国命出世。丙子,僧录司选举,钦除青州府郡纲,兼住持弥陀禅寺。皇上登极,召授僧录司左觉义兼碧峰住持,恩赐隆厚。师室中垂语曰:"郑州梨,青州枣,万物无过出处好。你诸人还知出处么?"又云:"云门干屎橛,洞山麻三斤,不用举着。父母未生前道将一句来。"永乐甲午正月十日示微疾,一日呼诸徒训诫讫,端坐而逝。荼毗,其弟子虎丘宗南,奉遗骨附葬杭之灵隐幻隐塔之右。

万寿佛初淳禅师法嗣

常州天宁沧海智宝禅师 绍兴人,苏之嘉定普照出家,礼铁壁通公为剃度师。初住长洲月轮,迁常之天宁。上堂,"奔流度刃,未是作家。疾焰过风,犹为钝汉。德山见僧入门便棒,笑杀旁观。临济见僧入门便喝,翻成剧戏。指南一路,智者知疏。末后一机,通人解会。若是举一明三,目机铢两底,拨着便动,撩起便行,犹是外边打之绕。离此之余,不堪种草。总不恁么,又且如何?"良久,"将此深心奉尘刹,是则名为报佛恩"。退归普照而终。火后,门人收骨附葬铁壁塔侧。

报恩无方普禅师法嗣

懒牛勤禅师 颂世尊成道:"夜半毛头星子现,老胡才见便荒忙,玉溪一觉鸡鸣丑,谁管三更月到窗。"

天童怪石奇禅师法嗣

钱唐广化宗圣觉禅师 黄岩蔡氏，径山本源达手度弟子。厉志讲学，怪石在大慈时，招居侍司。未几往从育王石室攻诗，诗曰臻其奥。若赵公子昂、虞公伯生、张公仲举，皆称之。中岁知非，取平日著作火之，力空绝学之旨。参仲谋猷无所入，遂扣南堂于本觉。堂曰："你自是了事人，但闻见太多，隘塞胸次，以致本地风光不能发现。"师随问："如何是佛？"堂曰："晨时有粥，午时有饭。"拟进语，堂以手揶揄曰："不是不是。"师恨其不为明白说破。次日又谒云："和尚开大炉鞴，镕锻圣凡。我正如一块顽铜钝铁，投入其中，求锻炼成就美器。若不能者，是和尚炉鞴欠热耳。"堂曰："我此法门只贵直截承当，不在世智辩聪。若能一刀两段，有甚么顽铜可锻，有甚么美器可成。去此二途，向父母未生前道将一句来。"师无语。后效古人，顶弥勒像，彻夜行道所生内院。久之豁然，彻见怪石用处。年六十二得微疾，与众诀别，泊然而逝。

金陵汤水延祥绝海法舟禅师 昌国人，依怪石了达宗旨。住延祥二十年，得住持之体。垂终将衣钵尽行遗嘱，独留挂杖棕帽，请方丈东堂至。拈挂杖与方丈云："与和尚撑天拄地去。"提起棕帽与东堂曰："与和尚盖覆天下人去。"言讫端坐而化，寿八十七。

古心仁藏主

台州人，参怪石得旨，遂司是职，居天童蒙堂，足不出山门。尝作二偈悼断江恩公。其一曰："知识一年无一年，烹金炉冷火无烟，布单从此不须卖，留取三冬盖脚眠。"其二曰："笑到断江肠欲裂，数珠牙齿不关情，破沙盆话无人举，秋雨秋风撼祖庭。"

道场玉溪珉禅师法嗣

四明天童寿岩智昌禅师 台之黄岩陈氏，谒枯木秀于大慈。木激以究明己事，师因谢绝诸缘，危坐蒲团，足不越阃。一日暑雨初霁，绿阴凝寂，蝉声乍歇，忽然有省。遂往雪之道场参玉溪，溪与语契合，留居择木寮。一日举送僧偈云："东观白雾蒙蒙，西望青山岌岌，唤作浑仑句子，胡饼正好觅汁。侍者会么？"师云："鸡作鸡啼，犬作犬吠。"溪咄云："未在，更道。"师拟开口，溪便打，师便礼拜。

孚中信唱道天童，往见之，乃为司藏。久之出主四明大梅，升昌国吉祥，迁天童。师室中问僧云："生从何来，死从何去？"僧云："渠无生死。"师云："渠是阿谁？"僧无对，师便打云："不快漆桶。"师又问僧云："太白峰开口即不问，玲珑岩点头一句道得？"僧无语，师云："伎死汉。"

上堂，"似地擎山，不知山之孤峻。如石含玉，不知玉之无瑕。知之者不如好之者，好之者不如乐之者。且道乐个甚么？"喝一喝。

上堂，"释迦老子在你脚底，三世诸佛在你脚底，六代祖师在你脚底。拟议不来，白云万里"。

上堂，举僧问投子："一大藏教还有奇特事也无？"投子云："演出一大藏教。"又有僧问黄龙："一大藏教还有奇特事也无？"黄龙云："演入一大藏教。"妙喜云："演出演入则不无，二大老若是奇特事，三生六十劫也未梦见在。"师云："妙喜怎么说话，也是压良为贱，唤作奇特事早是错下名言。"拍禅床下座。颂赵州庭前柏树子话曰："庭前柏树子，直截为君举，东土与西干，迢迢十万里。"

杭州净慈愚溪弘智禅师 别号藁室，苏之吴江人。初住广德圣感，移广信兴福湖之法宝道场，洪武初升居净慈。上堂，举东山和尚示众云："结夏无可供养，大众作一家宴。"管顾诸人，遂展两手云："啰啰招，啰啰摇，啰啰送，莫怪空疏，伏惟珍重。"师云："东山和尚与么设施，也是黄叶止儿啼。兴福则不然。"拈拄杖靠左边，下座。

上堂，举碧云和尚云："跳出胞胎也只宁，指天指地强惺惺。碧云不用韶阳棒，水拍银盘弄化生。""老碧云使福州肚肠，用白拈手段，言中蛊毒，句里砒霜。捡点将来，只是腕头力弱，不能用韶阳棒子。法宝则不然，有条扳条，无条攀例。辄成一偈举似诸人，母胎出得便粗豪，南北东西转一遭。孝顺子孙心似铁，年年恶水蓦头浇。"

上堂，举迦叶世尊偈云："一切众生性清净，从本无生无可灭。即此身心是幻生，幻化之中无罪福。"师云："迦叶如来乃十号具足之尊，位居七佛之内。既出头来，只合提持向上一段极则大事，与大地众生解粘去缚，拔楔抽钉。便一个个不为罪福所惑，一个个不为生死所拘，一个个不为身心所役，一个个不为净秽所碍。无端说身说心说净说秽，说生说死说罪说福，带累后代儿孙，个个拖泥带水，头出头没无有出离。且道作么生是向上极则大事？"骤步下座云："切忌认驴鞍桥作阿爷下颔。"

二十年任湖州府僧纲司都纲。二十四年秋九月一日上僧录司书求解印，寻辞合郡官僚与诸道旧，期以九日茶毗。遂归法宝之东轩，以衣服遗嘱诸山及分诸徒。是日与客早饭且戏曰："我上路人宜倍餐。"令人昇龛，师乘舆语笑如平居。至化所有以师像请赞，师援笔疾题云："西州大呆子，东土哑羊僧，静奏无弦曲，闲看没字经。百般无出豁，一味得人憎。末后转身句，浑仑付丙丁。"遂索火自焚。苕溪驿丞三山陈德铭尝问道于师，后至哀泣独甚。师于火聚中掷数珠与之云："勤修勿怠。"俨然不动。龛之四维一舍许，天华弥空。好事者搏取置香合中，信次乃消。有九鹤盘旋空中，火烬方去。舍利无算，送者数千人于草木瓦砾中得之者甚众。嗣法弟子法宝、住持道慧等，奉舍利骨石塔于道场山之归源庵。

天宁无能教禅师法嗣

饶州妙果竺源永盛禅师　饶之乐平人，姓茫氏，号无住。年十七，从沙门常公于萝山寺。常使受学乡校而每耽禅寂。一日刺血书《金刚经》，常见之呵曰："不读书早事此耶。"师徐对曰："读书能免生死，固不敢懈，第不免尔。"常虽奇之，终欲使卒其学。既剃落，谒月庭忠于蒋山。时孤舟济为首座，济以皖山凝示蒙山异公语示之。师抚几曰："于此已见二公矣。"至东林悦堂訚命掌藏教。过袁州见仰牛和于治平。寻抵无为见无能，举前参请话征诘，涣然冰释。能俾颂赵州无字话，师冲口曰："赵州道无，猛虎当路。狐兔潜踪，佛祖罔措。"又令颂有字话，师曰："狗子佛性有，面南看北斗。更拟问如何，虚空开笑口。"能肯之。海印如居饶州，荐福延，师居座首。延祐四年，南巢居民柳氏舍山成庵曰竺源，请师居之。天历己巳，主西湖妙果，垂三关语示学者。一，父母未生已前，向甚处安身立命。二，三千里外定誵讹，因甚对面不相识。三，展手云："此是第二句，还我第一句来。"学者多不契其几。

上堂，"大众，天地未分，阴阳未判，此心已逼塞虚空。天地既分，三才既立，此心亦逼塞虚空。即今坐立俨然，此心亦逼塞虚空。所以道，心同虚空故，示等虚空法，证得虚空时，无是无非法"。

上堂，"般若如大火聚，拟之则燎却面门。岂不见僧问五祖演和尚云：'一大藏教是个切脚，未审切个甚么？'祖云：'钵啰娘。'"师拈拄杖卓一下云："野色更无山隔断，天光直与水相连。"至正七年丁亥四月二十四日入寂，弟子奉全身塔于珠峰。世寿七十三，僧夏五十三。

冶父金牛真禅师法嗣

庐州大湖普明无用贤宽禅师 庐之和州含山县周氏。参金牛于冶父，初入门金牛便喝，师亦喝，金牛曰："那里学得这虚头来。"师曰："大有人疑着。"金牛便打。次日又见金牛，引师入合中坐，忽炉内汤瓶泻，炉灰上冲，师豁然大悟，汗流浃背。即呈偈，有"水底泥牛吼一声，大千沙界一齐倾"之句，金牛颔之。至正甲午，于太湖创禅居曰普明。又于西梁山及当涂各处建庵，师往来说法，四方禅衲蚁慕。夜则有天灯下照，人皆惊叹，师若无有。帝师特赐佛照圆悟之号。佛成道示众曰："六年雪山错，忽见明星错，走下山来错错错。假使九州岛之铁，也难铸这一错。"卓拄杖一下，"大地含生成等正觉"。泰定三年九月十五日，召门弟子勉进德业已，书偈而逝。龛留一月，颜貌如生，全身葬太湖之原。

真觉原翁信禅师法嗣

杭州虎跑止岩普成禅师 室中垂语云："大鹏金翅鸟，因甚在蟭螟眼里作窠？"又云："南高峰因甚与北高峰斗额？"

嘉兴广德东海德涌禅师 族出广东冯氏。生十三岁便知有出世大事因缘。十九岁僧于曹溪南华，决志参方。首谒赣州马祖岩彻庵，见即器异之。次见智者无涯际、华顶无见，睹皆有所启发，然犹以为未了。闻原翁喝道吴兴之天池，不惮数千里之远，直造其门。适机缘相契，向之所未明者，一旦而廓然矣。时虚谷主径山，师为掌内记。及元叟继席，又掌外记，悉有声称第，孳孳以道为务，世俗文笔随时应酬，非其好也。自是道风远扬，四方参请之士随处麇至，却之不能去。乃结庐嘉禾之曹奥，即广德也。大开法席，陶冶后昆，逾五十年，登其门者多获趣证。

上堂，"一向不恁么，孤峰独宿，目视云汉，不顺人情。一向恁么,十字街头,灰头土面,世谛流布。恁么中不恁么,不恁么中却恁么。悬崖撒手,从空放下,随处自在,是处安间,本无生灭,岂有去来。放大光明,高低普应。到这里始知居一切时不起妄念,于诸妄心亦不息灭,住妄想境不加了知,于无了知不辨真实,与诸佛同一受用。其或未然,有寒暑兮促汝寿,有鬼神兮妬汝福"。

上堂,"寂光圆照周沙界,体用如如绝古今。直下不生凡圣解,鹁鸠啼在绿杨阴"。

上堂,"动则影现,觉则冰生。不动不觉,死水平沉。既动既觉,未免伤锋犯手。正恁么时如何举唱?"蓦拈拄杖卓一下云:"依稀苔帚柄,仿佛赤斑蛇。"洪武元年十二月初一日入寂。

湖州天池空海本源和尚 苏之崇明人,山居不出,有高尚之节,道俗归之着甚众。尝赞达磨偈云:"竺国东风欠密藏,十分春色媚晴妆,一声雷过落花雨,狼藉满城流水香。"

乌石山杰峰愚和尚 室中垂语云:"三世诸佛,因甚么披毛戴角在异类中行?白日青天,因甚开眼作梦?一尘不立,因甚么法法全彰?"

增集续传灯录卷第六

大鉴下第二十三世

紫箨竺原道禅师法嗣

四明天童了堂唯一禅师 别号芥室，台之宁海人，宋丞相叶梦鼎之的裔。从四明万寿雪崖庄公学出世法，初住延庆，迁台之紫箨四明天宁。僧问："金刚眼中着得什么？"师云："着得什么则且置，唤什么作金刚眼睛？"僧云："学人不会。"师云："问取灯笼。"僧云："十二时中如何用力？"师云："无汝用力处。"僧礼拜。僧问："如何是佛？"师云："八角磨盘空里走。"僧云："如何是法？"师云："赤脚踏冰棱。"僧云："如何是僧？"师云："井底种林檎。"僧云："如何是一体三宝？"师云："骅骝将捕鼠，不及跛猫儿。"僧问："万法归真，真归何所？"师云："三脚虾蟆着锦裆。"

上堂，"我此间，也无禅也无道，也无玄也无妙。只有一口剑，佛来也斩魔来也斩。众中忽有人出来道，借和尚剑看。只向他道，三年一闰，五年再闰"。

上堂，举盘山积禅师示众云："心月孤圆，光吞万象。光非照境,境亦非存。光境俱亡,复是何物?"师云:"天台则有,南岳则无,赵州东壁挂葫庐。"

上堂,"饮光论劫坐禅,布袋终年落魄。质库何曾典牛,蚁子不食生铁。占波国人,语言难辨。一二三四五,虚空缺处补。五四三二一,黄昏候日出"。拍禅床下座。

上堂,"佛祖向上巴鼻,诸人本地风光。觑得破者,银山铁壁。觑不破者,银山铁壁。且道一大藏教是个切脚,毕竟唤什么作正文?"拈拄杖,"兴化棒头知落处,笑看千嶂起风雷"。退院上堂,"百尺竿头抛铁网,千峰顶上棹金船。行来此日难行事,了得前生未了缘"。终时寿八十四。

台州瑞岩恕中无愠禅师 台之临海人,别号空室,族姓陈。七岁入乡校,所读书不烦再授。往径山依寂照剃落。辞游方,见净慈灵石芝、资福一源灵源,造诣深远。师扣问细大事至详切。既而归径山寂照,令居择木寮。东还见太白平石典藏教。久之又偕聪木庵兴大宗,参竺原于紫箨,以看狗子话未破为问,才开口被一喝即大悟。因进一颂曰:"狗子佛性无,春色满皇都,赵州东院里,壁上挂葫芦。"原乃笑曰:"恁么会又争得。"师拂袖便出。

开法明之灵岩、台之瑞岩。室中示众曰:"稳坐家堂,因甚主人翁不识?掀翻大海,捆碎须弥,平地上因甚抬脚不起?眼光烁破四天下,自家眉毛落尽,因甚不见?"僧问:"如何是瑞岩境?"师云:"风吹不入。"僧云:"如何是境中人?"师云:"水洒不着。"僧问:"如何是函盖乾坤句?"师云:"猛虎口里活雀儿。"僧云:"如何是截断众流句?"师云:"金刚手里八棱棒。"

僧云："如何是随波逐浪句？"师云："李白捉月，张骞乘槎。"

上堂，竖起拂子云："世尊拈花，达磨面壁，乃至后来或行棒行喝，或擎叉舞笏，神头鬼面，百种施呈，总向这里出。"掷下云："好事不如无。"

上堂，"辞亲割爱，剃发染衣，入此门中合为何事？若也知惭识愧，是真出家。一出俗尘恩爱家，二出三界火宅家，三出粗感烦恼家，四出细惑无明家。出得四家，始称衲僧家。且如何是衲僧家？撞着冤家恶口小家"。

上堂，"情尘易遣，理障难除。十二时中放教虚豁豁地，不取一法不舍一法，情尘不遣而自遣，理障不除而自除，饥则吃饭，寒则添衣，又不可违时失候"。

上堂，"若以语言名状心，终不得心。不以语言名状心，亦不得心。去此二途如何凑泊？驴唇先生开口笑，阿修罗王打蹦跳。海神失却夜明珠，擘破毗卢穿七窍"。学者景从。俄谢事居松岩，洪武七年夏，日本国主遣使入贡，就奏请师化其国，以水晶数珠峨山石砚为贽。上召师至阙，师以老病辞，上悯而不遣留处天界。时金华宋公濂在翰林，休沐日则访师剧谈道妙。是年冬奉诏东还，宋公为制语录序。晚年因弟子居顶住翠山，迎师奉养，四方参扣者无虚日。忽遘微疾，索笔书偈曰："七十八年无法可说，末后一句露柱饶舌。"端坐而逝，实洪武十九年丙寅七月十日也。阇维，奉骨窆翠山之唐吞。

宁波天童木庵司聪禅师 台州临海谢氏，宋宰相方叔之后，父岳，母黄氏。年十五从鄞之灵峰汶公学出家法，既祝发受具。谒天童平石砥公，居侍司。登径山，依原叟端禅师，升典藏之职。师自察所得，不离见闻觉知，岂为究竟。有老宿言，紫箨道公本色钳锤。时道公春秋高栈绝人事。师至却之，如是者三，方纳之。一日举圆照以庭前柏树子答僧问古帆未挂机缘，师豁然开悟，彻见从上诸祖用处。至正辛卯，来太白蒙堂，闭一室禅诵，日有常规。久之行宣政院檄师出世里之洪祐，迁国清。皇朝洪武二年升天童法席，出诸方。

上堂，"从缘有者终成败坏，不从缘有者历劫常存"。举起拂子，"穿却德山鼻孔，换却临济眼睛"。

上堂，"百丈卷席，秘魔擎叉，南泉斩猫，大随烧蛇。犀因玩月纹生角，象被雷惊花入牙"。

上堂，"一切法即诸佛法，一切道即诸佛道，一切语即诸佛语，一切事即诸佛事。南瞻部洲，北郁单越，西瞿耶尼，东拂于逮，家家门底透长安"。卓拄杖一下，下座。五年，朝廷即钟山设无遮大会，诏两浙高行僧校雠藏经仪衰法事，师预焉，屡获赐坐，从容论道。诏师说法，开示幽显。及东还，寻退居东堂，因自号东院。十四年四月朔入灭，寿七十。

杭州径山大宗法兴禅师　别号松石，台之黄岩阵氏。幼岐巍，在韶龀中重默如成人。年十五，投同邑瑞严寺明公出家，依平石砥于天童，命侍香。逾浙见古鼎于径山，延入藏司。时归源藏老于仙居紫箨，师与木庵聪等，折节轮诚，咨决法要，有省。出世永嘉太平，迁乐清寿昌、鹰山能仁。

上堂，"青海崖头，双溪那畔，烟波万顷，渔市千家。突出衲僧巴鼻，显示第一义谛。当头坐断，百匝千重，一句全提，十方通畅。所以道，佛佛授手，祖祖相传，德山入门便棒，临济入门便喝，秘魔擎叉，俱胝竖指，检点将来，总是三家村里卖草鞋底相识"。蓦拈拄杖，"须弥山上走马，大洋海底横身。天无私临，日无私照。山岳穹崇，江河浩渺。是故金轮御万国咸宁，玉烛调四时式叙。狸奴白牯齐歌至化，露柱灯笼共乐升平"。卓拄杖，"洪钧妙力先天地，五叶花开遍界春"。

上堂，举杨岐拈拄杖示众云："一即一切，一切即一。"以拄杖画一画云："山河大地，天下老和尚，百杂碎。作么生是诸人鼻孔？"良久，"剑为不平离宝匣，药因救病出金瓶"。喝一喝，卓拄杖一下。师拈云："大小杨岐巧尽拙出。"蓦拈拄杖云："诸人鼻孔即且置，作么生是山河大地天下老和尚百杂碎？"靠拄杖，"不因紫陌花开早，争得黄莺下柳条"。

洪武丁卯，僧录司选师补处径山，衲子向风云合。斋厨不给，乃吴江望族葛德润乐为之赈，与师若有宿契然。明年遘微疾，前住侍复原报禅师居寂照庵，一日来问疾，师危坐款茶话而别。忽顾侍僧云："吾行矣。"侍僧曰："临行一句作么生道？"师云："空手捏双拳，开口落第二。"僧曰："恁么则与和尚流通去也。"师云："也不消得。"侍僧拟再进语，师竖一拳示之，即索笔书偈云："生也如是，死也如是，如是如是，咄咄！"掷笔而逝，乃三月十一日也。茶毗，舌根牙齿不坏。其徒塔于支陇东崦，其营立之费，则出义士山左者姓姚彦仁氏。

四明保福一庵如禅师 温州人。上堂，"昨日说凡夫法，圣人不会。今日说圣人法，凡夫不知"。拈拄杖卓一下，"虾蟆跳上梵天，蚯蚓蓦过东海"。

上堂，"三德六味供佛供僧，有情无情均沾利乐。还有知恩报恩者么？有水皆含月，无山不带云"。

上堂，"粥罢吃茶，茶罢升座。摩诃衍法，离四句绝百非"。便下座。

黄岩灵石古帆新禅师 初见东州永于虎丘，俾典藏钥。次见竺原于鸿福，一夕上方丈请益云："某甲看狗子无佛性话，无入头处，望和尚垂示。"原厉声云："夜深，下去。"师归堂中诟骂云："不为我说则休，何得见嗔。"有人说向竺原，竺原云："他向后自会去在。"师闻之当下廓然。

保宁古林茂禅师法嗣

苏州灵岩了庵清欲禅师 别号南堂遗老，台之临海大雄山朱氏。母黄，九岁而孤。仲父茂上人引登径山为童子，依虎岩试经得度受具。希白明藏主亦师之叔父，自育王横川会中来，一见以法器期之，提诱辨诘，无所不至。谓曰："子气锐甚，非佛性不足为师，今在苏之开原，往见不可后。"师即谒佛性，性问云："近离何处？"师云："径山。"性云："船来陆来？"师云："二俱不涉。"性云："汝安得到此？"师便喝，性云："虽是后生，却堪雕琢。"他日性又问："汝岂不是径山来？"师云："是。"性云："山上有鲤鱼，井底有蓬尘，作么生？"师云："和尚甚处得这消息来？"性云："钦师因甚犹被马师惑？"师云："也少和尚一分不得。"性云："参禅须是些子始得。"师乃掩耳而出。皇庆初，佛性被旨复住开原，师为入院侍者，继掌藏教。还径山虚谷陵，选为后堂首座。佛性迁建业保宁，分第一座说法。天历乙巳，出世漂水开福。元统癸酉,迁嘉禾本觉。帝师大宝法王有旨,赐金襕衣并慈云普济禅师号。居十年,退居南堂。至正乙酉,应中吴灵岩请,衲子闻风而萃。室中垂语云:"文殊普贤起佛见法见,贬向二铁围山则固是。且道释迦老子还有过也无?"良久云:"休。"

上堂,"一大藏教束之高阁,长期短期无绳自缚。莫更纷纷纭纭,直须洒洒落落。杨岐一头驴,只有三只脚。潘阆倒骑归,撷杀黄幡绰。五味拈来饡枰锤,别有香风满寥廓"。喝一喝。

上堂,"前无释迦,后无弥勒,中无自己。钟楼上念赞,床脚下种菜。甜瓜彻蒂甜,苦瓠连根苦"。阅五载,复归南堂。时江浙行省丞相遣使延请,师坚卧不起,作三偈答之,有"绿萝窗下垂垂老,轩盖林中不得来"之句。癸卯秋八月十三日感微疾,默而不言。至二十五日索笔书偈云:"七十六年无后无先,圣凡情尽明月中天。"适通守陈公元礼来候疾,谓师曰:"和尚东南大法幢也。时既至矣,可无一言启迪我辈乎?"师瞠目大笑,遂泊然而逝。阇维,火未盛有红白二圆光盘旋龛顶,良久浮空而灭。顶骨舌齿俱不坏,舍利无筭。侄僧祖瀇等收而藏之南堂,即千佛塔院。

台州龙华会翁清海禅师 临海人,年三十始入道,投径山虎岩披剃。至旖檀林巡按有见其举止山野窃讥诮之,即发愤。翼日往天目求中峰诲示,昼夜弹力参究。睡重难遣,摘数珠撒暗地,摸足数乃已。久之无所入。时东州住虎丘,古林住开原,东岐住枫桥寒山,师如苏州,出入三大老之门,渐臻阃奥。

出世龙华,师室中垂语云:"举足下足无非道场,因甚却踏不着?父母未生面目开眼便见,因甚不识?"一日问僧云:"甚处来？"僧云："天台。"师云："还闻长觜鸟说禅么？"僧云："闻。"师云："摩斯咤因甚心挂树枝身沉海底？"僧拟议，师即打出。僧问："如何是三乘教外别传底事？"师云："汝若不问，我即忘却。"僧云："恁么则学人有赖也。"师云："切忌错承当。"

上堂，"木落四山空，水肃潭石见。霜气晓萧萧，又是十月半。堪笑衲僧家，漏逗浑不筹。若也筹，两个五伯原是壹贯"。喝一喝，下座。

上堂，"诸佛时时降生，诸佛时时成道，诸佛时时灭度。若言有过去、未来、现在，大似无事生事。毕竟如何？饭箩里还着得屎么？"喝一喝下座。

上堂，"一释迦，二原和，三佛陀，分明道了也，献佛不在香多"。

师谢事西游，寓云间南禅。是时蒙尚为驱乌受经，师正宗兴山，主迎师来双江绍隆。有一居士行业极谨，年七十余欲礼师，剃度故也。居士后名觉显，号无外，终时多灵异。由是蒙得侍左右仅一岁，师每举古德语示蒙，蒙不能晓，寒夜爱拥炉坐，尝引声吟曰："腊月寒深道者孤，一堂禅侣守寒炉，衲衣穿处冰侵骨，坐到更深炭也无。"蒙遂扣问云："古人毕竟意在于何？"师曰："你他后自会去在。"年九十三抵育王守横川祖塔，俄跌损左足，不能良行，每床坐当清夜，朗吟古人偈语。其徒文涣问曰："一生参禅，到此不能受用，却托吟咏自遣。"师曰："不见大慧和尚因疾呻吟？左右云：'平生呵佛骂祖，今乃尔。'大慧云：'痴子，呻吟便不是耶。'"涣礼拜。既寂，火化异香袭人。

温州仙岩仲谋猷禅师

本郡人。上堂，"明头来明头打，

着甚屎急。暗头来暗头打，着甚屎急。四方八面来连架打，着甚屎急。总不与么来时，明日大悲院里有斋。又且如何？踏破草鞋赤脚走，好山犹在最高峰"。

上堂，举松源和尚示众云："石巩张弓，鲁祖面壁。正令不行，拗曲作直。"师云："广教则不然，石巩张弓，鲁祖面壁，绵裹秤锤，锦包特石。"

上堂，"碧天杳杳，红日团团。空里无花，眼中无翳。成佛作祖，正是这个时节。拖犁拽杷，正是这个时节"。

谢藏主侍者至，上堂。"一默酬僧雷轰电激，三唤领旨玉转珠回，七十三八十四，筑着磕着碍塞杀人。"拈拄杖，"昨夜西风枕簟秋，无限蝉声噪高树"。读《正法眼藏》，偈曰："竹榻夜长灯焰短，萝窗昼永日光浮，二千余载真消息，五十平头病比丘。"

日东建长竺仙梵仙禅师 自号来来禅子。见休居于保宁，得心要泰定间。日东遣使来聘，既至其国，道契其王臣，度人不可胜纪。熙怡和尚尝叙其语录有云："惟古林诸子多贤，而崭然绝出者二人。其一南堂欲公道鸣中国，其一竺仙化彻异邦，可谓二甘露门矣。是录称性而谈妙得家法，纵横迅捷云兴泉注，示用应机如矢中的。宜乎东人感化得度者伙也。"南堂尝以三偈悼之，其一曰："五住招提尽大方，座中冠盖拥朝行，雷音远震扶桑国，缮写归来作宝藏。"

苏州定慧大方因禅师 既谢事，居灵岩老宿华公房。至正壬戌九月八日，郡守周义卿以事入山，师忻然出迎，谓云："某此月十四日即此日大化，侯其为我证明。"周戏诺之别去。至十三日师以偈寄侯曰："昨日岩前拾得薪，今朝幻质化为尘，殷勤寄语贤佳道，碧落云收月一痕。"是夜请于华以燥薪为高棚，十四日晨起与众僧诀，遂自秉火行升柴。棚薪得火，烈焰炽然，于火聚中祝香云："灵苗不属阴阳种，根本原从劫外来，不是休居亲说破，如何移向火中栽。"度数珠与华云："聊当遗嘱。"火焰到处，多得舍利。侯闻之惊异，为诗二章以挽之。南堂欲公悼以四偈，其首章云："佛日西倾不奈何，奋身挥起鲁阳戈，向来入室操戈者，火后争收设利罗。"

四明清凉实庵茂禅师 僧问："石头和尚道，言语动用没交涉。意旨如何？"师云："打铁不离火星。"僧云："只如药山道，非言语动用，亦没交涉。又且如何？"师云："一对无孔铁锤。"僧问："德山棒，临济喝，是同是别？"师云："悬羊头卖狗肉。"僧问："朕兆未分人尽望，及乎天晓意如何？"师云："红日上山头，清风吹木杪。"僧云："恁么则尽大地是解脱门。"师云："把手拽不入。"

上堂，"直下便是，大似眼里撒沙。向上承当，还如空中钉橛。直饶上无攀仰，下绝己躬，常光现前，壁立万仞，正是扶篱摸壁汉。到这里，纵有悬河之辩啮镞之机，一点也用不着"。拈拄杖卓一下，"八十翁翁辊绣球"。

净慈东屿海禅师法嗣

杭州径山悦堂希颜禅师 四明人，初住苏州昆山东禅，升万寿虎林之净慈，行中书省左丞相达失公举主径山。结制上堂，"今朝四月十五，天下丛林结制。东禅懒散过时光，未免依时卫旧例。普请同道高流,切莫开眼瞌睡"。

上堂,举僧问投子:"春雨淋淋,因甚百草不抽芽?"子云:"芭蕉只恁么长。"师云:"今日忽有人问万寿,春雨淋淋百草因甚不抽芽?只向他道,春色无高下,花枝自短长。"

上堂,"十五日已前,水涨船高,泥多佛大。十五日已后,乌栖无影树,花绽不萌枝。正当十五日又怎么生?熏风自南来,殿阁生微凉"。

上堂,"山鸣谷响,虎啸龙吟,是汝诸人向什么处安身立命?流止亭前新号令,钵盂峰下旧家风"。

上堂,"一不做二不休,打爷须是铁拳头"。拈拄杖卓一下云:"有意气时添意气,不风流处也风流。"

四明育王雪窗悟光禅师 姓杨氏,成都新都人,投天王寺了冲剃染。出峡遍历禅林,至杭,谒东屿于净慈。屿问:"三乘十二分教即不问,如何是行脚句子?"师拟答,屿亟以拄杖逐去。师坚坐堂中,夜半见飞蚁扑灯,忽有省,因叹曰:"若不遇善知识,不几空过一生。"已而开法苏之白马,升开原。宣政院使纳麟高公举住育王,师室中垂语云:"尽大地是沙门一只眼,因甚不见自己?透过荆棘林是好手,因甚平地上死人无数?手抬利刃剑,因甚胡孙子不死?"僧问:"年穷岁尽时如何?"师云:"家家门首钉桃符。"问:"如何是金刚正体?"师云:"翻檐帽子秃袖布衫。"

上堂,"大众,道不用修,但莫染污。禅不用学,只贵明心。心明则无菩提可求,绝学则无烦恼可断。自然虚而灵寂而妙,头头显露法法全彰。然虽如是,要称本色衲僧,且待三十年后"。

上堂，"山僧这里不似诸方说影子里话，分明向你道，日东升，月西没，饭是米做，炭是柴烧。汝若自生分别，也怪老僧不得"。下座。

一日有僧来参，师云："何处来？"僧云："天台。"师云："将得钵来么？"僧云："将得来。"师云："何不呈似老僧？"僧云："且过中有。"师云："我不问这个钵，我问无底钵。"僧罔措。师云："俊快衲僧能有几个去。"

四明育王大千照禅师 别号元虚，初住温州明庆，迁明之宝陀。至育王，师室中手握木蛇问学者云："唤作木蛇则触，不唤作木蛇则背，速道速道！"僧拟议，师便打。

上堂，"世尊三昧迦叶不知，迦叶三昧阿难不知。阿难三昧商那和修不知。棒打石人头，剥剥论实事"。

上堂，举法灯云："无根兮得活，离地兮不倒，日用尚不会，更于何处讨。"师云："切忌唤钟作瓮。有物先天地，无形本寂寥，唤作无根得么？能为万象主，不逐四时雕，唤作离地得么？日用尚不会，会又会个什么？"喝，"西风吹渭水，落叶满长安"。

上堂，"古德道，结夏已五日了也，水牯牛作么生？又有道，结夏已十日了也，寒山子作么生？聊成一偈举似大家：一头水牯一寒山，困则眠兮饥则餐，终日拈香并择火，不知身在画图间"。下座。

苏州穹窿子原自厚禅师 本郡人，佛诞上堂，"有见则为垢，此则未为见。远离于诸见，如是乃见。佛毗蓝园里示现受生，九龙吐水灌沐金躯。汝等诸人眼里还着得屑么？"喝一喝下座。

请藏主上堂，"诸佛出世说个甚么，祖师西来传个甚么，有眼如盲，有口如哑。一默酬僧，柴瓣扬下。五千四十八卷，翻成黄叶止啼。咄咄咄！力围希，禅子讶中眉垂"。

苏州虎丘中行本复禅师 本郡人，上堂，"心生种种法生，森罗万象乱纵横。心灭种种法灭，如净琉璃含宝月。也无生也无灭，雨后千山呈秀色。正法眼藏破沙盆，无位真人干屎橛"。蓦拈拄杖云："大丈夫须猛烈，贼来须打客来看，五台问取三菩萨。"

苏州芝塘明因天渊湛禅师 天历改原，师在凤山资福一源灵会中居前堂，秉拂云："翔凤山前行，看白云乍舒乍卷。禹泉亭上坐，听流水或抑或扬。眼处作耳处佛事，耳处作眼处佛事，便见非唯观世音，我亦从中证。"已而一源云：有"便见"二字是与别人说话，无此二字方是自家说话。师不觉退席谓人曰："还丹一粒，点铁成金，堂头之谓也。"

台州万年横江浩禅师 郡之仙邑东溪郑氏，出世紫岩。上堂，"曹溪路上水泄不通，紫岩山前千郊两足。所以道，今年雨水非常足，管取秋来田稻熟。牧童齐唱太平歌，笑倒东村王大叔。好大众，杨广山前草，凭君待价炖，异苗翻茂处，深密固灵根"。击拂子，"将谓白云老祖，却是大阳和尚"。

上堂，"佛无众生不成佛"。良久，"一雨普施，三草二木"。颂赵州柏树子话曰："赵州禅在口皮边，方便垂慈为指南。可笑死于言下者，竟从庭柏树头参。"师室中尝垂语云："拗折无星秤，将什么称斤定两？猛虎当路坐，鹞子过新罗。"

天台明岩太古熙禅师 久依双清，得心法。愠恕中早岁尝参。师问云："藏主久参竺原和尚，世尊初生下时做出许多神头鬼面，还知落处么？"愠对云："美食不中饱人吃。"师忽离位分手指上下，乃至步武厉声云："天上天下，唯我独尊。"

苏州吴县宝华枯林泽禅师　本邑人，余庆院受业。早依双清于净慈掌记室，出世郡之枫桥普门，迁太平，升宝华。

上堂，拈拄杖示众云："唤作拄杖子则触，不唤作拄杖子则背。"卓拄杖云："如我按指海印发光，汝暂举心尘劳先起。"

解制上堂，卓拄杖云："布袋头解了也。"又卓云："铁弹子百杂碎了也，衲僧家一任东去西去。"喝一喝，"逢人切忌错举"。

岁旦上堂，举僧问黄龙云："旧岁已去，新岁未临，不涉二途，请师速道。"黄龙云："东方甲乙木。"师颂云："东方甲乙木，言端语亦端，晓来风色紧，依旧孟春寒。"

万寿南州珍禅师法嗣

苏州万寿中峰宗海禅师　上堂，"即心即佛，舌头无骨。非心非佛，此地无金。还识马大师用处么？听雨寒更尽，开门发华深"。

慈净灵石芝禅师法嗣

嘉兴法喜岳云一嵩禅师　上堂，"灵机绝待，妙应无差。南泉斩猫，归宗斩蛇。星河秋一鹰，砧杵夜千家"。

上堂，"灵光独辉，迥脱根尘。左眼八两，右眼半斤"。卓拄杖，"石牛阑古路，一马生三寅"。

上堂，"大海干枯，虚空突兀。南岳磨砖作镜，马祖坐禅成佛。灵山会上无许多事，少室峰前无许多事"。一日，三人新到相看，师问云："识得一万事唤什么作一？"僧竖起一指，师云："你既不会。"第二近前，僧云："也知和尚惯用此机。"师云："过那边着。"指第三僧云："者个僧却较些子。"僧罔措。师云："同坑无异土。"

径山虎岩伏禅师法嗣

四明育王月江正印禅师 自号松月翁，福之连江刘氏。参虎岩于灵隐，岩授以狗子话俾参究。久之以偈呈露，岩颔之，令侍香，复掌藏教，自是声誉隆着。育王横川慎许可，与师语，喜愕曰："此后学甘露门。"元贞乙未，开法常之碧云，迁松江淀山南禅湖之何山道场，至育王。所至弘道树业，厥功茂焉。

师室中垂示云："钟楼上念赞，床脚下种菜。荆棘林中是什么人行履？两个泥牛斗入海，无位真人因甚额头汗出？达磨不来东土，二祖不往西天，祖师鼻孔长多少？"

上堂，"古德道，菩提涅槃真如佛性，名异体同。真心妄心佛智世智，名同体异。镕瓶盘钗钏为一金，搅酥酪醍醐为一味。春色无高下，花枝自短长"。

上堂，举僧问广德周和尚云："阿逸多不断烦恼，不修禅道，佛说此人成佛无疑。此理如何？"德云："盐又尽，炭又无。"僧云："盐尽炭无时如何？"德云："愁人莫向愁人说，说向愁人愁杀人。"师颂曰："行看山兮坐看山，春风花鸟自关关。善财别后无人到，楼阁门开尽日闲。"

师居育王时，帝师闻其道，赐以金襕法衣，号曰佛心普鉴。将终索浴更衣，书偈而逝。阇维，舍利不可胜数，其徒塔于松江真净。

苏州万寿别岸若舟禅师 嘉兴人，姓朱氏，礼华亭海慧寺觉源祝发。参虎岩于径山，即投以偈，遂蒙印可。住后上堂，"一叶落，天下秋。凉风暗度，酷暑潜收。一种可人描不得，夜明帘外月如钩"。

上堂，"道远乎哉，触事而真。如井觑驴，如驴觑井。圣远乎哉，体之则神。南山起云，北山下雨。一夏九十日过了也，且道之与圣在什么处？金风兮浙浙，玉露兮瀼瀼，耶舍塔中敲铁磬，天台雁宕绝人行"。

上堂，"一切法是佛法，一切心是佛心。青萝蔂缘，直上寒松之顶。白云淡泞，出没太虚之中"。下座。

上堂，"十二时中，无纤毫系念，犹是阴界。那里是汝放身命处？栴檀丛林栴檀围绕，荆棘丛林荆棘围绕"。赠延上人书华严偈曰："杂华林里展戈矛，笔阵堂堂巧运筹，五十三人俱纳款，百城烟水一毫收。"

杭州径山南楚师说禅师 南昌邓氏，初见一山万于开先，侍次，山顾谓曰："马祖升堂，百丈卷席，意作么生？"师抗声曰："二俱不了。"山器之。辞去，谒虎岩于灵隐。岩问："从甚处来？"师曰："庐山开先。"岩曰："青玉峡吞却华藏世界，五老峰走入藕丝窍里，汝还知么？"师曰："赖有和尚证明。"岩骇异未几岩移径山，师与俱侍香，久之去掌天童东岩书记。岩化去，竺西继之，复命分座，出世番易妙果。先有旨遭义学僧三十六人开讲席于诸郡名刹。在饶州妙果，师至，以禅讲混杂，别作一寺处之，曰天寿。万安教寺主庐山开先，复一新之。中吴承天既毁，强师来居。既至，施者麇集，大致坚良之林，所征众工必极天下之选，故楼殿巨丽，像设严好，东南无与俪踵。昙芳居径山，法席亦鼎盛。僧问："说法者当如法说，作么生是如法而说？"师曰："绵裹蒺藜，锦包特石。"僧云："专为流通去也。"师曰："且莫诈明头。"

上堂，"洪机在掌，巨灵神擘开泰华之峰。明镜当台，演若多烁破迷妄之域。诸禅人会不会，虾蟆跳上梵天，蚯蚓蓦过东海"。

上堂，举僧问赵州："如何是毗卢圆相？"赵州云："自小出家，不曾眼花。""忽有问径山如何是毗卢圆相，只向道，桃花带日舒红锦，草色连天屧展茵。"终于苏城法喜庵，其徒奉全身归葬径山之东崦。

婺州宝林明极楚俊禅师 四明昌国黄氏，依虎岩于冷泉。一日岩见问曰："是什么？"师拱而前曰："和尚莫瞒某甲好。"岩曰："未在，更道。"师曰："某甲无侍者，祇对和尚。"岩休去。

住后上堂，"好诸禅德，一切智通无障碍，五须弥山障碍你不得，百亿刹土障碍你不得，四大海水障碍你不得。拈灯笼向佛殿里，将山门来灯笼上"。

上堂，"有时教伊扬眉瞬目，白云万里。有时不教伊扬眉瞬目，白云万里。有时教伊扬眉瞬目者，是白云万里。有时教伊扬眉瞬目者，不是白云万里。定林如此批判，还契得马大师么？白云万里"。日本国王具书，以国师礼聘至彼，对扬称旨，命住巨福山建长寺。示寂时年七十五岁。

杭州灵隐独孤淳朋禅师 俗姓杨氏，临海人。上堂，"晃晃焉于色尘之内而相不可睹，昭昭然于心目之间而理不可分。古人垂示处不妨明白，后人领解处多是颠顶。天宁今日矢上加尖去也。一夜落花雨，满城流水香"。

上堂，"因妄说真，真无自相。从真起妄，妄体本空。妄既归空，空亦不立"。良久云："荡荡一条官驿路，晨昏曾不禁人行。"

上堂，"会即事同一家，不会万别千差。不会则且置，如何是事同一家？鸡寒上树，鸭寒下水"。

上堂，"毕钵岩前风清月白，曹溪路上浪静波平。灵鹫山中从苗辨地，三段不同收归上科"。

上堂，"春风吹，春雨滴，落花满地春狼藉。云外青山青又青，独立寥寥笁何极。诸人要识朱顶王，者汉从来头脑赤"。延祐甲寅住灵隐，至元丙子秋入寂，寿七十八，全身葬普光庵后。

温州江心无际本禅师 入院山门佛事云："江心门户迥与诸方不同，不设枢机，昼夜开豁。"示徒偈曰："大地撮来如粟粒，九旬禁足诳婴孩。杨岐种子无碑记，时把龟毛眼里栽。"有岐上座者，乃明岩太古熙公弟子，一日持郁山主跨驴图请题。师援笔疾书曰："策蹇溪桥蹉脚时，误将豌豆作真珠。儿曹不解藏家丑，笑倒杨岐老古锥。"置笔乃问云："你且道杨岐这一笑落在什么处？"岐云："无风荷叶动，必定有鱼行。"师掌云："归去师前分明举似。"岐即仲邠也。

天童竺西坦禅师法嗣

金陵龙翔孚中怀信禅师 明之奉化姜氏，母刘。礼里之鹿顶山法华院子思剃鬀，遍扣浙西诸德之门，平昔胸中凝滞淘汰殆尽。会华藏竺西迁天童，遂随以来，于其言下悟旨，领纲维职。迨云外岫继席，留掌藏教。泰定三年，出世四明观音，迁宝陀。元统二年，朝廷降香营修功德庄严大士妙相，使回特旨，赐广慧妙悟智宝弘教禅师号及金襕紫伽黎。至正乙酉赴天童，众废具举。且营寿塔于中峰祖庭为终焉计。未几应龙翔之辟，不得已也，师不倦提唱，随机示用，出于自然。德性真率，和气霭然，未尝以声色忤人。至正丁酉八月二十四日，晨起更衣，趺坐而瞑，如入禅定，良久气尽。停龛七日，颜貌如生。阇维，设利不可算。贮以宝瓶，光发于外。塔牛首山东麓。寿七十八，腊六十九。

四明雪窦华国子文禅师 慈觉圆通者，帝师大宝法王所赐之号也。俗姓赵氏，宋清献公之裔孙。父讳烨，博学号纯儒，故师于经史诗书皆自幼习。出家里刹净慧，从毕万一经公剃染。公天台性具，少林心要，悉能淹贯。师亲杖屦既久，所获非常流可比。辞游两浙，参扣诸硕德求是正之耳。时竺西在毗陵华藏，一见契合。及迁天童，起师为记室。雪窦横山锡，又以第一座招之。寻开法奉慈，迁万寿，升雪窦。至正辛卯二月六日示微疾而卒。龛留七七日，颜无异于存日，流汗被面。阇维，顶骨牙齿不坏。寿八十三，腊七十。

四明天童正宗法匡禅师 定海人，俗姓赵。依竺西于太白，入室次，竺问曰："取不得，舍不得，不可得中只么得。"师随答云："寐语作么？"竺挥竹篦，师拂袖退。竺颔之，命为侍者，寻掌藏钥。初住明之开寿，迁龙兴上蓝，升蒋山。江浙丞相赤怜真班入山作礼宝公问曰："大士生鹰巢中是否？"师曰："要且谩丞相不得。"又问："大士十二面那个是正面？"师以手打圆相云："巍巍堂堂，炜炜煌煌。僧繇敛手有分，梁皇窥觑无门。"相遂有省，施毦段玉盏。至正十三年，行院请住天童。

上堂，"一雨火云尽，千峰午吹凉。幽栖无个事，高枕卧长床。诸禅德，知幻即离，不作方便。离幻即觉，亦无渐次。弹指圆成八万门，一超直入如来地"。

上堂，举五祖云："一抽三，二添四。黄牛角指天，八脚垂过鼻。"乃云："急急。"以手拍禅床云："趁得老鼠打破油瓮。"

四明佛陇行可直禅师 佛涅槃，上堂。"今朝二月十五，天色半晴半雨。桃花李花竞开，柳条桑条正吐。如何天下痴人却谓如来灭度不灭度？"拍禅床云："晓来兀坐萝窗下，听得竹鸡三两声。"

上堂，"世尊拈花，迦叶微笑。一对铁槌，全无孔窍。谓之正法眼藏、涅槃妙心，有甚交涉？"拈拄杖云："诸人不得妄生节目。"下座。

颂玄沙三种病话："潦倒玄沙巧用功，病源三种示宗风。巨灵抬手无多子，分破华山千万重。"听雨偈曰："檐前滴滴甚分明，迷己众生唤作声，我亦年来多逐物，春宵一枕梦难成。"

灵隐玉山珍禅师法嗣

金陵龙翔昙芳守忠禅师 南康都昌黄氏，依云居玉山祝发。游方，至佛陀里官讲听《法华》。入吴见蒙山于休休庵。问："乡里何方？"师曰："江西都昌。"蒙山曰："船来陆来？"师曰："二途不涉。"蒙山展两手，师瞠目视之。往径山，见虎岩伏，岩命掌纲维。又往育王，见东岩曰，留典藏教。及玉山居灵隐，师往省。山一日室中举僧问赵州："如何是祖师西来意？"州云："庭前柏树子。"师闻举豁然。久之开法金陵保宁，移蒋山。泰定己丑，太子梁王至金陵，是夕寺灾，明日王诣山问师兴复若何。师曰："赖有大檀越在。"王颔之。王嘱师建寺于宝珠峰，曰崇禧。自是每至必留连问辨。一日问曰："如何谓之衲僧门下事？"师曰："不离殿下所问。"王有契，大悦。致和元年，王入登宝位，改元天历，遣使函香至蒋山谢宝公兼劳师，赐金襕袈裟、经一藏、白银器五伯两、黄金五十两、纳失失幡一对。明年，遣使特授广慈圆悟大禅师，住持大崇禧寺，兼领蒋山。至顺元年，召师与大龙翔诉公乘驿入京。既至，礼部尚书王士弘引见于奎章阁，赐坐温问，礼赐优渥，敕学士虞集撰《重兴蒋山寺记》。

至正二年，行院使纳麟高公起师主径山，五年正月特旨升住龙翔。虽经郁攸而旧观悉复。上堂拈拄杖云："拄杖子有时象王回旋，有时狮子嚬呻。"卓拄杖，"且道是象王回旋，是狮子嚬呻？"靠拄杖云："龙蛇易辨，衲子难瞒。"

上堂，"坐深井者不知大虚之宽广，忘偏见者方明至理之圆融。临济掌黄檗，黄檗掌百丈。国清才子贵，家富小儿骄"。

上堂，举南泉道："我十八上便解作活计。"赵州道："我十八上便解破家散宅。"师云："诸禅德解作活计底，便解破家散宅。解破家散宅底，便解做活计。若到径山门下，总与明窗下安排，三十年后却不得道曾见径山来。"

上堂，举云门问僧："甚处来？"僧云："江西。"门云："江西一队老汉寱语住也未？"僧无语。师云："者僧无语且置，云门老汉面皮厚多少？"

八年十月二十八日召诸弟子诫曰："汝等宜勇猛精进，绍隆先圣之道，庶无负国家崇重吾教之心。"言讫翛然而逝，世寿九十四，僧腊五十六。

天目高峰妙禅师法嗣

杭州天目山中峰明本禅师 钱唐孙氏，母娠时，梦无门开道者持灯笼至其家而生。师稍长即爱阅经教，然指誓持尸罗，困则首触柱以自警。一日阅《传灯录》，至"庵提遮女问文殊：明知生是不生之理，为甚被生死流转？"有疑，往参高峰叩心要。诵《金刚经》至"荷担如来阿耨菩提"处，恍然有省。师自谓识量依通非悟也。高峰为剃染于狮子院，寻受具戒。因观流泉乃大悟，师亦闵而不闻于人。自是说法纵横，该贯辩博无碍。高峰将戢化，权书真赞遗师曰："我相不思议，佛祖莫能视。独许不肖儿，见得半边鼻。"

延祐戊午，仁宗特召，不起。赐金纹伽梨，号曰佛慈圆照广慧禅师。英宗御极亦封衣香即所居攸敬。附马沸王请于朝亲诣山中礼谒，构亭岩前，曰真际，表得法也。翰林学士丞旨赵公孟俯每与师书，必称弟子。行宣政院使张闾诸达官尤加敬服，屡以径山灵隐奉师，固不受。转运使瞿霆发以大觉寺请，亦不受。逾越渡淮至浮舟以居而隐避之。所至结庵，皆名幻住，学徒从之者如云。朔汉三韩、西域南诏，至于日本之僧，靡不来参。多望风信慕，尊之曰大和尚，绘像事焉。南诏僧普福奉师像南归，至重庆，忽神光烛天，其土感悦，遂笃信禅宗。师凡见学者辄问曰："汝唤什么作生死？"或者茫然无所答，或者谓生不知来处，死不知去处。师曰："便饶知得去来，所知亦是生死。"又或指一念忽起是生，一念忽灭是死。师曰："离一念起灭亦生死也。"师之提唱辩博机峻，实由乘愿力而来为法檀度。观时适宜，随机应物，多诸方便。师曰："真造实履以先之而不事空言。"故信之者众也。

示众："云门话堕，赵州勘婆。唯之与阿，相去几何。焦尾锦鳞，跃开地网。摩空俊鹘，透过天罗。不动一尘知落处，二十年事不争多。还会么？如或不然，更为你重下注脚。记得雪窦和尚颂为道日损曰：'三分光阴二早过，灵台一点不揩磨。贪生逐日区区去，唤不回头争奈何。'折东篱，补西障，回地轴，转天关，在雪窦则不无，争奈四句遭人捡点。三分光阴二早过，向甚处去也？灵台一点不揩磨，无你下手处。贪生逐日区区去，何处不称尊？唤不回头争奈何，直得分疏不下。高高峰顶行，抬脚不起。深深海底坐，打衣不湿。雪窦平地上把人埋没，捻指二百余年，今古之下乏人点捡。幻住也有一喝，还有捡点者么？须早出来。不然则就与拈出去也。三尺黑蚖眠暗室,一双白鼠啮枯藤。家山咫尺无行路,有底间情逐爱憎。"

至治癸亥八月十四日,写偈辞众曰:"我有一句,分付大众。更问如何,无本可据。"置笔安坐而逝,全身塔于寺西。寿六十一,腊三十七。天历乙巳文宗谥曰:"智觉禅师。"塔曰:"法云。"《语录》及《楞严》《或问》等总三十卷。元统二年大庆寿住持善达密的理奏闻,赐入大藏,仍赐号普应国师。

天目山断崖了义禅师 湖州德清杨氏,父大宥,母张氏。师始能言,便从其母诵《法华经》,于人事懵无所知。年十七,有禅者过门诵高峰上堂语,忽有感。遂往见于天目山之左关,为童子。峰令提万法归一话。他日,峰为僧举牛过窗棂话,师闻遂大疑,参究益精进。一日告峰云:"上极天宫,下穷水际,尽大地一琉璃瓶。"峰曰:"莫作圣解。"偶过钵盂塘,见松上雪坠有悟,即诣呈颂云:"不分南北与西东,大地山河一片雪。"声未绝,峰棒之,不觉陨身崖下。人意其必绝,同学救之,则已出崖半无所苦也,谓同学曰:"我往江西见雪岩去也。"同学曰:"汝孤负老和尚痛棒矣,力挽之还。"师乃自誓曰:"我七日不证,则决去矣。"遂直坚壁,忘废寝食,夜则攀树露立达旦。未及所期,豁然大悟。驰至死关呼曰:"大地山河一片雪,太阳一照并无踪。自此不疑诸佛祖,更无南北与西东。"明日峰上堂云:"我布漫天大网打凤罗龙,不曾遇得一虾一蟹。今日蟭螟虫撞入,三十年后向孤峰绝顶扬声大叫。且道叫个甚么?"举拂子曰:"大地山河一片雪。"自是与母入武康上柏山,结茅以居。越五年还山,峰为剃落,名了义。

元贞乙未峰示寂，师亦韬晦。然所至四众归重，未尝受请立僧，咸称之曰义首座。泰定三年勉徇众请，归坐祖庭一载，即师子正宗禅寺。师室中垂语云："除却语默动静道将一句来？"又曰："一息不来，向何处安身立命？"

元统元年岁除日，忽谓徒众曰："有一件事大来大，你还委悉么？"良久云："明日是年朝。"正月六日至夜分乃曰："老僧明日天台去也。"禅者曰："某甲随和尚去。"师曰："你走马也赶不着。"翌早跏趺而逝，世寿七十二，僧腊四十九，全身葬狮子岩之后云深庵。

杭州中天竺布衲祖雍禅师 明州定海人，题李源访圆泽图曰："天竺山前相会时，源公认得泽阇梨。果然头角能奇特，十二年前也似伊。"师尝赓永明寿禅师山居诗，其意趣不相上下，句法圆熟，间有过之者。临终书偈坐逝，火余设利颇多。

处州白云山福林室中以假禅师 衢州括苍人，姓叶氏，宋咸淳生。早失恃怙，年十七入郡之岑峰出家，礼荣枯木为师，越二年剃染受具。首谒高峰于天目，峰问："汝名什么？"师曰："以假。"峰曰："汝性假否？"师曰："性尚无真，岂有假耶？"峰令参堂。师然指自誓云："不明此事，不下此山。"因入室闻举狗子无佛性话有省，呈颂曰："赵州一个无，春暖花齐发，直饶与么会，眼里重添屑。"峰云："未在。"师云："这回不疑天下老和尚舌头。"峰便喝，师拂袖而出，峰深肯之，服勤十载。住后法化大行，得其开发者颇众。晚年退居一室，渊默自怡。一日唤弟子智光智度谓曰："我将行矣。"书偈已，掷笔泊然而逝。寿六十九，腊五十，全身塔福林中麓。

径山虚谷陵禅师法嗣

杭州径山竺远正源禅师 族出卢陵欧阳氏，从舅氏梅溪清公于里之甘竹寺，清之徒师济为剃发。一日善相者过之曰："师五短人也，异时必主大方为人天师。"延祐初上径山，值佛鉴入室次，举德山见龙潭，因甚向吹灭纸烛处悟去。师云："焦砖打着连底冻。"鉴云："打着后如何？"师云："万古碧潭空界月，再三捞漉始应知。"鉴云："知个甚么？"师拟对，鉴便打，师豁然有省，遂俾执侍左右。鉴示灭，原叟继其席，命师掌记。泰定四年，出世上海观音，迁嘉禾兴圣。帝师颁旨，赐佛慧慈照普应之号。至正二年主湖之道场，十四年迁灵隐，居三年。径山以兵毁，丞相达失公起师主之，拂岁畚砾，经营佛殿、龙王堂，未就绪而疾作，将寂，书偈别众，复致书丞相毕而逝。寿七十一，腊五十五。

袁州仰山了堂圆照禅师 南昌徐氏，礼大云寺臞庵越公九世孙海公出家，凡内外典籍无不该习，至元庚辰试经得度。初参翠岩讷公，岩累策发之，然未有证入。谒佛鉴于仰山，鉴举僧问赵州："狗子还有佛性也无？"赵州云："无。古人意旨作么生？"师云："某甲近离翠岩。"鉴云："毕竟古人意作么生？"师云："夜来宿山前接待。"鉴喜，以藏钥留之。未几去游两浙，天童东岩命分座说法。及佛鉴迁径山，师再参，又命分座。出世旌忠，还仰山，法化大振。示寂日，策学者务勤修，即怡然而逝。龛奉七日，颜貌如生时。阇维，烟成五色，俄火光粲若白莲花。既烬，舍利如菽者无算，顶骨牙齿亦不坏，建塔梅洲藏之。

嘉禾兴圣觉隐本诚禅师 崇德人，号道原。师尝着《性学指要》十卷。宛陵注叔志古汴，段天佑吉甫皆序之于前。段序有云："是编发明心性至为详密。"又曰："吾儒欲为极本穷源之学，此书不可以不观也。"中有真性篇曰："心性本一，故曰真如。真如者一真心源也，故曰真如性。"又曰："真如心性无形。心有质心，以性为体。性以心为主，是故体则俱体，故曰性体。"又云："心体用则俱用，心为能用，性为所用。能用者智，所用者理。能用非所用，则真智无以显。所用非能用，则实体无以彰。所以心非性不立，性无心不行，故云理智交彻，体用一源也。又谓之真如法界，法界者一真之体、万化之本。真如凝然，本之一也。真如随缘，化之万也。一即万，无不从此法界流。万即一，无不还归此法界。理事交彻，皆一心之妙用。然心之与性，其静则一，其用则殊。所以或一或异者，以心之有生灭也，故云心生则种种法生，心灭则种种法灭。心有真妄，性体惟一。妄心者，心违性而动也，故谓之无明心。无明妄心倏起倏灭，如天忽云，如镜忽尘。然云昏尘翳黯蔽其外，天镜之体本无增损。盖心能随物而转，性则无有变迁。心则可善可恶，性则纯一无杂。又谓之法性，法以轨持为义，至正无私，方堪轨范，略有偏颇则非法矣。所以此真性体，从无始来，湛湛真如，净无纤翳，故云实际理地不受一尘，是所谓大觉之真体，生灵之大本也。"

杭州中竺空海良念禅师 贺净慈起千佛阁两牌门画五十三参壁改路偈曰："千佛束之高阁了，百城烟水一毛吞，纵饶别有通天路，也落南山第二门。"

宁州两峰千福木岩本植禅师 中秋上堂，"灵山指月，曹溪话月，寒山比月，马师玩月。这一队汉总是弄光影底，要见真月未得在。且如何是真月？"以拂子打圆相云："会么？无物堪比伦，教我如何说。"

上堂，"若论此事，如隔墙看马骑，眨得眼来千里万里，高亭见德山，隔江招手便乃横趋。早迟八刻，更待扬眉瞬目、竖拂拈槌，堪作何用？灵利汉向这里拂袖便行，西峰有棒也未到你吃在"。

上堂，"鸡鸣丑，愁见起来还漏逗，裙子褊衫个也无。袈裟形相些些有，裈无裆，裤无口，头上青灰三五斗。指望修行利济人，谁知变成不唧嚼。赵州老人大似积世故家，富贵固是熏人，只是不合风流太过。西峰今日不是眼皮热他也，只要后代儿孙太家知有"。

道场及庵信禅师法嗣

嘉兴福源石屋清琪禅师 苏州常熟温氏，依崇福永惟祝发。一日有僧过门曰："将登天目见高峰和尚。"师忻然偕行见峰，峰授以万法归一话令参究，三年无所入，辞参诸方，峰曰："温有瞎驴，淮有及庵，宜参谒不可后。"师遂往见及庵于达阳西峰，庵问："何处来？"师答曰："天目。"庵曰："天目有何指示？"师曰："万法归一。"庵曰："此是死句，什么害热病底教汝与么？"师恳求启发，庵曰："有佛处不得住，无佛处急走过，意旨如何？"师屡答不契，庵曰："这个亦是死句。"师不觉汗下。

后因入室庵理前话征诘,师曰:"上马见路。"庵呵曰:"在此六年犹作这个见解。"师发愤弃去,途中忽举首见风亭,豁然有省,即回语庵曰:"有佛处不得住也是死句,无佛处急走过也是死句,某甲今日会得活句了也。"庵曰:"汝作么生?"师曰:"清明时节雨初晴,黄鹂枝上分明语。"庵领之。未几庵迁道场,命师典藏教。庵谓众曰:"此子乃透网金鳞也。"已而见悦堂阎于灵隐,延居第二座。寻卓庵湖之霞雾山、天湖樵苏之役,皆躬为之,有古宿遗风。禅暇喜作山居诗,丛林盛传。广教府请居当湖福源,师坚不应。或曰:"弘法为要,何乃独善?"遂幡然而起。居七年,法席大振。名闻朝廷,降香币以旌异,皇后又锡以金襕衣。

上堂,"四月十五日已前,夜短睡不足。四月十五日已后,日长饥有余。正当四月十五日,福源寺里禅和子饭亦足睡亦足,游戏圆觉伽蓝,安居平等性智,敢问诸人因甚得到这般田地?熏风入户自生凉,湖水到门非有意"。

临终书偈而逝。阇维,其徒收骨石塔于天湖。弟子愚太古高丽人,其王尊为国师,遣使分舍利归国建塔。

杭州净慈平山处林禅师 仁和王氏子,母黄氏。师既生,比旦有僧诣其家,持木刻梵僧像仅尺许遗其父母曰:"此即汝所生儿也。"语讫不知僧所往。父母异之曰:"此必佛种也。"因不茹荤肉以保护之。年十二,俾礼邑之广严院广修剃发。既具戒,告母曰:"儿欲参学四方。"母曰:"此汝分内事也。"为治衣履使行。不数日,复还见母,母曰:"学佛当持不退心,何趑趄若是?"师因痛自警省,即往金华谒及庵于西峰。庵一见器之,命处侍室。一夕侍次,庵捻纸清膏以代烛,因举示师曰:"龙潭吹灭，汝作么生会？"师拟答，庵遽以手掩其口，忽有省。未几庵迁湖之道场，师从之典藏。冬至，师秉拂，学者发百余问，随问随答，如矢中的，众皆詟服。庵还化，师往见虚谷于仰山，偶因禅者乞作茶瓢颂，谷见惊喜，命居第二座。

出世大慈嘉禾，当湖张某建寺曰福源，请师开山。迁中天竺，行院选师居净慈，学者坌集至万指，施者亦向风而来，殿堂像设皆一新之。勘辨学者，随机策励。且营净居塔院为终老计。一日师语左右曰："吾世缘殆尽矣。"肩舆入城与丞相别。还至净居索浴，浴罢书偈已，泊然而化，乃至正辛丑五月一日也。世寿八十二，僧腊六十六。

灵云铁牛定禅师法嗣

豫章般若绝学世诚禅师　吉水镏氏，年十七诸父迫使从商，行寓兴国大冶三泉山，有异僧无相者通宿命，见师呼曰："昔黄梅同参能记识乎？"师惘然。无相勉学佛以还旧习，师即弃货殖，从修禅定，又教以出神。师曰："神往形存，被人舁致水火，神返将何所寄？"知不足学，弃去，礼真颠肉身剃落。久之，入吴见蒙山异公及庵信公，复归里见徙崖戒公。戒卒，见铁牛于湘南，征诘数返，始曝然如释所滞。铁牛遂留分座，洪之凌景仁即灵鹫峰筑庵曰般若生，采市邓实齐亦舍所居为庵。师往来居之，学者坌集。西域、高丽、云南、日本诸师、向风趋慕。若公卿儒士、黎庶老稚，接踵于道，家绘其像祀之。每剪爪发或堕齿牙，则争取持去，皆获舍利。至顺壬午十月二十三日化，寿七十三,腊四十二。全身沙瘗三年,出视之貌如生,爪发俱长,眉须亦皆长寸余。饰以香泥,迎置于堂,砻密石为塔以奉之。

净慈方山宝禅师法嗣

天台华顶无见先睹禅师 台州仙居叶氏子,世业儒,从郡之天宁古田垔公剃染。既具戒,遂参方山于瑞岩,尽得其要领。乃翩然上华顶,寻高庵所居故址结茅而居,久之道化大行,咸谓高庵再来也,四方学者争集,人以为无田不可蓄众,往往持田券来施,师皆却之。冬夏一衲,食惟充饥不分粗细。

示众曰:"风冷冷,日杲杲。荸卜花开满路香,池塘一夜生春草。堪悲堪笑老瞿昙,四十九年谭不到。阿呵呵!"拍禅床下座。

山居偈云:"一树青松一抹烟,一轮明月一泓泉,丹青若写归图画,添个头陀坐石边。"又,"偶挑野菜过坑西,懒草齐腰路欲迷,春雨弄晴春日淡,杜鹃啼住竹鸡啼"。迁化火浴,忽胸堂清水迸出,如瓶之注。得舍利大如菽,光耀人目。

嘉兴天宁镜堂古禅师 上堂,举僧问云门和尚:"如何是诸佛出身处?"门云:"东山水上行。"师颂云:"东山水上行,直截为敷扬。静里乾坤大,闲中日月长。"

上堂,"佛说一切法,为度一切心。我无一切心,何用一切法。六根门头空索索,十方世界空索索,山河大地日月星辰甚么得来?"喝一喝。

上堂,"一不成二不是,闪电未成,霹雳随至。耳里着得须弥山，眼里着得大海水"。击拂子，"万论千经只这是"。

湖州资福一源灵禅师 宁海人，径山云峰手度弟子。参方山于台州瑞岩，充维那，以赵州勘台山婆子话扣问。山云："灵维那，你下一转语看？"师随口便道："尽大地人无奈这婆子何。"山云："我则不然，尽大地人无奈赵州何。"师当下如饥得食，如病得汗。

住后上堂，举世尊升座，文殊白槌公案。师云："世尊以是错说，文殊以是错传，凤山今日以是错举。会么？字经三写，乌焉成马。"时竺原隐居六和塔，闻之歆艳曰："宣政院举许多长老，惟凤山较些子。"愠恕中参师，一日饭后遣困，偶与朋友掷选佛图。师闻之，令净头送至一偈云："百千诸佛及众生，休向图中错较量。心印堂阳轻掷出，堂堂高坐寂光场。"恕中次日清朝问讯，师乃数云："古人无剪爪之工，汝后生辈忍得唐丧光阴，且掷选佛图到极合杀时，掷得一个印出，便欢喜云：'我成佛了。'一切时一切处，皆是汝成佛处，汝却不知。"

针工丁生 天台人，参方山于瑞岩。曾蒙印可，咏琉璃偈云："放下放下，提起提起。一点光明，照破天地。"

净慈古田垕禅师法嗣

温州江心东涧洵禅师 台之仙居人，出世三学。上堂，"山僧生缘仙居，如今把人杓柄又是仙居，可谓熟处难忘。况现前一众尽是旧时相识，各各心眼相照。且不用说佛法长短家太有无，入院之初但只叙寒温而已"。喝一喝云："宾主历然。"

上堂,"今朝解夏了也,放得脚头阔,无往而不可。会么?紫栗一寻,青山万朵"。

上堂,"山僧平生不曾将一法击缀人,亦不曾将语言赚误人,只据平等真实处说与诸人。今朝冬至节,鲁史验书云。诸人也要知得分晓"。良久,"惟有黄色是丰年"。

上堂,"双峰高耸东西塔,一日平分早晚潮。灯揭半空璇斗出,日升东海玉龙摇。个是我家一片天然境界,千百亿生受用不尽。既是千圣不传之妙,任是真歇老人亦乃未曾踏着。何故?灵踪更在猿啼处,月照须弥第一峰"。

颂大通智胜佛话曰:"直节虚心不受污,采蔽甘隐首阳居,警言不食姬周粟,千古夷齐只饿夫。"

天童东岩日禅师法嗣

四明天童平石如砥禅师 出世保福,升定水,至天童。上堂,举三角和尚因僧问如何是三宝,角云禾麦豆。师云:"三角与么道,大似将常住物作自己受用,其奈傍观者哂。忽有人问保福如何是三宝,只向他道佛法僧。何故?千虚不如一实。"

上堂,僧问:"三圣道,逢人则出,出则不为人时如何?"师云:"有甚巴鼻。"僧云:"兴化道,逢人则不出,出则便为人,又且如何?"师云:"却较些子。"僧云:"古今无异路,达者自同途。"师便喝,僧礼拜,师云:"不快漆桶。"

上堂,"鲁祖面壁,雪峰辊球,动弦别曲,叶落知秋。便与么会时如何?铜沙锣里满盛油"。

上堂，"云门一曲腊月二十五，直下会得，未敢相许。何故？射虎不真，徒劳没羽"。

上堂，"山僧夜来得一梦甚是奇特，天明起来拟欲举似诸人，子细寻思又成忘却"。便下座。

灵岩虚中满禅师 台之黄岩人。上堂，"千山竞秀，万壑争流，色不到耳，声何触眼。眼色耳声，万法成辨。衲僧家语默动静不知落处，将何以报佛祖垂荫之恩"。拈拄杖卓一下，"金刚脑后铁三斤"。

示众："十方三世一一周遍，不属古今岂离闻见。运水般柴着衣吃饭，毫发无差种种成现。"击拂子，"急须着眼看仙人，莫看仙人手中扇"。

慧日昙石禧禅师法嗣

守拙上座 姓夏，苏之嘉定人，中年舍缘入道。昙石在净慧时，师往从之，究心要。石以狗子无佛性话授之，寅夜参究，至忘寝食。寻得祝发披缁，自是各寺院坐期必预。预名双江绍隆庵坐期。一夜五更闻鸡鸣，豁然大悟。素不识一丁乃说偈曰："几年壁角坐堆堆，阴极阳生走出来。一夜五更鸡报晓，天明红日上高台。"终后火化，舌根不坏。

乌石杰峰愚和尚法嗣

衢州福慧克庵和尚 施主设斋上堂，举临济与普化赴施主斋,济云:"毛吞巨海,芥纳须弥。为复神通妙用,为复法尔如然?"化踢倒饭床。济云:"太粗生。"化云:"者里说什么粗细。"济休去。明日又同赴一家斋,济云:"今日供养何似昨日。"化又踢倒饭状。济云:"得即得,只是太粗生。"化云:"瞎汉,佛法说什么粗细。"师云:"一人深深海底行,一人高高山顶立。我当时见化踢倒饭床,便与震威一喝,教他俱倒退三舍。众中还有为二老出一口气底么?千山势向岳边止,万派声归海上消。"

铁关枢禅师法嗣

杭州净慈逆川顺禅师 上堂,竖拄杖云:"拄杖竖,山河大地一时竖。"横拄杖云:"拄杖横,山河大地一时横。"卓拄杖云:"山河大地粉碎了也,诸人向甚么处安身立命?"靠拄杖,喝一喝,下座。

上堂,举僧问云门如何是云门曲,云门云:"腊月二十五。"师云:"云门曲调和者应稀,雅山冬病起来疏阔。尊众未免效颦一曲,少伸供养,病来病去皮粘骨,抖擞起来无一物。行不成步语声低,鼻孔依然高突兀。将谓雅山曲又是东山颂。"击拂子下座。

上堂,"六桥杨柳,十里荷花,常在诸人眼睛里转大法轮"。拈拄杖,"一二三四五,五四三二一,渡水不穿云,般若波罗蜜。"

荐福月涧明禅师法嗣

饶州东山崇禅师 上堂，"赵州无，云门普，雪峰球，禾山鼓，东山氎，黑漆拄杖七尺五"。

上堂，"泥牛吞却南山虎，万象森罗齐起舞。木人笑兮石女歌，露柱灯笼齐唱和，是何曲调万年欢"。

上堂，"春风习习，春春日迟迟。是处桃花破萼，发明向上真机。堪悲堪笑灵云老，打失眼睛鼻孔，刚道不疑"。

大鉴下第二十四世

天童了堂一禅师法嗣

杭州径山敬中普庄禅师 自号呆庵，台州仙居袁氏。初住抚州北禅选云居。洪武甲戌奉旨居径山。师一日问新到云："我这里虎狼塞路，荆棘参天，上人到来有何忙事？"僧云："特来礼拜和尚。"师云："入门一句则不问，且道你脚下草鞋甚处得来？"僧拟议，师便喝。又问一僧云："昨日离何处？"僧云："庐山。"师云："不劳再勘。"

上堂，"或喜或嗔，或动或静，总是一相三昧，切忌妄生分别"。蓦拈拄杖卓一下云："云自帝乡去，水从江汉流。"

法华会上堂，"久默斯要，不务速说。今当说之，各宜善听"。良久云:"我不敢轻于汝等皆当作佛。"

因雪上堂,"大地雪漫漫,山深分外寒,断肱人不到,面壁也无端。大众且道,是祖师无端、山僧无端?"拈拄杖掷下云:"无端无端。"

上堂,"鸟窠吹布毛,通侍者便解悟去。如虫御木,偶尔成文。云门扬下柴片,一大藏教只这是。为蛇画足,取笑傍观。径山与么批判,譬如狮子王哮吼,狮子儿闻之,悉增勇猛。若是野干之流,自坏狂怖,又争怪得?"喝一喝,下座。

瑞岩恕中愠禅师法嗣

应天府灵谷圆极居顶禅师　别号圆庵,生台之黄岩陈氏,父颐道,母叶氏。师产时得吉梦,因愿舍之出家。年十五能诗文,入乡之净安寺为沙弥。依迪元瑀公讲授《楞严》《圆觉》。会空室主瑞岩,遂从得度,继为侍者,尽得心要。

空室退寓慈溪永乐,师随侍之。因得从庸庵宋先生妙尽作文之法。已而金华宋潜溪、天台朱云巢,见师著作,皆共称赏。蜀王殿下亦尝赐诗叹美,有"僧中班马是何人"之句。

洪武十六年,出世鄞之翠山,延空室奉养,至于送终塔葬,克尽其礼,江湖称孝焉。二十五年,蜀王召师主成都大慈,力辞弗就。适金华双林虚席,僧录司檄请补处。二十八年,太祖高皇帝召至京师。明年正月,敕补僧录司左讲经。继住灵谷,宠锡便蕃,又升左阐教。师有送远侍者偈云:"香林曾把纸衣书,潦倒圆庵一字无。有口惟能吞饭颗,远来参侍恐相孤。"又送勇藏主还径山偈云:"一大藏教破故纸,达磨西来无直指。道人更欲问何如,井底蓬尘山上鲤。"永乐二年二月初二日入寂。阇维,异香袭人。门人收骨石葬翠山空寄塔右。

灵岩南堂欲禅师法嗣

镇江金山穆庵文康禅师 慈溪人。僧问:"牛头未见四祖时如何?"师云:"头上着枷,脚下着杻。"僧云:"见后如何?"师云:"要坐即坐,要行即行。"师室中垂语云:"威音王已前,与你日用现行相去多少?"又云:"打破髑髅,向什么处见释迦老子?"又云:"来时因甚无口。"

上堂,"身心清净,诸境清净。诸境清净,身心清净。僧问云门如何是云门一曲,门云腊月二十五。摩诃般若波罗蜜,甚深般若波罗蜜"。卓拄杖下座。

上堂,举僧问赵州狗子还有佛性也无,州云无。师云:"狗子无佛性,头正尾亦正。跳出向上关,急急如律令。"

苏州灵岩天彰文焕禅师 别号本光,温之林氏。依南堂于灵岩颇久,智证日深,尝分座说法。精究《楞严》要旨,极爱环师所注,寻常不释手。师貌与苏城东禅酒仙贤禅师相类,或谓酒仙再来也。师因礼其像有偈云:"人言我貌似仙翁,况与仙翁姓又同。是汝是吾俱莫论,笊篱捞取西北风。"又尝烧线香有偈云:"杂华香散一丝烟,宝网云台悉现前,但把寸心灰得尽,熏闻不在鼻头边。"

径山南楚悦禅师法嗣

杭州灵隐见心来复禅师 豫章人，别号蒲庵。上堂，"马领驴腮，一真妙相。鸦鸣鹊噪，一佛妙声"。竖拂子云："且道这个是甚么相？"击拂子云："且道这个是甚么声？汝诸人若以有相有声即是常见，若以无相无声即是断见。直饶有无俱遣，犹在半途，更须透出向上一关始得。且道向上一关作么生透？"良久，"自是不归归便得。五朝风月有谁争"。

上堂，"上不在天，下不在地，中不在人"。竖拂子，"且道这个因甚在山僧手里？"以拂子击禅床一下，"百杂碎了也。向这里莫有转得身吐得气底么？夜短路长休把火，大家吹灭暗中行"。

上堂，"古人道，一口吞三世诸佛，一气转一大藏教。点捡将来，大似无事生事。槎峰则不然，有口且咽唾，有气且养神，那得闲肚肠吞三世诸佛，那有闲工夫转一大藏教。只图省事过时，免见动劳心力。何故？了了了时无可了，玄玄玄处亦须呵"。

天童正宗匡禅师法嗣

湖州道场竺芳慕联禅师 别号朽庵，四明定海人，父钱。幼依大白山佛龙寺行宣为沙弥，逾年往五台寺受具。游浙西，首谒灵隐竹泉和尚。泉问云："汝何处人？"师云："明州。"泉云："我闻明州有三佛，是否？"师答云："一尚不见，何况有三。"泉云：“汝不是明州人。”师顾旁僧云：“这老汉又醉也。”泉云：“且坐吃茶。”继往蒋山见正宗，一日宗问：“汝本师有听雨颂，还记得么？”师云：“记得。”宗云：“试举看。”师举云：“檐前滴滴甚分明，迷己众生认作声。”宗以手约住云：“既不唤作声，唤作什么？”师云：“终不唤作碗脱丘。”宗云：“见面不如闻名。”师云：“圆悟关踏倒了也，和尚还知么？”宗便作掌势。师退步云：“和尚已后错打人去也。”久之，行宣政院命出世石门，迁宝陀普慈。洪武十年，朝命升道场，建佛殿众屋，俱倍胜旧规。十一年，奉旨校雠新注三经。十五年，朝廷新开僧道衙门，众推师为僧纲司都纲，管内僧徒无不听命为善。吴兴清规为之鲁变。

上堂，"一大藏教不是黄面老子说底，直指人心不是达磨大师传底"。拈拄杖，"牛角长三寸，兔角长八尺。牧羊海畔女贞花，拒马河边望夫石"。

上堂，"古德道，释迦不出世，达磨不西来，佛法遍天下，谭玄口不开。古德恁么道，只见锥头利，不见凿头方。龙峰则不然，释迦不出世，达磨不西来，落花二五片，点破阶前苔"。

上堂，举保宁勇和尚示众云：“智不到处，切忌道着，道着则头角生。大众头角生也，是牛是马？”师云：“大小保宁牛马也不识。既是头角生也，有甚难辨。虽然，汝诸人也不得草草勿勿。”七十年六月一日示微疾，十二日早发诸山书讫，移顷而逝。

龙翔昙芳忠禅师法嗣

昆山荐严兰江清㴑禅师　天台人，姓镏。初从集福远公习天台教，去依岳林水南湘公，久之走谒金陵保宁。仲方伦公以太随话诘之，半载间犹不契。一旦行护龙河上，脱然有省，遂自庆曰："大随鼻孔令入我手矣。"仲方曰："此固善矣，未可以自足也。"师既辞去，眼膺此言，刹那不敢忘。偶过湖州菁山市中，俯仰之间，顿忘移步，始知无佛可成，无众生可度。呵呵大笑。既而见广慈于蒋山，俾居侍司，复掌藏钥。寻游吴兴灵岩欲公，分座说法。

出世常之翠微，迁湖之显慈，天界净觉延居第一座，复俾居昆山荐严。僧问："世尊拈华，迦叶微笑，意旨如何？"师云："世尊手里一花红，迦叶面门双眼碧。"僧云："鼻祖面壁，神光断臂，又且如何？"师云："当年用毒流支有，今日安心慧可无。"僧云："只如分皮分髓，又作么生？"师云："机先领旨犹成滞，言下知归亦是迷。"僧拟议，师遂喝。

上堂，"即心即佛，非心非佛。不是心，不是佛，不是物。石女肝肠锦绣缠，波斯鼻孔黄金突。突出虚空，蓦拶相逢"。

上堂，举百丈野狐话毕，作野狐叫，云号狐。下座。

上堂，"感之所召，越山河而非遥。缘之所乖，附耳目而有间。当求于己，莫让于人。用黑豆法，吞栗棘蓬"。

上堂，"清净行者不入涅盘，破戒比丘不入地狱。十二阑干倚遍时，海门一点远山绿"。师偶成偈曰："略无世事可思量，只恨人间夜不长。一觉起来天大亮，西风满院桂花香。"化渡船偈曰："岸南岸北声相接，活路不通千里赊，全藉个中人着力，船头拨转便归家。"不求人偈曰："寻常柄杷在吾手，二六时中受用多。痒处蓦然抓得着，通身无奈喜欢何。"终于松江，松隐唯庵禅师为竭力其后事。

天目中峰本禅师法嗣

婺州伏龙山圣寿千岩元长禅师 号无明，越之萧山人，姓董氏。随诸父曰昙芳者，学佛于富阳法门院，诸书经目辄成诵。十九剃染，走武林习律于灵芝寺。律师问曰："八法往来片无乖角何谓也？"师曰："何不问第九法乎？"律师曰："问律而答以禅，真大乘器也。"会丞相府饭僧，师随众入，中峰亦在座，遥见师，即呼谓："汝日用如何？"师曰："唯念佛耳。"峰曰："佛今何在？"师拟议，峰叱之。师遂作礼求指示，峰以狗子无佛性话授之。继往习禅于灵隐，山中雪庭传公召师掌内记。俄归法门将十载。一旦忽喟然叹曰："生平气志充塞乾坤，乃今作瓮里醯鸡耶。"复造灵隐，胁不沾席者三载。因闻鸡声有省，亟见中峰，峰复叱之，师愤然来归。夜将寂，忽鼠翻猫食，器堕地有声，恍然开悟。觉身跃起数丈，且复往质于峰。峰曰："赵州何故云无？"师曰："老鼠食猫饭。"峰曰："未在。"师曰："碗子扑落地，打破常住砖。"峰乃微笑祝曰："善自护持。"既而师隐居天龙东庵，有一蛇日来座下，师为说归戒，蛇即矫首低昂作拜势而去，自是声光日显。

行省丞相脱欢公遣使逼师出世，诸山亦争相欢请，师皆谢绝。乃逾江之伏龙山，卓锡岩际，警曰："山若有泉，吾将止焉。"俄山泉溢出作白乳色，遂依大树而止。邑大姓楼君如浚等，为构屋以居。寻因旧寺基号曰圣寿，缁白向慕辐凑。镇南王亲书寺额以赐，并僧伽梨及普应弘辩妙智之号。资政院又为咨于东朝，命臣制佛慧圆明广照无边普利大禅师之号，并金襕衣以赐。

僧问："释迦弥勒犹是他奴，未审他是阿谁？"师云："粪扫堆头生苔藓。"僧云："学人不会。"师云："问取净头。"僧问云："大悲千手眼，那个是正眼？"师云："点。"

宋公景濂尝访师，师问曰："闻汝阅尽大藏教，有诸？"濂曰："然。"师云："汝用耳阅乎，抑眼观也？"濂曰："亦眼观耳。"师云："眼之能观者汝谓谁耶？"濂扬眉向之，于是相视一笑。

示众云："转山河国土归自己则易，转自己归山河国土则难。拈了也，父母未生前道将一句来。"

上堂，指香炉云："大众，香炉与诸人说法了也。"便下座。

上堂，"秋风凉，秋夜长，未归客思故乡。大众，如何是你故乡？"喝！"幸然家里在，不用苦思量。"至正丁酉六月十四日书偈曰："半生饶舌，今日败阙。一句轰天，正法眼灭。"投笔而逝，全身瘗青松庵。

苏州狮子林天如维则禅师 庐陵人，师在幻住室中，偶一新到问："大事未明如丧考妣，大事已明亦如丧考妣。"问声未绝，幻便打。师于侍傍疑情顿发。既而屡呈己解，皆不契。一日忽自笑曰:"今日瞒我不可得了也。"幻勘之曰:"明与未明即不问,且唤什么作大事?"师随口应曰:"露柱吞却狮子岩,灯笼笑破半边口。"幻肯之,且嘱曰:"汝须向孤绝处一坐坐断,三十年后不相负也。"寻命师居板首,师力辞。幻遽下床一拜,师急闪身曰:"和尚这一拜却拜在虚空里。"幻曰:"你且不在虚空外。"遂鸣钟送师归寮。自是幻每曰:"堂中有首座,老幻可偷闲矣。"幻既寂,师于苏城中结庵名曰师子林。

示众云:"如何是佛麻三斤,如何是佛殿里底,如何是佛干屎橛。三文大光钱,买得个油糍,吃向肚皮里,当下便不饥。"

示众:"山中何所有,岭上多白云。阿呵呵!个是众寮之物,谁敢私而有之。虽然如是,只可自怡悦,不堪持赠君。"师尝集《楞严经》诸家注释要语,合为一书,名曰《会解》,板行于世。

净慈平山林禅师法嗣

应天府天界止庵德祥禅师 杭州人,出世郡之龙华,迁苏之天平,移杭之报国,升净慈径山。至天界,径山新方文成,上堂,"阔一丈斩新日月,深十尺别是乾坤。东来西来底,南来北来底,总在这里相见。且道不来不去底,向甚么处相见?"拈拄杖卓一下,"鹤飞千尺雪,龙卧一潭冰。"

大鉴下第二十五世

圣寿千岩长禅师法嗣

苏州邓尉山圣恩万峰和尚 讳时蔚,温州乐清金氏。母郑,梦儒释二人入其寝室,逮旦产二子,次即师也,有光烛室,众怪欲弃去,姑育之。在襁褓见僧辄微笑合掌。年十一得度于越永庆,礼升讲主为师。升授《法华》,诵至"诸法从本来",忽有省,遂游方。既受具,即参止岩于虎跑。岩示南泉三不是话,俾参究。寻往达蓬山佛迹寺故基卓庵而居,昼夜究竟所参话,殆忘寝食。久之往华顶礼无见,不契。闻千岩道化,亟往见。一日入室次,岩问:"汝莫要受戒么?"师即掩耳而出。明日普请斫松次,师拈一圆石作献珠状云:"请和尚酬价。"岩云:"不直半分钱。"师云:"瞎。"岩云:"我也瞎你也瞎。"师云:"瞎瞎。"岩休去。

佛降诞日,岩上堂云:"今日有种种好事,一者世尊降诞,二者天道晴明,三者有大施主设斋。诸人若向此识得老僧舌头落处,日消万两黄金。"师从西过东,一手指天一手指地云:"天中天,天中天,释迦弥勒谁后先。"岩喝云:"这温州子也胡做。"已而请居后板,自是蔚首座之名播于四方。未几复还佛迹,后岩寄以偈仍嘱云:"汝缘在浙西,当往彼化导。"师至姑苏,缁白蚁慕。建四道场,从受归戒者不可以数计。闻名睹影,靡不以手加额。绘其像奉祀者甚众。岂非与苏人宿有因缘！将终，沐浴更衣，索笔书偈而逝。全身塔于圣恩之右涅盘山。寿七十九，腊五十九。

松江松隐唯庵德然禅师 郡之张氏，参千岩，闻其提唱有悟，继而踵其席。

示众："德山棒，临济喝，拈放一边。诸人脚跟下，道将一句来。"以拄杖画一画云："毗婆尸佛早留心，直至如今不得妙。"

上堂，"江月照，松风吹，永夜清宵何所为。永嘉大师满口道了也，大众还知落处么？"卓拄杖，"劫石有销日，黄金无坏时"。

暮年养间于松隐，人因称为松隐和尚。遐方异域宰官士庶缁流，如水赴壑。宋翰林景濂题其语录有曰："语言峭拔，铜关铁壁，利剑长矛，岂惟不可凑泊，亦无缝罅之可乘。"吁可畏哉，翰林之言可不信夫！

附编三

校点后叙：圆极居顶与《续传灯录》

圆极居顶，生年不详，卒于永乐二年（1404），字圆极（又作元极、玄极），别号圆庵。南岳下第二十二世台州瑞岩空室恕中无愠禅师（？~1386）法嗣，在洪武、永乐年间曾任僧录司左讲经、左阐教，有《居顶文集》及《圆庵集》传世。圆极居顶生平传记仅见于明僧文琇（1345~1418）所集《增集续传灯录》，兹录如下：

"应天府①灵谷圆极居顶禅师，别号圆庵，生台之黄岩陈氏，父颐道，母叶氏。师产时得吉梦，因愿舍之出家。年十五能诗文，入乡之净安寺为沙弥。依迪元瑀公讲授《楞严》《圆觉》。会空室主瑞岩，遂从得度，继为侍者，尽得心要。

空室退寓慈溪永乐，师随侍之。因得从庸庵宋先生妙尽作文之法。已而金华宋潜溪、天台朱云巢，见师著作，皆共称赏。蜀王殿下亦尝赐诗叹美，有'僧中班马是何人'之句。

洪武十六年，出世鄞之翠山，延空室奉养，至于送终塔葬，克尽其礼，江湖称孝焉。二十五年，蜀王召师主成都大慈，力辞

---

① 应天府：又称京师、南京，是南京在明朝时期的名称，为明朝前期首都，后永乐时期迁都顺天府（北京），应天府作为陪都。

弗就。适金华双林虚席，僧录司檄请补处。二十八年太祖高皇帝召至京师，明年正月，敕补僧录司左讲经。继住灵谷，宠锡便蕃，又升左阐教。

师有送远侍者偈云：'香林曾把纸衣书，潦倒圆庵一字无。有口惟能吞饭颗，远来参侍恐相孤。'又送勇藏主还径山偈云：'一大藏教破故纸，达磨西来无直指。道人更欲问何如，井底蓬尘山上鲤。'

永乐二年二月初二日入寂。阇维，异香袭人。门人收骨石葬翠山空寄塔右。"

《续传灯录》编撰于明洪武末与永乐初年。作者在《续传灯录序》中叙述了纂集此书的缘由与特色。

洪武辛巳（1401）冬，朝廷刊刻《大藏经》即将完成时，敕僧录司把中国佛教诸宗系的切要之书，按照宗系编入《大藏经》。时任左阐教的圆极居顶接受朝廷的命令，组织学徒重新纂集了《景德传灯录》以后禅宗的语录传记，名曰《续传灯录》。

圆极居顶认为，宋景德间吴僧道原编撰的《景德传灯录》带来了禅宗的繁盛。而后来相继编纂的禅宗灯录有《建中靖国续灯录》《联灯会要》《天圣广灯录》《嘉泰普灯录》。至南宋晚期，灵隐大川普济以为前五部灯录过于繁复，乃会粹成《五灯会元》。居顶认为，五部灯录中，《景德传灯录》是编撰得最好的，后面的四部灯录都不能避开它，而《五灯会元》虽然"用心固善"，但"不能尊《景德传灯》为不刊之典，复取而编入之，是为重复矣"。因此，有必要再编纂一部《传灯录》。所谓《续传灯录》，意为以《景德传灯录》为典范，接续《景德传灯录》而编纂的

《传灯录》。

《续传灯录》三十六卷,取自《景德传灯录》以后,始于大鉴(慧能)下第十世首山念禅师法嗣汾州太子院善昭禅师(947～1024),讫于大鉴下第二十世灵隐崇岳禅师法嗣明州天童山天目文礼禅师(1167～1250)及诺庵肇禅师(生卒年不明),历五代至南宋后期近300年,所列人名三千一百一十人,其中正文收载行状语录者一千二百零三人,无行状语录只存名字者一千九百零七人。

《续传灯录》在编排体例上不同于以前的《灯录》。此前的《灯录》,有的在六祖惠能下分出南岳、青原二系(如《景德传灯录》《建中靖国续灯录》《联灯会要》《天圣广灯录》),有的在二系下再分五宗二派(如《嘉泰普灯录》《五灯会元》)。《续传灯录》则只标出"大鉴下"第几世,其理由是,"不敢以五家宗派分裂之","五家宗派互相激扬,同出大鉴",故"统而合之,以一其归也"。

《续传灯录》多取材于《五灯会元》《佛祖慧命》《僧宝传》《分灯录》《禅门宗派图》以及诸师语录等书,有的"仍其旧",不加改动;有的只"略加取舍",不加修饰,以保持其原来的真实性。

《续传灯录》的纂集由于时间仓卒,因此有它的不完善之处。此书纂集开始于洪武辛巳(1401)冬,朝廷刊刻《大藏经》即将完成时,圆极居顶卒于永乐二年(1404)二月,其纂集的有效时间大概两年左右。因此,其一,虽然所列入的人名有三千一百一十人,而其中一千九百零七人只是空名,没有机缘语句,有待补入。其二,大鉴第十八世至二十世的禅师收之不全,所收者仅四十一人有机缘语句,且有差误,有待增补更正。其三,有的机缘语录亦太略,仅只言片语。其四,此书纂集非出自一人之手,对禅师及机缘语录的取舍的标准恐有不同。所以,圆极居顶在《序》最后说:"至若机缘语句,无从质正者,尚有待于后之同志嗣成其书焉。"可见,圆极居顶在世时,此书没有最后完成,寄希望于后来的志同道合者加以弥补核实,使此书得于完善。

有鉴于《续传灯录》的欠缺,明南石文琇于永乐十五年(1417),编纂《增集续传灯录》,对《续传灯录》十八世至二十世的禅师语录加以整理补正,同时补续到大鉴下第二十五世,凡六卷,新式标点后,现附于书后,以供读者参阅。①

---

① 《增集续传灯录》后缀有《五灯会元补遗》目录与正文,非关《续传灯录》,兹不照录。

附编四

主要参阅书目

《禅林僧宝传》宋 惠洪撰 吕有祥点校 中州古籍出版社

《大慧书》宋 大慧宗杲著 吕有祥 吴隆升校注 中州古籍出版社

《正法眼藏》宋 大慧宗杲著 董群点校 中州古籍出版社

《古尊宿语录》宋 颐藏主编集 萧篯父、吕有祥点校 中华书局

《景德传灯录》宋 道原撰 大正藏第五十一册。

《天圣广灯录》宋 李遵勖编 卍续藏第七十八册。

《建中靖国续灯录》宋 惟白集 卍续藏第七十八册。

《联灯会要》南宋 悟明集 卍续藏第七十九册。

《嘉泰普灯录》南宋 正受编 卍续藏第七十九册

《僧宝正续传》南宋 祖琇撰 卍续藏经第七十九册

《南宋元明禅林僧宝传》清 自融撰、性磊补辑 卍续藏经第七十九册

《五灯会元》南宋 普济集 苏渊雷点校 中华书局

《五灯会元续略》明 净柱辑 卍续藏第八十册。

《指月录》明 瞿汝稷集 卍续藏第八十三册。

《五灯严统》　明　通容集　卍续藏第八十册。

《补续高僧传》　明　明河撰　卍续藏第七十七册

《大明高僧傳》　明　如惺撰　大正藏第五十册

《续指月录》　清　聂先编辑　卍续藏第八十四册。

《五灯全书》　清　超永编辑　卍续藏第八十一册至八十二册。

《续灯正统》　清　性统编集　卍续藏第八十四册。

《唐五代禅宗史》杨曾文著　中国社会科学出版社

《宋元禅宗史》杨曾文著　中国社会科学出版社

《禅宗宗派源流》吴立民主编　中国社会科学出版社

《中国曹洞宗史》毛忠贤著　江西人民出版社

《杨岐派史》徐文明著　中国社会科学出版社

《中国禅宗通史》杜继文、魏道儒著　江苏人民出版社